JN409525

5 사무엘상
치유의 말씀

하나님은 역사하십니다

| 김의식 지음 |

쿰란출판사

추천사

열정과 노력과 긍정의 목회자인 김의식 목사님은 저와 동역한 목사님으로, 다른 목회자들이 갖지 못한 몇 가지 특징이 있습니다.

첫째로 열정 있는 전도사였습니다.

그가 전도사였던 시절, 교회에서 각 부서(영아, 유치, 유년, 초등, 소년, 중등, 고등부)가 500명 이상 모이기 운동을 전개했는데 단연 김의식 전도사의 담당 부서가 가장 먼저 500명을 돌파하였습니다. 김 목사님은 목회 초기부터 "부지런하여 게으르지 말고 열심을 품고 주를 섬기라"(롬 12:11)는 말씀대로 열심을 품고 주를 섬기는 주님의 종이었습니다. 똑같이 출발하여 달려도 언제나 가장 먼저 목표 이상을 달성하는 열정 있는 종입니다. 어떤 이가 "역사에 기록이 될 만큼 큰 운동들은 열심이 가져다준 승리의 기록이다. 열심 없이 성취된 위대한 일은 없다"라고 말하였습니다. 김 목사님이 시무하는 교회는 그의 열정만큼 빨리 성장하였습니다.

둘째로 배우려는 노력이 강한 목사입니다.

김 목사님은 신학교 시절과 전도사 때부터 목회에 관한 각 분야에 남달리 깊이 배우려는 노력을 하였습니다. 목사 안수를 받고 목회 현장 경험도 익히는 한편 미국에 가서 신학을 더 공부하며 목회 경험을 쌓았습니다. 그리고 지금은 신학대학교에서 가르치기도 하고, 대형 교회 목회자이면서도 계속 배우려는 노력을 지속하는 목사입니다.

독일이 낳은 대철학자 칸트가 "인간은 교육을 통하지 않고는 인간이 될 수 없는 유일한 존재다"라고 말하였습니다. 같은 인간인데 문명과 비문명의 차이는 교육의 차이라고 할 수 있습니다. 목사도 예외가 아닙니다. 영적인 면에서부터 목회의 세미한 분야에 이르기까지 배우려는 노력과 정성만큼 깊어지고 성숙해집니다. 김 목사님의 배움의 지속이 계속적인 발전과 향상의 밑거름이라고 여겨집니다.

셋째로 적극적인 목회자입니다.

김 목사님은 목회를 '기쁘게' 생각하며 '즐거움'으로 감당해가는 목회자입니다. 세상 일, 즉 스포츠, 음악, 예술, 학문, 사업 등 어느 분야에서든 진정으로 성공한 사람들의 공통점은 자기가 하고 있는 일에 긍정적이고 적극적인 자신감을 가지고 있다는 점입니다.

하물며 하나님의 사업을 맡은 목회에 있어서는 "내게 능력 주시는 자 안에서 내가 모든 것을 할 수 있느니라"(빌 4:13)는 바울 사도의 고백 그대로 적극적인 신앙과 생각으로 최선을 다해야 합니다. 그런 의미에서 "목회는 긍정의 물을 먹고 자라는 나무다"라고 할 수 있습니다. 김 목사님은 언제나 미래 지향적으로 내다보며 달리는 적극적인 목회자입니다.

이렇듯 김의식 목사님만이 가진 특색이 있습니다. 그런 김 목사님의 치유목회를 엿볼 수 있는 증언들을 모은 설교집이기 때문에 많

은 목회자들과 교회를 섬기는 성도들과 믿지 않는 사람들에게까지 큰 도움이 되겠기에, 김 목사님의 설교집을 기쁜 마음으로 널리 추천합니다.

2021년 10월

대한예수교장로회 증경총회장

노량진교회 림인식 원로목사

추천사

현대인들은 너 나 할 것 없이 아픈 사람들이다. 인간은 음식과 함께 다른 사람과의 깊은 만남에서 오는 사랑을 먹어야 산다. 그런데 가정에서는 소유하고 지배하려는 부모들의 병든 사랑 때문에 자녀와 부모관계는 깨어졌고, 직장에서는 심한 경쟁의식으로 질식해 가고 있다. 그래서 사랑에 배고파 방황하는 현대인들이 가장 많이 모여드는 곳이 교회이다.

21세기 한국 교회는 치유자요 상담자이며 영적 인도자를 갈망하고 있다. 그리고 현대인들의 아픈 상처를 싸매 주고 이들의 외로움을 가슴으로 들어주며 치유해 줄 수 있는 목자를 찾고 있다. 바로 이때 방황하는 한국 민중, 외로움으로 신음하는 한국 교인들을 위해 하나님은 김의식 목사님을 보내주셨다. 김의식 목사님은 이 백성의 아픔을 함께 아파해 주고 함께 울어줄 수 있는 치유자요 목회자라고 믿는다. 그 자신이 깊은 상처에서 치유받은 '상처 입은 치유자'이기 때문이다.

본서는 상처 입은 현대인들에게 부어주는 생명수임에 틀림없다. 이 책이 우리 가슴에 이렇게 뜨겁게 와 닿는 것은 목회상담학자요 치유자이며 목회자인 김의식 목사님 본인의 눈물과 아픔과 사랑 속에 우리가 빨려 들기 때문이리라.

나는 이십 년이 훨씬 넘게 김의식 목사님을 학교 강단에서 보아왔다. 강의실에서 학생들에게 지식을 강의하는 것도 힘든 일인데, 김의식 목사님은 학생들의 머리와 가슴을 함께 뒤흔드는 명교수이다. 강의에서 느끼는 깊이와 넓이와 뜨거움이 본서에서도 처음부터 끝까지 이어지고 있다. 이 책이 한국 교회와 백성들을 위해 좋은 소식임에 틀림없다.

2021년 10월

치유상담대학원대학교 총장

정태기 목사

머리말

"너희가 성경에서 영생을 얻는 줄 생각하고 성경을 연구하거니와 이 성경이 곧 내게 대하여 증언하는 것이니라"(요 5:39).

"이르시되 미련하고 선지자들이 말한 모든 것을 마음에 더디 믿는 자들이여 그리스도가 이런 고난을 받고 자기의 영광에 들어가야 할 것이 아니냐 하시고 이에 모세와 모든 선지자의 글로 시작하여 모든 성경에 쓴 바 자기에 관한 것을 자세히 설명하시니라"(눅 24:25-27).

우리는 구약성경을 읽으면서 율법적으로, 역사적으로, 시가적으로, 예언적으로 대할 수 있습니다만 가장 복음적인 접근은 우리가 구약성경에서 예수님을 만나야 하고 예수님의 음성을 들어야 합니다. 그래서 예수 그리스도의 복음의 관점에서 구약성경을 연구하는 것은 보다 더 깊은 영적인 은혜를 체험하게 할 것입니다.

그러나 우리는 여기서 그쳐선 안 됩니다. 사실 신구약성경은 엄밀한 의미에서 치유서(The Book of Healing)입니다. 예수님께서는 십자가에서 우리 인간에게 불행과 고통을 안겨주는 영혼의 죄악과 마음의 상처와 육신의 질병을 대신 지셨습니다. 이 영, 혼, 육의 치유의 복음을 구약성경에서 예언하셨고 신약성경에서 성취하셨습니다. 그러므로 우리가 구약성경을 대할 때 치유적인 관점에서 보다 더 깊은 영적인 은혜를 나누어야 할 것입니다.

'하나님은 역사하십니다' 시리즈는 창세기로부터 시작하여 말라기에 이르기까지 이러한 치유의 복음의 관점에서 조명하고 있습니다. 가장 먼저 구약성경을 히브리 원어로 파헤치며 그 뜻을 바로 해석하고, 그 기록의 문맥이나 배경을 살펴보며 더 나아가 이 말씀이 오늘의 시대 상황 속에서 어떠한 치유의 은혜의 메시지를 들려주는가를 찾아내고자 한 것입니다.

지금까지의 전통적인 설교들이 삶과 괴리가 있는 율법적이거나 이론적이거나 지식적인 말씀의 선포에 치우침으로 인해 더 이상 영혼과 육신의 아픔을 치유하지 못하고 자신의 삶의 통회 자복과 결단은커녕 영적인 교만과 판단만 더해줄 때가 얼마나 많았습니까? 그러므로 본서는 죄악과 상처와 질병으로 인해 지치고 병들어 죽어가고 있는 말세 마지막 때의 수많은 영혼들을 살려내기 위한 치유설교로서의 하나의 모델로서의 시도인 것입니다. 본서의 출판이 하나의 계기가 되어 치유설교가 더욱더 깊이 연구되고 발전되기를 간절히 바라는 마음입니다.

가장 먼저 본서가 나오기까지 사랑으로 역사해 주신 하나님 아버지께 진심으로 감사드리며 지난 22년 동안 묵묵히 중보적 기도에 힘쓰며 사랑으로 섬기며 함께 치유의 은혜를 나눠주신 치유하는교회의 신실한 장로님들과 권사님들과 집사님들과 성도님들과 충성스런 주의 종들에게 진심으로 감사드립니다. 특별히 본서의 추천의 글을

써주시고 오늘의 저를 있게 하신 림인식 목사님과 정태기 총장님께도 더욱 깊은 감사를 드립니다.

더 나아가 모든 말씀들을 정리해 준 이수영 행정목사님과 사랑하는 아내 문채성 사모와 아버지의 뒤를 이어 상담치유학을 선공하고 있는 딸 김안나 전도사 내외와 하늘나라에 가셔서도 사랑하는 아들을 위해 끊임없이 기도하고 계실 저의 신앙생활의 모범이 되어주신 사랑하고 존경하는 부모님 故 김성열 장로님과 마인순 권사님께도 깊은 감사의 마음을 전합니다. 마지막으로 치유의 은혜를 사모하는 이 땅 위의 모든 상처받은 심령들에게 이 책을 바치고자 합니다.

2022년 8월

치유하는교회 목양실에서

김의식 목사

차례

견딜 수 없는 상처 속에서도

사무엘상 1:7-18

우리가 믿음으로 살려고 하면 고난이 없는 인생이 없고, 또 내가 져야 할 십자가가 있습니다. 그런데 인생의 행복과 불행은 고난을 어떻게 받아들이느냐에 따라 완전히 달라집니다. 오늘 본문을 보면 인간으로서 견디기 어려운 상처의 고통과 불행을 이기고 일어선 한 여인이 나오는데, 그녀의 이름은 한나입니다.

그녀의 남편 엘가나는 예루살렘에서 서북쪽 8km 지점의 에브라임 산지 라마다임소빔에 살고 있었습니다. 여기 '에브라임 산지'는 팔레스타인 중앙부에 위치한 산간지역으로서 주로 에브라임 지파 사람들이 거주했기 때문에 '에브라임 산지'라고 불렸습니다. 하지만 원래 엘가나는 레위 지파 사람이고, 레위 지파 사람들은 기업을 분배받지 못했기 때문에 전국에 흩어져 살면서 신앙적인 사명을 감당했습니다.

여기 '라마다임소빔'이란 지명은 원래 히브리어로 '**הָרָמָתַיִם צוֹפִים**'(하라마타임 초핌)이라고 두 단어로 나뉘어 기록되어 있는데, 엘가나의 조상인 숩(추프)의 자손들이 사는 하라마타임으로 보입니다.

중요한 것은, 이곳에 사는 엘가나에게 두 아내가 있었는데 첫째 아내는 한나로서 '은혜, 은총'이라는 뜻이고, 둘째 아내는 브닌나로서 '홍보석, 진주'라는 뜻을 가지고 있었는데 영적인 아내와 육적인 아내가 그 이름부터 이렇게 달랐습니다.

그런데 한나에게는 자식이 없었으니 자녀 출산이 하나님의 축복이라고 믿었던 히브리 여인에게는 큰 불행이요, 고통이 아닐 수 없었습니다(창 1:28, 16:1-4). 더욱이 브닌나에게는 '자녀들'(יְלָדִים, 엘라딤)이 있었는데, 그것도 "그의 모든 자녀에게"(בָּנֶיהָ וּבְנוֹתֶיהָ, 빠네하 우베노테하)라고 한 것을 보아 '그녀의 아들들과 딸들'(all her sons and daughters)이 있었음을 짐작할 수 있습니다. 따라서 적어도 아들 둘 이상, 딸 둘 이상 해서 자녀가 넷 이상인 것으로 보입니다(4절).

이처럼 엘가나는 자식을 얻기 위해 둘째 아내인 브닌나를 얻었는지 모르지만(신 21:15-17), 자식이 많은 브닌나가 자식이 없는 한나를 심하게 격분하게 하고 괴롭혔다고 했습니다. 그러니 한나는 자식을 못 낳는 것만 해도 서럽고 눈물 나는데, 둘째 마누라인 브닌나에게 자식을 못 낳는다고 구박까지 당하니 얼마나 큰 상처가 되었겠습니까? 어떠한 육신적인 고통보다도 마음의 깊은 상처는 정말 견디기가 어려웠을 것입니다. 한나가 할 수 있는 것은 살아 계신 하나님께 기도하는 것밖에 없었습니다.

이 믿음의 여인인 한나가 그 견디기 어려운 상처 속에서도 어떻게 기도하며 이겨내었는가를 보면서, 우리도 수시로 부딪혀오는 인생의 견디기 힘든 상처를 어떻게 기도하며 이겨낼 것인지, 이 시간에도 들려주시는 하나님의 음성을 다 함께 들을 수 있길 바랍니다.

금식기도를 해야 함

먼저 본문 7절 말씀을 다 함께 읽겠습니다.

> "매년 한나가 여호와의 집에 올라갈 때마다 남편이 그같이 하매 브닌나가 그를 격분시키므로 그가 울고 먹지 아니하니."

이스라엘의 모든 남자는 적어도 매년 세 차례, 출애굽의 구원의 역사를 기념하는 유월절과 첫 보리 추수에 감사하는 맥추절과 가을 추수에 감사하며 광야 생활을 기억하는 수장절에 여호와 앞에 나아갔습니다(출 23:14-17; 신 16:16-17). 그래서 엘가나도 당시 자신이 살던 라마다임소빔에서 22km(서울에서 안양보다 더 먼 거리) 떨어진 실로에 있던 여호와의 집, 즉 성막(수 18:1; 삿 18:31)에 매년 올라갔습니다.

본문 5-6절에 "여호와께서 그에게 임신하지 못하게 하시니…여호와께서 그에게 임신하지 못하게 하시므로"라고 계속해서 강조하듯이, 여호와께서 한나의 자궁을 닫으셨으므로 임신을 하지 못하니까 그녀의 적수인 브닌나가 그녀를 심히 격분하게 하여 괴롭혔다고 했습니다(6절). 여기 '적수'라는 단어가 히브리어로 '**צָרָתָהּ**'(차라타흐)라고 해서 '고통을 주는 자'라는 의미인데, 한나를 '격분하게'(**וְכִעֲסַתָּה**, 웨키아쌋타) 해서 분노가 극에 달하게 하고 '괴롭게'(**הַרְּעִמָהּ**, 히레이마흐) 했다고 했습니다. 다시 말하면 천지를 뒤엎을 듯한 '우레소리'가 날 정도로 속을 뒤집어 놓았다는 것인데, 그러니 그녀의 마음의 상처는 안 겪어본 사람은 모를 것입니다.

한나뿐만 아니라 사실 지난날 신앙의 여인들도 다 출산을 못하는 고난 속에서 하나님께 매달렸습니다. 그래서 믿음의 어머니 사라도 하나님께 매달렸고(창 18:9-15), 라헬도 하나님께 매달렸고(창 30:1-24), 삼손의 어머니도 하나님께 매달렸습니다(삿 13:2-5).

엘가나는 매년 여호와의 법궤가 있는 실로의 거룩한 성막에까지 가서 화목제물을 드리고 기도를 드렸습니다. 그런데 자식이 없었던 첫째 아내인 한나에게 더 깊은 사랑을 쏟아줘서 한나를 사랑함으로 제물의 분깃을 브닌나와 그의 모든 자녀들에게 준 것보다 한나에게 갑절을 주었습니다(5절). 히브리어 원어성경에 보면 'מָנָה אַחַת אַפָּיִם' (마나 아하트 압파임)이라고 한 것은 엘가나가 한나에게 '(특별히 좋은) 가치 있는 것'을 주었다는 의미입니다. 그러나 한나는 그 상처의 아픔이 얼마나 컸던지 남편 엘가나가 준 특별히 좋은 제물조차도 먹지 않고(삼상 1:5) 금식하며 매달렸던 것입니다.

이처럼 우리도 결혼을 하고 자녀가 없다는 것은 큰 아픔이 아닐 수 없는데 주위에서 비아냥거리는 상처까지 줄 때 그 심정이 어떠하겠습니까? 그런데 우리가 인생의 견딜 수 없는 상처를 겪을 때 붙잡을 수 있는 것이 아무것도 없습니다. 오직 주님밖에 없고 기도해도 안 되면 금식하면서라도 매달릴 수밖에 없습니다. 하루 중 한 끼를 정해서 매일 금식을 할 수도 있지만, 하루, 이틀, 사흘 또는 계속해서 날짜를 정해놓고 금식기도를 하면서 매달리다 보면, 우리의 육신은 의지할 것이 아무것도 없고 세상도 없고 나도 없고 살아 계신 주님밖에 안 보입니다. 그리하여 철저히 주님만 믿고 의지하다 보면 하나님의 살아 계신 놀라운 기적을 분명히 체험하게 됩니다.

22년 전 부족한 종이 치유하는교회에 부임해서 새벽기도를 인도하고 강단에 엎드려 기도하고 있는데, 어느 날 새벽기도회에 한 부목사님 내외가 올라왔습니다. "형님!" 하고 불러서 "무슨 일인가?" 하고 물었더니 "형님, 저희 가정에 자녀가 없는데 아기를 갖도록 안수기도 한번 해주십시오!" 그러는 겁니다. "결혼한 지 몇 년 되었는가?" 하고 물었더니 "8년 되었습니다!" 하는데 1, 2년도 아니고 3, 4년도 아니고 5, 6년도 아니고 8년이나 되었다고 하니까 눈앞이 캄캄해졌습니다. 그래서 "내가 안수기도는 해주겠네만 중보적기도대를 맡고 있는 자네가 기도해도 안 될 때는 금식밖에 길이 없네. 그러니까 금식기도를 하면서 매달리소!" 하고 권면하고 간절히 기도해 주었습니다. 그러고 나서 몇 달이 지난 후에 어떻게 되었습니까?

부족한 종이 치유하는교회에 와서 자녀들의 임신을 위해 안수기도를 해 드린 가운데 결혼 10년 만에 아들을 낳은 경우가 최고의 기록입니다만, 당시 그 부목사님은 중보적기도대를 인도하면서 기도와 금식을 많이 해서 그런지 결국 결혼 8년 만에 첫 딸이 태어나고, 태의 문이 열려서 이어서 쌍둥이 아들까지 태어났습니다. 지금은 삼남매 자녀들이 주님 안에서 잘 자라나고 있으니 얼마나 놀라운 기적의 역사입니까?

여러분, 하나님은 분명히 살아 계시고, 항상 우리의 간절한 기도에 가장 좋은 것으로 응답하십니다. 그러나 예수님께서도 "기도와 금식이 아니면 이런 유가 나가지 아니하느니라"(마 17:21)고 분명히 강조하셨듯이, 기도해서 안 되면 금식하며 매달릴 때마다 놀라운 하나님의 기적으로 분명히 응답하십니다.

금식장인 이사야 58장 6, 8, 11절에 "내가 기뻐하는 금식은 흉악의 결박을 풀어주며 멍에의 줄을 끌러 주며 압제당하는 자를 자유하게 하며 모든 멍에를 꺾는 것이 아니겠느냐…그리하면 네 빛이 새벽 같이 비칠 것이며 네 치유가 급속할 것이며 네 공의가 네 앞에 행하고 여호와의 영광이 네 뒤에 호위하리니…여호와가 너를 항상 인도하여 메마른 곳에서도 네 영혼을 만족하게 하며 네 뼈를 견고하게 하리니 너는 물 댄 동산 같겠고 물이 끊어지지 아니하는 샘 같을 것이라"고 분명히 약속하시지 않습니까?

그러므로 인생의 견딜 수 없는 상처 속에서는 다른 길이 없습니다. 살아 계신 하나님만 믿고 기도하고, 그래도 안 되면 금식하며 매달릴 때 하나님께서 기적적으로 응답하시고, 치유하시고, 출산까지도 풍성하게 해주실 줄 분명히 믿으시기 바랍니다.

통곡 기도도 해야 함

계속해서 본문 10절 말씀을 다 함께 읽겠습니다.

"한나가 마음이 괴로워서 여호와께 기도하고 통곡하며."

한나가 이처럼 금식하며 기도하니까 남편 엘가나가 마음이 너무 아파서 "한나여, 어찌하여 울며 어찌하여 먹지 아니하며 어찌하여 그대의 마음이 슬프냐? 내가 그대에게 열 아들보다 낫지 아니하냐?"(8절)고 사랑을 고백합니다. 엘가나도 아내를 바라보면서 얼마나 안돼 보이는지 '어찌하여'(לָמָּה, 라메)라는 단어를 3번이나 사용하면서 내가 열 아들보다 '낫지'(טוֹב, 토브, 좋지) 아니하냐고 위로해 준 것입니다.

그런데 한나는 금식하며 기도해도 브닌나에게 당한 상처의 아픔이 아물지 않고 희망이 보이지 않아서 마음이 너무도 괴로웠습니다. 금식기도에다가 통곡기도까지 하면서 가슴에 응어리진 것을 주님 앞에 다 쏟아부었던 것입니다.

"하나님이 귀머거리냐? 작은 목소리로 기도해도 다 들으시지!" 하면서 속삭이며 기도하다가 금방 기도의 힘을 잃어버리고 졸거나 자거나 곧바로 기도를 그치고 말 때가 얼마나 많습니까? 더욱이 간절히 우리의 마음을 쏟아 통곡하며 기도하지 못함으로 인해 가슴에 응어리진 채 살아가고, 하나님의 기적의 응답도 체험하지 못할 때가 얼마나 많았습니까?

여러분, 상담치유학적인 관점에서 볼 때, 우리의 가슴에 응어리진 것을 끌어안고 있으면 그것이 우리의 마음속을 다 썩게 만들고 뼈마디를 뒤틀리게 해서 갖가지 신경성 질환을 일으키고, 이러한 마음의 상처의 스트레스가 결국에는 암 덩어리로 변하고 맙니다. 상처받은 것만 해도 서러운데 갖가지 질병의 고통과 암에 걸려 죽어야 한다면 이 얼마나 가슴 아프고 눈물 나는 일입니까? 우리의 가슴에 응어리진 것을 쏟아붓는 것이 치유의 첫걸음입니다. 그런데 대부분의 사람들은 가슴속에 응어리진 상처의 감정들을 사람 앞에 쏟아붓습니다. 그러니까 원수가 또 다른 원수를 낳고, 자신의 일생에 원수를 못 갚으면 자식들에게 대신 갚아달라고 부탁하고 떠나가서 평생을 복수혈전(復讐血戰)을 하다가 끝내버리고 맙니다.

우리의 상처의 감정을 사람들 앞에 쏟아붓지 말고 주님 앞에 쏟아부어야 합니다. 그리고 그 개운해진 빈 마음으로 하나님의 사랑을 간구해서, 그 사랑으로 주님께서 십자가에서 우리를 용서해 주셨듯이 다 용서하고 나면, 어떠한 상처도 다 치유 받고 천국의 행복을 다 회복하게 되는 것입니다. 이처럼 통곡기도는 우리의 상처의 감정들을 모두 다 주님 앞에 쏟아붓는 치유의 위력이 있습니다. 지난 22년 동안 끊임없이 강조하였듯이, 예레미야 33장 3절에 "너는 내게 부르짖으라 내가 네게 응답하겠고 네가 알지 못하는 크고 은밀한 일을 네게 보이리라"고 분명히 약속하시지 않습니까? 부르짖는 통곡기도는 신구약 성경에 하나님께서 계속해서 강조하시는 기적의 응답의 기도였습니다.

저는 우리 치유하는교회에 대해서 어디 가서나 자랑하는 것이 있습니다. 새벽에 통성기도가 시작된 지 한 시간이 지나도 주의 종들과 많은 교인들이 성전에 남아서 "왕왕왕왕…" 뜨겁게 부르짖는데, 그 통곡 기도 소리를 들을 때마다 저의 가슴이 뜨거워지고 성령님의 기적의 불이 붙는 것이 뜨겁게 느껴집니다.

지난 주간에 대전서노회 목사수련회에 가서 '행복목회를 위한 힐링(healing)'에 대해서 함께 큰 은혜를 나누고 돌아왔습니다. 목사님들 가운데 2000년 장신대 신학대학원에서 강의할 때 가르쳤던 제자 목사님이 한 분 있는데, 딸 결혼식 주례를 꼭 좀 해달라고 간청을 해서 3년 전 어느 토요일에 대전까지 내려가서 결혼식 주례를 했습니다. 그런데 38세에 결혼을 했는데 40세가 넘어가도록 애가 안 생긴다고 주례 목사가 책임을 져야 하지 않느냐고 하니, 요즘에는 주례도 함부로 못하겠습니다.

그러니 기도가 절로 나와서 새벽기도회 때 "주여! 주여! 38살에 결혼 주례했더니 자식 없다고 책임지라고 하니 어떻게 해야 되겠습니까? 주님께서 어떻게 해서라도 자식을 주셔야 하지 않겠습니까? 그래야 제가 주례자 체면도 서고 속 편하게 살 것 같습니다…!" 하고 저의 마음에 쌓인 감정을 주님께 다 쏟아붓는 통곡기도가 절로 나왔습니다.

그렇게 1년여 새벽마다 부르짖었는데, 이번에 가서 들어보니까 주례해 주었던 딸이 금년에 41살인데 쌍둥이를 낳았다는 것입니다. 그것도 예쁘지만, 귀여운 딸 쌍둥이를 낳았다는데 요즘에는 딸을 낳아야 노후에 희망이 있다고 하지 않습니까? 더욱더 놀라운 것은 백일도 안 된 애들이 부모님이 뭐라고 하면 다 알아듣는 듯이 '옹알옹알' 한다면서 손녀들 자랑을 그렇게 하는데 얼마나 감사하고 행복했는지 모릅니다.

여러분, 다른 길은 없습니다. 우리가 견딜 수 없는 상처 속에서도 통곡기도를 하며 가슴에 응어리진 것을 주님 앞에 다 쏟아놓으면서 믿음으로 간절히 부르짖으면, 우리의 간절한 통곡기도 가운데 하나님의 기적의 응답의 역사가 불일 듯 일어나게 될 줄 확실히 믿습니다.

서원기도도 해야 함

마지막으로 본문 11절 말씀을 다 함께 읽겠습니다.

> "서원하여 이르되 만군의 여호와여 만일 주의 여종의 고통을 돌보시고 나를 기억하사 주의 여종을 잊지 아니하시고 주의 여종에게 아들을 주시면 내가 그의 평생에 그를 여호와께 드리고 삭도를 그의 머리에 대지 아니하겠나이다."

여기 보면 한나는 "주의 여종의 고통을 돌보시고…", "주의 여종을 잊지 아니하시고…", "주의 여종에게 아들을 주시면…"이라고 3번씩이나 자신을 낮추면서 아들을 주시면 하나님께 '나실인', 즉 '구별된 자'로 바치겠다는 서원기도까지 했습니다.

민수기 6장에 나와 있는 나실인의 규례대로 아들의 머리에 삭도를 대지 않고 자신의 몸을 구별하여 하나님께 드리겠다는 것이었습니다. 이처럼 한나가 아들을 얻기 위해 구한 것은 자신을 위한 것이 아니고 하나님의 영광을 이루기 위함이었습니다.

그런데 이것이 바로 가장 능력 있는 서원기도입니다. 하나님의 영광을 위해서 간구하는데 이보다 하나님의 기적의 응답을 일으키는 능력 있는 기도가 어디에 있겠습니까? 저는 우리의 수많은 기도 가운데 이 서원기도가 영적으로 마음을 다 비우고 주님의 영광을 위해서 기도하기 때문에 하나님의 마음을 움직이는 데 최고의 기도라고 믿습니다.

더구나 삼손의 어머니는 하나님의 명령에 의해 아들을 낳으면 나실인으로 바치겠다고 서원기도를 드렸습니다. 한나의 기도가 더욱 위대해 보이는 이유는, 그녀가 자발적으로 아들을 나실인으로 바치겠다고 서원기도를 했기 때문입니다.

이처럼 한나가 만민이 기도하는 성막에서 금식기도와 통곡기도와 서원기도, 삼위일체로 기도드렸더니 '하나님께서 들으심'이라는 뜻의 '사무엘'이라는 위대한 선지자가 나와서 어두웠던 사사시대를 마무리하고 하나님께서 세우신 왕정시대의 문을 열게 하십니다.

흔히들 우리 주위에서 기복신앙이나 번영신학을 비판하는 사람들은, 하나님의 복을 구하면 복 받기 위해서 예수 믿느냐며, 무조건 기복신앙이니 번영신학이니 하면서 '저질 신앙(?)'으로 취급을 합니다. 그러나 그런 사람들은 성경을 몰라도 너무도 모르는 사람들이고, 다 먹고살 만하니까 배불러서 하는 소리입니다. 정말 배고프고 굶주려 죽게 되면 하나님의 복을 간구하게 되지 않겠습니까?

우리 인간은 어느 누구도 하나님의 복이 없이는 한순간도 살 수가 없어서 성경의 모든 신앙의 위인들도 다 하나님의 복을 구했던 것입니다. 또한 복의 근원 되시는 하나님께서는 그러한 믿음의 사람들의 서원기도에 응답해서 복을 부어주셔서 하나님의 나라가 오늘에 이르기까지 복되게 이어졌습니다.

그렇다면 기복신앙과 복음신앙, 번영신학과 복음신학의 차이가 무엇입니까? 한마디로 말하면 기복신앙과 번영신학은 자신과 자신의 자녀들만을 위해서 복을 구하는 것이고, 복음신앙과 복음신학은 주님과 고통당하는 이웃을 위해서 복을 구하는 것입니다. 그래서 복음신앙을 가진 사람은 고린도전서 10장 31절에 "그런즉 너희가 먹든지 마시든지 무엇을 하든지 다 하나님의 영광을 위하여 하라"고 명령하지 않습니까? 이것이 결코 쉬운 말씀은 아닙니다. 우리가 무엇을 먹을 때나 마실 때나 행할 때 이것이 하나님의 영광이 되는가 생각하며 행합니까?

그러면 우리가 그토록 많이 외치는 하나님의 영광을 위한 삶이 구체적으로 무엇입니까? 그것은 계속해서 고린도전서 10장 32-33절의 "유대인에게나 헬라인에게나 하나님의 교회에나 거치는 자가 되지 말고 나와 같이 모든 일에 모든 사람을 기쁘게 하여 자신의 유익을 구하지 아니하고 많은 사람의 유익을 구하여 그들로 구원을 받게 하라"는 말씀처럼, 하나님의 교회에 더 이상 거치는 자가 되지 말고, 모든 일에 모든 사람을 기쁘게 하여 자신의 유익을 구하지 말고 많은 사람의 유익을 구하여 그들로 구원을 받게 해야 합니다.

이처럼 우리는 하나님의 영광과 온 천하보다 귀한 영혼의 구원을 위해서 하나님께서 응답해 주시면 그 은혜를 갚아드리겠다는 서원기도를 하고, 그리하여 우리가 서원기도의 응답을 받으면 꼭 하나님께 약속한 대로 갚아드려야 합니다.

그런데 우리 주위를 보면, 자신이 어려울 때는 서원기도를 부탁해서 모두가 합심하여 기도를 해서 기적의 응답을 받지만, 받고 나서 입을 딱 씻어버리는 교인들을 많이 보게 됩니다. 그러나 그런 사람들은 거기까지가 하나님의 축복의 한계입니다. 살아 계신 하나님께서는 한 번도 속지 않으시지만, 두 번 속으시겠습니까? 그러니 그들의 여생에 더 이상의 기적의 역사는 없으며, 자녀들의 앞날에도 하나님의 축복을 다 막아버리는 것입니다.

그러나 한나는 그렇게 어렵게 눈물로 금식하고 기도하고 통곡하며 서원기도로 얻은 그 귀한 아들이지만, 하나님께 서원기도를 한 대로 미련 없이 하나님께 바쳤습니다. 그랬더니 하나님께서 한나에게 사무엘 외에 세 아들과 두 딸을 더 낳게 해주시는 하나님의 놀라우신 기적의 축복을 누리게 하신 것입니다(삼상 2:21).

지난 주일 3부 예배 후 한 젊은 집사님 내외분이 기도를 받으러 목양실에 찾아왔습니다. 남편 집사님은 신실하신 장로님 아드님이고 부인 집사님은 신실하신 권사님 외동딸이어서 부족한 종이 중매를 했는데, 결혼한 지 4년이 지나고 아내가 40세가 되도록 자녀가 생기지 않는다며 금년 초에 안수기도를 받으러 왔었습니다.

그래서 저는 임신하지 못하는 부부들이 있으면 늘 강조하듯이, 오늘 본문인 사무엘상 1장의 말씀을 들려주면서 금년 3월에 사순절 특별새벽기도회도 시작되니까 특별새벽기도회와 고난의 특별한 밤에 참석해서 본문 말씀대로 금식하고 통곡하고 서원하며 기도하자고 권면했습니다. 우리가 하나님의 영광을 위해서 간구하는데 왜 살아 계신 하나님께서 기적적으로 응답을 해주시지 않으시겠습니까?

그런데 놀랍게도 지난 주일 3부 예배 후에 그 부부가 찾아와서 자녀가 생긴 지 두 달째가 되어 간다고 했습니다. 할렐루야! 그래서 이제부터는 하나님께서 허락하신 자녀를 잘 지키는 것도 중요하니까, 계속해서 태중의 아이를 잘 돌보아서 건강하게 출산하여 주님과 고통당하는 이웃을 위해 이 자녀를 잘 기르라고 권면하고 간절히 축복기도를 해주고 돌려보냈습니다.

놀라운 사실은, 부족한 종이나 30대(10교구)를 담당하고 있는 부목사님이나 젊은 부부들이 믿음으로 금식하고 통곡하고 서원하면서 간절히 부르짖음으로, 복의 근원 되시는 하나님께서 우리 치유하는 교회에 축복을 해주셔서 한 주에 평균 한 가정이 계속해서 출산을 하고 있으니 이 얼마나 놀라운 기적의 역사입니까? 그러므로 우리가 어떠한 견딜 수 없는 상처 속에서도 주님과 고통당하는 이웃을 위해 하나님의 응답을 간구하며 서원기도를 드릴 때, 하나님께서 오늘도 우리 믿음의 서원기도에 기적의 응답을 주실 줄 확실히 믿으시기 바랍니다.

지난 주간에 뉴욕에서 프라미스 교회를 담임하고 있는 친구 허연행 목사님이 '희망의 속삭임'이라는 동영상을 보내왔습니다. '두 종류의 진실'이라는 제목으로 재미작가 김은국(Richard E. Kim) 성도님이 1964년 영문으로 발표한 《순교자》(The Martyred)라는 소설을 소개했습니다. 그의 데뷔작인 이 소설은 당시 노벨 문학상 후보로까지 거론될 정도로 유명했고, 당시 14개 나라 언어로 번역되어 출판될 정도로 전 세계적으로 큰 반향을 불러일으켰습니다.

이 《순교자》의 내용은 이렇습니다. 6.25 전쟁이 발발하기 며칠 전 평양지역 목사 8명과 지방의 목사 6명 등 14명의 목사님들이 공산당 비밀경찰에 체포되어서 그중 12명이 살해되고, 47세의 신 목사와 28세의 한 목사라는 두 사람만 살아남게 되었습니다. 그런데 그중 젊은 한 목사는 정신이상이 되었고, 유일한 증인이라고 할 수 있는 신 목사님은 그동안 공산당에 끌려가서 당했던 일들을 침묵으로 일관합니다.

그런데 평양으로 진주한 국군이 공산당에게 살해된 12명의 목사님들을 순교자로 세우기 위한 의식을 대대적으로 계획하게 되면서, 교인들은 신 목사님을 비겁한 변절자로 몰아세워서 그를 향해 예수님을 팔아넘긴 "(가룟) 유다! 유다!"라고 외치면서 그의 집 앞에 침을 뱉으며 지나갔습니다. 하지만 신 목사님은 여전히 입을 열지 않고 침묵을 합니다.

그런데 놀라운 것은, 12명의 목사를 처형한 인민군 정 소좌라는 사람이 국군에 의해 체포되어 그 사건의 진실이 밝혀지면서 대반전이 일어나게 됩니다. 사실인즉 12명의 목사들은 순교한 것이 아니라 인민군의 극심한 고문에 제발 살려달라고 빌면서 비겁하게 서로를 모함하다가 총살을 당했고, 젊은 한 목사는 평소에 자신이 너무도 존경하던 선배 목사님들이 죽음 앞에 그토록 비굴하게 무너져 가는 모습에 큰 충격을 받고 정신이상자가 되어서 그를 풀어주게 된 것이었습니다.

단 한 사람의 생존자인 신 목사님만은 죽음 앞에서도 결코 굴하지 않고 자신의 신앙을 지켰습니다. 끝까지 하나님의 살아 계심을 믿고 증거하는 그의 담대한 신앙과 용기 있는 삶에 큰 감동을 받아서 이 신 목사님만은 살려줬다는 사실이 명백하게 다 드러나게 된 것입니다.

그럼에도 불구하고 신 목사님은 끝까지 이 모든 사실에 대해 입을 열지 않고 여전히 침묵을 지켰습니다. 사실대로 모든 것이 밝혀지면 "우리 교회 목사님은 공산당의 총부리 앞에서도 끝까지 믿음을 지키다가 순교하셨으니 우리도 그의 신앙을 본받자!"고 하면서 매일같이 예배당에 모여 목사님의 유가족들을 위해 기도하던 교인들이 받을 충격이 너무나도 클 것이고, 그 사실에 실망한 양 떼들이 뿔뿔이 흩어지고 말 것이기 때문입니다.

그래서 죽은 12명은 순교자로 추앙을 받았지만 혼자 살아남은 신 목사님은 신앙의 변절자로 억울한 누명을 쓴 채 평생을 견딜 수 없는 상처의 고통 속에서도 끝까지 말없이 인내하면서 살아갔습니다. 이보다 억울하고 원통하고 가슴 아픈 일이 어디에 있겠습니까?

이 《순교자》의 저자인 김은국 성도는 이 소설에서 견딜 수 없는 상처의 고통과 불행 속에서도 자신이 져야 할 십자가를 지고 끝까지 인내하는 신 목사님을 통해 이 땅의 진정한 순교자가 누구인가를 역설적으로 외칩니다. 그리고 세상에는 두 종류의 진실, 즉 '사실의 진실'(the truth of fact)과 '사랑의 진실'(the truth of love)이 있는데, 세상을 살다 보면 '사실의 진실'을 알지 못하여서 우리가 상처를 받는 일들이 너무도 많다는 것입니다. 하지만 이 '사실의 진실'이 밝혀질 때까지 우리는 '사랑의 진실'을 안고 살아가야 한다는 것입니다.

사랑하는 성도 여러분, 이것이 바로 목자의 심정입니다. 말세의 마지막 때인 요즘 우리도 신앙생활을 하다 보면 때로는 억울하고 원통할 때가 얼마나 많습니까? 우리의 가정이나 직장이나 세상은 말할 것도 없고 심지어 교회 안에서까지도 이런 일을 당할 때가 얼마나 많습니까?

지난 1년 7개월 동안 20여 명의 교인들이 교회 밖에서 코로나19에 걸려서 교회에 나왔지만 하나님께서 지켜 주시고 방역을 철저히 하니까 단 한 명의 감염 환자도 교회에서는 나오지 않았습니다. 그런데도 사탄은 교묘하게 신앙이 없는 정부를 통해서 '온라인 예배'라는 것을 만들어서 교회들에게 이 온라인 예배를 강요하면서, 우리가 믿음의 정성을 다해 성전예배를 드리는 것조차 어떻게 해서든지 가로막으려고 교회마다 가룟 유다들이 있어서 밀고까지 하는 말세 마지막 때가 되고 말았습니다. 그리하여 복의 근원이 되시는 살아 계신 하나님께 드리는 예배를 가로막고, 교인들의 신앙을 다 흩어 놓으며 교인들에게 임하는 하나님의 복을 다 막고 있습니다.

더욱이 정부가 국민의 30%가 예방 접종을 했으니까 앞장서서 마스크를 벗으라고 해서 방심케 해서 이렇게 변이바이러스가 퍼지게 해놓고, 민주노총은 8,000명이 모이고 공연장은 5,000명까지 허용하고, 수많은 사람들이 몰리는 해수욕장의 문들은 다 열어 놓으면서 교회만 만만하게 보고 2,500석 모이는 성전에 20명만 모여서 예배를 드리라고 하니 이게 말이 됩니까? 오죽하면 지난 목요일 저녁에 한 목사님이 이런 카카오톡 메시지를 보내셨습니다.

> 참으로 이상한 일이다.
> 코로나19의 특징을 바로 대한민국 정부가 결정하는가?
> 보라! 발생하고 안 하고가 이렇게 제멋대로인데…
>
> | | |
> |---|---|
> | 정치인들 모임: 발생 안 됨 | 기타 모임: 발생 |
> | 지하철 출퇴근: 발생 안 됨 | 4명 이상 가족: 발생 |
> | 밤 9시 이전: 발생 안 됨 | 밤 9시 이후: 발생 |
> | 관공서 구내식당: 발생 안 됨 | 자영업자 식당: 발생 |

TV촬영 백여 명: 발생 안 됨 / 4명 학원: 발생
몇 만 명 대기업: 발생 안 됨 / 6명 영세 소기업: 발생
민노총 집회: 발생 안 됨 / 광복절 집회: 발생
오페라 공연장 5천 명 이내: 발생 안 됨 / 교회 20명 이상: 발생
이거야말로 정말 귀신이 곡할 노릇이다!

이처럼 우리도 가슴 아프고 눈물 나고 통탄할 말세의 마지막 때가 되어버렸습니다. 그런데도 인간의 죄악된 욕망에 의해 생겨난 코로나19가 알파, 베타, 감마, 델타 바이러스로 급속도로 퍼져가는 위기 속에서도 하나님 우리 아버지만은 우리의 중심을 다 아시니까, 우리는 견딜 수 없는 상처의 고통 속에서도 지난날 초대교회 신앙의 선조들이 카타콤(동굴 묘지) 속에서 숨어서 예배를 드렸듯이, 오늘도 하나님의 성전 곳곳에서 금식기도를 하고 통곡기도를 하고 서원기도를 하면서 하나님의 응답의 때를 기다리고 있습니다.

그 금식기도와 통곡기도와 서원기도가 응답받을 때에 언젠가는 우리의 억울하고 원통했던 진심도 다 밝혀지고, 코로나19의 위기도 다 극복하게 되고, 기적의 응답이 이루어지는 승리의 그날이 반드시 다가오게 될 줄 확실히 믿습니다.

이 시간 다 함께 결단의 찬송으로 복음성가 '나의 하나님'을 함께 부르며 믿음으로 결단하도록 하겠습니다.

나의 하나님 그 크신 사랑
나의 마음속에 언제나
슬픈 눈물 지을 때 나의 힘이 되시는
나의 영원하신 하나님

나의 구원의 반석 나의 생명의 주인
나의 사랑의 노래
실패하여 지칠 때 나의 위로 되시는
나의 하나님을 찬양해
세월이 지나도 변치 않으리
내가 주를 사랑하는 마음

1. 즐거운 날이나 때론 슬픈 날이나
모두 하나님을 사랑합시다
세월이 지나도 비바람 불어도
모두 하나님을 사랑합시다

2. 외로운 밤이나 험한 골짜기라도
나의 하나님은 동행하시니
내 영혼 언제나 하나님을 바라며
세상 끝날까지 사랑하리라

우리의 어려운 형편과 처지를 다 아시는 하나님 아버지, 지난날 저희도 견딜 수 없는 상처의 고통 속에서 때로는 억울하고 원통하고 낙심하고 좌절되는 일들이 얼마나 많이 있었습니까? 그럼에도 불구하고 하나님만은 우리의 중심을 다 아시는 줄 믿사오니 끝까지 인내하며 금식기도를 하게 하여 주시옵소서! 통곡기도를 하게 하여 주시옵소서! 서원기도를 하게 하여 주시옵소서! 그리함으로 코로나19가 아무리 극한 상황에 이르러도 언젠가는 기필코 살아 계신 하나님께서 기적적으로 응답해 주시고, 승리케 하시며, 영광 받아 주실 줄 믿사옵고, 예수님의 이름으로 간절히 축복하며 기도하옵나이다. 아멘!

개혁의 실패

사무엘상 2:12-17, 22-25

우리가 이 땅에서 갖가지 삶의 불행과 고통 가운데서 가정을 지켜나가는 것은 대부분 우리 자녀들 때문이라고 합니다. 미국 이민목회를 할 때도 들어보면, 그 견디기 어려운 고통과 불행 속에서도 끝까지 인내하는 것은 80~90%가 자녀들을 위해서라고 하는데, 오늘의 현실은 자녀들을 영적으로 바로 세워나가기가 결코 쉽지가 않습니다.

무엇보다 입시 지옥의 현실이 가장 먼저 그들 앞에 놓여 있고, 취업의 문이 굳게 닫혀 있어 백수로 살아가기도 하고, 결혼의 벽마저도 두텁게 쌓여 있어서 한마디로 모든 것을 포기하고 살아야 하는 N포 세대를 살아가고 있습니다. 그러나 보니 부모 세대와도 어떠한 언어도, 대화도, 감정도, 신앙까지도 통하지 않는 불통의 시대를 살아가고 있습니다.

오늘 본문에 나오는 엘리 대제사장의 가정도 이처럼 삶의 개혁에 있어서 자녀 양육부터 실패하고 말았습니다. 그렇다면 이 가정의 근본적인 문제가 무엇이었는가를 보면서 오늘날 우리 자녀들과의 문제를 어떻게 풀어갈 것인가를, 이 시간 들려주시는 하나님의 음성을 함께 들을 수 있길 바랍니다.

하나님의 말씀으로 양육해야 함

먼저 본문 12절 말씀을 다 함께 읽겠습니다.

"엘리의 아들들은 행실이 나빠 여호와를 알지 못하더라."

본문에 나오는 엘리는 이스라엘의 사사이면서 대제사장이었습니다(삼상 4:18). 오늘날 같으면 총회장 목사로서 이스라엘 백성들을 통치하면서도 금수저 출신인 자신의 아들들 홉니와 비느하스를 하나님의 말씀으로 양육하는 데 실패했던 것입니다. 그 결과 대제사장의 아들로서 그들 자신도 제사장(목사)이어서 어렸을 때부터 율법 교육을 다 받았을 텐데도 여호와를 알지 못했다고 기록하고 있습니다.

왜 여호와를 알지 못했다고 기록하고 있을까요? 거기서 그들이 여호와를 알지 못했다는 것은 하나님께 대한 영적인 체험이 없었다는 것인데, 이 얼마나 심각한 문제입니까? 대제사장으로서 그가 안팎으로 너무도 바쁘다 보니까, 자녀들의 영적 상태에 관심을 가지지 못하면 이렇게 될 수밖에 없습니다. 그러다 보니 그들의 행실이 나쁠 수밖에 없었습니다.

오죽하면 제물을 기름으로 태운 후에 제사장에게 고기를 가져다주는데, 이 아들들은 태우기도 전에 내놓으라고 하면서 억지로 빼앗아 먹을 정도였습니다. 그들의 죄가 여호와 앞에 심히 큰은 그들이 여호와의 제사, 즉 하나님께 드리는 예배까지 멸시할 정도였는데, 그만큼 엘리 제사장은 가장 먼저 자녀들을 하나님의 말씀으로 양육하는 데 실패했던 것입니다.

우리도 목사, 장로, 권사, 집사로서 너무도 바쁘게 밖으로 다니다 보면 자녀들의 영적 생활을 소홀히 할 때가 얼마나 많습니까? 그러다 보면 어느 순간에 우리 자녀들이 신앙을 떠나 세상에 빠져 있고, 우리의 말을 아예 안 들으려고 해서 부모로서 난감해질 때가 얼마나 많습니까? 우리가 자녀들을 가장 효과적으로 변화시킬 수 있는 방법은, 그들로 하여금 하나님의 말씀에 부딪히게 하는 것입니다.

말씀 읽기는 자녀들이 어릴수록 좋은데, 어렸을 때에는 두란노서원에서 나온 《어린이 그림성경》부터 읽어주기 시작해서, 초등학교에 들어가면 생명의말씀사에서 나온 《만화성경》을 사서 매일 읽게 하고, 중학교에 들어가면 예수원에서 나온 《드림성경》을 사줘서 매일 읽게 하고, 대학교에 들어가면 아가페출판사에서 나온 《NIV 한영성경》을 사서 영어로 그 뜻을 찾아가면서 읽게 하면 좋습니다.

그리하면 부모가 마음 상해 가면서 잔소리하고 큰소리치고 매질하는 것보다 훨씬 더 수월하게 그들 스스로 하나님의 말씀에 부딪혀서 회개할 것은 회개하고 결단할 것은 결단할 때 스스로 변화가 일어날 수밖에 없습니다.

사실 지 자신도 너무 바쁘고 피곤하니까 딸아이를 영적으로 제대로 양육할 시간이 없었습니다. 어렸을 때는 매일 성경을 읽어주고 기도해 주었지만, 아이가 중·고등학교에 들어가서 바빠지니까 서로 시간을 맞추기가 어려워서 매일 QT를 하도록 권했습니다. 그리고 대학 가니까 아빠와의 의견 갈등까지 생겨서 그때마다 저는 성경에서 문제의 해답을 찾자고 권했습니다. 지금 와서 딸의 지난날의 삶을 돌이켜보면, 제가 영적으로 지도한 것보다도 딸아이가 말씀에 부딪혀서 변화된 것이 훨씬 더 많았습니다. 그래서 자기 엄마, 아빠보다는 훨씬 더 착하고 순수하고 하나님의 말씀대로 더 행하려고 하고 신실한 주의 종의 사모까지 되었습니다.

이처럼 우리 자녀들이 성경을 접하는 것이 중요한데, 그들로 하여금 아무리 성경을 읽도록 하려고 해도 안 되면 어떻게 해서든지 교회에 나오도록 해서 주의 종들이나 교사들을 통해서 가르쳐주는 말씀에 부딪히게 해야 합니다. 그래서 그들이 구원받고 치유 받고 양육되어서 어떻게 해서든지 그들이 일생이 주님의 제자로 헌신하고 복음 증거의 사명자로 복되게 쓰임 받게 해야 합니다.

우리 자녀들을 어렸을 때부터 하나님의 말씀으로 양육하는 길밖에는 그들을 변화시킬 수 있는 다른 길이 없습니다. 그래서 디모데후서 3장 15-17절에 "또 어려서부터 성경을 알았나니 성경은 능히 너로 하여금 그리스도 예수 안에 있는 믿음으로 말미암아 구원에 이르는 지혜가 있게 하느니라 모든 성경은 하나님의 감동으로 된 것으로 교훈과 책망과 바르게 함과 의로 교육하기에 유익하니 이는 하나님의 사람으로 온전하게 하며 모든 선한 일을 행할 능력을 갖추게 하려 함이라"고 분명히 강조하고 있지 않습니까?

이 하나님의 말씀으로 우리의 자녀들을 구원의 확신을 얻게 할 뿐만 아니라 교훈과 책망과 바르게 함과 의로 교육해서 하나님의 사람으로 온전하게 하며, 모든 선한 일을 행할 능력을 갖추게 할 때, 하나님께서 그들을 기뻐 받으시고 귀하게 쓰시는 것입니다.

지난 두 주간 동안 유럽 선교 여정 가운데 가장 먼저는 500년 전 종교개혁이 일어났던 독일의 비텐베르그 수양관에서 있었던 유럽 선교사 수련회에 갔습니다. 다른 지역 선교사님들보다도 유럽 선교사님들은 자신들이 번영한 유럽 땅에서 선교해서 그런지 몰라도, 다 그렇지는 않지만 아시아나 남미나 아프리카 선교사님들보다도 우월감에 사로잡혀 있는 경향이 있었습니다. 그들의 영적 교만부터 깨뜨리기 위해서 다른 곳에서보다도 더욱 열정적으로 말씀을 전하지 않을 수 없었습니다.

무엇보다도 사도행전 2장 37-47절의 말씀을 가지고 위기의 시대를 맞이한 한국 교회나 유럽 선교지의 현실 속에서 우리가 예루살렘 초대교회로 돌아가지 않으면 안 된다고 경종을 울렸습니다. 무엇보다도 우리 선교사님들부터 하나님의 말씀을 아멘으로 잘 받아들여서 은혜가 충만하고 오로지 기도에 힘쓰면서 기적을 체험하고, 마음으로부터 시작해서 음식과 물질까지도 사랑의 나눔을 통해 하나님의 축복을 나누고, 먼저 모범적으로 전도하면서 유럽의 재복음화의 불을 당기지 않으면 유럽 선교에 더 이상의 희망은 없다고 외쳤습니다. 그리고 통성으로 기도하며 뜨겁게 결단하도록 했는데, 성령이 역사하니까 가슴이 뜨거워지고 눈물이 쏟아지는 회개의 역사가 일어났습니다. 끝나고 선교사님들의 말을 들어보니까 금년에도 수련회에 참석해서 큰 도전이 없이 그냥 지나가다가, 그날 저녁 말씀을 받으면서 가슴이 뻥 뚫리는 생수의 은혜를 체험했다는 고백을 들을 수 있었습니다.

여러분, 인간의 어떠한 말이나 힘으로는 사람을 결코 변화시킬 수가 없습니다. 오직 하나님의 말씀의 은혜만이 사람들을 감동시키고 결단케 해서 어떠한 악행도 끊고 변화의 삶을 살게 합니다. 그러므로 우리 자녀들을 이 놀라운 변화를 일으키는 하나님의 말씀으로 권면하고, 주님의 전으로 강권하여 나오게 해서 말씀의 은혜를 받게 하고 하나님의 말씀으로 양육시켜 나갈 때, 그들이 언젠가는 세상의 모든 악행을 끊고 새롭게 변화되어 더 이상 실패하지 않고 하나님의 사람으로 일어서게 될 줄 분명히 믿으시기 바랍니다.

자녀들의 악행을 철저히 훈계해야 함

계속해서 본문 24절 말씀을 다 함께 읽겠습니다.

> "내 아들들아 그리하지 말라 내게 들리는 소문이 좋지 아니하니라 너희가 여호와의 백성으로 범죄하게 하는도다."

엘리 대제사장은 40년 동안 이스라엘을 영적으로 지도해 왔는데, 이제 매우 늙어서 그의 나이가 98세로서 눈이 어두워서 제대로 보지도 못하고(삼상 4:15), 살이 너무 쪄서 비대해져서 거의 거동을 자유롭게 못할 정도였습니다(삼상 4:18). 평신도 가정의 흙수저 출신의 아들로서 성막에서 경건하게 자라난 사무엘과는 달리, 엘리 대제사장의 다 큰 두 아들들이 이제는 성막에서 수종을 드는 여인들과 동침을 하고, 그들의 악행이 이스라엘의 모든 백성들에게까지 알려졌습니다.

이것은 가나안 땅의 이방 종교의 음란한 제사 의식을 모방한 것으로서 하나님께서 철저히 금하셨던 일입니다(민 25:1-5; 신 23:17). 그런데도 엘리 대제사장은 아들들에게 "그리하지 말라! 내게 들리는 소문이 좋지 아니하니라 너희가 여호와의 백성으로 범죄하게 하는도

다"라고만 말합니다. 다시 말하면 "대제사장의 아들들인 제사장들이 제사를 멸시하고 성적 범죄를 저지르니까 백성들도 따라서 범죄하지 않겠느냐?"는 정도로만 가볍게 말했기 때문에 결국 엘리 대제사장은 자녀들의 악행조차도 바로 훈계하는 데 실패함으로 자녀들의 멸망을 막지 못했던 것입니다.

우리의 자녀들도 신앙을 떠나서 악행을 저지르면, 그때는 자녀들을 앉혀 놓고 강하게 훈계를 하면서 순종하고 말씀으로 살든지, 아니면 나가서 자신의 힘으로 인생을 살든지 하라며 신앙으로 결단을 하게 해야 합니다. 그런데도 오늘의 우리는 자녀들이 우리의 삶에 최우선이고 그들이 두려워서 강하게 훈계를 못합니다. 그들이 믿음을 떠나서 멸망 길로 가고 있는데도 어쩔 수 없이 내버려 두고 맙니다. 그런데 그것은 하나님께서 맡겨주신 자녀들에 대한 직무유기이고, 복지부동이고, 심판받아야 할 무책임한 행위입니다.

그래서 잠언 23장 13-14절에 "아이를 훈계하지 아니하려고 하지 말라 채찍으로 그를 때릴지라도 그가 죽지 아니하리라 네가 그를 채찍으로 때리면 그의 영혼을 스올(죽음)에서 구원하리라"고 강력한 훈계를 권면하고 있습니다. 그런데 이렇게 말씀하셨다면서 자녀들을 감정 푸는 대상으로 삼을 수 있는데, 훈계하는 데만 채찍이 가능하지 감정 푸는 데 사용해선 안 된다는 것입니다. 채찍으로 부모의 감정을 풀다 보면 자식들이 마음에 얼마나 많은 상처를 받고 그들의 성격이나 행동이나 신앙이 비뚤어지고 거칠어지는지 모릅니다.

소아·청소년 정신과 전문의인 오은영 박사가 쓴 《못 참는 아이 욱하는 부모》라는 책이 있는데, 책 제목만 봐도 우리 자녀 문제의 원인이 어디 있는지 잘 보여주고 있지 않습니까? 우리 자녀들의 주의

력 결핍 과잉성 행동장애나, 또 커서 보이는 충동조절장애나 분노조절장애는 감정 조절을 잘 못하는 우리 부모에게 달려있다는 것입니다. 자녀를 기르는 부모에게 꼭 추천하고 싶은 책인데, 상담치유학을 전공한 목사로서 평소에 치유상담대학원에서도 강조했던 이론과 실제를 너무도 잘 정리해 주었기 때문입니다.

우리가 자녀를 기를 때 적어도 만 2세까지는 자녀들이 의사소통이 안 되기 때문에 아이들의 요구를 전반적으로 들어주는 것이 좋다는 것입니다. 그런데 만 2세가 넘으면 의사소통이 가능해지기 때문에 간결하게 설명을 해주며 잘못을 저지를 때 단호하게 받아들일 수 없다고 말해 주어야 하는 것입니다. 그러나 만 3세가 넘으면 아이의 몸을 붙잡고 통제해서라도 훈육이 시작되어야 한다는 것입니다.

더 나아가 만 4세가 넘으면 아이가 고집을 부리고 울면서 떼를 쓸 때 부모의 다리를 펴서 다리 사이에 아이를 앉혀 놓고 "네가 그칠 때까지 기다릴 거야!" 하고 끝까지 침착하게 기다리다가, 아이가 울음을 그칠 때 "잘했어! 이제 아빠와 엄마랑 이야기 좀 하자" 하고 훈육해 나가야 하는 것입니다. 그때 아이들은 엄마나 아빠에게 떼를 써도 소용이 없다는 것을 분명히 깨닫게 되고, 부모님의 훈육에 귀를 기울이게 되고, 삶의 변화가 일어나게 됩니다.

더 나아가 자녀들이 커서도 신앙생활을 안 하면 그것에 대한 분명한 제재를 가해야 합니다. "네가 신앙으로 살지 않으면 엄마, 아빠도 너에게 더 이상 뒷바라지해 줄 수 없다"는 것을 단호히 말하면서, 그들이 손해와 고통을 겪는 구속, 즉 그들의 용돈을 줄이든지 외출을 금지하며 활동 반경을 제한하든지, 어떠한 행동의 제한을 설정함으로 그들의 삶을 훈계해야 합니다. 그런데 우리가 그들을 사랑으로 훈계하지 않으면 아무리 그들이 세상적으로 성공을 해도 그들의 삶은 결국은 불행과 고통과 멸망으로 끝이 나고 맙니다.

이번 유럽 선교 여정 중 두 번째로 간 곳은 오스트리아의 비엔나 한인교회였습니다. 유럽에서 우리 교단 교회 중 가장 뜨겁게 부흥하는 교회 중 하나였는데, 원래는 이 비엔나한인교회도 분쟁이 심했던 교회였습니다. 그런데 22년 전 장황호 선교사님이 부임한 이후에 얼마나 교인들을 영적으로 강하게 훈련하였는지 모든 시험을 이겨내고 400여 명이 모이는 교회로 뜨겁게 부흥했습니다. 그뿐만 아니라 교회 재정의 절반 정도를 동유럽과 중동과 아시아 선교를 위해 사용하는 선교적 교회였습니다.

교인들의 3분의 2 정도가 10대, 20대, 30대, 40대 젊은 유학생들과 청장년들이었는데, 모두들 일어서서 너무나 열정적으로 찬양을 하고 통성으로 기도를 했습니다. 사실 앞서가는 미국이나 선진 교회들도 다 그렇지만 찬양은 하나님께 드리는 것이기 때문에 일어서서 하는 것이 바른 자세일 뿐만 아니라, 우리에게 더욱 은혜가 됩니다. 더 나아가 우리가 한 시간 반 동안 앉아만 있으면 허리 건강에도 안 좋은데 일어서서 찬양하면 목, 허리, 팔, 다리 건강에도 다 좋으니 일석사조 아닙니까?

그래서 우리 교회도 다음 주일부터는 찬양을 할 때 다리가 불편하시거나 건강이 안 좋으시거나 연세가 높으신 분들은 종전대로 앉아서 찬양을 하도록 하고, 60세 이하로 저보다 젊은 성도들은 다 일어나서 찬양을 하도록 하려고 합니다. 다음 주일부터 믿음으로 시작할 텐데 더 큰 은혜를 체험하게 될 것입니다.

중요한 사실은 잘못된 것은 훈계를 해서라도 바로잡으면 우리 모두에게 영육 간에 은혜가 되고 축복이 된다는 것입니다. 그러므로 우리 자녀들의 장래를 위해서라도 자녀들의 악행을 철저히 훈계해야 합니다. 그들이 더 이상 세상에서 실패하지 않고 영적으로 살아나서 하나님의 나라를 위해서 귀하게 쓰임 받는 복된 자녀들이 될 줄 확실히 믿습니다.

자녀를 위하여 간절히 기도해야 함

마지막으로 25절 말씀을 다 함께 읽겠습니다.

> "사람이 사람에게 범죄하면 하나님이 심판하시려니와 만일 사람이 여호와께 범죄하면 누가 그를 위하여 간구하겠느냐 하되 그들이 자기 아버지의 말을 듣지 아니하였으니 이는 여호와께서 그들을 죽이기로 뜻하셨음이더라."

사람이 사람에게 범죄하면 하나님께서 심판하시지만, 사람이 여호와께 범죄하면 누군가가 그를 위하여 간구해야 하지 않겠느냐는 것입니다. 엘리 대제사장이 그 아들들의 죄가 하나님께 범죄가 된 것을 심각하게 생각하고 마지막으로라도 간절히 기도해야 했는데, 엘리 대제사장이 자녀들을 위해 간절히 기도했다는 어떠한 기록도 성경에서 찾아볼 수가 없습니다. 그 마지막 기회마저도 놓쳐버림으로 자녀 양육에 실패하게 되었을 뿐만 아니라, 그 결과 이방 블레셋 사람들에게 하나님의 법궤를 빼앗기게 되고, 그날 결국 두 아들마저도 죽임을 당하고, 그 슬픈 소식을 들은 엘리 대제사장마저도 충격을 받고 쓰러져 목뼈가 부러져 죽음으로써 그날 온 집안이 멸망당하고 말았습니다.

여러분, 내가 낳은 자식도 내 마음대로 안 되는 것이 우리의 인생입니다. 우리의 힘으로도, 능력으로도 할 수 없을 때, 마지막으로 할 수 있는 것은 성령님의 권능을 의지하면서 그들이 회개하고 돌아올 때까지 기도하는 길밖에 없습니다.

일찍이 371년 아프리카 알제리의 타카스테 고향 집을 떠나서 어머니의 신앙을 저버리고 이방 종교인 마니교에 빠져서 이방 여인과 함께 살면서 아들까지 낳으며 방탕하게 살아가던 아들 어거스틴을 위해서 15년 동안 성전에 나가서 매일 눈물로 기도하는 어머니에게, 북아프리카 시골 고향 교회의 목사님이 "사랑하는 모니카 자매여, 눈물의 기도가 있는 부모의 자식은 결코 망하는 법이 없습니다"라고 위로해 주었습니다.

이탈리아 밀라노에서 살던 그 아들이 점점 영적으로 곤고해져서, 마침 어린이날인 386년 5월 5일, 너무도 지쳐 정원의 무화과나무 그늘에 쓰러져 있었습니다. 그런데 밖에서 아이들이 놀면서 부르는 노래소리가 들렸습니다. "Tole rege! Tole rege!"(Take and read! Take and read!) "책을 들고 읽어보아라! 책을 들고 읽어보아라!"는 노래 가사를 듣고, 문득 고향을 떠나올 때 어머니가 주셨던 성경을 찾아 펼쳐 보았습니다.

그런데 성경을 읽는 순간 로마서 13장 11-14절의 "또한 너희가 이 시기를 알거니와 자다가 깰 때가 벌써 되었으니 이는 이제 우리의 구원이 처음 믿을 때보다 가까웠음이라 밤이 깊고 낮이 가까웠으니 그러므로 우리가 어둠의 일을 벗고 빛의 갑옷을 입자 낮에와 같이 단정히 행하고 방탕하거나 술 취하지 말며 음란하거나 호색하지 말며 다투거나 시기하지 말고 오직 주 예수 그리스도로 옷 입고 정욕을 위하여 육신의 일을 도모하지 말라"는 말씀이 눈앞에 펼쳐졌습니다.

그는 이 말씀에 은혜를 받고 회개하고 돌아와서 바울 사도 다음으로 기독교 신학에 가장 큰 영향을 끼친 4세기의 위대한 신학자 성 어거스틴이 되었습니다.

여러분, 어머니의 기도가 이렇게 위대한 것입니다. 예수님께서도 십자가 행렬을 따르면서 가슴을 치며 슬피 울던 여인들을 향하여서 누가복음 23장 28절에 "…예루살렘의 딸들아 나를 위하여 울지 말고 너희와 너희 자녀를 위하여 울라"고 명령하시지 않았습니까? 이제는 우리 자녀들의 신앙과 그들의 장래를 위해 눈물로 기도해야 할 때입니다. 기도해서 안 되면 금식하면서라도 매달려야 하는데, 놀러 다니고 잘 시간은 많아도 자녀들을 위한 기도의 시간은 하루에 얼마나 갖고 있습니까? 우리가 자녀들을 위해 기도할 때 우리의 인내의 믿음의 기도와 금식에 기적의 역사는 기필코 일어나게 되는 것입니다.

이번 유럽선교 여정 가운데 마지막으로 들른 곳은 러시아의 모스크바 장로회신학대학이었습니다. 그곳에서 신학생들과 목회자들에게 '치유목회의 이론과 실제'에 대해서 집중강의를 하였는데, 원수의 나라인 러시아에 가서까지 그 신학대학을 세우게 된 것은 이흥래 장로님의 영혼을 향한 불타는 사랑과 전적인 헌신과 눈물의 기도의 열매였습니다.

장로님은 원래 순천고등성경학교 2학년 1학기 때 순천중앙교회에서 박용묵 목사님의 부흥회에 참석했는데, 마지막 날 전도를 위한 결단의 시간에 강사 목사님이 "여러분 가운데 일생 동안 5만 명 전도할 사람은 손을 들어주십시오!" 하시는데 교인 300여 명이 모인 교회에서 아무도 손을 안 들었습니다. "4만 명 전도할 사람은 없습니까?" "3만 명 전도할 사람은 없습니까?" "2만 명 전도할 사람은 없습니까?" "마지막으로 1만 명 전도할 사람은 없습니까?" 이렇게 하시는데 아무도 손을 안 드니까 예배당 분위기가 싸늘해졌습니다.

그런데 이때 고등성경학교 학생이던 이흥래 장로님이 손을 들고 벌떡 일어서서 "제가 1만 명 전도하겠습니다"라고 서원을 하여서 온 교인들의 박수를 받으며 강사 목사님의 안수기도까지 받게 되었습니다. 이 사건으로 인해 고등성경학교 2학년 2학기 신학생 시절부터 시골교회 전도사 생활을 시작하였고, 기도하던 가운데 1만 명 전도를 위해 시골 농어촌을 순회하면서 영화를 상영해 주면서 전도하는 영화 전도를 했는데, 그만 다섯 딸을 양육하며 비단장사로 돈을 벌어 뒷바라지하시던 부인 권사님이 중풍으로 쓰러지셔서 더 이상 순회 영화 전도를 할 수가 없었습니다.

또다시 1만 명 전도를 위해 기도하던 가운데 기도의 동지들과 함께 1991년 러시아 선교회를 조직하고, 1992년 51세의 늦은 나이에 1만 명 선교의 꿈을 안고 이제 막 구소련이 해체된 러시아의 심장부인 모스크바에 들어가서 선교를 시작하게 된 것입니다. 언어도 준비가 안 되었고 아는 사람도 없었고 파송한 교회도 없이 사재를 털어서 100명씩 모이는 교회를 100개만 세우면 1만 명 전도의 주님과의 약속을 지킬 수 있다는 비전을 가지고 기도하는 가운데, 성령님의 인도하심을 따라 무작정 아무런 연고도 없는 러시아 땅에 들어가서 모스크바 장신대를 세우고 거기서 훈련된 신학생들을 파송했습니다.

그래서 지난 25년 동안 목사와 선교사도 이루기 어려운 무려 115개의 교회를 세우는 기적의 선교 역사를 이루게 되었을 뿐만 아니라, 금년 76세의 고령이신데도 1만 명 목표 달성에 만족하지 않으시고 60만 명 선교의 새로운 꿈을 안고 순교적 각오로 남은 여생을 불태우고 계셨습니다. 더욱이 5명의 딸 중 3명이 목사 사모가 되었고, 그중 두 딸 내외가 아버지의 뒤를 이어 합심해서 선교해 나아가고 있으니, 이 얼마나 놀라운 기도의 응답이고 기적의 선교입니까?

그러므로 우리도 훈계로 변화가 안 되는 자녀들에 대해서 결코 낙심하거나 포기하지 말고 "늦었다고 생각하는 때가 가장 이른 때라"(The best time is now)는 서양 속담과 같이 지금부터라도 자녀들을 위해 눈물로 기도하고 금식하면서 삶의 감동적인 모범을 보이면서 끝까지 인내하며 매달려야 합니다. 그리할 때 우리 자녀들이 더 이상 세상에서 실패하지 않고 기적적으로 주님의 품에 돌아와서 우리의 뒤를 이어 하나님 나라를 위해 귀하게 쓰임 받으며 크게 영광 돌리게 될 줄 확실히 믿으시기 바랍니다.

지난 유럽 선교여정 가운데 전전주 화요일에 영등포노회로부터 특별히 목사 안수식 설교를 부탁받아서 하는 수 없이 그날 아침에 잠시 귀국하게 되었습니다. 그런데 마침 그 전날 한 안수집사님과 권사님의 시집간 따님이 갑작스럽게 심장마비로 하늘나라로 떠나갔다는 슬픈 소식을 접하게 되었습니다. 사실 그 따님은 유치원 선생님으로서 참으로 착했고, 시집가기 전 우리 교회 청년부뿐만 아니라 금요심야기도회 찬양 반주를 맡을 정도로 너무도 신실하고, 부모님께도 효도하고 온 가족들을 행복하게 하였던 천사와 같은 딸이었습니다.

어쩌면 주님께서는 우리와 같이 죄 많은 인생들은 이 땅 위에서 더 고생하면서 회개하고 오라고 더욱 살려 두시고, 천사와 같이 착한 자녀들은 더 고생할 것 없이 빨리 천국에 와서 편히 쉬라고 하시는지 먼저 불러 가십니다. 저 역시 그토록 착하던 첫딸을 잃었던 경험이 있었기 때문에 사랑스러운 딸을 잃은 부모의 심정이 얼마나 가슴 아프고 눈물이 나고 앞이 캄캄할까 하는 심정이 느껴져서, 노회가 끝난 날 밤늦게 김포의 장례식장으로 조문을 갔습니다.

어머니 권사님은 이미 기력을 잃고 일어날 힘조차 없었고, 아버지 집사님은 제 품에 안겨서 그렇게 우시는데 인간의 무슨 말로도 위로할 길이 없었습니다. 그래서 시편 116편 12-15절의 "그의 경건한 자들의 죽음은 여호와께서 보시기에 귀중한 것이로다"는 말씀으로 위로하면서 저 자신의 가슴 아픈 경험을 들려드렸습니다.

지금으로부터 30년 전에 장로회신학대학원을 졸업하고 노량진교회 심방전도사로 일하면서 새벽에 일찍 나가면 저 멀리 광명, 시흥, 안양, 군포 등 가장 먼 교구를 맡아 하루 종일 심방을 하고 밤 10시경에 집에 돌아오던 시절이었습니다. 1987년 그 해 전국적으로 수해가 크게 나서 세 들어 살던 반지하 셋방집에 보름 정도 물이 가득 차서 결국 그 집에서 더 이상 살지 못하고 그 집의 3층 옥탑방으로 이사를 했습니다.

이제는 더 이상 물난리 걱정이 없다고 기뻐했는데, 바로 그 집 3층 베란다에서 사랑하는 첫딸아이가 떨어져 하늘나라로 떠나갈 줄 누가 알았겠습니까? 그때는 "하나님 아버지, 새벽부터 밤늦게까지 충성을 다한 저에게 해주시는 보답이 바로 이것입니까?" 하면서 정말 하나님도 원망스럽고 그토록 충성을 다했던 주의 일에도 회의가 생기고, 저의 일생 가운데 가장 낙심되고 좌절하는 시험이 찾아왔습니다.

그런데 장례를 치르고 나서 괴로워하던 어느 날 새벽에 기도하는 가운데 주님의 음성이 들려왔습니다. "나도 너희를 위해서 사랑하는 아들을 잃었다! 나는 너희를 위해 죄 없는 아들조차도 그 모진 십자가형으로 죽게까지 하였는데, 너는 사랑하는 딸을 잃었다고 그렇게 낙심해 있느냐? 더 이상의 사망이 없고 애통하는 것이나 곡하는 것이나 아픈 것이 더 이상 있지 않은 천국에서 편히 쉬게 해 주었는데, 그것이 그토록 가슴이 아프냐?"고 하시는 주님의 위로의 음성을 듣고 더 이상 할 말이 없었습니다.

그런데 놀라운 것은, 하나님께서는 결코 우리에게 슬픔의 고통과 불행만을 안겨주시지 않으셨습니다. 장례를 치르고 나서 그다음 주일에 교회에 갔는데 교인들이 다가와서 "전도사님, 저도 첫째를 잃었어요, 둘째를 잃었어요, 막내를 잃었어요" 하는데 '아, 내가 교인들의 깊은 아픔을 너무도 몰랐구나!' 하는 것을 그때 깨닫게 되었습니다. 그리고 상처 입은 치유자로서 상담치유학을 더욱 깊이 공부하는 계기가 되었을 뿐만 아니라 눈물의 목회를 시작하게 되었습니다.

그날 이후부터 천국의 소망이 더욱 뜨거워지고, 이제는 더 이상 죽음도 두렵지 않고 "죽으면 죽으리라"는 믿음으로 충성을 다하며 지난 30년의 세월을 달려올 수 있었습니다. 더욱이 첫째 딸을 대신해서 선물로 보내주신 둘째 딸에 대해서 청지기적 사명을 가지고 더욱더 하나님의 말씀으로 양육하고, 더욱 뜨거운 사랑으로 철저히 훈계하고, 더욱 간절히 기도하면서 주의 종의 사모로 길러낼 수 있었습니다.

그래서 비록 집사님, 권사님의 따님이 젊은 나이에 하나님의 부르심을 받았지만, 이 땅에 사는 동안 의미 있고 보람되게 헌신, 봉사, 충성을 다하다 갔으니까 천국 문 앞에서 사랑하는 부모님과 동생을 기다리고 있을 딸을 머지않아 다시 만나리라는 소망을 가지고, 우리도 머지않아 떠나게 될 이 세상에 더 이상 마음을 빼앗기지 않고 딸의 빈자리를 메워 하나님께 서원한 것을 갚아드리며 충성을 다하자고 간절히 위로해 드리고 돌아올 수 있었습니다.

사랑하는 성도 여러분, 이렇게 우리가 그토록 사랑하는 자녀들조차도 어느 날 갑자기 말없이 우리의 곁을 떠나갑니다. 그러므로 우리의 자녀들이 살아 있고 건강하고 믿음으로 살아준 것만 해도 진심으로 감사하면서 선한 청지기의 사명을 감당하기 위해 자녀들을 하나님의 말씀으로 양육하고, 그들의 악행을 철저히 훈계하고, 그들을 위해 간절히 기도해야 합니다. 그리할 때 맡겨주신 자녀들의 양육에 더 이상 실패하지 않고, 언젠가는 그들도 우리의 뒤를 이어 신실한 주의 일꾼들로 일어서서 이 땅 위에서의 사명을 충성스럽게 감당하다가 머지않아 이 땅 위에서의 사명을 다 마치고 우리와 함께 주님 앞에 서게 될 것입니다.

그때에 주님께서 우리를 반갑게 주님의 품에 안아주시고, 지난날 우리의 상처받은 가슴을 어루만져 주시고 우리의 눈에서 흘러내리는 눈물도 닦아주시면서 "잘하였도다 착하고 충성된 종아!" 하시며 우리에게 주시는 하늘의 상과 면류관을 모두 다 누리게 될 줄 확실히 믿습니다.

우리 다 함께 우리 자녀들이 오늘에 이르게 됨이 모두 주님의 은혜였음을 감사드리며, 우리 자녀들의 장래조차도 주님께 다 맡기면서 결단의 찬송으로 '은혜 아니면'이란 복음성가를 함께 부르면서 결단하도록 하겠습니다.

어둠 속 헤매이던 내 영혼 갈 길 몰라 방황할 때에
주의 십자가 영광의 그 빛이 나를 향해 비추어주셨네
주홍빛보다 더 붉은 내 죄 그리스도의 피로 씻기어
완전한 사랑 주님의 은혜로 새 생명 주께 얻었네
은혜 아니면 나 서지 못하네
십자가의 그 사랑 능력 아니면 나 서지 못하네
은혜 아니면 나 서지 못하네
놀라운 사랑 그 은혜 아니면 나 서지 못하네
나의 노력과 의지가 아닌 오직 주님의 그 뜻 안에서
의로운 자라 내게 말씀하셨네 완전하신 그 은혜로
은혜 아니면 나 서지 못하네
십자가의 그 사랑 능력 아니면 나 서지 못하네
은혜 아니면 나 서지 못하네
완전한 사랑 그 은혜 아니면 나 서지 못하네
이제 나 사는 것 아니오 오직 예수 내 안에 살아 계시니
나의 능력 아닌 주의 능력으로 이제 주와 함께 살리라
오직 은혜로 나 살아가리라
십자가의 그 사랑 주의 능력으로 나는 서리라
주의 은혜로 나 살아가리라
십자가의 사랑 그 능력으로 나 살리라
주 은혜로 나 살리라

우리에게 일생의 가장 귀한 선물을 허락하신 하나님 아버지, 저희

가 부모로서 자녀들에게 본을 보이지 못하고 자녀들의 일생에 걸림이 됨으로 개혁의 삶에 실패할 때가 얼마나 많았습니까? 이제라도 남은 여생 자녀들을 하나님의 말씀으로 양육하게 하여 주시옵소서. 그들의 악행을 철저히 훈계하게 하여 주시옵소서. 그들을 위해 간절히 기도하게 하여 주시옵소서. 그리함으로 언젠가는 사랑하는 자녀들이 주님의 품에 돌아와서 우리의 뒤를 이어 신실한 주님의 일꾼이 되어서 하나님의 나라를 위해 귀하게 쓰임 받으며 크게 영광 돌리게 될 줄 확실히 믿사옵고, 예수님의 이름으로 축복하며 기도하옵나이다. 아멘!

하나님의 부르심

사무엘상 3:1-14

하나님께서는 어느 시대에나 하나님의 사람들을 부르셔서 귀하게 사용하시고 크게 영광 거둬주십니다. 오늘 본문에는 어머니 한나의 금식, 통곡, 서원기도를 들으심으로 이스라엘을 위하여 귀하게 쓰임 받은 사무엘 선지자가 나오는데, 그렇다면 사무엘 선지자가 어떻게 하나님의 부르심을 받고 귀하게 쓰임 받을 수 있었는지, 이 시간도 들려주시는 하나님의 음성을 다 함께 들을 수 있길 바랍니다.

하나님의 성전에 머물러야 함

먼저 본문 3절을 다 함께 읽겠습니다.

> "하나님의 등불은 아직 꺼지지 아니하였으며 사무엘은 하나님의 궤 있는 여호와의 전 안에 누웠더니."

하나님께 나실인, 즉 구별된 자로 바쳐진 사무엘은 어머니 한나의 젖을 뗀 후에 하나님께 바쳐져서 어릴 적부터 하나님의 법궤가 놓인 성소에서 자라났습니다. 히브리어로 '아이' 즉 'נַעַר'(나아르)라는 단어는 유년에서 40세 장년을 일컬어서 구약성경 가운데 '아이', '소년', '청년' 등으로 번역되었는데, 이스라엘의 역사학자 요세푸스는 이때 사무엘의 나이가 12살이었다고 합니다(Josephus. Ant. v, 10:4). 12살은 이스라엘 사람들이 '율법의 아들'로 부르고 예수님처럼 처음으로 성전에 올라가는 나이였는데(눅 2:42), 그는 마지막 사사였던 엘리 대제사장의 영적 지도를 받으며 자라났습니다. 그래서 어린아이인데도 제사장들이 입는 에봇을 입었습니다(2:19).

그러나 엘리 대제사장이 어느덧 98세가 되어 많이 늙게 되니까(삼상 4:15), 영적으로 쇠퇴해짐으로 인해 그에게 임하던 여호와의 말씀이 드물어지고 영적인 비전도 보이지 않았습니다. 육신의 눈도 점점 어두워가서 잘 보지 못하니까 성소에서 멀지 않은 대제사장 사택에서 누워 있었습니다.

디구나 엘리 대제사징이 이처럼 영적으로 침체되니까 대제사장의 아들들이 여호와를 알지 못해 행실이 나빴습니다. 제사 지낼 때 드릴 삶은 고기를 함부로 취하고, 날 것도 억지로 빼앗아가면서(삼상 2:12-17) 여호와께 드리는 제사를 멸시하였고, 심지어 회막문에서 수종 드는 여인들과 동침까지 하면서 큰 악행을 저지르는 소문이 모든 백성에게까지 퍼졌습니다(삼상 2:22-23).

그러니 사무엘은 엘리 대제사장의 아들들과 얼마나 큰 비교가 됩니까? 그런데 여기 하나님의 등불이 아직 꺼지지 않았다는 것은, 당시 성막에는 일곱 개의 등잔대에 불을 켰는데 감람유로 초저녁에 켜서 밤새워 켜 두었다가 새벽에 껐으니까(출 25:31-37, 27:20-21, 30:7-8)

이때가 깊은 밤이었다고 여겨집니다. 하나님의 법궤가 있는 지성소 앞에는 제사장과 레위인과 헌신자들이 머무는 숙소가 있었지만 사무엘은 성소를 떠나지 않고 거기서 머물면서 살았는데, 이것이 바로 하나님의 음성을 들을 수 있는 첫걸음이 되었던 것입니다.

말세 마지막 때일수록 무교회주의자, 자유주의자, 세속주의자, 인본주의자인 목사나 교인들은 눈에 보이지 않는 무형교회를 강조하고 성전 된 우리의 몸을 강조하면서 우리가 언제 어디서나 예배를 드려도 된다고 주장을 합니다. 그러나 고린도전서 3장 16절과 6장 19-20절에서 "너희는 너희가 하나님의 성전인 것과 하나님의 성령이 너희 안에 계시는 것을 알지 못하느냐…너희 몸은 너희가 하나님께로부터 받은 바 너희 가운데 계신 성령의 전인 줄을 알지 못하느냐 너희는 너희 자신의 것이 아니라 값으로 산 것이 되었으니 그런즉 너희 몸으로 하나님께 영광을 돌리라"고 명령하신 것은, 우리가 하나님의 성전이 되었으니 언제 어디서나 비대면 예배를 보라는 말씀이 아닙니다.

당시 고린도교회는 파당 문제(3장), 음행 문제(5장), 고소 문제(6장), 결혼 문제(7장), 우상제물 문제(8, 10장), 성만찬 문제(11장), 성령의 은사 문제(12-14장), 부활 문제(15장) 등으로 인해서 끊임없이 다툼과 분쟁의 문제가 터져 나왔습니다. 그래서 바울 사도는 "그래 가지고 너희가 어떻게 믿는 자라고 할 수 있겠느냐?"고 하면서 "너희가 거룩한 성령님을 모신 성전이 아니냐? 너희는 너희 자신의 것이 아니라 예수님의 핏값으로 산 성전이 되었으니 하나님께 영광 돌리는 삶을 살라!"고 강조했지 아무데서나 예배드리라고 말한 적이 없습니다.

그래서 최초의 하나님의 전인 성막을 허락하시기 이전에는 어디서나 제단을 쌓고 예배를 드렸고, 비형식적인 예배(informal service)나 기도는 아무데서나 드릴 수 있었습니다. 그러나 하나님께서 광야 시대의 성막이나 왕정시대의 성전이나 포로시대의 회당이나 신약시대의 교회를 세워주신 이후에는, 적어도 주일을 거룩하게 지키며 의식을 갖춘 예배(formal service)는 늘 하나님의 전에서 드릴 것을 강조하셨습니다. 오죽하면 '제2의 율법'이라 하는 신명기에 "택하신 곳에 가서 제사를 드리라"고 17번이나 강조하셨겠습니까? 이처럼 신·구약 성경은 끊임없이 눈에 보이는 유형교회를 강조하셨습니다.

말세 마지막 때일수록, 안팎의 온갖 환난과 핍박 속에서도 우리가 왜 성전에 열심히 모여야 합니까? 성전 장인 시편 84편 4-5절에 "주의 집에 사는 자들은 복이 있나니 그들이 항상 주를 찬송하리이다 주께 힘을 얻고 그 마음에 시온의 대로가 있는 자는 복이 있나이다"라고 분명히 고백하면서, 우리가 성전에 나아올 때 하나님의 말씀과 기도와 찬양 가운데 영육 간에 기쁨을 얻고 새 힘을 얻고 복되고 형통할 것을 분명히 약속하십니다.

더 나아가 계속해서 10-11절에 "주의 궁정에서의 한 날이 다른 곳에서의 천 날보다 나은즉 악인의 장막에 사는 것보다 내 하나님의 성전 문지기로 있는 것이 좋사오니 여호와 하나님은 해요 방패이시라 여호와께서 은혜와 영화를 주시며 정직하게 행하는 자에게 좋은 것을 아끼지 아니하실 것임이니이다"라고 확실하게 약속하십니다.

그러므로 우리는 복의 근원 되시는 살아 계신 아버지의 말씀대로만 하나님의 전에서 예배드리면, 우리가 애쓰고 수고하는 것과는 비교할 수 없이 틀림없이 은혜받고 축복을 누리는 행복한 여생을 분명히 살아가게 되는 것입니다.

지금 성전예배가 세계 어느 자유민주국가에서도 유례가 없는 벌금형과 폐쇄형의 삼엄한 경고 속에서 극심한 탄압을 받고 있습니다. 오죽하면 지난 주일 헌법학회 회장을 역임한 강원대학교 법률전문대학원 김학성 교수님이 정부의 성전예배 금지는 법률적으로 볼 때도 '피해의 최소성'에 하자가 있다고 지적했겠습니까?

특정 교회에서 확진자가 나왔다고 해서 전국의 교회들에게 성전예배를 금지하는 것은 마치 화곡동의 스타벅스 카페에서 확진자가 나왔다고 전국의 스타벅스 카페의 문을 닫게 하고 손님을 20명 미만만 받으라고 하는 것과 똑같다는 것입니다. 교회에서 확진자가 나오면 그 교회의 문만 닫도록 조치를 내리면 되지 한국교회 전체의 문을 닫게 하는 것은 '피해의 최소성'에 위배되고 명백한 신앙의 자유의 핍박이라는 것입니다.

또한 수많은 사람들이 오가는 버스나 지하철은 20명 미만의 제한을 두지 않고 수많은 사람들이 드나드는 백화점이나 식당이나 카페조차도 20명 미만의 제한을 두지 않으면서 왜 교회만 교인 20명 미만으로 예배드리라는 것입니까? 식당이나 카페에 4인까지만 모여 앉도록 제한을 두고 있다면 교회도 4인씩 앉게 하면 될 거 아닙니까?

그런데 하나님의 교회의 예배만 20명 미만으로 제약하고 성전예배를 못 드리게 하니 이 얼마나 엉터리 방역수칙입니까? 더욱 가관인 것은, 이 엉터리 방역수칙을 따르는 이 땅의 목사나 교인들은 어떤 사람들이냐는 것입니다. 여러분, 분명히 기억해야 할 것은 그 영적 배경에는 모든 병의 치료자가 되시는 하나님의 치료를 막으려는 명백한 사탄의 역사가 있다는 것입니다. 여러분, 예배를 막는다고 코로나19의 감염자 수가 줄어들까요? 하나님께서 치료하시지 않으면 코로나19를 이겨낼 길이 없습니다. 그런데도 정부는 또다시 이러한 예배 금지를 두 주간 연장한다고 하니 기가 막히는 일입니다.

우리 치유하는교회 믿음의 성도들은 지난 주일에도 정부의 지침을 따라 방역 수칙을 철저히 지키면서 카타콤 예배를 드렸습니다. 그런데 한 원로장로님이 예배를 마치고 돌아가시면서 "6.25 전쟁 때 공산당에 의해 교회의 문이 닫히고 예배가 금지된 이후 자유민주국가인 우리나라에서 이런 예배의 탄압을 받을 줄은 꿈에도 생각하지 못했다"고 한탄하셨습니다. 통탄할 만한 세상이 되어버렸다고 하시면서 국민들의 절반 이상이 정권 교체를 원하는 결정적인 이유가 바로 여기에 있다고 경고하셨습니다.

그런데 전전주 금요일 심야기도회 때 한 권사님이 비가 억수같이 쏟아지는데 교회에 못 들어가니까 주차장에서라도 기도하러 나왔다고 하여서 너무도 감격했습니다. 그뿐만 아니라 지난 주일에는 한 권사님이 예배를 드리고 가면서 이런 감동적인 글을 보내왔습니다.

> 할렐루야! 목사님, 힘내세요.
> 무슨 말씀을 드릴 수 있겠습니까?
> 예배 시간 내내 흐르는 눈물을 어찌할 수가 없었습니다.
> '예배드릴 수 없을 텐데…문을 안 열어 주어서 못 들어갈 텐데…' 하고 생각하면서, 몸이 아프지 않고는 한 번도 새벽 예배에 빠진 적이 없는 저는 여느 때와 마찬가지로 새벽, 아니 한밤중이라 말하는 것이 더 좋을 것 같은 새벽 1-2시에 일어나 예배드릴 준비를 다 마치고 교회에 도착했습니다.
> 어느 환자 권사님과 함께 꿈인가 생시인가 아무도 없는 본당 문을 들어서는 순간, 그 환희에 찬 기쁨이란 말로 다할 수가 없어서 저는 마치 천국 문이 열리는 것 같은 기쁨이 충만하

였습니다.
그래서 '하나님, 감사합니다! 예배드릴 수 있어서 감사합니다'만 되풀이하였어요.

목사님, 치유하는교회 어느 집사님이 제게 보내주신 글입니다.
너무 아름다운 감동이 와서 보내 드립니다.
목사님, 그 많은 주님 사역 감당하시느라 얼마나 피곤하시나요?
건강치 않고는 주님 사역을 하실 수 없으시니 아버지 하나님께 위임목사님 건강 지켜 달라고 새벽마다 목사님 위해 항상 기도하고 있습니다.
피곤에 지쳐서 눈도 제대로 못 뜨시는 새벽에 모습을 뵐 때마다 가슴이 아팠습니다.
목사님, 파이팅! 오늘도 하나님께서 하신 일입니다.
예배를 마치고 집에 들어오면서 '저 봐요! 예배드리고 왔어요!
예배드리고 왔다고요! 예배드리게 하나님 아버지께서 해주셨다고요!' 하고 남편에게 흥분해서 소리쳤습니다.
'아버지, 감사합니다!'

목사님, 이 부족한 권사에게 사랑의 따뜻한 위로를 주시니 제가 얼마나 기쁜지 모르겠어요.
하나님께서 주시는 지혜와 명철로 슬기롭게 아버지 하나님과 주님께 여쭈어 보시고, 아버지 뜻에 따르시면 됩니다.

아버지께서는 이미 우리 마음을 다 아시므로 그것이 아버지 앞에는 더욱 중요하기 때문이라는 것 목사님도 아시지요?
아버지께서 예배드리라면 드리는 것이지요.
아버지께서는 우리의 마음을 이미 다 받으신 줄 압니다.

목사님, 모든 것이 하나님의 은혜입니다! 목사님, 감사합니다!
목사님, 오늘의 예배는 제 평생에 잊지 못할 예배로 기억될 것 같습니다.
하나님께서 역사하셨습니다.
주님의 큰 위로와 목사님 말씀에 많은 은혜를 받은 예배 시긴이었습니디!
목사님, 항상 강건하시기를 기도합니다.

지난 주일 예배를 다 마치고 권사님의 글을 읽고 얼마나 위로가 되고 힘이 되던지 눈물이 핑 돌았습니다.

그렇습니다. 하나님의 성전에 나올 때마다 우리는 이러한 놀라운 감격의 은혜를 경험하게 됩니다. 그러므로 때를 얻든지 못 얻든지 복의 근원 되시는 하나님의 성전에 나아와야 합니다. 그의 전에 머물면 주님의 위로와 힘을 얻고 복되고 형통할 뿐만 아니라, 하나님의 부르심의 음성을 듣고 일생토록 하나님의 은혜와 축복과 행복의 감격이 차고 넘치게 될 줄 확실히 믿으시기 바랍니다.

하나님의 음성에 귀를 기울여야 함

계속해서 본문 8절 말씀을 다 함께 읽겠습니다.

> "여호와께서 세 번째 사무엘을 부르시는지라 그가 일어나 엘리에게로 가서 이르되 당신이 나를 부르셨기로 내가 여기 있나이다 하니 엘리가 여호와께서 이 아이를 부르신 줄을 깨닫고."

사무엘은 "사무엘아! 사무엘아!" 하고 부르시는 하나님의 음성을 엘리 대제사장의 소리로 착각을 했습니다. 왜냐하면 그가 처음 들어보는 하나님의 음성이었기 때문입니다. 그래서 세 번이나 되풀이하여 엘리 대제사장을 찾아가서 "제가 여기 있나이다" 하고 응답했던 것입니다. 엘리 대제사장은 사무엘을 부르지 않았기 때문에 여호와께서 사무엘을 부르신 줄을 깨닫고 "가서 누웠다가 여호와께서 부르시거든 '여호와여 말씀하옵소서 주의 종이 듣겠나이다'" 하고 대답하라고 가르쳐줍니다. 그리하여 사무엘은 비로소 하나님의 음성을 바로 들을 수 있게 됩니다.

말세 마지막 때에도 하나님께서는 우리를 부르시는 음성을 수없이 들려주십니다. 가장 먼저는 하나님의 말씀을 듣든지 읽든지 묵상하는 가운데도 들려주시지만, 그 하나님의 음성을 듣지 못하면 우리의 삶의 환경을 통해서 하나님의 음성을 들려주시기도 하고, 그래도 듣지 못하면 심지어는 사고나 사건을 통해서까지도 하나님의 음성을 들려주십니다.

《하나님의 임재 연습》이란 기독교 고전으로 유명한 책을 쓴 로

렌스 형제(Brother Lawrence)가 있습니다. 니컬러스 에르망(Nicolas Herman)이라는 본명을 가진 로렌스 형제(Brother Lawrence)는 1614년 프랑스 에리메니의 경건한 신앙의 가정에서 태어나서 18세 때 겨울의 벌거벗은 나무를 보다가 주님의 사랑을 뜨겁게 체험하고 회심을 하게 됩니다.

그런데 21세 때 30년 전쟁에 참전했다가 다리에 심한 부상을 당하여 평생 다리를 절게 되었는데, 그 약함으로 인해 그는 하나님을 더욱 간절히 사모하며 찾게 되었습니다. 그리고 26세가 되던 해에 카르멜 수도회(The Carmelites)에 평신도 수도사로 들어가게 됩니다. 그런데 그의 신실함에 감동을 받은 수도회에서 그는 28세 때부터 '부활의 로렌스 형제'(Brother Lawrence of the Resurrection)라는 이름으로 불리게 됩니다.

수도원에서 가장 밑바닥 일인 음식을 준비하는 일을 하는데, 다친 다리를 이끌고 15년 동안 먼 길을 오가는 것이 너무도 힘들었습니다. 그러나 아무런 불평 없이 일하는 그를 보고 불쌍히 여겨서 신발 수선실로 자리를 옮겨줘서 신발을 깁는 등 허드렛일을 하며 살았는데, 그는 일상생활 가운데서 하나님의 임재를 경험하게 되었습니다.

아무리 하찮은 일이라고 해도 주님의 일로 여기면서 기꺼이 희생하는 마음으로 감당했고, 하나님의 임재를 통한 주님과의 깊은 교제의 기쁨을 누리며 살다가, 1691년 80세를 일기로 하나님의 부르심을 받게 되었습니다. 그가 수도원에서 54년간의 조용하고도 평온한 믿음의 삶을 살면서 순간마다 느꼈던 하나님의 임재의 체험을, 그의 죽음 후에 오랜 친구였던 조셉 드 보포르(Joseph de Beaufort) 카르멜 수도원장이 생전에 그와 나눈 대화와 편지와 그의 격언들과 생애를 편집해서 출판된 책이 바로 《하나님의 임재 연습》(The Practice of the

Presence of God)입니다. 이 책은 지금까지도 우리의 삶 속에서 주님을 만나고 영적으로 깊은 교제를 나누는 영성을 깨우쳐 주고 있습니다.

우리도 가장 먼저는 매일 하나님의 말씀에 귀를 기울여야 합니다. 주일이나 수요예배, 금요 심야, 매일 새벽기도회 때 주님의 전에 나와서 하나님의 말씀을 받지만, 무엇보다 중요한 것은 주님과 나만의 시간에 주님과 나만의 장소에서 매일 하나님의 말씀을 읽고 기도하고, 나의 삶 가운데서 하나님의 부르심의 음성을 듣는 것입니다. 그리할 때 개인적으로 뜨겁게 임하는 주님의 음성을 들을 수 있습니다.

지난 주간에는 37년 전 장로회신학대학원에 다닐 때 은사 교수님으로서 우리 치유하는교회에 두 번이나 오셔서 은혜로운 부흥성회를 인도해 주셨던 이연길 목사님 내외분이 미국에서 오셨기에 제주도로 모셨습니다. 전에 부흥성회를 인도했던 김녕교회의 조대현 장로님과 서외순 권사님 가정에서 내려온다는 소식을 듣고 초대를 하여 갔습니다. 조 장로님은 헌법재판관 시절이나 퇴임 후 국내 5대 로펌인 '화우'의 변호사를 지내면서 너무도 스트레스를 받아서 눈을 2초 이상 뜰 수 없을 정도로 고통스러웠다고 합니다. 그래서 모든 것을 내려놓고 제주도 김녕으로 내려와서 주님과의 관계부터 회복하고 남은 여생 평신도 선교를 위해 헌신하고 있었습니다.

매일 성경을 읽는 가운데 말씀의 은혜뿐만 아니라 육신의 안질 치료까지 다 받아서 이제는 눈까지 온전해졌다고 합니다. 그러면서 얼마나 성경을 깊이 읽었는지 성경을 주제별로 연구한 《하나님의 구원》(구원의 복음에 관한 120가지 말씀 묵상)이라는 책까지 펴내서 매일 성경 말씀을 묵상하고, 매일의 삶 가운데서 받은 은혜를 주위 성도들이나 불신자들에게 전하고 있었습니다. 참으로 제주의 아굴라와 브리스길라와 같은 영적으로 충만한 헌신된 부부입니다.

여러분, 오래된 주의 종들이나 교인들이 왜 "화 있을진저, 외식하는 서기관들과 바리새인들"이 되는지 아십니까? 매일 하나님의 말씀과 기도의 경건의 시간을 갖지 못하니까 그들의 신앙이 점점 석고화가 되고 화석화가 되어서 생명력을 잃어버린 죽어가는 신앙이 되고 마는 것입니다. 그러므로 매일 생명력 있는 신앙으로 예수 그리스도를 본받아 모두에게 인정받는 성화되는 삶을 살기 위해서는 다른 길이 없습니다.

디모데전서 4장 4-5절에 "하나님께서 지으신 모든 것이 선하매 감사함으로 받으면 버릴 것이 없나니 하나님의 말씀과 기도로 거룩하여짐이라"고 분명히 증거하고 있지 않습니까? 우리가 어떠한 예배나 헌신이나 봉사나 충성을 다하기 전에, 먼저 하나님의 음성에 귀 기울이면서 오직 하나님의 말씀과 기도로 거룩하고 충만하게 회복되면, 말씀 장인 시편 119편 105, 165절의 말씀처럼 "주의 말씀은 내 발에 등이요 내 길에 빛이니이다…주의 법을 사랑하는 자에게는 큰 평안이 있으니 그들에게 장애물이 없으리이다"는 축복이 그대로 이루어지게 됩니다.

그러므로 우리가 하나님의 음성에 귀 기울이면 하나님의 부르심을 받고, 우리를 향한 하나님의 뜻을 영적으로 바로 분별하고, 매일의 삶 가운데 성령으로 충만하여 날마다 천국의 축복과 행복의 감격 속에 복되게 쓰임 받게 될 줄을 확실히 믿습니다.

하나님의 부르심에 믿음으로 응답해야 함

마지막으로 본문 10절 말씀을 다 함께 읽겠습니다.

> "여호와께서 임하여 서서 전과 같이 사무엘아 사무엘아 부르시는지라 사무엘이 이르되 말씀하옵소서 주의 종이 듣겠나이다 하니."

여호와께서 성소에 임하셔서 전과 같이 "사무엘아! 사무엘아!" 하고 부르십니다. 그때 사무엘은 엘리 대제사장이 가르쳐준 대로 "말씀하옵소서! 주의 종이 듣겠나이다!" 하고 믿음으로 응답합니다. 그러자 여호와께서 사무엘에게 "보라 내가 이스라엘 중에 한 일을 행하리니 그것을 듣는 자마다 두 귀가 울리리라 내가 엘리의 집에 대하여 말한 것을 처음부터 끝까지 그날에 그에게 다 이루리라 내가 그의 집을 영원토록 심판하겠다고 그에게 말한 것은 그가 아는 죄악 때문이니 이는 그가 자기의 아들들이 저주를 자청하되 금하지 아니하였음이니라 그러므로 내가 엘리의 집에 대하여 맹세하기를 엘리 집의 죄악은 제물로나 예물로나 영원히 속죄함을 받지 못하리라"(11-14절)고 엘리 대제사장의 집에 대한 계시를 들려줍니다.

모세가 호렙산에서 하나님의 부르심에 응답하고(출 3:1-4), 사무엘이 성소에서 하나님의 부르심에 응답하고(삼상 3:4-10), 이사야 선지자가 성전에서 하나님의 부르심에 응답하였듯이(사 6:8) 우리도 하나님의 부르심에 믿음으로 응답해야 합니다. 우리가 하나님의 부르심에 믿음으로 응답하였다면 우리의 몸과 마음과 시간과 재능과 물질과 생명까지도 헌신된 믿음의 삶을 살아야 합니다. 그런데 제가 목회를 하면서 보면, 우리는 세상의 돈 버는 일에 마음이 빼앗겨 영적인 은혜에 관심이 없고 먹는 것에만 관심이 많아 전국의 맛집을 땅끝까지 찾아다니고, 노는 일에 열심이 많아 국내외 어디든지 놀러 다니느라고 정신이 없고, 자신을 멋지게 꾸미느라 모두들 성형중독이 되어가고 있습니다.

그래서 천국에서도 한국 여자 성도들이 올라올 때마다 비상이 걸린다고 하지 않습니까? 원판하고 비교해 보면 완전히 다른 사람일 뿐만 아니라 한국에서 온 여자 성도들은 거의 생김새가 비슷하고, 심지어 같은 성형외과 출신들은 분별하는 전문 천사들도 분간이 안 된다는 것입니다. 왜 외모에만 그렇게 신경을 씁니까?

또 남자 교인들은 일생을 자신의 명예와 이름을 내는 데만 빠져서 살아가는데, 어떻게 주님과 고통당하는 이웃을 위해 헌신과 열정을 쏟을 수 있겠습니까? 그러나 우리에게 하나님의 부르심에 대해 믿음으로 응답하는 기회가 영영 주어지는 것은 아닙니다. 지금도 점점 세상 떠날 날이 가까워오고 있는데, 오늘이라도 갑자기 세상을 떠나 버리면 지금까지 쌓아 놓은 것이 무슨 의미가 있고 지금까지 좇아 살았던 것이 다 어떻게 되고 노후 대책까지 세워 놓았던 것이 다 무슨 소용이 있겠습니까?

여러분, 지금 우리는 사탄의 시험에 의한 현재의 영적 위기 상황을 심각하게 받아들여야 합니다. 이번 코로나19를 통해서 세계교회뿐만 아니라 그토록 충만하게 부흥했던 한국교회까지도 이미 사양길에 접어들고 말았습니다.

지난 2021년 7월 7일 목회데이터연구소의 통계에 따르면, 코로나19가 끝난 후 어른들의 77%만 교회로 돌아가겠다고 했고, 중·고등학생들의 68%만 교회로 돌아가겠다고 했는데, 청소년들의 22%가 온라인예배와 성전예배를 병행하겠다고 했고, 11%는 잘 모르겠다고 답변했습니다. 다시 말하면 청소년의 33%, 3분의 1이 코로나19 후에 교회로 돌아오지 않을 가능성이 드러났습니다.

이처럼 온라인예배나 보면서 교회에 안 나오고 교회에도 안 돌아온다는데 한국교회에 무슨 희망이 있겠습니까? 여기서 우리가 살 수 있는 길은, 우리 부모들 자신부터 지난날의 나태하고 침체된 인본적인 신앙부터 철저히 통회 자복하고, 성령님의 충만함을 회복해서 믿음으로 하나님의 부르심에 응답하여 헌신하고, 복음을 위해 목숨을 걸고 신앙생활을 하고, 주님께서 부르실 때까지 충성을 다하는 길밖에 없습니다. 이것만이 저와 여러분과 우리 치유하는교회와 한국교회가 살 수 있는 유일한 길입니다.

그러므로 오늘이 마지막 날이듯이 우리 자신부터 하나님의 부르심에 믿음의 헌신으로 결단을 해야 합니다. 우리가 믿음으로 응답하고 헌신하게 될 때 출애굽기 32장 29절의 "…오늘 여호와께 헌신하게 되었느니라 그가 오늘 너희에게 복을 내리시리라"는 하나님의 약속대로 기필코 하나님의 복이 임하게 되는 것입니다.

우리가 먼저 영적 모범이 되어야 우리의 자녀들에게까지 영적 감동을 줄 수 있습니다. 그런데 요즘 우리 자녀들이 부모님의 말을 안 듣고 영적으로 교만해지고 세속에 물들어서 하나님의 말씀대로 순종하지 않고 다 자기 주관대로 살아갑니다. 요즘에 부모님 말씀 듣는 자식이 어디에 있습니까? 믿음의 자녀들 외에는 없습니다. 가정이나 교회나 세상이나 모두 다 그러니 영적 사사 시대에 접어들고 말았습니다. 그런데 목회데이터연구소의 통계 발표에도 보면 청소년들의 신앙생활에 가장 큰 영향을 미친 사람이 어머니(54%), 아버지(33%), 목회자(25%), 교회 친구, 선후배(24%), 교회학교 교사(11%), 학교 친구, 선후배(10%) 순으로 나타났듯이, 우리 부모들이 자녀들에게 87%에 이르는 결정적인 영향을 미칩니다.

그렇다면 그들을 어떻게 변화시킬 수 있겠습니까? 다른 어떠한 잔소리나 야단이나 채찍이나 폭력으로도 안 되지만 우리 부모님들이 자녀들에게 영적 모범이 되어서 그들의 일생을 하나님의 은혜와 축복과 행복의 감격 속에 살도록 해야 합니다. 지난 주일 성전예배의 삼엄한 통제 속에서도 자녀들과 함께 온 가족이 하나님의 성전에 예배드리러 나오는 모습을 보면서 얼마나 큰 감동이 되었는지 모릅니다. 부모님의 영적 모범을 통해서 그들의 신앙이 영적으로 바로 성장하고 있는 것입니다.

또 지난 수요 밤예배, 금요심야기도회에도 온 가족이 함께 예배드리러 나오는 모습을 보면서 이보다 더 감동적이고 복된 자녀교육이 어디에 있겠는가 하는 마음의 큰 감격이 있었습니다. 바로 이러한 가정의 자녀들에게 장래의 희망이 있습니다. 자녀에게 생선을 구워 주지 말고 물고기 잡는 법을 가르쳐 주라는 히브리의 속담과 같이, 하나님께 예배드리고 헌신하고 믿음으로 응답하는 법을 가르쳐 주면 그들의 장래는 거기서부터 열립니다.

우리가 어떠한 물질의 유산을 그들에게 물려주지 않아도 하나님의 은혜와 축복과 행복의 감격 속에 살아가며 귀하게 쓰임 받게 됩니다. 그러므로 말세 마지막 때 우리와 우리 자손의 믿음의 헌신의 응답이 우리 가정에서부터 하나님의 교회를 통해서 세상 어디에 가서나 펼쳐질 때에, 우리의 남은 여생과 자손 대대로 진정으로 하나님의 부르심을 받아 복되게 쓰임 받으며 크게 영광 돌리게 될 줄 확실히 믿으시기 바랍니다.

이처럼 우리는 하나님의 부르심을 적어도 일평생 한 번 이상 경험해야 합니다. 부족한 종은 '하나님의 부르심(소명)'이란 단어만 들어도 벌써 44년의 세월이 흘렀지만 지금도 가슴이 뛰고 눈물부터 나옵니다. 그것은 저의 일생에 있어서 가장 소중한 회심의 체험 이후에, 저의 일생에 단 한 번 경험했던 하나님의 부르심에 대한 강렬한 헌신의 결단이었기 때문입니다.

44년 전 20세의 혈기 왕성했던 때에 원인 모를 병으로 죽음의 막다른 길목에 이르렀을 때, 세상에 붙잡을 것이 아무것도 없었습니다. 사랑하는 부모님도, 형제들도, 그 누구도 저를 살려줄 사람이 없었는데, 이처럼 죽음의 마지막 문턱에 이르렀을 때 주님께서 저를 찾아와 주셨습니다. 성령님의 강한 감동 속에 그때 저는 무슨 말씀이든지 순종하겠다고 마음먹었습니다.

그리고 우연히 펼쳐 든 로마서 12장 1-2절의 "그러므로 형제들아 내가 하나님의 모든 자비하심으로 너희를 권하노니 너희 몸을 하나님이 기뻐하시는 거룩한 산 제물로 드리라 이는 너희가 드릴 영적 예배니라 너희는 이 세대를 본받지 말고 오직 마음을 새롭게 함으로 변화를 받아 하나님의 선하시고 기뻐하시고 온전하신 뜻이 무엇인지 분별하도록 하라"는 하나님의 부르심의 말씀 앞에서, 저는 어떻게 해서든지 살기 위해서 "하나님 아버지, 한 번만 살려 주시옵소서! 한 번만 살려 주시면 남은 생을 주님과 고통당하는 이웃을 위해서 온전히 바치겠습니다!" 하고 눈물, 콧물을 다 쏟으며 간절히 울부짖었습니다.

그리고 얼마 동안 부르짖었는지 모르지만, 성령님의 불이 제게 임하고 하나님의 기적적인 은혜로 살려주셔서 하나님의 부르심에 순종하여 주의 종으로 헌신했습니다. 그렇게 하나님의 은혜로 지난 44년의 세월 동안 기적적으로 생명을 연장시켜 주셔서 건강하게 살아 있는 것만 해도 감사하고 감격하지 않을 수 없는데, 마른 막대기만도 못하고 썩어져가는 구더기만도 못한 저를 이렇게 영광스러운 하나님의 종으로 불러주시고 귀하게 써주시니 얼마나 감사하고 감격스러운 일입니까?

그래서 오늘 말씀이 저에게는 더욱 뜨겁게 가슴에 와 닿고, 남은 여생 아무런 사심 없이 목숨 걸고 행복하게 목회의 사명을 감당하지 않을 수 없는 것입니다.

사랑하는 성도 여러분, 지난날 우리도 모두 다 죽을 고비들이 있었고 하나님의 부르심의 음성들이 들려왔는데, 우리의 문제는 다 외면하고 기억하지 못하고 살아간다는 것입니다. 그러니까 남은 여생을 이렇게 나태하고 침체된 가운데 살아가는 것이 아니겠습니까? 하지만 우리는 어느 누구라도 이 땅에 천년만년 살 수가 없고, 하나님께서 부르시면 오늘이라도 빈손 들고 다 떠나가야 하는 연약한 인생들입니다. 그러나 이 땅에 사는 동안 기회 닿는 대로 하나님의 성전에 머물면서, 하나님의 음성을 귀 기울여 듣고 하나님의 부르심에 믿음으로 응답할 수만 있다면, 세상에 이보다 더 의미 있고 보람되고 복된 여생이 없는 줄 확실히 믿습니다.

이 시간 다 함께 결단의 찬송으로 '나를 받으옵소서'를 함께 부르며 믿음으로 결단하도록 하겠습니다.

> 주님 내가 여기 있사오니
> 나를 보내소서
> 나의 맘 나의 몸 주께 드리오니

주 받으옵소서

주님 내가 여기 있사오니

나를 써 주소서

가진 것 모두 다 주께 드리오니

주 받으옵소서

할렐루야 할렐루야

할렐루야 할렐루야

나를 받으옵소서

나를 받으옵소서

우리를 부르시고 귀하게 쓰시는 하나님 아버지, 우리가 지난날 죄악 된 세상에 소망을 두고 일생을 의미 없이 헛되게 살 때가 얼마나 많았습니까? 이 모든 죄를 이 시간 회개하오니 용서해 주옵소서. 저희의 죄악 된 욕망으로 인해 코로나19까지 와서, 이제는 하나님께서 가장 기뻐 받으시는 예배마저 드리지 못하고 죽어가며, 이 땅의 소망이 끊어져 가고 있는 참담한 현실입니다. 이제 저희가 살 수 있는 길은 하나님의 성전으로 나아오는 길밖에 없사오니, 우리를 주님의 전으로 인도하여 주시옵소서! 하나님의 음성에 귀 기울이게 하여 주시옵소서! 하나님의 부르심에 믿음으로 응답하게 하여 주시옵소서! 그리함으로 저희 자신부터 영적으로 살아남으로 인해 우리 가정도 살고, 하나님의 교회도 살고, 더 나아가 우리나라와 민족과 열방까지 살리게 하여 주시옵소서. 주님만 믿고 의지하오며 예수님의 이름으로 간절히 축복하며 기도하옵나이다. 아멘!

인생의 실패를 겪을 때

사무엘상 4:1-11

우리가 인생을 살다 보면 성공만 있고 행복만 있는 것이 결코 아닙니다. 때로는 실패할 때도 있고 불행을 겪을 때도 있습니다. 그때 우리가 어떠한 믿음으로 일어나느냐에 따라서 우리의 일생이 완전히 달라집니다. 오늘 본문 가운데 이스라엘 백성들이 어떻게 실패를 겪었는가를 보면서, 우리도 인생의 실패를 겪을 때 어떻게 이겨낼 것인지, 이 시간 들려주시는 하나님의 음성을 다 함께 들을 수 있길 바랍니다.

과거의 실패의 원인부터 바로 깨달아야 함

먼저 본문 3절을 다 함께 읽겠습니다.

"백성이 진영으로 돌아오매 이스라엘 장로들이 이르되 여호와께서 어찌하여 우리에게 오늘 블레셋 사람들 앞에 패하게 하셨는고 여호와의 언약궤를 실로에서 우리에게로 가져다가 우리 중에 있게 하여 그것으로 우리를 우리 원수들의 손에서 구원하게 하자 하니."

이전 장의 마지막 절인 사무엘상 3장 21절에 "여호와께서 실로에서 여호와의 말씀으로 사무엘에게 자기를 나타내시니라"는 말씀은 하나님께서 사무엘에게 주신 엘리 대제사장의 아들들의 하나님의 제사를 무시하고 범죄하는 행위들에 대한 영원한 심판의 말씀으로부터 시작했습니다. 사무엘을 통해 하신 말씀이 온 이스라엘에 전파가 되었는데, 결국 그 말씀의 예언대로 블레셋 사람들이 쳐들어와서 이스라엘과 싸우게 되었습니다.

여기 블레셋 사람이란 히브리어로 'פְּלִשְׁתִּים'(펠리쉬팀)이라고 해서 '촌사람'을 뜻하는데, 그들의 원래 본거지는 그레데 섬이었습니다. 애굽의 라암셋 3세(Raamses Ⅲ, 주전 1205-1174년) 때 애굽을 침략했다가 실패하고 돌아오는 길에 애굽에서 욥바에 이르는 지중해 해안지대에 흩어져 살면서 이스라엘을 계속해서 괴롭히다 보니 이스라엘과 원수가 되어버렸습니다.

그리하여 블레셋 사람들이 고대 전쟁의 방법대로 줄을 지어 전선을 형성해서 이스라엘을 침략하여 칼과 창으로 백병전을 벌였는데, 이스라엘이 이날 전쟁에서 크게 패하여 군사들이 4,000명 가량이나 죽고 말았습니다. 이스라엘의 패잔병들이 에벤에셀 진영으로 돌아오자 장로들이 "여호와께서 어찌하여 우리에게 오늘 블레셋 사람들 앞에 패하게 하셨는가? 여호와의 법궤를 실로에서 우리에게로 가져다가 우리 가운데 있게 하여 그것으로 우리를 원수들의 손에서 구원하게 하자!"고 합니다.

그들의 패배의 원인은 엘리 대제사장의 아들들로부터 시작해서 여호와 하나님을 떠난 불신앙 때문입니다. 그런데 하나님의 법궤가 전쟁터의 그들 곁에 없어서 패한 줄로 알고 그들은 회개할 생각은 하지 않고 하나님의 법궤만 가져올 잘못된 판단에 빠져 있었던 것입니다.

말세 마지막 때 우리의 신앙생활도 마찬가지입니다. 우리 개인이나 가정이나 직장이나 심지어 하나님의 교회나 우리나라나 민족도 다 마찬가지입니다. 우리가 인생의 실패를 겪을 때 이 실패의 원인이 어디에서부터 왔는지를 깨달아야 합니다. 무엇보다 실패의 근본적인 문제인 영적 문제가 무엇인가를 돌이켜보면서 나 자신부터 통회자복해야 합니다. 그러면 우리의 죄악부터 용서를 받고 모든 문제는 자연스럽게 하나님으로부터 다 풀리게 되는 것입니다.

특별히 인간의 탐욕으로부터 시작된 코로나19의 위기 속에서도 세상 사람들은 정부의 방역 조치를 비판하고 감염자들을 비난하고 남을 탓할지 모르지만, 믿는 우리들은 가장 먼저 교회가 그동안 세상의 소금과 빛의 사명을 제대로 감당했는지부터 돌이켜보면서, 먼저 주님과의 처음 사랑부터 회복하고 성전예배를 사수하면서 죽으면 죽으리라는 순교신앙을 이어가야 합니다.

그런데 말세 마지막 때 많은 교인들이 사탄의 타락이 그렇고 아담과 하와의 타락이 그러했듯이, 영적 교만에 빠지고 말았습니다. 가장 먼저 하나님께 예배드리는 일부터 무너지고 말았습니다. 자기 자신은 신앙생활을 잘하고 있는 줄로 착각을 하고 있을지 모르지만 어떠한 주의 종들도, 주위의 영적인 장로님들, 권사님들, 집사님들조차도 인정하지 않을 때에는 우리 자신부터 돌이켜보아야 합니다. 그리하여 우리가 먼저 통회자복하게 될 때, 거기서부터 우리 인생의 실패에서 벗어나 진정으로 은혜롭고 축복되고 행복한 신앙생활을 회복하게 되는 것입니다.

이에 시편 32편 3-5절에 다윗 왕은 "내가 입을 열지 아니할 때에 종일 신음하므로 내 뼈가 쇠하였도다 주의 손이 주야로 나를 누르시오니 내 진액이 빠져서 여름 가뭄에 마름같이 되었나이다 내가 이르기를 내 허물을 여호와께 자복하리라 하고 주께 내 죄를 아뢰고 내 죄악을 숨기지 아니하였더니 곧 주께서 내 죄악을 사하셨나이다"라고 분명히 고백하지 않습니까? 통회자복을 하지 않을 때는, 지난 주간의 전국의 폭염처럼 여름 가뭄에 마름같이 내 육체의 진액이 다 빠져나가고 심령의 진액까지 다 빠져나가서 완전히 인간이 폐인이 되어서 믿는 사람인지 세상 사람인지 모를 정도로 되고 맙니다. 그러나 우리 자신이 통회자복하게 되면 우리의 죄악만 용서받는 것이 아니라 우리의 모든 앞길까지 다 열리게 되는 것입니다.

지난 주일 모든 예배와 심방을 마치고 저녁에 집에 들어가서 지난 7월 23일부터 시작된 도쿄 올림픽 축구예선을 보았습니다. 우리나라 축구의 지금까지의 올림픽에서의 최고 성적은 2012년 런던올림픽에서 한국 축구 사상 최초로 동메달을 획득한 거여서, 이번 올림픽팀도 메달권 진입을 목표로 해서 금, 은, 동메달의 색깔이 무엇이 될 것인가 하는 기대에 부풀어 있었습니다. 그런데 B조 예선 첫 경기에서 약체로 평가받았던 뉴질랜드에게 0:1로 패배의 일격을 당해서 충격에 빠지고 말았습니다.

더욱이 경기가 끝난 후 골을 넣은 뉴질랜드 선수가 우리나라 이동경 선수에게 악수를 청하자 거절하여서 경기에도 패하고 매너에도 패했다는 국내외 비난이 쏟아졌습니다. 그런데 2차전 루마니아와의 경기에서는, 이미 1승을 한 유럽의 강팀이지만 더 이상 물러설 곳이 없어서 그런지 대표팀 감독인 김학범 집사님이 뉴질랜드전의 패인을 철저히 분석하고 팀을 완전히 확 바꾸어 버렸습니다.

실력만 믿고 정신이 풀어진 상태로 의례적인 경기를 치러서는 큰 코를 다친다는 교훈을 얻게 되었기에 그다음 경기부터는 경기 초반부터 상대팀을 강하게 압박하면서 공격적 성향이 강한 올라운드 플레이어(all-round player) 선수들로 다 바꾸고, 수비라인도 중앙선까지 끌어올리면서 적극적으로 공격에 가담하도록 했습니다.

저는 지금까지 우리나라 축구국가대표팀 선수들이 그토록 쉴 새 없이 온 그라운드를 누비면서 열심히 뛰는 경기는 2002월드컵 이후에는 본 적이 없습니다.

전 경기의 패배를 만회하기 위해서 벼랑 끝에 몰린 팀처럼 사력을 다해 뛰고 상대팀 골대에 기회가 닿는 대로 공을 차 넣고 하다 보니까 두 골이 상대 선수들의 발과 몸에 맞아 굴절이 되어 들어갔습니다. 또한 우리 팀의 막내 이강인 선수가 패널티 킥까지 얻어 넣고, 거기다가 마지막 논스톱 킥으로 마무리해서 4:0으로 대승을 거두었습니다. 그리고 지난 수요 밤예배 전에 있었던 마지막 예선경기에서도 2차전과 똑같은 전술로 남미의 강호 온두라스를 초반부터 강하게 압박하며 밀어붙여서 지난 리우올림픽 때 0:1로 져서 8강에서 우리를 탈락시켰던 온두라스에게 6:0으로 압승을 거두어 크게 설욕하여서 예선 1위로 통과하게 되었습니다.

여러분, 우리가 어떠한 실패 가운데서도 과거의 패배 원인부터 바로 깨닫고 철저히 통회자복하면서 영적으로 바로 서서 복음의 열정을 다 쏟아부어 최선을 다해 살아간다면, 하나님께서는 어떠한 인생의 실패 가운데서도 기필코 전화위복의 계기로 삼아주실 줄 확실히 믿으시기 바랍니다.

현재의 큰 불행 전에 돌이켜야 함

계속해서 본문 10절 말씀을 다 함께 읽겠습니다.

> "블레셋 사람들이 쳤더니 이스라엘이 패하여 각기 장막으로 도망하였고 살륙이 심히 커서 이스라엘 보병의 엎드러진 자가 삼만 명이었으며."

이스라엘 백성들은 블레셋과의 전쟁의 패인이 하나님의 법궤가 그들 곁에 없어서 그런 줄 알고 에벤에셀에서 약 40km가 떨어진 실로로 사람들을 보내서 법궤를 가져왔습니다. 그러자 이스라엘 백성들은 승리의 확신에 차서 땅이 울릴 정도로 환호했다고 기록하고 있습니다.

반대로 그 법궤를 옮겨온 소식을 전해 들은 블레셋 사람들은 두려움에 빠져서 "그들의 신이 진영에 이르렀도다! 우리에게 화로다! 전에는 이런 일이 없었도다 우리에게 화로다! 누가 우리를 이 능한 신들의 손에서 건지리요? 그들은 광야에서 여러 가지 재앙으로 애굽인을 친 신들이니라 너희 블레셋 사람들아, 강하게 되며 대장부가 되라 너희가 히브리 사람의 종이 되기를 그들이 너희의 종이 되었던 것같이 되지 말고 대장부같이 되어 싸우라(be men, and fight!)"(7-9절)고 합니다.

그리고 이스라엘의 법궤 때문에 블레셋 사람들은 오히려 정신적으로 더 강하게 무장을 하고 총공격을 해와서 이스라엘 사람들이 각기 장막으로 다 도망을 갔고, 1차전의 4,000명의 10배에 가까운 3만 명이 죽는 대패를 당하고 말았습니다. 만약에 이스라엘 장로들이 블레셋과의 실패 원인을 바로 깨달았다면 현재의 더 큰 불행을 겪기 전에 돌이켰겠지만, 과거의 실패 원인을 바로 깨닫지 못하니까 현재의 더 큰 불행을 만나고 만 것입니다.

우리도 과거의 실패를 교훈 삼아서 현재에 충실하지 못함으로 인해 그러한 실패를 경험할 때가 얼마나 많습니까? 그런데 이번 도쿄 올림픽 경기 중 온 국민들에게 가장 큰 기쁨을 안겨다 준 경기는 양궁경기였습니다. 이번에도 남녀 혼성경기로부터 시작해서 여자 단체전, 남자 단체전, 여자 개인전까지 남자 개인전만 빼고 금메달을 휩쓸었는데, 그 놀라운 승리의 비결이 무엇인지 이번에 알려졌습니다. 다른 운동 종목들은 국가대표선수를 뽑는데 대부분 과거 메달리스트들이나 국제대회 수상자들을 더 우대하고, 또 부모님이 유명인사거나 유명선수이면 백을 쓰고 갖가지 외부 압력 등이 작용하곤 했다는 것입니다.

그러나 대한양궁협회에서만은 국가대표팀 선발을 할 때 선수들의 나이나 과거의 대표팀 경력이나 어느 누구의 백그라운드의 배경과는 상관없이 선수 선발전을 처음부터 철저히 하도록 해서 안전히 실력에 의해서 평가하고 대표선수를 뽑았다고 합니다. 그러니까 완전히 최정예 선수들이 나와서 그야말로 자신의 실력을 유감없이 발휘해서 결국 이번에 여자양궁 단체경기의 금메달 9연패, 즉 36년의 왕좌를 유지하는 기적적인 승리를 거두게 된 것입니다. 남녀 혼성경기와 남자 단체전 2연패까지 금메달을 따냈고, 안산 선수는 여자 양궁 개인전까지 휩쓸어서 최초로 양궁 3관왕까지 차지했습니다.

특별히 이번 양궁 경기의 2관왕의 주인공인 남자 양궁의 김제덕 선수는 경북일고를 다니는데, 어머니도 안 계시고 아버지까지 몸이 불편하셔서 그의 뒷바라지를 해줄 형편이 안 되었습니다. 오히려 병상의 아버지를 위로하기 위해서 주말에도 안 쉬고 어깨 부상이 생길 정도로 활시위를 당겼으니, 땀과 눈물과 희생의 혹독한 훈련의 결과로 오늘의 영광은 지극히 당연한 거였습니다.

그것은 코로나19의 이 환난의 때에도 마찬가지입니다. 지금 우리는 코로나19에 매여 살아 계신 하나님께 대한 믿음조차 흔들리고, 두려움에 빠져서 교회조차 못 나오고 진정한 예배도 못 드리고 있습니다. 사회정의를 바라는 전국교수모임(정교모) 중 보건의료위원회에 속한 의대교수들이 쓴 글을 순천향 의대 교수인 이은혜 박사가 편집한 《코로나는 살아있다》는 책은 코로나19의 진실을 온 국민에게 알려주고 있습니다.

지금까지 코로나19를 겪어온 많은 일들이 객관적 사실로서 존재하기 때문에, 우리가 8.15 집회를 앞두고 지난 8.15 집회가 코로나 확산의 주범이라는 과도한 음모론도 잘못된 것이지만, 코로나19에 무방비상태로 대응하는 비과학적이거나 반의학적인 선동에서도 벗어나야 한다는 것입니다. 철저한 자료를 근거로 해서 합리적인 견해를 제시하는데, 코로나19는 특이한 형태의 호흡기 전염병으로 우리 곁에 계속 머물게 될 것을 경고합니다. 그러므로 우리가 매년 독감 예방접종을 하듯이 예방접종을 해야 하고, 평소에 손위생과 마스크 착용 등 개인위생을 강화하면서 코로나와 함께(with corona) 살아가는 방법을 모색해야 한다는 것입니다.

정부가 아무리 성전예배를 금지시키고 방역에 힘써도 어제 확진자가 1,539명으로 25일째 1,000명이 넘었습니다. 그렇다면 인간이 해결 불가능한 현재의 코로나19의 위기를 어떻게 극복해야 할까요? 무엇보다도 어렵고 힘들수록 모든 병의 치료자가 되시는 하나님의 전에 먼저 나아와서 우리의 죄악부터 통회 자복할 뿐만 아니라, 코로나19의

퇴치를 위해 합심기도를 하면서 하나님께 부르짖어야 합니다. 그럴 때 모든 병의 치료자 되시는 하나님께서 치료해 주시고 우리는 훨씬 더 빨리 이 코로나19의 위기를 극복하게 될 것입니다. 그런데 아직도 믿음을 바로 갖지 못하는 주의 종들이나 교인들이 있어서, 지금도 코로나19가 두려워서 성전에 못 나오고 정부의 처벌이 무서워서 못 나오고 있으니, 코로나19의 끝이 언제나 올지 암담할 뿐입니다.

더욱이 성경 말씀까지도 자기 마음대로 해석해서 요한복음 4장 23절의 "아버지께 참되게 예배하는 자들은 영과 진리로 예배할 때가 오나니 곧 이때라 아버지께서는 자기에게 이렇게 예배하는 자들을 찾으시느니라"는 말씀을 인용하면서, 바로 비대면 예배를 드리는 것이 영과 진리로 예배드리는 것이라고 성경을 자기 마음대로 해석합니다. 그러나 이 말씀의 배경은 예수님께서 수가성 우물가의 여인에게 전도를 하는 내용입니다. 그녀의 남편이 다섯이나 있었고, 지금 있는 남편도 자기 남편이 아닌 죄악을 숨기고 위기를 모면하기 위해서 "우리 사마리아 성의 조상들은 그리심 산에서 예배를 드리는데 예루살렘에도 예배드리는 곳이 있다고 합니다"(요 4:20) 하고 예배의 장소 이야기를 꺼냅니다. 그때 예수님께서는 "이 그리심 산에서도 말고 예루살렘에서도 말고 너희가 아버지께 예배할 때가 이르리라"(요 4:21)고 하시면서, 영과 진리로 예배할 때가 온다고 하신 것은 언제 어디서나 비대면 예배를 보라는 말씀이 결단코 아니라는 것입니다.

예수님께서 이 땅을 떠나가시기 전에 "아버지께서 약속하신 것(성령)을 기다리라"(행 1:4)고 분부하셨듯이, 마가의 다락방에서 120여 명의 성도들이 성령님을 기다리며 기도하는 가운데 오순절에 성령이 임하시고, 이 땅 위에 성령과 말씀으로 진정으로 예배드리는 교회가 시작될 것을 예언하셨습니다. 그리고 주님의 몸 된 교회를 중심으로 우리의 신앙을 지켜 나가고 복음을 전할 것을 최초의 예루살렘 교회를 비롯한 신약성경에 나오는 교회들을 통해서 강조하셨습니다.

결론적으로, 히브리서 10장 23-25절에 "또 약속하신 이는 미쁘시니 우리가 믿는 도리의 소망을 움직이지 말며 굳게 잡고 서로 돌아보아 사랑과 선행을 격려하며 모이기를 폐하는 어떤 사람들의 습관과 같이 하지 말고 오직 권하여 그날이 가까움을 볼수록 더욱 그리하자"라고 강조하시면서, 말세의 마지막 때가 될수록 성전에 모이지 않는 사람들을 따라 하지 말고 믿음과 소망과 사랑 가운데 흔들림 없이 성전에 더욱 열심히 모일 것을 명령하셨던 것입니다.

그러므로 다른 길이 없습니다. 우리가 더 이상 실패의 불행이나 고통을 당하기 전에 만민의 기도하는 집인 주님의 전에 나와서 통회 자복할 뿐만 아니라, 더욱 간절히 합심하여 부르짖을 때 우리 인생의 치료자 되신 하나님께서 우리 인생의 코로나19 등 어떠한 삶의 실패의 불행이나 고통조차도 능히 이겨내게 하실 줄 확실히 믿습니다.

미래의 더 큰 불행을 막아야 함

마지막으로, 본문 11절 말씀을 다 함께 읽겠습니다.

> "하나님의 궤는 빼앗겼고 엘리의 두 아들 홉니와 비느하스는 죽임을 당하였더라."

법궤는 하나님의 임재와 구원의 상징이었는데, 이스라엘 백성들이 아직도 그들의 죄악을 깨닫지 못하고 돌이키지 않으니까 전쟁의 대패뿐만 아니라 그때까지 전체 34,000명의 군사들의 희생은 말할 것도 없고, 결국 하나님의 구원과 임재의 상징인 하나님의 법궤까지 빼앗기고 맙니다. 또한 엘리 대제사장의 두 아들 홉니와 비느하스까지 전사하고, 더 나아가 그 소식을 전해 들은 엘리 대제사장이 너무 큰 충격을 받고 의자 뒤로 넘어져 목이 부러져 죽고, 그의 둘째 아들인 비느하스의 아내가 그 충격으로 조산을 하고 죽고 맙니다.

그리하여 하나님의 영광이 이스라엘을 떠나고, 그 어두웠던 암흑의 사사시대는 막을 내리고 만 것입니다. 과거의 실패의 원인을 바로 깨닫지 못하고 현재의 더 큰 불행을 돌이키지 못하니까, 결국에는 미래의 이 엄청난 비극적인 큰 불행까지도 막지 못하고 말았습니다.

우리 인생도 마찬가지입니다. 우리가 계속해서 교만하고 강퍅하고 완악하면 어느 누구도 예외가 없습니다. 계속해서 돌이키지 않고 그 길로 가게 되면 언젠가는 돌이킬 수 없는 낭패를 당하고 맙니다. 이번 도쿄올림픽을 보면서 가장 큰 실망을 느꼈던 경기가 태권도 경기였습니다. 우리 대한민국이 태권도 종주국이고, 2000시드니올림픽 때 올림픽 정식종목이 된 이후 태권도는 지난 20년 동안 어떤 종목보다도 우리의 메달박스여서 항상 효자종목이었습니다. 그런데 이번 도쿄올림픽에서 태권도는 은메달 1개, 동메달 2개를 따는 데 그쳐서 올림픽 역사상 초유의 노골드메달이 되고 말았습니다. 태권도의 세계화라고 자위하기에는 너무도 비참한 생각이 들었습니다. 유도의 종주국인 일본은 이번에 유도경기에서만 금메달 8개, 은메달 1개, 동메달 1개라는 엄청난 수확을 거두었는데 유도도 이미 세계화가 되었지만, 이번에 일본이 유도 종주국의 명예를 회복하기 위해 얼마나 땀을 쏟고 피눈물 나는 강훈련을 했으면 이런 놀라운 결과를 얻었겠습니까?

사실 세계 79억 인구 가운데 최고 1위가 된다는 것이 결코 쉬운 일은 아닙니다. 그럼에도 불구하고 금메달을 획득한 선수들은 다른 선수들과 비교할 수 없을 정도로 수많은 날들을 땀과 피눈물을 쏟았기에 그런 영광을 누릴 수 있었던 것입니다. 희생이 없이는 결코 불가능한 일입니다.

우리가 그만큼 급변하는 무한경쟁 시대에 종주국의 자만심에 빠져서 다음 세대를 위한 보다 적극적인 태권도 보급과 기술연마와 투자를 소홀히 하고, 더욱 강하게 훈련하고 연구하며 발전시키는 일을 게을리하다 보니 노금메달의 수모를 당하지 않았나 생각합니다. "소 잃고 외양간 고치기"라는 속담이 있지만, 우리는 이번 올림픽을 교훈 삼아 4년 뒤 2024년 파리올림픽을 대비해야 합니다.

그러나 이와는 정반대로 현재의 기사회생으로 미래를 뒤바꾼 사건이 이번 도쿄올림픽에서 일어났습니다. 필리핀은 96년 전인 1924년 파리올림픽에 첫 출전을 해서 지난 97년 동안 금메달을 획득한 적이 없었습니다. 그런데 이번 역도의 하이딜린 디아스(Hidilyn Francisco Diaz) 선수가 역도 55kg급 경기에서 인상 97kg, 용상 127kg으로 합계 224kg을 들어서 223kg을 기록한 중국의 랴오추윈 선수를 1kg의 근소한 차이로 꺾고 필리핀 역사상 최초로 올림픽 첫 금메달을 차지하는 쾌거를 이루었습니다.

그녀는 필리핀 삼보앙가의 빈민가정에서 6남매 중 다섯째로 태어났는데 아버지는 8식구를 먹여 살리기 위해 삼륜차 기사부터 시작해서 농사일, 어부 등 여러 직업을 전전해야만 했습니다. 그래서 디아스 선수는 어린 시절부터 가난과 싸우면서 은행원이 되는 것이 꿈이었지만 너무도 가난해서 공부를 제대로 할 수가 없었습니다.

그런데 매일 수백 미터씩 떨어진 우물에 가서 물 40리터를 등에 지고 길러오다 보니까 힘만은 기를 수 있었습니다. 그래서 2008년 베이징 올림픽과 2012년 런던 올림픽의 역도경기에 출전하였지만 메달 획득에 실패하였습니다. 그러나 실망하지 않고 계속해서 기도하면서 최선을 다해 훈련하고, 이번에 또다시 도전하여 사력을 다한 결과 하나님의 은혜로 이번에 기적적인 우승을 하게 된 것입니다.

그녀는 금메달이 확정되는 순간 "믿을 수 없는 일이에요(unbelivable)! 꿈이 이루어졌어요(My dream has come true)! (필리핀의 젊은 세대를 향해) 당신도 이 꿈을 이룰 수 있어요(You can do it)!"라고 외쳤습니다. 그동안 피눈물을 흘리면서 고된 훈련을 하였던 것이 동영상처럼 그녀의 눈앞에 스쳐지나가면서 한없는 감격의 눈물을 흘렸습니다. 그리하여 필리핀 정부와 기업들은 필리핀 역사상 최초의 금메달을 획득한 디아스 선수에게 주택을 제공하고 3,300만 페소(약 7억 5천만 원)의 상금까지 주겠다고 약속했다고 합니다.

우리가 현재에 얼마나 땀 흘리고 수고하며 믿음으로 사느냐에 따라 장래의 모든 삶이 다 결정됩니다. 우리가 현재 어떻게 심느냐에 따라 장래가 결정된다는 것입니다. 그래서 갈라디아서 6장 7-8절에 "스스로 속이지 말라 하나님은 업신여김을 받지 아니하시나니 사람이 무엇으로 심든지 그대로 거두리라 자기의 육체를 위하여 심는 자는 육체로부터 썩어질 것을 거두고 성령을 위하여 심는 자는 성령으로부터 영생을 거두리라"고 분명히 경고하지 않습니까? 그러므로 우리는 어떠한 인생의 실패 가운데서도 항상 예수님을 본받아 온유하고 겸손하게 하나님의 말씀 앞에 엎드리고 주님의 뜻을 구하고 주님의 영광을 위해서만 살아가야 합니다. 그리할 때 주님께서 우리의 중심을 다 아시고 미래의 더 큰 불행을 다 막아주실 뿐만 아니라, 주님의 은혜와 축복과 행복의 감격 속에 어떠한 인생의 실패에도 다시 일어서서 마지막 때 사명을 감당케 하여 주실 줄 확실히 믿으시기 바랍니다.

이번 도쿄올림픽 경기 가운데 제 마음을 가장 크게 사로잡았던 선수가 있습니다. 남자 유도 73kg급 경기 패자부활전과 동메달 결정전에 출전한 안창림 선수를 주목하여 보게 되었습니다. 그는 할아버지가 일찍이 일본으로 건너가신 재일동포 3세 출신인데, 일제 강점기 때나 해방 이후 일본 사람들이 우리 조선 사람을 보는 눈은 좋지 않아 마치 자신들의 노예처럼 취급했습니다.

대한민국이 건국된 이후에도 일본 사람들은 우리를 지난날 식민지 국가로 취급했습니다. 일본 땅에서 사는 우리 교포들에게 끊임없이 들려오는 '조센징'이라는 비아냥과 멸시의 소리는 그들에게 항상 깊은 상처와 아픔이 아닐 수 없었습니다. 부족한 종도 7년여 미국 유학 생활을 하면서 인종차별을 당하였는데, 너무나 서러운 마음이 들었습니다. 해외에서 살면서 이런 인종차별을 당해보지 않은 사람들은 그 깊은 아픔을 알 수 없을 것입니다. 이처럼 낯선 땅에 가서 갖가지 환난과 핍박을 받으면서도 믿음으로 끝까지 인내하며 살아가는 그들이 진정한 애국자들입니다.

그런데 2013년 그가 쓰쿠바대학교 2학년이었을 때, 이번 도쿄올림픽이 열린 일본 유도의 성지라고 불리는 무도관에서 전일본학생 유도선수권대회에서 우승을 차지했습니다. 그러자 당시 그가 다니던 쓰쿠바대학교와 유도팀 감독이 일본으로 귀화하면 그의 앞길이 형통하게 열릴 것이라며 회유도 하고 압력도 가했습니다. 그러나 안창림 선수가 "대한민국 국적은 저희 할아버지와 할머니가 목숨을 걸고 지켜오신 거예요! 그리고 저도 대한민국 국민인 것을 한 번도 후회해 본 적이 없어요!" 하고 이를 단호히 거절하자 보이지 않는 차별이 심해지기 시작하더랍니다.

그러나 그는 올림픽에서 메달을 꼭 따서 재일동포에 대한 인식을 좋게 하는 데 보탬이 되고 싶었습니다. 특별히 자신처럼 일본에서 보이지 않는 핍박 속에서 자라나는 재일동포 어린이들에게 큰 희망과 힘이 되어주고 싶어서 꿈에도 그리던 고국에 돌아와서 유도국가대표팀 선발전에 뛰어들었습니다. 그런데 더욱 가슴 아픈 것은 일본에서는 한국 사람이라고 차별받고, 한국에서는 일본 사람이라고 차별을 하는 것이었습니다. 그러니 그는 일본 땅에도 발을 딛지 못하고 한국 땅에도 발을 디딜 수 없는 저 현해탄 바다의 경계인으로 살 수밖에 없었습니다. 하지만 그 외로움과 고된 훈련 속에서도 그가 가슴에 품고 온 재일동포와 그 어린아이들을 위한 꿈을 이루기 위해서 눈물을 머금고 참고 또 참아냈습니다.

그런데 그가 꿈에도 그리던 태극마크를 달고 첫 번째 올림픽의 꿈인 2016년 리우 올림픽에 출전했다가 불운하게도 예선에서 탈락해서 메달 획득에 실패하고 말았습니다. 그가 그동안 가져왔던 꿈이 한순간에 물거품이 되는 것 같아서 너무 큰 충격이 되고 가슴이 아팠습니다.

하지만 그는 결코 낙심하지 않고 눈물로 기도하면서 지난 4년이란 세월 동안 고된 훈련을 하며 기다렸습니다. 그것은 결코 쉬운 일이 아니었지만, 끝까지 인내하며 밤낮으로 땀을 흘리며 준비해 왔는데,

비록 그의 라이벌인 일본의 오노 쇼헤이 선수(이번 도쿄올림픽 금메달리스트)와 한 번도 맞붙어보지 못하고 올림픽을 마치게 되어 너무도 아쉬웠지만, 32강전에서 초반부터 2016년 리우 올림픽 금메달리스트를 꺾었습니다.

그리고 16강, 8강, 4강에 이르기까지 계속되는 연장전으로 인해 체력이 바닥난 상태에서 전망이 어두웠지만, 그가 그동안 가슴에 품고 운동에 전념해왔던 오직 주님과 조국 대한민국과 재일동포 어린이들을 떠올리며 막판 투혼을 발휘한 끝에 마지막 동메달 결정전에서 세계 랭킹 2위인 아제르바이잔 선수까지 절반승으로 물리치고 동메달의 영광을 차지하였습니다.

메달색이 금빛이 아니어서 아쉽지만, 지난 올림픽에서 예선 탈락의 실패의 좌절을 딛고 일어서서 지난날의 피눈물 나는 훈련과 최선을 다한 경기 결과에 대해 오히려 하나님께 감사하며 영광을 돌리면서 눈시울을 붉혔습니다.

사랑하는 성도 여러분, 우리 인생을 보면 누구에게나 실패가 있습니다. 그러나 인생의 실패 가운데서도 과거의 실패의 원인부터 바로 깨닫고 현재의 큰 불행 전에 돌이키고 미래의 더 큰 불행까지도 막게 될 때에, 우리 모두 다 주님 안에서 영적으로 새롭게 일어서서 승리의 영광을 돌리는 복된 여생을 살아가게 될 줄 확실히 믿습니다.

이 시간 다 함께 결단의 찬송으로 '너는 내 아들이라'를 함께 부르며 믿음으로 결단하도록 하겠습니다.

힘들고 지쳐 낙망하고 넘어져 일어날 힘 전혀 없을 때에
조용히 다가와 손잡아 주시며 나에게 말씀하시네
나에게 실망하며 내 자신 연약해 고통 속에 눈물 흘릴 때에
못 자국 난 그 손길 눈물 닦아 주시며 나에게 말씀하시네
너는 내 아들이라 오늘날 내가 너를 낳았도다
너는 내 아들이라 나의 사랑하는 내 아들이라
언제나 변함없이 너는 내 아들이라
나의 십자가 고통 해산의 그 고통으로 내가 너를 낳았으니
너는 내 아들이라 오늘날 내가 너를 낳았도다
너는 내 아들이라 나의 사랑하는 내 아들이라

인생의 흥망성쇠를 주관하시는 하나님 아버지, 우리가 주님의 말씀을 벗어나 주님의 뜻을 거스르며 주님의 영광을 가리며 살다가 인생의 실패의 불행과 고통을 겪을 때가 얼마나 많았습니까? 그러나 인생의 어떠한 실패 가운데서도 과거의 실패의 원인부터 바로 깨닫게 하여 주시옵소서! 현재의 큰 불행 전에 돌이키게 하여 주시옵소서! 미래의 더 큰 불행을 막게 하여 주시옵소서! 그리함으로 주님 안에서 영적으로 새롭게 일어서서 승리의 영광을 돌리는 복된 여생을 모두 다 살아가게 하여 주옵소서. 예수님의 이름으로 간절히 축복하며 기도하옵나이다. 아멘!

어떻게 회복할 것인가

사무엘상 6:1-16

우리는 지금 코로나19로 인해 전 세계적 대유행병의 육신적인 고통과 정신적인 두려움과 영적인 곤고함을 겪고 있는데, 그 어느 때보다도 절실한 단어가 있다면 바로 '회복'(recovery)이란 단어입니다. 이스라엘 백성들이 블레셋 사람들에게 하나님의 영광스러운 법궤를 빼앗긴 것은 이스라엘에게는 하나님의 영광이 떠난 것이었고, 블레셋 편에서는 이 법궤 앞에서 그들이 섬기던 다곤 신상이 엎드러져서 끊어지고(삼상 5:1-5) 독한 종기의 재앙을 받게 된 것입니다(삼상 5:6-12).

그런데 오늘 본문 말씀 가운데 블레셋 사람들이 어떻게 이를 회복해 가는가를 보면서 우리도 코로나19로 인한 삶의 고통과 불행을 어떻게 회복해야 하는지, 이 시간도 들려주시는 하나님의 음성을 들을 수 있길 바랍니다.

하나님 앞에서 회복의 길을 찾아야 함

먼저 본문 2절을 다 함께 읽겠습니다.

"블레셋 사람들이 제사장들과 복술자들을 불러서 이르되 우리가 여호와의 궤를 어떻게 할까 그것을 어떻게 그 있던 곳으로 보낼 것인지 우리에게 가르치라."

법궤 때문에 블레셋의 다곤 신상이 엎드러져서 부서지는 것은 말할 것도 없고 블레셋 사람들이 독한 종기의 재앙을 겪게 되었습니다. 여기 '독한 종기'라고 하는 것은 히브리어로 '**עֳפָלִים**'(오팔림)이라고 해서 일종의 종양(tumor)이라고 하는데, 어떤 질병인지는 분명하지 않지만 이스라엘 백성들이 출애굽을 할 때에 내리셨던 여섯 번째 재앙이었던 악성 종기(출 9:9; 신 28:27)와 같은 단어를 사용하고 있습니다.

그것도 그들이 나중에 속건제물을 쥐 모양으로 만들었던 것으로 보아 14세기 유럽에서 1~2억 명의 목숨을 앗아간 흑사병(past)과 같이 쥐를 통해 전염된 무서운 악성 종기였음에 틀림이 없습니다. 이것이 7개월 동안 계속되니까 블레셋 사람들이 더 이상 견딜 수가 없어서 다곤 신 제사장들과 복술자들(**קֹסְמִים**, 코쎄밈, 점치는 사람들)을 불러서 여호와의 궤를 어떻게 할 것인가, 그것을 어떻게 이스라엘의 원래 있던 장소로 돌려보낼 것인가 하고 문제를 해결할 길을 찾게 된 것입니다.

우리도 코로나19 등 갖가지 영육 간의 질병의 고통을 겪게 될 때에 하나님 앞에서 회복의 길을 찾아야 하는데, 많은 사람들은 먼저 치료제부터 찾으려고 하고 예방주사부터 맞으려 하고 집단 면역의 때를 기다립니다. 그러나 한 달이 넘도록 1,000명 이상의 확진자가 끊이지 않아서, 결국 수도권 4단계 거리두기가 두 주 또 연장되고 실제로 코로나19가 계속해서 확산되면서 알파, 베타, 감마에 이어 스쳐 지나만 가도 감염된다는 델타(7월 한 달 동안 88%)까지 감염되고 있습니다. 지난 화요일에는 우리나라에 델타 플러스 변이 바이러스까지 생겨나서 아스트라제네카를 예방 접종한 사람에게 두 명이나 감염되었다고 하지 않습니까? 그러니까 인간의 의학이나 방역만으로는 코로나19를 종식시키는 데 한계가 있다는 것을 절감하지 않을 수 없습니다.

스위스의 크리스천 의학자였던 폴 트루니에(Paul Trounie) 박사가 "하나님은 치료, 우리는 봉사"(God heals, we serve)라는 유명한 말을 남겼듯이, 모든 병의 치료자 되시는 하나님 앞에 나와서 하나님께 부르짖으며 간구하면서 하나님의 치유와 회복의 길을 찾아야 하는 것입니다. 그런데도 이렇게 코로나19가 확산되니까 믿음을 가지고 있다는 목사, 장로, 권사, 집사까지도 모든 병의 치료자 되시는 하나님을 믿지 못하고, 오히려 정부의 지나친 방역지침에 위축이 되어서 교회도 못 나오고 예배도 못 드리고 하나님의 치료를 스스로 다 막고 있는 것이 불행한 현실입니다. 그러니까 코로나19의 종식의 희망이 안 보입니다.

오히려 코로나19가 두려워서 교회에 못 나오다가 암이나 뇌졸중이나 심근경색이나 교통사고 등으로 하늘나라로 떠나가면 어떻게 되겠습니까? 그렇기 때문에 하나님께서 인간의 생명과 건강을 주관하심을 확실히 믿고 하나님의 마음을 움직이기 위해서 코로나19의 환난 가운데서 주님과의 처음 사랑부터 회복하고, 모든 병을 치료하시는 하나님의 성전에 나와서 살아 계신 하나님께 예배드리는 일을 가장 소중하게 여기고, 하나님께 예배드리는 일부터 회복해야 합니다. 그리고 "죽으면 죽으리라"는 순교신앙으로 매달려야 합니다.

그런데 정부는 백화점이나 마트나 극장이나 식당이나 카페는 다 풀어주면서 왜 하나님께 예배드리고 기도하면서 코로나19를 종식시켜야 할 교회만 20명 미만으로 규제합니까? 심지어 세상의 결혼식장과 장례식장도 50명 미만인데 수백 명, 수천 명, 수만 명이 모이는 하나님의 교회는 20명 미만이라는 게 말이 됩니까? 여러분, 이 배후에 영적으로 하나님께서 가장 기뻐 받으시고 하나님의 모든 복의 통로인 예배를 드리는 것을 가장 싫어하는 사탄의 역사가 있다는 것을 가슴속 깊이 각성할 수 있길 바랍니다.

그런데도 총회도, 한국교회총연합도 나서서 이를 바로 잡지 못하니까 믿음으로 살려고 하는 개 교회들만 정부의 극심한 핍박을 받고 있는 것입니다. 그래서 오죽하면 부족한 종이 대표회장으로 있고 전국의 초교파 500명의 영적인 목사들이 연합해 있는 목회자 포럼에서 지난 수요일 〈국민일보〉에 성명서를 발표했겠습니까?

성명서

지금 대한민국 정부는 하나님 앞에 중대한 오류를 범하고 있다. 코로나19라는 대유행병을 구실로 하나님께 드리는 예배를 탄압하고 있기 때문이다. 이는 자유민주주의 국가에서 유례를 찾아보기 힘든 일로 이로 인한 하나님의 심판을 피할 수 없을 것이다.

정부는 사회적 거리두기 4단계를 이유로 교회 예배 인원을 20명 미만으로 제한하고 있다. 수만 명 규모의 예배당에서도 20명 미만만 모일 수 있도록 했다. 이는 방역차원에서 볼 때도 납득이 되지 않는다. 현재 대중교통, 대형마트, 식당이나 술집에는 어떠한 인원 제한도 없다. 형평성에도 어긋나는 것이다. 정부는 코로나19 대유행을 마치 예배 때문인 것처럼 호도하고 있다. 하지만 지난 2월 중앙재난안전대책본부는 "대면예배를 통한 감염사례는 없었다"고 분명히 밝힌 바 있다.

우리는 정부의 이 같은 조치가 건강하다고 보지 않는다. 그 이면에는 어둠의 영이 있다. 이 어둠의 영은 코로나19를 확산시키고 이 사회를 혼란에 빠뜨린다. 코로나19는 우리의 치료자 되시는 하나님만이 치료하실 수 있다는 점을 알아야 한다.

더 나아가 정부, 여당은 평등에 관한 법률 제정을 통해 궁극적으로 교회의 선교 활동을 막으려 하고 있다. 대단히 유감스럽고 용납할 수 없는 부분이다. 하나님의 뜻에 반하는 모든 일에서 돌이켜라! 하나님이 역사의 주관자요, 치료자임을 인정하라! 그 길밖에 우리가 살 길이 없다는 것을 엄숙히 경고하며 성명하는 바이다.

"이르시되 너희가 너희 하나님 나 여호와의 말을 들어 순종하고 내가 보기에 의를 행하며 내 계명에 귀를 기울이며 내 모든 규례를 지키면 내가 애굽 사람에게 내린 모든 질병 중 하나도 너희에게 내리지 아니하리니 나는 너희를 치료하는 여호와임이라"(출 15:26).

국민일보 목회자포럼 대표회장 김의식 목사 및
500여 명의 목사 일동

그렇습니다! 살아 계신 하나님만이 우리를 치유하고 회복시킬 수 있습니다. 이렇게 영적인 교회들과 주의 종들과 성도들이 하나님 앞에서 회복의 길을 찾고자 간절히 기도하면서 강력하게 반발해서 그런지, 지난 금요일 중앙재난안전대책본부에서 내일부터 종교시설에 대해 "수용인원이 100명 이하는 10명, 101명 이상은 수용인원의 10%(최대 99명)까지는 정규 종교 활동을 허용한다"고 밝혔는데 왜 거기에다가 최대 99명이라고 사족을 붙입니까?

이스라엘이 출애굽을 할 때 모세와 아론이 광야에 가서 하나님께 예배를 드리게 해 달라고 하니까, 애굽 왕이 이스라엘 백성들에게 하나님께 예배를 드리러 가되 넷째 파리 재앙까지 당하고 난 뒤에는 "광야에서 제사를 드릴 것이나 너무 멀리 가지는 말라"(출 8:28)고 했다가, 여덟째 메뚜기 재앙까지 당하고 나서는 "너희 장정만 가서 여호와를 섬기라"(출 10:11)고 했고, 아홉째 흑암 재앙을 당하고 난 뒤에는 "너희는 가서 여호와를 섬기되 너희의 양과 소는 머물러 두고 너희 어린 것들은 너희와 함께 갈지니라"(출 10:24)고 했다가, 열째 재앙인 장자의 죽음을 당한 후에야 애굽 왕이 모세와 아론을 불러서 "너희의 말대로 가서 여호와를 섬기며…너희 양과 너희 소도 몰아가고 나를 위하여 축복하라"(출 12:31-32)고 하며 이스라엘 백성들의 출애굽을 허락하게 됩니다. 오늘날 정부의 방역지침을 보면서 어쩌면 그렇게 애굽 왕과 똑같은지 모르겠습니다.

그러나 역대하 7장 13-14절에 보면, 예루살렘 성전을 봉헌했던 날 밤에 여호와께서 솔로몬 왕에게 나타나셔서 뭐라고 말씀하셨습니까?

"혹 내가 하늘을 닫고 비를 내리지 아니하거나 혹 메뚜기들에게 토산을 먹게 하거나 혹 전염병이 내 백성 가운데에 유행하게 할 때에 내 이름으로 일컫는 내 백성이 그들의 악한 길에서 떠나 스스로 낮추고 기도하여 내 얼굴을 찾으면 내가 하늘에서 듣고 그들의 죄를 사하고 그들의 땅을 고칠지라."

코로나19를 통해 우리가 지난날의 죄악 길에서 떠나 스스로 겸손하게 낮추고 하나님의 치유를 믿고 간구하면서 하나님의 얼굴을 찾으면, 하나님께서 우리를 다 보고 들으시고 우리의 모든 죄악을 용서하시고 코로나19뿐만 아니라 영육 간의 모든 질병도 다 고쳐주십니다. 우리 치유하는교회도 지난날 수많은 병자들이 기적적인 치유를 체험하고 살아나지 않았습니까?

김포에 사는 한 여 집사님이 공황장애로 인해 극심한 두려움의 고통을 겪고 있었는데, 금요심야기도회에 안수기도를 받으러 어린 딸과 함께 교회에 나왔습니다. 그래서 안수기도를 받고 돌아갔는데, 지난 주일 이 집사님의 심리치료를 담당하고 있는 상담심리연구소를 운영하시는 여 목사님이 여 집사님에게 보낸 편지를 제게 보내왔습니다.

사랑하는 집사님이 살기 위해 하나님께 목숨 걸고 도전과 시도를 하는 모습이 너무 아름다워서 오늘 아침 눈을 뜨자마자 축복의 기도를 하게 하셨습니다. 남편 없이는 꼼짝도 못하고 불안해서 대중교통을 전혀 이용하지 못하는 사람이, 9일 동안 남편 출장 중 하나님의 성전을 너무도 사모하며, 시도하지 않으면 변할 수 없다는 목사님의 말을 그대로 수행하기 위해 먼 김포에서 4만 원이나 택시비를 주고 지난 금요일, 또 오늘 주일예배에 나와, 하나님을 향한 그 마음을 주님께서 보셨습니다. 사랑하는 집사님, 하나님이 집사님의 편이 되셨습니다! 용기를 가지세요! 축복하고 사랑합니다!

하나님께서 무엇보다 이 여 집사님에게 믿음을 부어주셨고, 치료하시는 하나님을 만나기 위해 만민이 기도하는 집에 나오게 하셨고, 점차 놀라운 치유의 역사를 체험하게 해 주신 것입니다.

그러므로 우리도 하나님의 회복의 약속의 말씀을 믿으며 회복의 길을 찾아 나아올 때, 이 코로나19뿐만 아니라 우리의 어떠한 질병조차도 기적적으로 치유되고 회복되는 역사를 체험하게 될 줄 확실히 믿으시기 바랍니다.

속죄의 감사 예물을 드려야 함

계속해서 본문 3절 말씀을 다 함께 읽겠습니다.

> "그들이 이르되 이스라엘 신의 궤를 보내려거든 거저 보내지 말고 그에게 속건제를 드려야 할지니라 그리하면 병도 낫고 그의 손을 너희에게서 옮기지 아니하는 이유도 알리라 하니."

블레셋의 제사장들과 복술자들은 이스라엘의 신인 하나님의 법궤를 보내려거든 거저 보내지 말고 새 수레를 만들고 아직까지 수레를 끌어보지 않은 암소 둘로 수레를 끌게 하라고 했습니다. 그들은 이방민족이지만 살아 계신 하나님께 대한 최대한의 경외심을 드러낸 것입니다. 더 나아가 속건제를 드려서 그들의 병도 낫고 하나님의 진노의 손을 그들에게서 옮기지 아니하는 이유도 알게 되리라는 것입니다.

여기 '속건제'란 히브리어로 'אָשָׁם'(아샴)으로 영어로는 'Guilt offering'이라고 해서 '죄를 인정하는 제물'이라는 뜻입니다. 잘못한 죄를 용서받을 경우나 타인에게 손해를 끼치게 하거나 재산을 악용한 경우에 보상하는 방법으로 드리는 것이었습니다.

다시 말하면 그들은 속건제를 통하여 육신적으로는 재앙으로 인해 받은 질병에 대한 치료를 받고, 영적으로는 여호와의 법궤를 빼앗아 온 것이 잘못된 것임을 깨닫기를 바랐던 것입니다. 그리하여 블레셋의 5성읍을 대표해서 금 독종 다섯 개와 금 쥐 다섯 개를 속건제물로 만들게 했습니다. 이것은 자신들이 재앙으로 받았던 독한 종기를 형상화하여 만든 것으로서, 이스라엘 백성들이 광야에서 먹을 것과 물이 없다고 하나님과 모세를 원망하고 있을 때 불뱀이 나타나 죽게 되었을 때, 하나님께서 놋뱀을 만들어 이를 바라보는 자마다 살아나게 하였던 사건(민 21:4-9)을 보고 그렇게 했을 것입니다.

아무튼 그들은 그냥 법궤만 돌려보내지 않고 속죄의 예물도 함께 보냈습니다. 우리는 이 불신 이방인 블레셋 사람들을 통해서조차 속죄의 예물을 드리는 영적인 깊은 교훈을 얻게 됩니다.

더욱이 우리는 예수님께서 십자가에서 속죄 제물이 되어주셔서 우리의 죄악과 상처와 질병을 대신 지셔서 죽기까지 사랑해 주셨는데, 생명까지 다 드려도 못 갚을 주님의 은혜를 망각하고 오히려 하나님의 것을 도둑질하여 십일조를 떼어먹거나 감사의 예물도 도둑질하며 떼어먹는 사람들이 얼마나 많습니까? 그래서 말라기 3장 8-9절에 "사람이 어찌 하나님의 것을 도둑질하겠느냐 그러나 너희는 나의 것을 도둑질하고도 말하기를 우리가 어떻게 주의 것을 도둑질하였나이까 하는도다 이는 곧 십일조와 봉헌물이라 너희 곧 온 나라가 나의 것을 도둑질하였으므로 너희가 저주를 받았느니라"고 우리에게 경고하십니다.

그러므로 더 이상 내가 애쓰고 수고함으로 하나님의 복을 잃어버리는 저주의 삶에서 벗어나서 진정으로 축복의 여생을 살기 위해서는, 말라기 3장 10절 말씀을 가슴에 깊이 새기고 그대로 순종해야 합니다. 주님께서는 강한 어조로 말씀하십니다.

> "만군의 여호와가 이르노라 너희의 온전한 십일조를 창고에 들여 나의 집에 양식이 있게 하고 그것으로 나를 시험하여 내가 하늘 문을 열고 너희에게 복을 쌓을 곳이 없도록 붓지 아니하나 보라."

이 약속의 말씀대로 순종함으로 자손대대로 하나님의 축복을 풍성히 누릴 수 있기를 바랍니다.

그러나 성도의 본분인 십일조 헌금을 바치는 것으로만 끝나선 안 됩니다. 지난날 함께하신 하나님의 은혜에 감사하고 감격하는 감사의 삶을 살아야 합니다. 그래서 시편 136편 1절에 "여호와께 감사하라 그는 선하시며 그 인자하심이 영원함이로다"라고 명령하시는데, 26절까지의 말씀에 계속해서 "주님께 감사하라 그의 인자하심(사랑하심)이 영원하시기 때문"이라고 26번이나 강조하십니다(시 136:1-26). 그런데도 우리는 주님의 십자가의 사랑, 우리의 죄악을 대속해주시고 상처와 질병을 치유해주신 자비로운 사랑에 얼마나 감사하고 감격하면서 그 은혜에 보답하며 살고 있습니까?

많은 때 사탄에게 속아서 착각하기 쉬운데, 우리가 구제하고 봉사하고 선교하고 사랑으로 섬기는 것은 다 사람들을 상대로 하는 것이지만, 우리가 예배드리고 기도하고 찬양하고 헌신하고 헌금하는 것은 하나님께 드리는 것입니다. 그래서 적어도 이것을 우리의 감정이나 기분에 따라 하는 것이 아니라 복의 근원이 되시는 하나님께 대한 믿음을 가지고 기쁨으로 해야 합니다. 이처럼 우리가 속죄의 감사의 삶을 살아가면, 복의 근원 되시는 하나님께서 기뻐 받으시고 우리의 일생토록 부족함이 없도록 풍성히 은혜 베푸시고 축복 내려주시고, 자손대대로 영육 간에 물질로 천 배 만 배로 갚아 주시는 것입니다.

부족한 종도 1976년 18살 때 예수님을 구주로 믿음으로 영접하고 십일조 생활을 시작하였고, 지난 46년 동안 진심으로 감사생활을 해왔습니다. 결혼 전에는 부모님의 은혜로 살았지만, 결혼 후 지난 40년 동안 하나님께서 내게 복을 주셔야 복되게 살 수 있다는 믿음을 가지고, 복의 근원 되시는 하나님께 대한 믿음으로 교회가 어떠하든지, 교인들이 어떠하든지 아무런 상관없이 끝까지 십일조와 감사의 믿음으로 헌금하며 살았습니다. 그랬더니 이렇게 하나님의 기적적인 은혜로 빈손 들고 일어나서 지금까지 놀라운 믿음의 복을 누리게 되었습니다.

이처럼 저 자신이 하나님의 축복을 체험하고 나니까 믿음의 확신과 체험을 가지고 증거하지 않을 수 없습니다. 하나님의 복은 자신만 가지고 누리는 것이 아니라, 하나님께 감사하면서 우리의 삶 가운데 나누고 베풀고 섬기는 가운데 계속해서 이어지는 것입니다.

지난주 월요일 도쿄 종합스포츠프라자에서 열렸던 도쿄 올림픽 배드민턴 경기 여자복식 준결승에서 중국 대표 천칭천, 자이판 선수조와 우리나라 크리스천 김소영, 공희영 선수조가 맞붙었습니다. 그런데 천칭천 선수가 경기 내내 "워치오!" "워치오!" 하고 외쳐서 처음에는 경기에 집중하기 위해 내는 기합소리로 알고 있었는데, 나중에 알고 보니까 그 말이 우리말로 '씹할!'이란 뜻이었다고 합니다. 결국 그 팀은 결승에 올라가서 완패를 당하고 은메달에 머물고 말았습니다. 반면에 우리나라 김소영, 공희영 선수조는 역시 크리스천들인 이소희, 신승찬 선수조와 동메달 결징진에시 2:1로 승리한 다음에 만언니 김소영 선수는 "하나님 아버지께 먼저 감사와 영광을 돌려드리고, 그런 말을 하면 안 되는 것을 알지만 소희와 승찬이에게 미안해요!"라고 눈물을 흘렸습니다. 왜냐하면 "동생 되는 소희와 승찬이가 얼마나 고생을 하며 준비했는지 알고 어떤 마음인지 잘 알기 때문에 동생들에게 너무 미안하고 정말 수고했다!"고 울먹였습니다.

그러자 동생 되는 이소희, 신승찬 선수도 "언니, 우리가 결승에서 만났으면 너무 좋았을 텐데…그동안 고생 많았어요! 진심으로 축하해요! 저희는 다음 기회도 있으니까 괜찮아요!" 하면서 함께 끌어안고 눈물을 흘렸습니다. 우리가 믿음으로 서로 사랑하고 감사하면서 살면 하나님께서 꼭 우리에게 이렇게 놀라운 축복과 행복의 마음을 누리게 하십니다.

여러분, 미국의 칼슨대 연구팀이 연구한 결과에 의하면, 지난 2016

년 리우 올림픽에서 메달을 딴 67개국 413명 선수의 시상식 사진을 분석한 결과 금메달이 가장 행복하겠지만, 그다음으로는 동메달을 딴 선수들이 은메달을 딴 선수들보다 더 행복해하는 역설적인 상황이 펼쳐지는 것을 확인했다고 하였습니다.

은메달은 조금만 더 힘을 썼으면 금메달을 땄을 텐데 하는 아쉬움이 있어서 그만큼 행복하지 못하지만, 동메달을 딴 선수들은 동메달이라도 딸 수 있었다는 안도감이 자신들을 더욱 행복하게 했다는 것입니다. 경기 내내 욕하면서 은메달을 딴 중국 선수들보다 동메달을 따고도 서로 사랑을 나누면서 감사한 우리 한국의 김소영, 공희영 선수들이 더욱 행복하고 하나님의 축복을 받은 자들이었습니다.

그러므로 우리가 주님의 속죄의 은혜에 감사하고 감격하면서 주님 앞에 나올 때, 주님의 속죄에 대한 감격의 예물을 드리며 나누며 살아가게 되는 것입니다. 그럴 때 우리의 여생이 진정으로 은혜롭고 축복되고 행복한 치유와 회복의 역사를 체험하게 될 줄 확실히 믿습니다.

모든 사람들과 함께 기쁨을 회복해야 함

마지막으로, 13절 말씀을 다 함께 읽겠습니다.

> "벧세메스 사람들이 골짜기에서 밀을 베다가 눈을 들어 궤를 보고 그 본 것을 기뻐하더니."

블레셋 사람들은 여호와의 궤를 옮길 두 마리의 소와 새 수레와 여호와의 법궤와 금으로 만든 속건제물을 준비해서, 만일 그 수레가 벧세메스 쪽을 향해 간다면 이는 재앙이 여호와로부터 왔음이 증명되는 것이고, 다른 데로 간다면 그 재앙들이 여호와의 법궤와 상관없이 우연히 발생된 사건이라고 했습니다.

그런데 여호와의 법궤가 속건제물과 함께 '태양의 집'이라고 불리는 벧세메스에 도착하게 되어서, 그 블레셋의 재앙들이 여호와의 법궤로 인해 여호와로부터 왔음이 분명히 증명된 것입니다. 더 나아가 여호와의 법궤가 그들을 떠남으로 인해 하나님의 영광이 떠났다고 슬퍼하던 벧세메스 사람들이, 밀 추수기에 골짜기에서 밀을 베다가 눈을 들어 여호와의 법궤가 돌아오는 것을 보고 모두 다 기뻐하였습니다.

여기 여호와의 법궤는 하나님의 임재와 구원의 상징이라고 했는데, 이 법궤 안에는 만나를 담은 금항아리와 언약의 십계명이 기록된 두 돌판과 아론의 싹 난 지팡이가 들어 있었습니다(히 9:4). 이는 영적으로 길과 진리와 생명 되시는 예수 그리스도를 상징했습니다(요 14:6). 그러므로 우리가 예수님의 십자가의 대속을 믿음으로 말미암아 하나님의 자녀로 거듭나게 되면 구원의 기쁨과 감격이 차고 넘쳐야 합니다.

그런데 평생 예수님을 믿고 중한 직분을 받고 수많은 봉사를 했다 할지라도 구원의 기쁨과 감격이 없다면 우리는 무언가 잘못된 신앙생활을 하고 있는 것입니다. 그래서 로마서 14장 17절에 나와 있는 바와 같이 "하나님의 나라는 먹는 것과 마시는 것이 아니요 오직 성령 안에 있는 의와 평강과 희락이라"고 증거하지 않습니까?

우리가 성령님을 모시고 하나님 나라에서 살아갈 때 영적으로 하나님으로부터 의롭다고 인정을 받고 혼적으로 마음의 평강을 누리게 되면, 자연히 육적으로 삶의 기쁨이 차고 넘치게 됩니다. 주님께서 우리에게 주시는 이 기쁨은 세상의 부귀나 영화나 쾌락에 의한 일시적인 기쁨이 아니라 예수님을 믿음으로 하늘로부터 오는 세상 것과 비교할 수 없고 세상 것과 바꿀 수도 없는 주님께서 부어주시는 영원한 기쁨입니다.

더 나아가 주님께서 주시는 기쁨은 나 자신의 삶뿐만 아니라 우리의 가정이나 직장이나 하나님의 교회나 세상 어느 곳에 있든지 모든 사람들과 함께 그 기쁨이 차고 넘치게 됩니다. 우리 사이에 기쁨을 잃게 하는 것은 결단코 하나님의 뜻이 아닙니다. 그러므로 우리가 먼저 그 주님의 기쁨을 누리고 나누고 전하며 살아가야 하는 것입니다.

저는 이번 도쿄 올림픽을 시청하면서 우리나라 국가대표선수들 가운데 가장 잘 웃는 미스터 스마일 선수를 꼽으라면, 육상 높이뛰기에 출전하여 한국 육상의 역사를 새로 쓴 크리스천 선수인 우상혁 형제를 꼽을 수 있을 것 같습니다.

지난 주일 예배와 심방을 마치고 집에 들어가서 마침 육상높이뛰기 경기를 시청할 수 있었는데, 그는 1차 시기 2m 19cm로 시작해서 2차 시기 2m 24cm, 3차 시기 2m 27cm, 4차 시기 2m 30cm까지 거침없이 날았습니다. "와우!" 하고 외치면서 스스로를 응원하면서 관중들의 박수를 유도하며 너무나 유쾌하게 경기에 임해서, 경기를 관람하는 관중들이나 시청하는 시청자들에게까지 기쁨을 안겨 주었습니다.

지금까지 올림픽에서 그렇게 모두에게 응원을 유도하며 기쁨을 안겨 준 선수는 처음 보았습니다. 그런데 가슴 아팠던 것은, 그가 초등학생 때 교통사고를 당해 오른발(265mm)보다 왼발(275mm)이 커서 균형감 유지가 어려웠다는 것입니다. 하지만 그는 오히려 자신의 장애조차도 감사함으로 받아들이고 피나는 훈련으로 짝발의 핸디캡을 뛰어넘었습니다. 신체적 장애가 전혀 없는 것처럼 다른 어느 나라 선수들보다도 밝은 표정으로 관중들의 박수를 유도하면서 그 높은 장대를 뛰어넘는데, 신바람이 난 우상혁 선수는 5차 시기 2m 33cm, 6차 시기 2m 35cm까지 넘어서며 포효했습니다.

특별히 그는 빌립보서 4장 13절의 "내게 능력 주시는 자 안에서 내가 모든 것을 할 수 있느니라"는 믿음을 가지고 경기에 임했습니다. 조용히 들어보니까 중계방송에 그의 목소리가 새어나오는데 "나는 할 수 있다! 높이 날 수 있다!"는 긍정적인 믿음으로 외치면서 뛰었습니다. 그러니까 올림픽 경기가 더 이상 두렵지 않고 기쁘고 즐거울 수밖에 없었던 것입니다. 그는 한국 육상 역사상 최고의 성적을 거두고, 24년 된 묵은 한국 신기록을 갈아치웠습니다. 내친김에 메달까지 노리며 높이를 2m 39cm까지 올렸지만 아름다운 도전은 여기까지였습니다.

그는 비록 마지막 2m 39cm에 도전하여 4위로 메달 획득에는 실패했지만, 앞으로도 계속해서 더욱 열심히 훈련하여 지금 25살이니까 3년 뒤 2024년 파리 올림픽 때는 기필코 메달을 따서 온 국민에게 기쁨을 안겨주겠다는 원대한 포부를 밝혔습니다. 그의 밝은 미소가 이 코로나19와 폭염에 찌들은 온 국민에게 시원한 생수와 같은 희망의 웃음을 전해주고 있습니다.

이처럼 우리가 먼저 주님 안에서 기쁨을 회복하고, 더 나아가 모든 사람들과 함께 기쁨을 누리게 될 때, 주님 안에서 온전한 영적 회복을 이루게 될 줄 믿으시기 바랍니다.

영화 역사상 〈벤허〉, 〈십계〉, 〈쿠오바디스〉는 세계 3대 성화로 꼽는데, 그 가운데서도 〈벤허〉는 세계 영화사에 아카데미상 최다 수상의 최고 걸작으로 손꼽힙니다. 1959년 개봉된 이후 어느덧 62년이라는 시간이 흘렀지만, 지금 다시 봐도 놀라운 감동을 안겨주는 불후의 명작입니다. 원래 이 영화의 원작 소설 《벤허》는 미국의 변호사요, 주지사요, 군인이요, 작가로 유명한 루 월리스(Lewis Wallace)가 기독교를 비판하고 자신의 무신론을 입증하기 위해 성경과 기독교 서적을 읽다가, 하나님의 뜨거운 은혜를 체험하고 그가 받은 치유의 은혜의 감격으로 쓴 역사소설의 원제목이 바로 그 유명한 《벤허: 그리스도의 이야기》(*Ben-Hur: A tale of the Christ*)였습니다.

이 소설은 주후 26년 예루살렘을 배경으로 펼쳐지는데, 유다 벤허는 왕족의 후손으로 부유한 상인이었습니다. 그의 어린 시절 로마인 친구 메살라가 로마수비대 대장으로 부임하면서 재회를 하게 되는데, 이들의 우정은 당시 로마에게 지배당하고 있던 유대인의 자유와 로마인들이 떠나기를 원하는 벤허의 신념에 의해 깨어지고 맙니다.

그러던 어느 날 로마 병사들이 벤허의 집 앞 거리를 지나는 도중 이를 지켜보던 여동생 틸자의 실수로 벤허의 집에서 낡은 벽돌이 떨어지게 되고, 이로 인해 유다 지역의 새로운 총독 발레리우스 그라투스가 말에서 떨어져 사망하게 되는데, 메살라는 우발적인 사건임에도 벤허를 범인으로 체포하여 평생을 노예로 보내게 합니다.

이때 벤허는 복수를 맹세하고, 보통 사람은 1년도 버티기 어려운 로마의 전투함에서 3년간 노예 신분으로 노를 저으면서 피눈물 나는 고생을 하면서도 끝까지 인내합니다. 그런데 마케도니아 해적과의 해상전투에서 배가 침몰하게 되는데, 이때 로마 장군인 퀸투스 아리우스를 구해주면서 벤허는 그의 양아들이 되어 로마시민권을 얻게 되어 예루살렘으로 돌아옵니다.

그런데 이미 그의 집은 폐허가 되었고, 그의 사랑하는 어머니 미리암과 여동생 틸자의 생사는 알 수도 없었습니다. 자유노예였던 그를 사랑하는 연인 에스더가 여전히 그를 기다리고 있었는데, 에스더는 벤허의 어머니와 여동생이 한센병에 걸린 것을 숨기기 위해 죽었다고 말합니다. 벤허는 그 모든 복수를 위해 친구였던 로마 수비대장 메살라와 전차 경주를 벌이는데, 경주 중 메살라는 전차가 파괴되면서 큰 부상을 당하게 됩니다.

죽음 직전에 벤허가 메살라를 방문하는데, 메살라는 끝까지 자신의 죄를 뉘우치지 않고 벤허에게 "네 어머니와 여동생은 한센병자들이 모여 사는 계곡에 있고, 전차 경주는 끝나지 않았으며, 네가 증오할 사람은 아직도 많이 남아 있다"는 말을 남기고 평생을 벤허에게 경쟁심을 느끼며 살다가 떠나갑니다. 벤허는 사랑하는 에스더가 자신의 가족을 몰래 보살피고 있다는 것을 눈치채고, 에스더의 뒤를 밟다가 마침내 나환자촌에서 사랑하는 어머니와 여동생을 만나게 됩니다.

그때 벤허는 로마 제국이 자신의 일생을 짓밟은 것은 말할 것도 없고 사랑하는 어머니와 여동생까지 한센병에 비참하게 죽어가게 하고, 옛 친구 메살라가 자기 가족을 망쳤다고 생각하면서 메살라에 대한 증오심이 로마 제국에 대한 증오심으로 바뀝니다. 그러자 에스더는 벤허가 마치 메살라처럼 변해버렸다면서, 당시 군중을 몰고 다니던 젊은 랍비 예수 그리스도의 "원수를 사랑하라"는 말씀이 자신도, 아버지도 증오에서 풀려나게 했다고 전합니다.

그런데도 벤허는 자신의 상처받은 마음을 어느 누구도 치유할 수 없다고 생각하는데, 그때 유대총독 빌라도는 벤허를 불러 그가 유대인들에게 숭배를 받고 있어서 로마 제국의 지배에 큰 위협이 되고 있다면서 유대 땅을 떠나라고 협박합니다. 그러자 벤허는 빌라도 총독에게 자신은 유대인이고 로마인이 아니라고 선언하고, 양아버지인 로마 장군 아리우스가 준 인장을 돌려줌으로써 상속자로서의 지위까지도 포기합니다.

벤허는 다시 나환자 계곡을 찾아 어머니와 여동생을 만났지만, 여동생 틸자가 죽어가고 있음을 발견합니다. 벤허와 에스더는 그들을 살리기 위해서 어머니와 여동생을 데리고 수많은 치유의 기적을 행한다는 젊은 랍비 예수님에게 달려가는데, 그때 예수님은 십자가형을 받고 로마군에 의해 골고다 언덕으로 끌려가는 중이었습니다. 물 한 잔을 그에게 건네는 순간 로마 병사에 의해 저지당하지만, 지난날 벤허가 친구 메살라에 의해 노예로 로마 전투함으로 끌려가던 중 그토록 목말라하던 자신에게 물을 건네주셨던 분이 바로 예수님이셨음을 깨닫게 됩니다.

예수님께서 두 강도 사이에서 십자가에 매달리셔서 고통 가운데 마지막 죽음을 맞이하시는 순간 천둥 번개가 치면서 비가 쏟아지는데, 그 빗물을 맞는 가운데 벤허의 어머니와 여동생의 한센병이 치유되는 기적이 일어납니다.

벤허는 마지막 예수님의 십자가의 대속의 죽음을 목격하면서, 마음속에 응어리져 있던 로마 제국에 대한 분노의 감정들이 눈 녹듯이 녹아들면서 놀라운 치유와 회복의 역사가 일어나는 것을 체험하게 됩니다. 그리고 “I felt His voice take the sword out of my hand”

(그의 사랑의 음성이 내 손에서 복수의 칼을 빼앗아 가는 것을 느꼈어요) 라고 고백합니다.

벤허는 영적으로 지난날의 불신앙의 죄를 회개하고 주님의 십자가의 능력으로 그의 사랑하는 어머니와 여동생의 육적인 한센병만 치유 받은 것이 아니라, 주님의 십자가 사랑으로 평생토록 그를 괴롭혔던 과거의 마음의 상처까지도 다 치유 받고 영·혼·육의 온전한 회복을 체험하며 감격의 눈물을 흘립니다.

사랑하는 성도 여러분, 우리도 일생을 살아오면서 우리 마음속의 상처의 증오심으로 몸부림칠 때가 얼마나 많았습니까? 또한 육신의 질병으로 죽어가는 절망의 고통을 느낄 때도 얼마나 많았습니까? 더 나아가 코로나19로 인해 경제적인 궁핍함으로 불행을 겪을 때도 얼마나 많았습니까? 그러나 우리가 치료자 되시는 주님 안에서 회복의 길을 찾고, 예수님의 속죄에 감사하는 예물을 드림으로 우리 모두의 기쁨을 회복하게 될 때, 진정으로 십자가의 주님의 온전한 치유와 회복의 감격을 모두 다 체험하게 될 줄 확실히 믿습니다.

다 함께 결단의 찬송으로 '마음이 상한 자를'을 함께 부르며 믿음으로 결단하도록 하겠습니다.

1. 마음이 상한 자를 고치시는 주님
하늘의 아버지 날 주관하소서
주의 길로 인도하사 자유케 하소서
새 일을 행하사 부흥케 하소서
2. 성령으로 채우사 주 보게 하소서
주의 임재 속에 은혜 알게 하소서

주 뜻대로 살아가리 세상 끝날까지
나를 빚으시고 새날 열어주소서
후렴) 의에 주리고 목이 마르니 성령의 기름 부으소서
의에 주리고 목이 마르니 내 잔을 채워 주소서

우리의 모든 것을 회복시키시는 하나님 아버지, 지난날 우리 모두는 영혼의 죄악과 마음의 상처와 육신의 질병으로 인해 불행과 고통을 겪으며 살 때가 얼마나 많았습니까? 이제라도 우리의 모든 상처의 치료자 되시는 주님 앞에서 회복의 길을 찾게 하여 주시옵소서! 주님의 속죄에 대한 감사 예물도 잊지 않게 하여 주시옵소서! 우리 모두가 기쁨을 회복하게 하여 주시옵소서! 그리함으로 우리 모두에게 십자가의 주님께서 영·혼·육의 온전한 치유와 회복의 감격을 체험케 하여 주옵소서. 예수님의 이름으로 간절히 축복하며 기도하옵나이다. 아멘!

미스바로 모이라

사무엘상 7:3-12

오늘은 우리 조국의 광복 제76주년 기념주일입니다. 그러나 오늘의 현실은 우리 민족이 남북으로 분단되어 대립상태에 있고, 대통령 선거를 앞두고 온 나라가 분열되어 있고, 코로나19로 인해 계속적인 두려움과 고통을 겪고 있습니다. 어디를 둘러보아도 희망을 찾아보기 어려운 때입니다.

그런데 오늘 말씀에도 보면, 이스라엘 백성들이 하나님을 떠나 범죄하고 우상숭배하고 전심으로 하나님을 섬기지 않는 바로 그때, 사무엘 선지자는 이스라엘의 모든 백성들에게 미스바로 모이라고 외치고 있습니다.

그렇다면 이스라엘 백성들은 미스바에 모여서 그들의 문제를 어떻게 극복해 나갈까요? 우리도 우리의 영적인 미스바인 성전에 모여서, 우리 개인과 가정과 직장과 하나님의 교회와 나라와 민족의 장래의 갖가지 문제들을 어떻게 극복할 것인지, 이 시간도 들려주시는 하나님의 음성을 다 함께 들을 수 있길 바랍니다.

어려운 때일수록 기도하고 금식해야 함

먼저 본문 5-6절 상반절 말씀을 다 함께 읽겠습니다.

> "사무엘이 이르되 온 이스라엘은 미스바로 모이라 내가 너희를 위하여 여호와께 기도하리라 하매 그들이 미스바에 모여 물을 길어 여호와 앞에 붓고 그날 종일 금식하고…."

하나님의 법궤가 벧세메스에서 기럇여아림으로 보내진 지 20년이 경과하였습니다. 그런데 이스라엘 백성들이 하나님의 임재와 구원의 상징인 하나님의 법궤가 돌아옴에 감사하며 믿음으로 살기보다는, 또다시 가나안의 최고의 남신인 바알과 최고의 여신인 아스다롯에 빠지고 말았습니다. 그러자 사무엘 선지자는 모든 이스라엘 백성들에게 미스바로 모이라고 했습니다. 미스바는 히브리어로 'מִצְפָּה'(미츠바)라고 해서 '망대'라는 뜻이었는데, 가나안 중앙지역에 있었으며 성지의 망대 역할을 했던 곳이었습니다.

그래서 그들이 영적 망대였던 미스바에 모여서 가장 먼저 기도하고, 기도해서 안 되면 금식하면서라도 하나님과의 언약을 기억하고 거룩한 하나님의 백성으로 하나 되어서 하나님과의 관계부터 새롭게 회복하길 원했던 것입니다.

우리의 신앙생활도 영적인 바로미터(barometer)는 깨어 기도하고 있는가를 보는 것입니다. 그것을 보면 우리의 영적 상태를 곧바로 알 수 있습니다. 깨어 기도하지 않으면 곧바로 마귀의 시험이 오고, 영적으로 잠들고 병들어서 결국 마귀의 밥이 다 되어버리고 말기 때문입니다. 그래서 예수님께서도 십자가를 지시기 전 겟세마네 동산에서 땀방울이 핏방울같이 변할 정도로 간절히 기도하셨습니다.

그런데 베드로를 비롯해서 그의 사랑하는 제자들이 다 졸고 있으니까 베드로에게 찾아가셔서 마태복음 26장 41절에 "시험에 들지 않게 깨어 기도하라 마음에는 원이로되 육신이 약하도다…"라고 세 번씩이나 권면하시지 않았습니까? 그러나 베드로는 세 번씩이나 예수님의 권면을 외면하고 졸다가, 결국 잠시 후에 예수님께서 대제사장의 종들에게 끌려가실 때 계집종 앞에서 세 번씩이나 예수님을 모른다고 부인하고 맹세하고 저주까지 하지 않았습니까? 그때 예수님의 심정이 어떠했겠습니까?

그러나 예수님께서 부활하신 후에도 갈릴리 호수에서 물고기를 잡던 삶으로 돌아간 베드로에게 찾아와서 세 번씩이나 "네가 나를 사랑하느냐?"고 물으시고, 세 번씩이나 "내 어린 양을 먹이라"고 사명을 분부하시는데, 이것은 영적으로 다 연결된 사건입니다.

베드로의 시험이 근본적으로 예수님의 말씀대로 깨어 기도하지 않은 데서부터 시작되었듯이, 말세의 마지막 때 우리의 신앙생활의 모든 시험도 가장 근본적으로는 영적으로 깨어 기도하지 않은 데서부터 옵니다. 그래서 "쉬지 말고 기도하라"(살전 5:17)고 말씀하실 정도로 신구약 성경을 통해서 가장 강조한 것이 있다면, 무한한 기적을 일으키는 바로 이 기도입니다.

그런데 아이로니컬하게도 말세 마지막 때 그토록 어렵고 힘들게 살면서도 교인들의 삶 가운데 가장 약한 것이 있다면 바로 이 기도입니다. 그래서 만물의 마지막이 가까웠을 때 가장 먼저 무엇을 하라고 하셨습니까?

베드로전서 4장 7절에 "만물의 마지막이 가까이 왔으니 그러므로 너희는 정신을 차리고 근신하여 기도하라"고 분명히 강조하시지 않습니까? 그래서 부족한 종이 22년 전 우리 치유하는교회가 영적인 큰 시험에 빠져 있을 때 와서 가장 먼저 강조한 것이 바로 깨어 기도하는 것이었습니다. 더구나 기도해서 안 되면 금식하면서라도 부르짖으라는 거였습니다. 우리가 힘도 없고 돈도 없고 백도 없으니 어떻게 사탄의 계략을 이겨낼 수 있겠습니까?

그러나 기도는 무한한 하나님의 기적의 권능을 일으키기에 우리 인생에 해결하지 못할 문제가 없기 때문입니다. 사실 지난 44년 동안 저의 평생의 목회도 그러했지만, 특별히 우리 치유하는교회에서의 22년의 목회는 기도와 금식이 아니면 한순간도 버텨낼 수가 없었습니다.

지난 주일 역대 최악의 적자 운영과 일본 국민의 비협조 속에서 끝이 난 도쿄올림픽의 체조경기에서 예상 밖으로 체조경기에서 금메달이 나왔습니다. 기적적으로 금메달을 차지한 신재환 선수의 금메달 뒤에는 신 선수와 가족들의 간절한 기도가 있었습니다. 신재환 선수는 지난 9일 KBS1 라디오 〈최강시사〉의 전화 인터뷰에서 애초 동메달을 목표했고, 감이 좋지 않았는데 경기가 잘 풀렸다며 당시 상황을 생생하게 전했습니다.

훈련을 계속하다 보면 손을 짚었을 때 됐다 안 됐다가 판가름이 되는데, 올림픽 경기 당일에 손을 딱 짚자마자 '아, 이건 안 됐다'라는 걸 느꼈는데도 전혀 예상 밖으로 기적적으로 금메달을 획득했다는 것입니다.

청주 사랑의교회를 출석하면서 새벽마다 늘 아들을 위해 간절히 기도해온 신재환 선수의 어머니 전영숙 집사님은 "그 순간 초자연적인 하나님의 힘으로 몸을 틀 수 있었던 것이 기적이다"고 증거했습니다. 그 짧은 4초의 순간에 모든 것이 결정되는데 "있는 힘껏 끌어서 착지를 해야겠다는 생각이 든 것도 감사하고요. 또 그렇게 놀랍게 착지할 수 있는 힘이 나왔다는 것 자체만 해도 기적이어서 감사하다"고 눈물을 글썽였습니다.

이어 전 집사님은 "하나님은 살아 계시다는 것을 경험할 수 있는 시간이었다"고 고백하면서 "살아 계신 하나님께서는 지금까지 기도한 것을 하나도 버리지 않으시고 전부 다 이루게 해주셨고, 도쿄 하늘에 태극기가 날리게 해 달라고, 코로나 시대에 아들이 큰 기쁨이 되게 해 달라고 했던 기도를 다 들어주셨어요. 금메달이 확정되어 하나님께 영광을 돌렸고요. 그때의 기적적인 기도 응답의 기쁨은 어떠한 단어, 어떠한 말로도 표현할 수가 없어요"라고 감격의 눈물을 흘렸습니다.

지난날 우리 조국의 광복도 수많은 주의 종들과 성도들이 성전에서, 골방에서, 산야에서, 옥중에서도 조국의 광복을 위해 눈물로 간절히 기도하고 금식하면서 절규하며 부르짖었기 때문에 가능했습니다. 결국 그러한 모든 기도와 금식의 희생이 결단코 헛되지 않아서 1939년 9월 1일부터 시작되어 1945년 9월 2일로 6년간에 걸쳐 총 7,300만 명(연합군 6,100만 명 vs 추축군 1,200만 명) 이상의 희생을 가져왔는데도, 제2차 세계대전이 연합군의 승리로 끝남으로 인해서 우리나라는 광복을 맞이할 수 있었습니다.

광복군의 수많은 활약과 희생이 있었지만 결코 우리의 자력으로 해방된 것이 아니라, 당시 신앙의 선조들이 조국의 광복을 위해 눈물로 간절히 기도하고 금식했기 때문에, 아무런 희망이 보이지 않던 우리나라가 연합군의 승리로 인해 1945년 8월 15일 기적적으로 조국의 광복을 맞이하게 된 것입니다. 이처럼 수많은 기도가 쌓여서 조국의 광복을 맞이하게 되었다는 것을 우리는 결단코 잊어서는 안 됩니다.

지난 주간 청주금식수양관 치유성회를 인도하러 갔다가 일본의 나카무라 사토시 목사님이 쓴, 조국을 위해 다리가 된 일본인 10인의 《사랑으로 잇다》라는 책을 읽게 되었습니다. 이 책의 첫째 인물로 일본인 최초의 한국 개신교 선교사 노리마스 마사야스 목사님을 소개하고 있습니다.

그는 일본 시코쿠의 마쓰야마 고등학교에 다닐 때 하숙집 아주머니를 통해 전도를 받고 일본 개신교 최초의 교회인 요코하마의 카이간교회에 열심히 다니다가 전도자의 소명을 받았습니다. 그래서 메이지대학교 신학부에 입학했다가 플리머스 형제단에 가입해서 일본 각지를 돌며 전도를 하다가, 1894년 조선의 사정을 전해 듣고 기도 중 한국 선교의 소명을 받고, 1896년 12월 홀로 조선에 건너왔습니다.

하지만 막상 와서 보니까 언어의 장벽과 문화와 관습의 차이와 경제적 어려움 등 현실의 벽에 부딪히지 않을 수 없었습니다. 그래서 처음 3년 동안은 일본인이 많이 몰려 있던 경성에 거주하며 조선어를 배우며 전도에 힘썼습니다.

이렇게 힘들고 어려웠지만 열정을 다한 3년이 지나 잠시 일본으로 돌아가 사토 쓰네코 사모님과 결혼을 하고, 1900년 여름 다시 조선에 돌아와 경성 남쪽 외곽에 있는 수원으로 가서 조선인들 사이에서 위험한 전도를 시작했습니다. 처음에는 일본인이라는 한 가지 이유로 배척도 많이 당하고 외면도 많이 당했지만 겨우 콩비지로 배고픔을 달래면서 오직 기도로 복음 전도에 힘썼습니다.

모든 어려움을 이겨내면서 8년 동안 피눈물 나는 고생을 했습니다. 얼마나 고생을 하셨는지 1908년 마사야스 목사님과 4남매를 남겨두고 쓰네코 사모님이 먼저 세상을 떠나고 말았습니다. 그런데도 마사야스 선교사님은 어린 4남매와 조선 땅에 남아서 조선 선교에 힘쓰다가 1914년 18년 만에 일본으로 귀국하게 되었는데, 교인들이 모두 다 역에 나와서 선교사님을 눈물로 배웅을 하더랍니다.

일본에 돌아가서도 조선 땅에 두고 온 양 떼들을 잊을 수가 없었는데, 5년 후인 1919년 3·1운동이 일어났다는 소식을 듣고 또다시 조선 땅으로 돌아와서 양 떼들과 뜻을 같이하면서 조선의 독립을 위해 기도하시다가 너무 무리를 하여 건강이 무너지고 말았습니다. 그래서 2년 후인 1921년 일본으로 돌아갔다가 다시 못 돌아오고 결국 하늘나라로 떠나게 되었습니다.

그런데 그가 세상을 떠나면서 그의 임종을 지켜보던 형제들에게 자신의 유골을 자신의 일생을 바친 조선 땅에 묻어달라고 유언을 남겨서 처음에는 수원의 한 공동묘지에 사모님과 함께 합장을 하였다가, 후에 그를 따르던 성도들이 수원 동산교회에 이장을 하여서 지금도 수원 동산교회에 안장되어 있다고 합니나.

마사야스 선교사님의 평생의 소원은 조선의 독립과 복음화였습니다. 우리도 일본 사람을 사랑하기 어렵지만 일본 사람들도 우리를 사랑하기 어려운데, 오직 십자가의 사랑으로 기도하다 보니 모든 원수의 벽을 뛰어넘어 평생 주님의 사랑을 다 쏟아 기도할 수 있었던 것입니다. 그 사랑의 기도가 결코 헛되지 않아서 조국의 광복을 기적적으로 맞이할 수 있었다는 것입니다.

그러므로 우리도 계속되는 코로나19로 인해 인생에 아무리 큰 고난과 역경이 다가와도, 이 땅의 영적 미스바인 만민이 기도하는 집(사 56:7)인 성전에 모여서 살아 계신 하나님께 합심하여 기도하고 금식하며 부르짖어야 합니다. 그리할 때 하나님의 마음이 감동을 받게 되면 코로나19의 확진자가 2,000명이 넘는 최악의 상황 속에서도 기적적인 치유와 회복의 역사가 놀랍게 일어나게 될 줄 확실히 믿으시기 바랍니다.

우리의 죄악부터 통회 자복해야 함

계속해서 본문 6절 하반절 말씀을 다 함께 읽겠습니다.

> "…거기에서 이르되 우리가 여호와께 범죄하였나이다 하니라 사무엘이 미스바에서 이스라엘 자손을 다스리니라."

이스라엘 백성들은 사무엘 선지자의 말씀대로 미스바에 모여서 기도하고 금식하면서 물을 길어 여호와 앞에 부었습니다. 원래는 물을 길어 붓는 행위는 기쁨의 상징이었습니다(사 12:3; 요 7:37-38). 하지만 여기서는 눈물로 통회 자복하는 회개의 상징이었습니다. 그래서 그들은 그들이 하나님을 떠나서 바알과 아스다롯을 섬겼던 우상숭배의 죄를 철저히 통회 자복하면서 "우리가 여호와께 범죄하였나이다" 하고 회개했습니다.

어려운 때 주님께 기도하고 금식하며 부르짖는 것도 중요합니다만, 우리와 하나님 사이에 해결되지 않은 죄가 가려져 있으면 아무리 울부짖으며 금식해도 응답이 없으십니다. 그래서 금식장인 이사야 58장에서 금식에 대해서 그토록 강조하신 다음에 곧바로 이사야 59장 1-2절에 "여호와의 손이 짧아 구원하지 못하심도 아니요 귀가 둔하여 듣지 못하심도 아니라 오직 너희 죄악이 너희와 너희 하나님 사이를 갈라놓았고 너희 죄가 그의 얼굴을 가리어서 너희에게서 듣지 않으시게 함이니라"고 경고하셨던 것입니다.

그러므로 우리가 지난날 아무리 복되고 형통하였다고 할지라도 말세 마지막 때 이 어려운 코로나19의 위기의 시대에 우리 목사나 장로나 권사나 집사부터 누가복음 18장 13절에 나오는 세리와 같이 "하나님이여, 불쌍히 여기소서! 나는 죄인이로소이다!" 하는 통회자복부터 해야 코로나19가 멈추게 될 것을 결단코 잊어서는 안 됩니다.

그런데 말세 마지막 때 목회를 하면서 보면 수많은 주의 종들과 성도들이 어디서 무너져 버리는지 아십니까? 우리는 무엇 좀 응답받고 무엇 좀 이루고 무엇 좀 뜻대로 되면 금방 교만의 시험에 빠져서 그때부터 남만 탓하면서 불평하고 원망하기 시작하고 감정을 안 풀고 큰소리치고 달려듭니다. 그러다가 그의 삶이 다 무너져 버리고, 우리에게 어떠한 변화도 일어나지 않고, 문제를 풀어갈 길이 없게 되는 것입니다. 그러므로 우리가 더 이상 이러한 실패의 불행과 고통을 되풀이하지 않기 위해서라도 우리 자신부터 늘 통회 자복하는 참회의 심정으로 살아가야 합니다.

부족한 종은 열정이 너무 극심해서 그런지 몰라도 치유상담연구원이나 치유상담대학원에서 강의를 할 때 조는 학생을 보면 그냥 못 봅니다. 왜냐하면 그 학생과의 그 강의는 처음이자 마지막이기 때문입니다. 더구나 저의 상담치유의 이론은 저의 신앙이나 목회현장의 임상경험을 통해 나오는 강의이기 때문에 이것을 놓치면 스스로 실패의 고통을 겪으면서 터득해야 하니까 일생일대에 얼마나 중요한 강의입니까? 그래서 강의를 할 때 핸드 마이크를 들고 강의를 하다가 조는 학생이 있으면 그 학생이 앉아있는 자리까지 심방을 가서 꼭 안수해서 깨워 놓고 강의를 계속합니다.

저는 지루하고 딱딱하게 이론만 강의하는 것도 싫어하지만 교리만 전하는 목회자도 정말 싫어합니다. 그러다 보니 말세 마지막 때 교인들이 귀만 굵어지고 머리만 커져서 평생토록 말씀을 들어도 은혜가 되니, 안 되니, 누구를 치니, 안 치니, 그러고만 있는 것입니다. 사실 엄밀하게 말하면, 우리가 지난날 받은 은혜만으로도 충분히 은혜롭게 살아갈 수 있는데, 그 귀한 은혜의 말씀을 전하면서 왜 교인들을 졸리게 만듭니까?

한 목사와 교인이 천국에 갔는데 주님께서 교인은 반가이 맞이하시면서도 주의 종은 별로 반가워하지 않으시더랍니다. 그래서 "왜 그러시냐"고 주님께 여쭈어 보았더니 주님께서 "이 교인은 총알택시 운전수로서 타는 승객들마다 불안해서 '주여! 주여!' 하고 나를 찾게 만드는데 너는 설교시간마다 교인들을 졸게 했으니 무슨 할 말이 있느냐?"고 했다고 하시지 않습니까?

지난 44년 동안 교인들을 안 졸게 하려고 저 나름대로는 하나님의 말씀을 삶에 적용시키며 많이 노력해 왔습니다. 그런데 지난 주일 2부 예배 때 한 자매가 그 전날 피곤한 일이 있었던지 설교가 시작되자마자 강단 바로 밑에서 졸기 시작했습니다. 그것도 앞으로 졸면 "맞습니다!", "옳습니다" 하는 것 같아서 얼마나 은혜로운데, 머리를 뒤로 제끼면서 졸기 시작하는데 "뭐가 그래?", "못 믿겠다!" 하는 것 같아서 얼마나 설교에 방해가 되었는지 모릅니다. 내려가 심방을 가서 깨울 수도 없어 자매 쪽을 향해서 큰 소리로 외쳤지만 그래도 졸고 있으니 어떻게 할 수가 없었습니다.

그래도 한 부목사님이 센스가 뛰어나서 그 자매 바로 앞에 앉은 집사님에게 핸드폰 문자메시지를 보내서 깨우게 하더라고요. 그런데 2부 예배 설교를 가까스로 마치고 목양실에 돌아와서 제가 먼저 회개했습니다. "하나님 아버지, 제가 어떻게 설교를 했길래 교인을 재웁니까? 치유설교를 해야지, 수면설교를 해서야 되겠습니까?" 하고 저 자신부터 통회자복하고 3부 예배에 들어갔습니다.

3부 예배 때는 제가 통회자복하고 들어가서 그런지 교인들이 얼마나 말씀에 귀를 기울이며 잘 받아들이고, 아멘도 크게 하고 얼마나 힘을 실어주던지 큰 은혜를 받지 않을 수 없었습니다. 만약 제가 그 조는 자매님이나 탓하고 있었으면 이 3부 예배의 큰 은혜의 감격을 체험하지 못했을 것입니다. 그러나 모든 문제의 원인이 "내 탓이요!" 하고 엎드렸을 때 그 어느 때보다도 주님의 놀라운 은혜와 축복과 행복의 감격을 체험하지 않을 수 없었습니다.

그것은 지난 역사 속에서도 그대로 드러납니다. 지난 주간 언론을 통해서도 비교 보도가 되었습니다만, 기독교 신앙에 입각한 독일의 메르세데스-벤츠 회사는 히틀러 정권을 도와 강제 인원을 동원해서 전쟁 군수품을 만들었던 것을 참회하면서, 독일 본사 건물에 참회 박물관을 만들고 지금까지 계속적인 사과와 배상을 하고 있습니다.

그런데 신도주의 우상을 숭배하는 일본의 미쓰비시 회사는 조국의 광복을 맞이한 지 76년이 지났지만, 강제 징용자에 대해서 배상하라는 재판 결과에도 불복하면서 끝까지 자신들의 죄악을 인정하지 않고 있습니다. 사과하면 다 용서하고 회개할 수 있는데도 이 얼마나 비교가 되는 부끄러운 처사입니까? 그러니까 벤츠 승용차는 전 세계에서 최고로 인기리에 판매되지만 미쓰비시 승용차는 어떻습니까?

그래서 시편 51편 17절에 "하나님께서 구하시는 제사는 상한 심령이라 하나님이여 상하고 통회하는 마음을 주께서 멸시하지 아니하시리이다"라고 분명히 증거하시지 않습니까? 그러므로 우리 인생에 어떠한 고난과 역경이 닥쳐와도, 이 땅의 영적인 미스바인 성전에 모여서 가장 먼저 우리의 죄악부터 통회 자복할 수 있길 바랍니다. 그리할 때 분명히 하나님의 놀라우신 은혜와 축복과 행복의 감격을 누리게 될 줄 확실히 믿습니다.

온전한 헌신의 번제로 드려져야 함

마지막으로, 9절 말씀을 다 함께 읽겠습니다.

> "사무엘이 젖 먹는 어린양 하나를 가져다가 온전한 번제를 여호와께 드리고 이스라엘을 위하여 여호와께 부르짖으매 여호와께서 응답하셨더라."

이스라엘의 온 백성들이 미스바에 다 함께 모여서 기도하고 금식하며 통회 자복하고 부르짖는다는 소식이 블레셋 사람들에게 전해지자, 블레셋 사람들은 이스라엘 백성들이 혹시라도 그곳에 모여서 그들을 대적하려고 하는 것이 아닌가 하고 의심하게 되고 결국 블레셋의 다섯 군왕들이 연합하여 선제공격을 감행하게 된 것입니다.

그런데 그때 이스라엘 백성들은 전쟁 준비가 전혀 안 되어 있었기 때문에 두려울 수밖에 없었습니다. 그래서 사무엘 선지자에게 "우리를 위하여 우리 하나님 여호와께 쉬지 말고 부르짖어 우리를 블레셋 사람들의 손에서 구원하시게 하소서!" 하고 사정을 했습니다. 그러자 사무엘 선지자가 젖 먹는 어린양 하나를 가져다가 온전한 번제를 드리고 이스라엘을 위하여 여호와께 부르짖을 때 하나님께서 기적적으로 응답하셨습니다.

중요한 사실은, 사무엘 선지자가 번제를 드리고 있는데 블레셋 사람들이 이스라엘과 싸우려고 가까이 왔다가 갑자기 여호와께서 블레셋 사람에게 큰 우레를 발하여서 그들을 커다란 천둥소리로 큰 혼란에 빠지게 만드셨습니다.

그 사이에 이스라엘 사람들이 블레셋 사람들을 치고 미스바 서남쪽 13km 지점의 벧갈 아래까지 가서 쳐서 기적의 큰 승리를 거두게 된 것입니다. 그러자 사무엘 선지자는 돌을 취하여 미스바와 벧갈 부근의 센 사이에 세우고 '여호와께서 여기까지 우리를 도우셨다'는 뜻으로 '에벤에셀', 즉 '도움의 돌'이라고 부르게 되었습니다.

우리도 기도하고 금식하고 통회 자복하며 믿음으로 살려고 하면 꼭 이렇게 뜻하지도 않은 갖가지 비방과 공격을 당하게 됩니다. 요즘 우리도 말세 마지막 때 사탄의 최악의 공세 속에 코로나19로 인해 예배도 제대로 못 드리고, 온 세상이 큰 고통 가운데서 헤어 나오지 못하고 있습니다.

그러나 바로 이때 코로나19의 종식은 모든 병을 치료하시는 하나님의 손에 달려 있음을 믿고, 어차피 한 번 왔다가 머지않아 떠나가는 인생인데, 우리 생의 마지막을 하나님의 치유의 복음을 위해서 믿음으로 헌신해야 합니다.

그리할 때 치료자 되시는 하나님께서 우리의 헌신에 감동을 받고 우리의 일생토록 우리를 통해 기적의 치유를 계속해서 이루어 주실 것입니다. 이처럼 인류 역사 가운데 하나님의 나라는 하나님의 은혜와 축복과 행복을 많이 받은 자가 아니라, 이러한 믿음의 헌신자들을 통해 이어져 왔습니다.

1924년 제8회 파리 올림픽 육상경기에 영국 대표로 출전한 에릭 리들(Eric Liddle)이란 선수가 있었습니다. 스코틀랜드의 명문 에딘버러 대학생 때부터 본격적으로 육상선수 생활을 시작해서 엄청난 가속력과 스피드의 재능을 보여주면서 수년간 국제대회를 휩쓸었습니다. 그는 파리 올림픽의 100m 경기의 금메달 0순위로 부각되었는데, 뜻밖의 일이 벌어졌습니다. 주최국인 프랑스의 혁명기념일과 맞물려 육상경기 일정이 재조정되는 바람에 예선경기가 주일로 잡히고 말았습니다.

그는 기도하는 가운데 웨일스 왕자와 영국팀 총감독의 간곡한 만류에도 불구하고 "주일에는 달릴 수 없어요" 하고 출전을 거절해 버렸습니다. 그리고 예선경기가 있는 주일에 예배에 참석했는데, 신앙이 없는 영국 국민들의 비난이 거세게 일어났습니다. 아무리 믿음이 좋다고 해도 국가대표선수로 나가서 주일이라고 어떻게 경기를 포기할 수 있느냐는 거였습니다.

그러나 리들 선수는 국민들에게 너무도 죄송한 마음으로 주일에 열리지 않는 200m 경기에 출전했습니다. 자신의 주종목이 아니어서 아무도 기대를 안 했는데, 모두의 예상을 뒤엎고 동메달을 차지했습니다. 그러자 이번에는 육상감독이 직접 찾아가 주일이 아닌 다른 요일에 열리는 400m 경기에까지 참가해달라고 부탁을 했습니다. 그래서 드디어 400m 육상경기의 결승을 앞두게 되었는데, 400m는 그의 주종목이 아니었고, 당시 미국의 피치 선수나 스위스의 임바흐 선수 같은 강력한 금메달 후보들이 있었습니다. 하지만 경기를 앞두고 리들 선수는 그의 물리치료사가 건네준 성경 말씀을 암송하며 힘을 얻었습니다. 그 말씀은 사무엘상 2장 30절의 "나를 존중히 여기는 자를 내가 존중히 여기고 나를 멸시하는 자를 내가 경멸하리라"는 말씀이었습니다.

그는 출발 신호와 함께 무서울 정도로 전력 질주를 했는데, 이를 지켜보던 관중들이나 육상 전문가들조차도 무모한 시도라고 비웃었습니다. 그런데 전력 질주를 하면 곧 체력이 동날 것이라고 여겨졌던 리들이 어디에서 힘이 났는지 400m 내내 같은 속도로 달려서 전혀 예상 밖으로 기적적으로 결승지점에 1등으로 들어온 것입니다.

금메달과 함께 47초 6, 세계신기록이 갱신되는 순간이었는데, 그는 경기 후 인터뷰에서 다음과 같이 고백했습니다. "처음 200m는 제 힘으로 최선을 다해 달렸고, 나머지 200m는 전적인 하나님의 도우심으로 더욱 힘 있게 달릴 수 있었어요!" 전 세계를 놀라게 한 400m 경기 우승 후 그는 파리 올림픽에서의 주일성수 신앙의 감동적인 실천으로 전보다 더욱 유명한 사람이 되었습니다.

이처럼 올림픽 후 그는 부귀와 명예를 한꺼번에 거머쥘 수 있는 영광을 누릴 수 있었는데, 뜻밖에도 그는 화려한 스포트라이트를 뒤로 하고 홀연히 중국 선교사로 떠나갔습니다. 이를 만류하며 선교사로 떠나는 이유를 묻는 기자들에게 "저에게는 승리의 포도주보다 주님께 헌신하는 삶이 더 중요해요!"라고 답하며 떠나버렸습니다.

그리하여 정치와 사회적 혼란의 소용돌이 가운데 있었던 중국의 텐진에 가서 중국 학생들에게 복음을 전하고 가난한 농민들을 치료하는 일을 도우며 15년 가까이 선교사역을 했습니다. 그러다가 1939년 제2차 세계대전이 일어나서 1943년 중국을 침략한 일본군에게 체포되어 웨이시엔 수용소에서 억류되고 말았습니다.

그는 생의 마지막 순간까지도 그곳에 갇힌 사람들에게 복음을 전하며 섬기다가 제2차 세계대전의 종전을 7개월 앞두고, 1945년 2월 43세의 짧은 생애로 전력 질주하여 왔던 그의 순례의 여정을 순교로 마치게 됩니다. 그의 일생은 무명의 선교사의 죽음으로 끝이 나는 것 같았지만, 그의 일생은 결단코 거기서 무명으로 끝나지 않았습니다. 감동적인 영화 〈불의 전차〉(Chariot of Fire)로 만들어져서 아카데미상을 휩쓸면서 전 세계에 더욱더 알려지게 되었고, 에릭 리들 선교사님은 지금까지도 수많은 신앙인들과 선교사님들에게 큰 감동으로 남아 있습니다.

여러분, 이 얼마나 감동적인 생애입니까? 어차피 한 번 왔다가 머지않아 떠나갈 우리 여생을 향하여 주님께서는 로마서 12장 1절에서 이렇게 명령하십니다.

> "그러므로 형제들아 내가 하나님의 모든 자비하심으로 너희를 권하노니 너희 몸을 하나님이 기뻐하시는 거룩한 산 제물로 드리라 이는 너희가 드릴 영적 예배니라."

흔히 이 말씀을 성전을 떠나서 우리가 산 제물로 드려져서 어디서

나 비대면 예배를 볼 수 있다고 잘못된 해석을 하는 사람들이 있습니다. 그러나 이 말씀의 올바른 해석은 과거 구약시대에는 죽은 제물로 예배를 드렸지만, 이제는 우리 자신을 살아 있는 제물로 드려서 언제 어디서나 헌신의 삶을 살 것을 명령하신 것입니다. 그리할 때 하나님께서는 우리의 삶 가운데 드려지는 영적 예배도 기뻐 받으신다는 것입니다.

더 나아가 이처럼 우리 자신을 하나님께서 기뻐 받으시는 온전한 헌신의 제물로 드릴 것을, 로마서 12장 2절 말씀을 통해 "너희는 이 세대를 본받지 말고 오직 마음을 새롭게 함으로 변화를 받아 하나님의 선하시고 기뻐하시고 온전하신 뜻이 무엇인지 분별하도록 하라"고 명령하셨습니다.

날마다 순간마다 이 세상의 유행 풍조나 세속적 가치관이나 세상 향락을 결단코 따라가지 말고, 오직 하나님의 말씀과 기도로 새롭게 변화를 받아 우리를 향하신 하나님의 선하시고 기뻐하시고 온전하신 뜻을 깨달아서 믿음의 진정한 헌신을 이루라는 것입니다.

지난날 신앙의 선조들이 일제의 식민지 치하에 있을 때 상해임시정부 내에 우익과 좌익이 있었습니다. 말세 마지막 때인 오늘날 보수와 진보가 분열하여 온 나라가 분열과 갈등에서 헤어 나오지 못하듯이, 그때 우익과 좌익이 서로를 탓하며 다투고 싸우고 있었으면 조국의 독립은 결코 불가능했을 것입니다.

그러나 독립군들은 결단코 그들의 이념이나 이익을 내세우지 않았습니다. 당시 독립군 내에도 우익 연합체였던 '한국광복운동단체연합회'와 좌익 연합체였던 '조선민족정신연맹'이 있어서 각각 '한국광복군'과 '조선의용대'가 결성되어 있었지만, 서로를 탓하지 않고 오직 조국의 독립을 위해 믿음으로 헌신하고 합심 합력함으로써 기적적으로 조국 광복의 감격을 나눌 수 있었습니다.

이처럼 지난날 우리의 조국이 이렇게 하나님의 나라를 위하여 헌신한 성도들이나 주의 종들에 의해서 광복을 맞이했듯이, 이제는 우리가 이 땅의 미스바인 성전에 모여서 하나님 나라를 위하여 믿음으로 헌신해야 합니다. 그리할 때 하나님께서 우리의 헌신의 믿음을 기뻐 받으시고, 조국의 통일을 이루어 주시며, 마지막 때 선교하는 민족으로 귀하게 쓰시고 크게 영광 거두어 주실 줄 확실히 믿으시기 바랍니다.

우리는 광복절을 맞이할 때마다 조국의 광복을 위해 순교하신 지난날의 신앙의 선조들의 희생을 결단코 잊을 수가 없습니다. 주기철 목사님의 막내아들이신 주광조 장로님이 전해주시는, 아버지 주기철 목사님의 믿음으로 살고 사랑으로 죽으신 일사각오의 이야기를 우리는 평생 잊으면 안 됩니다.

주기철 목사님은 경상남도 창원에서 주현상 장로의 넷째 아들로 태어나셨는데, 고향에서 보통학교를 졸업하고 난 뒤, 고향에서 1,500리나 멀리 떨어져 있던 저 북한의 평안북도 정주에 있는 오산학교로 진학하게 되었습니다. 그 오산학교에서 주 목사님은 당시 교장 선생님이었던 고당 조만식 장로님을 만나게 되었고, 조 장로님으로부터 나라사랑과 민족정신에 대한 철저한 훈련을 받게 되었습니다.

주변의 반대에도 그는 평양신학교에 진학해서 30세에 졸업하고, 부산 초량교회와 마산 문창교회에서 10여 년 동안 목회하셨는데, 그때 일본이 우리 한국교회에 강요하기 시작했던 신사참배 항거운동에 결사적으로 투쟁하기 시작하셨습니다.

주 목사님은 경남노회 노회장 시절에 신사참배 반대결의안을 정식으로 제출해서 노회에서 이것을 가결하도록 하는 데 주동적인 역할을 하셨습니다. 3.1만세 사건 이후에 터졌던 그 수많은 반일독립운동의 대부분이 우리 기독교인들에 의해서 일어났기 때문에, 일본은 어떻게 하든지 한국교회와 성도들의 신앙을 철저히 파괴함으로써, 조선 민족의 일본에 대한 저항 정신을 없애고 한국교회를 일본의 신 앞에 굴복시키기로 계책을 세웠던 것입니다.

그리하여 일제 강점기 말에 이르러서는 일본의 그 신사 신당이 우리 한국교회 안에까지 침투해 들어왔다고 합니다. 교회 강단 십자가 위에 일본의 그 신사 신당을 본뜬 모형을 갖다 붙여놓고, 목사들이 단에 올라와서 설교하기 이전에 일본의 신 앞에 먼저 절을 하도록 강요했습니다.

일본의 신사참배 강요가 가장 심했던 곳이 지금 북한의 수도인 평양교회였는데, 평양교회를 굴복시키는 것이 곧 전체 한국교회를 장악한다는 의미에서 그들은 평양교회에 대한 핍박을 가장 심하게 했습니다. 한국교회는 갈대가 무너지듯이 그대로 다 쓰러져 버리고 말았는데, 이렇듯 절박한 처지에 빠져있던 한국교회는 이런 시련과 환난을 이겨내고 일본의 태양신과 싸워서 이길 수 있는 영적 지도자가 필요했습니다.

그래서 주 목사님은 자신이 피 흘려 죽을 수밖에 없는 평양으로 가게 되었습니다. 1936년 40세의 젊은 나이에 은사 조만식 장로님을 통해 평양 산정현교회의 담임목사로 입성을 하셨습니다. 그리고 2년 후 1938년 제27회 조선예수교장로회 총회에서 신사참배를 애국적 국민의례라고 결의하려고 할 때 “한국교회가, 평양이 이 신사참배 문제로 만약 나의 피를 요구한다면 내가 제일 앞장서서 먼저 죽을 것이다"라고 격렬하게 반대하시면서 쓰러져가는 한국교회의 마지막 횃불을 밝혔습니다.

그럼에도 불구하고 1938년 9월 전국 27개 노회에서 목사, 장로, 선교사 193명이 이날 총회에 참석했는데, 그 사이 사이에 97명의 일본의 고등계 형사가 자리 잡고 감시하는 가운데 마침내 신사참배 찬성 결의안은 가결되고, 한국교회는 일본 신 앞에 굴복을 해버리고 말았습니다. 그리고 노회장 목사 27명이 우리 한국교회를 대표한다고 제 발로 직접 걸어서 평양신사에까지 가서 일본 신 앞에 무릎을 꿇고 엎드려 큰절하는 한국교회 역사상 가장 부끄러운 역사의 한 페이지를 남기고 말았습니다.

그날 밤 주기철 목사님은 감옥 안에 갇혀서 무릎을 꿇고 엎드려 통곡하며 이렇게 기도했다고 합니다.

> "아! 내 주 예수의 이름이 땅에 떨어져 버리고 말았구나! 평양아, 평양아, 동방의 예루살렘아! 영광이 네게서 떠나가 버리고 말았구나! 모란봉아 통곡하라! 대동강아 나와 같이 울자! 그리고 드리리다. 드리리다. 이 목숨이나마 우리 주님께 드리리다. 칼날이 나를 기다리고 있어도 그 칼날을 향해서 나아가리라. 누가 능히 우리를 그리스도의 사랑에서 끊으리요. 나에게는 오직 일사각오일 뿐이리라."

한국교회가 신사참배 문제로 자신의 믿음의 절개를 버리며 이렇게 소용돌이치고 있는 와중에 주 목사님이 갑자기 평양에서 경상북도 의성경찰서로 압송당하는 사건이 생겼습니다. 바로 다른 독립운동 사건이 터지면서 주 목사님이 그 주모자로 억지혐의를 뒤집어 썼기 때문입니다.

주 목사님은 7개월 동안 의성경찰서에 붙들려 있으면서 온갖 고문으로 몸이 찢기고 손톱 발톱이 다 빠지고, 하루에도 기절하기를 여러 번 하고, 추위와 배고픔의 육신의 고통까지 더해서 죽음의 고비를 몇 번씩 넘겨야 했습니다. 어쨌든 7개월간의 고통을 이겨내고 그날 혐의가 없어 석방을 받아서 1939년 6월 다시 못 볼 줄 알았던 평양으로 되돌아오게 되어서, 그날 한 시간에 걸쳐서 5가지 제목의 '나의 기원'이라는 제목의 다음과 같은 말씀을 성도님들에게 증거했다고 합니다.

> "첫 번째 나의 기도는, 이 죽음의 권세에서부터 이기게 해 주시옵소서! 오직 나에게는 일사각오가 있을 뿐이오니 이 목숨 아끼다 우리 주님 욕되지 않게 이 사망의 권세로부터 나를 이기게 해 주시옵소서! 두 번째 나의 기도는, 이 장기간의 육체적인 고통으로부터 승리하게 해 주시옵소서! 세 번째 나의 기도는, 늙은 어머니와 내 처자를 내 주님께 부탁합니다! 네 번째 나의 기도는, 의에 살고 의에 죽게 하시옵소서! 다섯 번째 나의 마지막 기도는, 내 영혼을 내 주님께 의탁합니다. 주님이 주시는 십자가 붙들고 내가 쓰러질 때 내 영혼을 내 주님께 의탁드릴 뿐입니다. 아멘!"

주 목사님은 총회의 신사참배 찬성 결의가 불법이라고 외치며, 동료 목사들의 부끄러운 배신에 끊임없이 회개를 촉구하면서 일본과 투쟁을 해야 했습니다. "우리 주님 나 위해 십자가 고초 당하시고 피 흘려 돌아가셨는데, 내가 어찌 죽음이 무섭다고 내 주님을 배신할 수가 있겠습니까? 나에게는 오직 일사각오일 뿐입니다" 하고 외치시고 또다시 감옥에 갇혔는데, 옥중에서도 '영문 밖의 길'이라는 찬송을 끊임없이 불렀다고 합니다.

1. 서쪽 하늘 붉은 노을 영문 밖에 비치누나
   연약하온 두 어깨에 십자가를 생각하니
   머리에는 가시관 몸에는 붉은 옷
   힘없이 걸어가신 영문 밖의 길이라네
2. 한 발자국 두 발자국 걸어가신 자욱마다
   뜨건 눈물 붉은 피 가득하게 고였구나
   간악한 유대 병정 포악한 로마 병정
   걸음마다 자욱마다 가진 포악 지셨구나
3. 눈물 없이 못 가는 길 피 없이 못 가는 길
   영문 밖의 좁은 길이 골고다의 길이라네
   영생복락 얻으려면 이 길만은 걸어야 해
   배고파도 올라가고 죽더라도 올라가세
4. 아픈 다리 싸매주고 저는 다리 고쳐주사
   보지 못한 눈을 열어 영생길을 보여주니
   칠전팔기 할지라도 제 십자가 바로 지고
   골고다의 높은 고개 나도 가게 하옵소서
5. 십자가에 고개턱이 제아무리 어려워도
   주님 가신 길이오니 내가 어찌 못 가오랴
   주님 제자 베드로는 거꾸로도 갔사오니
   고생이라 못 가오며 죽음이라 못 가오리

이렇게 너무도 고통스러운 감옥살이 7년에 마침내 주 목사님에게 마지막 순교의 날이 찾아왔습니다. 주 목사님이 세상을 떠나시기 다섯 시간 전에 평양형무소 소장의 특별 주선으로 사모님과 단둘이 마지막 면회가 이루어졌는데, 얼마나 고문을 당하셨는지 혼자 거동조차도 못하시고 간수의 등에 업혀 나오셨다고 합니다.

사모님이 눈물을 흘리시면서 "주 목사님, 꼭 승리하셔야 해요! 목사님의 승리가 바로 우리 한국교회의 승리가 됩니다! 이 고난을 이겨내도록 2,000여 온 성도님들이 오늘도 밤을 지새워가며 목사님을 위해서 기도하고 있습니다!"라고 하셨습니다.

그때 주 목사님은 사모님의 말을 그대로 받아서 "그렇소! 나를 위해서 기도해 주시오! 늙은 어머니와 어린 자식들을 당신한테 부탁하겠소! 내 하늘나라에 가서 산정현교회와 조선교회를 위해시 기도할 거요! 내 죽음이 한 알의 썩은 밀알이 되어서 조선교회와 조선을 구해주시기를 간절히 바랄 뿐이요!"라고 하셨습니다.

그는 이 말씀을 미치시고 이 세상에 아무런 미련이 없으시다는 듯이 다시 간수의 등에 업혀 나가시는데 사모님께서 "목사님, 마지막으로 무슨 다른 부탁할 말씀 없으시냐?"고 물었더니 간수의 등에 업혔던 주 목사님이 고개를 뒤로 돌리면서 사모님을 쳐다보시고 얼마나 고문의 고통과 배고픔에 굶주리셨으면 마지막으로 손을 한 번 흔들어 주시면서 "여보, 나 따뜻한 숭늉 한 사발 좀 먹어봤으면…" 그러시더랍니다. 그런데 이것이 사모님과 나누셨던 마지막 대화였습니다.

사모님이 주 목사님과의 면회 후 다섯 시간 후에 조국의 독립을 1년여 앞둔 1944년 4월 21일 금요일 밤 9시, 주기철 목사님은 얼마나 고문을 당하셨는지 7년간의 감옥살이 끝에 평양형무소의 차디찬 감옥 안에서, 한 알의 밀알과 같은 희생 속에서도 조국의 독립만을 간절히 간구하면서, 48세의 젊으신 연세에 그 고통스러운 마지막 순교의 길을 가셨습니다.

이처럼 아드님 주 장로님이 일곱 살이던 1938년 2월, 주기철 목사님은 신사참배를 반대한다는 명목으로 인해서 일본 경찰에 의해 사랑하는 가족들이 보는 데서 끌려가서 그로부터 7년 후에 피골이 상접한 채 싸늘한 시신이 되어 사과 궤짝에 실려서 리어카에 끌려 사랑하는 가족의 품으로 돌아왔습니다.

사랑하는 성도 여러분, 지난날 우리 신앙의 선조들이 이렇게 신앙을 지키고 오늘날 조국의 광복을 가져왔는데, 말세 마지막 때 우리는 어떠한 신앙으로 살아가고 있습니까? 이 코로나19의 어려울 때일수록, 이 땅의 영적 미스바인 성전에 모여서 살아 계신 하나님께 기도하고 금식하고 우리의 죄악부터 통회 자복하고, 주님과 고통당하는 민족을 위해 온전한 헌신의 재물로 드려져야 합니다. 그리할 때 코로나19의 종식을 앞당길 뿐만 아니라, 우리 자신과 우리의 조국과 민족의 장래에 하나님의 은총과 영광이 차고 넘치게 될 줄 확실히 믿습니다.

오늘 광복절을 맞이하여, 이 시간 나눠드린 태극기를 흔들면서 나라와 민족을 위해 기도하는 마음으로 애국가를 다 함께 부르겠습니다.

1. 동해물과 백두산이 마르고 닳도록
   하나님이 보우하사 우리나라 만세
2. 남산 위에 저 소나무 철갑을 두른 듯
   바람 서리 불변함은 우리 기상일세

3. 가을 하늘 공활한데 높고 구름 없이
밝은 달은 우리 가슴 일편단심일세
4. 이 기상과 이 맘으로 충성을 다하여
괴로우나 즐거우나 나라 사랑하세
후렴) 무궁화 삼천리 화려 강산
대한 사람 대한으로 길이 보전하세

우리 나라와 민족을 뜨겁게 사랑하시는 하나님 아버지, 일제 강점기 악한 사탄의 역사로 우리 신앙도, 나라도, 민족도 모두 다 멸망할 위기에서, 76년 전 우리 조국에 광복의 은총을 베풀어 주심을 진심으로 감사하옵나이다. 그러나 코로나19가 덮쳐 이 어렵고 힘든 환난의 때에, 우리 모두가 이 땅의 영적 미스바인 성전에 모여서 기도하고 금식하게 하여 주시옵소서! 우리의 죄악부터 통회 자복하게 하여 주시옵소서! 온전한 헌신의 번제로 드려지게 하여 주시옵소서! 그리하여 우리 자신부터 먼저 영적으로 살고, 우리의 가정도 살고, 하나님의 교회도 살고, 나라와 민족도 살고, 열방도 살아나게 될 줄 확실히 믿사옵고, 역사의 주인 되시는 예수님의 이름으로 간절히 축복하며 기도하옵나이다. 아멘!

어떻게 쓰임 받을 것인가

사무엘상 9:1-10

이스라엘 백성들이 미스바에 모여 블레셋과의 영적 싸움에서 대승리를 거두고 '도움의 돌'이라는 에벤에셀의 돌비석을 세운 후에 세월이 흐릅니다. 사무엘 선지자가 늙어가고 그의 아들들도 사사가 되었지만 아버지의 신앙을 따르지 않고 자기들의 이익을 따라 뇌물을 받고 재판의 판결을 굽게 합니다. 그러자 이스라엘의 모든 장로들이 라마에 있는 사무엘 선지자에게 찾아가서 "다른 모든 나라들과 같이 우리에게 왕을 세워 우리를 다스리게 하소서"(삼상 8:1-7)라고 요청을 합니다.

더구나 백성들까지 사무엘 선지자에게 강권하게 되자 하나님께서는 그들의 불신앙을 안타까워하시면서도 왕을 세울 것을 허락하십니다. 이스라엘이 하나님에 의한 통치의 신권정치(theocracy)로부터 왕에 의한 통치의 왕권정치(monarchy)로 전환하게 된 것입니다.

그렇다면 이스라엘의 초대 왕 사울이 어떻게 세워지게 되었는가를 보면서 우리 일생도 어떻게 하나님께 쓰임 받을 것인지, 이 시간도 들려주시는 하나님의 음성을 들을 수 있길 바랍니다.

선한 인격을 회복해야 함

먼저 본문 2절 말씀을 다 함께 읽겠습니다.

> "기스에게 아들이 있으니 그의 이름은 사울이요 준수한 소년이라 이스라엘 자손 중에 그보다 더 준수한 자가 없고 키는 모든 백성보다 어깨 위만큼 더 컸더라."

본문에 소개되는 사울은 베냐민 지파 출신이었고, 신약의 사울(바울 사도)도 베냐민 지파 출신이었습니다(빌 3:5). 베냐민은 야곱의 11번째 아들로(창 35:16-18) 베냐민 지파는 기브아 전쟁에서 전멸하고 600명만 남았는데(삿 20-21장), 다시 큰 지파로 성장하여 이스라엘의 초대 왕을 배출하게 된 것입니다. 사울은 히브리어로 'שָׁאוּל'(솨울)이라고 해서 '하나님께 구함'이란 뜻이었는데, 이스라엘 백성들이 하나님께 구하여 하나님께서 사울을 왕으로 택하신 것으로 보입니다.

그런데 사울은 유력하고 뛰어난 신앙의 아버지 기스의 신실한 신앙의 가정에서 자라났다고 증거하듯이 '준수한 소년'이었습니다. 여기 '소년'이라는 단어는 히브리어로 'בָּחוּר'(빠후르)라고 해서 어리지도 않고 완전히 자라지도 않은 40세 미만의 남자를 말하는데, 당시 사울은 35세라고 여겨집니다.

그는 이때 왕으로 택함을 받고 5년 후인 40세에 왕이 되었는데(삼상 13:1) 그가 준수했다는 것을 주목해야 합니다. 여기 '준수하다'는 단어를 히브리어로 'טוֹב'(토브)라고 하는데, 한마디로 '좋다'는 의미였습니다. 보통 사람보다 어깨 위가 더 있을 정도로 30cm 정도 더 크고 외모도 멋질 뿐만 아니라, 예수님처럼 온유하고 겸손한 성품의 소유자였음을 말합니다. 사울은 이처럼 선한 인격을 가지고 있었기에 가장 먼저 하나님께 택하심을 받고 이스라엘의 초대 왕으로 쓰임 받을 수 있었던 것입니다.

우리도 하나님께 쓰임 받기 위해서는 마음부터 치유되고 회복되어야 합니다. 우리의 마음이 거짓되거나 교만하고 사악하거나 불의해서 남에 대해 감정을 품고 해하려고 하면, 하나님께서는 그러한 사람들은 결단코 귀하게 쓰시지도 않고 복을 내려 주시지도 않고 그를 통해 영광도 받지 않으십니다. 그러므로 우리가 어떠한 원수라도 주님의 십자가의 사랑으로 용서하고 우리의 마음부터 치유 받고 온유하고 겸손한 선한 인격을 회복하게 되면, 기필코 하나님께 귀하게 쓰임 받으며 복을 누리게 되는 것입니다.

지난 8월 12일 SBS TV는 코로나19로 직장을 잃은 뒤 경제적 어려움을 겪고 있는 아버지의 이야기를 보도했습니다. 아내와 사별 후 홀로 어린 딸을 돌보던 젊은 아버지는 새로 직장을 구하는 일도 쉽지 않았고, 딸이 피부병까지 앓으면서 그동안 가지고 있던 돈이 다 떨어지고 말았습니다.

생일이 다가오자 딸은 케이크와 피자, 치킨을 먹고 싶다고 했지만 아버지의 수중에는 단돈 571원뿐이었습니다. 그래서 이 딸의 아버지는 과거 몇 차례 주문한 적이 있는 피자집에 사정을 털어놓으면서 "일곱 살 딸을 혼자 키우는데 당장 돈이 없어 부탁드려봅니다. 기초생활비 받는 날 드릴 수 있습니다. 꼭 드릴게요"라는 메시지와 함께 피자를 주문했습니다. 그런데 잠시 후 "부담 갖지 마시고요. 또 따님이 먹고 싶어 하면 언제든지 연락을 주세요!"라는 글귀가 적힌 피자 박스가 그 집에 도착했습니다.

아버지는 "너무도 행복했어요. 애들 먹는 것만 봐도 아빠들 다 좋아하잖아요? 울컥했어요!"라며 "평생 기억에 남는 일이 될 것 같다. 열심히 살아야겠다"고 회상했습니다. 그런데 이 같은 사장님의 선행이 알려지며 온라인 커뮤니티 등에는 사장님을 응원하는 글들이 쏟아졌습니다. 해당 점포 홈페이지와 애플리케이션 리뷰 등에선 '돈쭐'을 예고하는 글들이 차고 넘쳤습니다. "사장님 덕분에 저까지 행복했습니다", "사장님 돈쭐 날 준비하세요", "요즘 세상에 이런 분도 계시네요. 대박 나실 겁니다" 등의 응원이 쉴 새 없이 이어졌습니다.

모두를 울린 따뜻한 선의를 베푼 주인공은 32세의 황진성 사장이었습니다. 황 사장은 SBS TV와의 인터뷰에서 "주문을 본 순간 그냥 드려야겠다는 생각이 들었다"며 "만나서 카드 결제"로 돼 있던 어플리케이션 주문을 전표에 "결제 완료"로 바꾸고 서비스로 치즈볼을 함께 넣었다고 설명했습니다. 그는 "큰일이라고 생각하지 않았다"라며 "맛있게 해드리고 싶었다"고도 전했습니다.

이어 방송 이후 상황에 대해 황 사장은 연합뉴스와의 인터뷰에서 "하루에 전화가 많이 와 봐야 10통인데 어제부터 전화가 쏟아져서 너무 얼떨떨하다"며 "아침부터 야채 손질을 많이 해 둬야 할 것 같아서 빨리 나왔다"고 밝게 웃더랍니다. 그리고 이 가족에 대해서는 "항상 건강하셨으면 좋겠고, 어려운 시기에 다 같이 힘냈으면 좋겠고, 따님이 드시고 싶으시면 연락하셨으면 좋겠어요"라고 재차 강조했습니다.

그리고 이 딸이 그린 그림 선물에는 "이런 걸 처음 받아봐서…오히려 이렇게 해 주시니까 제가 더 감사하고 몸 둘 바를 모르겠다"고 감사함을 전했습니다. 황 사장은 13일 취재진과의 전화 통화에서 "현재 주문이 많이 밀려 통화가 어렵다"는 반가운 양해의 메시지를 전하기도 했지만 "가스비와 통신비만 빼고 나머지는 지역 한 부모 가정에 다 기부하겠다"는 순수한 마음을 전해주었습니다.

이처럼 청년 사장이 온유하고 겸손하고 선하고 의롭게 살아가니까, 하나님께서 이렇게 그를 매스컴에 알려지게 하셨습니다. 그렇게 모두에게 큰 감동을 전해주면서 귀하게 쓰임 받고 놀라운 복을 누리게 된 것입니다.

디모데전서 6장 11-12절에도 "오직 너 하나님의 사람아 이것들(세상적인 욕심과 욕망)을 피하고 의와 경건과 믿음과 사랑과 인내와 온유를 따르며 믿음의 선한 싸움을 싸우라 영생을 취하라 이를 위하여 네가 부르심을 받았고 많은 증인 앞에서 선한 증언을 하였도다"라고 증거하지 않습니까?

그러므로 우리가 하나님의 사람으로서 마음속에 하나님의 은혜가 메마르고 삶 가운데 축복을 잃어버리고 행복이 사라지고 있다면, 이제라도 하나님 앞에서 우리 죄악도 회개해야 하지만 사람들과의 관계도 다 용서하고 회복해야 합니다.

과거 한국 교회가 "영적으로 은혜 받아라!", "육적으로 축복 받아라!"만 강조해서 우리가 그동안 너무나 많은 은혜와 축복을 받았습니다. 그런데 여러분, 행복하십니까? 우리가 마음을 치유 받지 못하니까 마음의 평강을 얻지 못하고, 행복을 누리지 못하고 살아가고 있습니다. 더 나아가 자신의 성격이나 행동이나 삶의 어떠한 변화도 일어나지 않고 신앙생활의 감격도 없습니다. 그러므로 우리 마음의 치유의 결정적인 장애가 되는 어떠한 원수라도 용서하고, 어떠한 환경에도 감사해야 합니다.

사랑과 감사의 삶의 두 기둥을 붙잡아야 진정한 치유가 일어나고 삶의 변화가 일어납니다. 우리의 마음이 치유되어야 선한 인격도 회복되는 것입니다. 그리할 때 구약을 대표하여 잠언 4장 23절에서 "모든 지킬 만한 것 중에 더욱 네 마음을 지키라 생명의 근원이 이에서 남이니라"고 증거하듯이, 우리의 모든 삶의 근원인 마음을 선하게 지킬 수 있을 뿐만 아니라, 우리의 마음이 그렇게 선한 인격을 회복하게 됩니다. 그리할 때 신약을 대표하여 요한삼서 1장 2절의 "사랑하는 자여 네 영혼이 잘됨같이 네가 범사에 잘되고 강건하기를 내가 간구하노라"는 약속과 같이 그대로 되는 것입니다.

그런데 여기 나오는 네 '영혼'이란 단어는 헬라어로 'πνεύμα'(프뉴마, 영)가 아니라 'Ψυχή'(프쉬케, 혼), 즉 '마음'을 말합니다. 우리의 마음이 치유 받고 선한 인격을 회복하게 될 때 우리는 범사에 잘되고 강건하게 되면서 진정으로 하나님께 귀하게 쓰임 받으며 복되게 살아가게 될 줄 확실히 믿으시기 바랍니다.

맡겨진 일에도 충실해야 함

계속해서 본문 4절 말씀을 다 함께 읽겠습니다.

"그가 에브라임 산지와 살리사 땅으로 두루 다녀 보았으나 찾지 못하고 사알림 땅으로 두루 다녀 보았으나 그곳에는 없었고 베냐민 사람의 땅으로 두루 다녀 보았으나 찾지 못하니라."

당시 나귀는 귀족들이 타고 다니는 가축이었는데(삿 5:10, 10:4, 12:14; 슥 9:9) 아마 사울의 아버지 기스가 타던 것으로, 이것을 잃는 것은 재산의 큰 손실이었으므로 아들에게 찾아오도록 명령한 것입니다. 그러자 사울은 '사환' 즉 히브리어로 'נַעַר'(나아르)라고 해서 '젊은 몸종'을 데리고 찾아나섰습니다.

베냐민 지파의 땅은 에브라임과 유다 지파 사이의 작은 기업이었고 사울의 집은 베냐민의 남쪽인 기브아였는데(삼상 10:26), 사울은 기브아를 떠나 가나안 땅의 중앙부인 에브라임 산지를 두루 다니되 찾지 못했고, 살리사 땅도 두루 다니되 찾지 못했고, 사알림 땅도 두루 다니되 찾지 못했고, 베냐민 땅까지 두루 다녔지만 찾지 못했습니다.

여러분도 잘 아시다시피 성지는 중동 사막지대로서 오늘날처럼 도로가 잘 닦인 것도 아니고, 차량을 타고 다닌 것도 아니고, 에어컨 시설이 잘되어 있는 것도 아닌 데다 그냥 있어도 땀이 주룩주룩 흘러내릴 정도로 무더운 날씨입니다.

이쯤 되면 아무리 효자라고 해도 아버지께 불평하고 원망하든지 포기하고 돌아갔을 것입니다. 그런데 사울이 집을 떠난 지 이미 3일이나 되었지만(삼상 9:20) 자신의 고생보다도 아버지께서 아들 때문에 걱정하실까 봐 두려워서 결국에는 돌아가고자 할 때까지 나귀를 찾는 일에 혼신의 힘을 다 쏟았습니다. 그만큼 사울은 자신에게 맡겨진 일에 충실하였던 것입니다.

우리도 하나님께 쓰임 받으려 하면 자신에게 맡겨진 일에 충실해야 합니다. 그리하면 언젠가는 하나님의 인정을 받고 귀하게 쓰임 받고 하나님께 영광을 돌리게 됩니다.

지난 주일 2001년 미국 9.11 사태로 인해 아프가니스탄 무장단체인 탈레반이 축출된 지 20년 만에 수도 카불이 함락되었습니다. 미국 정부의 공식자료에 따르면 지난 20년 동안 미국이 아프가니스탄 전쟁에 총 2조 2,610억 달러(원화로 약 2,650조 원)의 비용을 쏟았는데, 올해 우리나라 국방예산 52조 원의 50배에 이르는 엄청난 액수입니다.

지난 20년 동안 미국이 아프가니스탄에 우리의 50년에 이르는 엄청난 국방예산을 쏟아부었고, 더욱이 미군이 10만 명 이상 투입되어 2,442명에 이르는 고귀한 희생이 있었는데도 아프가니스탄의 내부 부패와 무능력으로 인해 밑 빠진 독에 물을 붓는 것 같았습니다. 그래서 미국으로서도 아프가니스탄이 더 이상 희망이 안 보여서 철군을 결정한 것입니다.

그런데 카불이 함락되기 직전에 아슈라프 가니 대통령은 부정하고 있지만 차 4대에 돈을 가득 싣고 아랍 에미리트로 탈출했다고 하지 않습니까? 심지어 돈을 탈출용 헬기에 다 싣지 못해 활주로에 남겨두고 도망갔다고 합니다. 이와 대조적으로 여성교육부 랑기나 하미디 장관만은 카불이 함락된 그날도 아침에 사무실에 출근해서 동요하는 직원들을 달래고 가장 마지막에 퇴근했다고 하니, 바로 이러한 장관이 착하고 충성된 종 아니겠습니까?

지난날 우리의 신앙의 선조들은 민족의 위기 속에서 어떠했습니까? 언론개혁시민연대 최성주 공동대표가 파묻힌 독립투쟁의 역사를 밝히는 《최운산, 봉오동의 기억》이란 책을 작년에 출판하였는데, 봉오동 전투의 실제 총사령관은 그녀의 큰할아버지 최진동이고, 참모장은 그녀의 할아버지 최운산이라는 것을 밝히고 있습니다.

우리는 정사(正史)를 믿지만 독립을 위해 모든 것을 다 쏟아 희생한 이 책에 나오는 야사(野史)에 따르면, 대재벌이었던 당시 대한 북로 독군부 최진동 총사령관은 자신의 사재를 다 쏟아 독립운동에 바쳤다고 증언하면서, 김좌진 장군은 제1연대장이었고 홍범도 장군은 제2연대장이었다고 합니다.

그런데 지난 주일 광복절에 대한독립군 총사령관 홍범도 장군의 유해가 고국으로 귀환했습니다. 홍범도 장군은 원래 1868년 평안남도 평양의 가난한 집안에서 태어나서 자성, 양덕 등으로 전전하며 머슴, 건설현장, 종이공장 노동자, 사냥꾼, 광산 노동자 등을 하며 너무도 어렵고 힘들게 살았습니다.

그러다가 27세 되던 1895년 구한말 나라가 기울어져 갈 때, 일본이 치욕스럽게도 우리나라 국모이신 명성황후 시해 사건을 계기로 해서 본격적으로 의병에 뛰어들어서 목숨을 걸고 충성스럽게 싸웠습니다. 1910년 한일합병 후에는 만주로 망명해서 독립군 양성에 힘쓰다가, 1920년 봉오동 전투에서 최대의 전공(戰功)을 세웠고, 이어서 김좌진 장군과 함께 청산리 전투에서 대승을 거두었습니다. 그러나 그 승리의 영광의 이면에는, 사랑하는 아내를 일본군들의 고문에 의해 잃고 사랑하는 큰아들마저 독립전쟁 중 일본군의 흉탄에 잃는 슬픈 사연이 있습니다.

그 후 그는 연해주에서 머물다가 1937년 스탈린의 고려인 강제이주정책에 의해 카자흐스탄으로 끌려가서 고려인들을 이끌며 집단농장을 운영하고, 말년에는 고려극장의 관리인으로 여생을 보내게 되었으니 얼마나 비참한 일입니까? 그런데도 1943년 조국의 광복을 2년 앞두고 76세를 일기로 세상을 떠날 때까지 그는 일생토록 의병장이요, 독립운동가였습니다. 또한 대한독립군 총사령관으로 있을 때나 집단농장 경영자나 고려극장 관리인으로 있을 때나 맡은 일에 충성을 다했습니다.

그가 자신에게 맡겨진 일에 충성을 다하였기 때문에 조국은 78년이 지나도 그를 잊지 않았습니다. 지난 주일 조국을 떠난 지 113년 만에 꿈에도 그리던 조국으로 귀환했습니다. 그리고 그를 민족의 최고 영웅으로, 안중근 의사와 유관순 열사에 이어 세 번째로 건국훈장 대한민국장을 수여하고, 유해를 대전 국립현충원에 안장하게 된 것입니다.

우리의 일생도 마찬가지입니다. 일생토록 하나님 나라를 위해서 생의 마지막 순간까지 하나님께서 맡겨주신 일에 충성을 다하면, 마태복음 25장 21, 23절에 다섯 달란트와 두 달란트를 맡은 종들에게 "잘하였도다 착하고 충성된 종아 네가 적은 일에 충성하였으매 내가 많은 것을 네게 맡기리니 네 주인의 즐거움에 참여할지어다"라고 두 번씩이나 강조하여 칭찬하셨듯이, 우리도 하나님의 나라를 위하여 복되게 쓰임 받을 뿐만 아니라 귀하게 영광 돌리게 됩니다.

그래서 부족한 종도 지금으로부터 37년 전인 1984년부터 노량진교회에서 림인식 목사님에게서 6년 동안 목회훈련을 받을 때 늘 들었듯이, 우리 부목사들에게도 "처삼촌 댁 벌초하듯이 목회를 하지 말라!", "호랑이가 토끼 한 마리를 잡아도 사력을 다하듯이 하라!", "다른 사람이 손을 댈 것이 없을 정도로 끝장을 내라!"고 강조하지 않을 수 없습니다.

그런데 저 자신도 림 목사님께서 가르쳐 주신대로 지난 37년 동안 목회해 왔더니, 이 복을 누리며 귀하게 쓰임 받게 되었습니다. 뿐만 아니라 우리 부목사님들도 우리 치유하는교회에서 치유목회훈련을 잘 받고 나가서, 지난 20년 동안 31명의 목사님들이 전국 방방곡곡에서와 세계 선교지까지 가서 치유목회를 하면서 복되게 쓰임 받고 있습니다.

그런데 우리 성도님들도 보면 이름도 없이 빛도 없이 말도 없이 맡겨진 일에 헌신, 봉사, 충성을 다하는 분들이 얼마나 많은지 모릅니다. 지난 화요일도 새벽기도회에 나오는데 최의현 청년이 새벽기도회 반주를 맡아 미리 나와서 피아노 앞에 앉아 기도하고 있었습니다. 그의 할머니 김국순 권사님의 신앙이 아들 최성수 안수집사님과 오인숙 권사님께 이어져서 손자 최의현 청년에 이르기까지 디모데처럼 잘 길러진 것입니다.

청년들이 새벽기도회에 나오기가 얼마나 힘듭니까? 더구나 새벽기도회 반주자로 헌신하여서, 피아노 전공자가 아니니까 월요일 저녁에 꼭 교회에 나와서 연습까지 하고 화요일 새벽에 일찍 나와서 기도로 준비하는 모습이 얼마나 감동적인지 모릅니다. 주의 종도 감동을 받아 그냥 지나치지 못하는데 주님께서는 어떠하시겠습니까?

여러분, 하나님의 교회는 사람이 얼마나 모이고 헌금이 얼마나 걷히느냐가 중요한 것이 아닙니다. 하나님의 교회는 그러한 것들에 좌우되는 것이 아니라 바로 이렇게 믿음으로 충성을 다하는 자들에 의해 세워지는 것입니다. 그러므로 우리가 어떠한 말이 앞서는 것보다 맡겨진 일에 충성하게 될 때 하나님께서 우리를 귀하게 쓰시고 복되게 하시고 크게 영광 받아 주실 줄 확실히 믿습니다.

영적인 인도를 받아야 함

마지막으로, 본문 6절 말씀을 다 함께 읽겠습니다.

> "그가 대답하되 보소서 이 성읍에 하나님의 사람이 있는데 존경을 받는 사람이라 그가 말한 것은 반드시 다 응하나니 그리로 가사이다 그가 혹 우리가 갈 길을 가르쳐줄까 하나이다 하는지라."

사울은 에브라임과 베냐민 지파 일대를 다 훑고 에브라임 땅으로 돌아왔습니다. 사울의 종은 사무엘 선지자가 모든 백성들의 존경을 받고 있고, 그가 한 말은 반드시 성취되는 것을 알았고(삼상 3:19), 사무엘 선지자에게 가면 자기들이 어떻게 할 것인지 갈 길을 가르쳐줄 거라고 제안을 합니다.

여기서 말하는 선지자는 미리 보여주는 '선견자'(先見者)요, 미리 알고 있는 '선지자'(先知者)이기도 했지만, 본래 의미는 '하나님으로부터 말씀을 위탁받은 자'란 의미에서 '예언자'였습니다. 이를 히브리어로 '**נָבִיא**'(나비)라고 하는데, 이는 미리 일어날 일을 말하는 '예언자'(豫言者)의 의미가 아니라 하나님께서 맡겨주신 말씀을 선포하는 '예언자'(預言者)였습니다. 사울은 자신의 신앙이나 지식이나 경험을 앞세울 수도 있었지만 겸손하게 종의 제안을 즉각적으로 받아들입니다.

그런데 사울은 종의 말에 동의는 하지만 선지자를 만나면 그에게 바칠 예물이 없다고 걱정합니다. 그러자 종이 사울에게, 그에게 당시 선물로 가장 선호하는 먹을 양식은 없지만 은 1세겔의 4분의 1이 있으니 하나님의 사람에게 드려 우리 길을 가르쳐 달라고 하자고 합니다. 당시 은 1세겔은 11.424g으로 4분의 1세겔은 약 2.9g이었는데,

은 1세겔이 당시 노동자의 4일의 임금이었으니까 은 4분의 1세겔은 오늘날로 하면 노동자 하루 품삯인 10만 원 정도였습니다.

사울은 주의 종의 인도하심을 받으러 갈 때 빈손으로 가지 않았고, 사무엘 선지자를 만남으로 상상조차 못했던 초대 왕으로 택함을 받는 하나님의 큰 은총과 영광을 누리게 됩니다(삼상 10:15-24).

여러분, 하나님께서는 우리를 직접 만나기도 하시지만, 주의 종을 통해서 말씀하시기도 하고 응답하시기도 하고 인도하시기도 합니다. 더욱이 어려운 일이 닥치면 더욱더 주위 종들의 인도와 기도가 간절해집니다. 그런데 말세 마지막 때가 되니까 주의 종을 도진개진으로 생각하고 어떠한 권면도 안 받아들일 뿐만 아니라, 심지어 자신들이 고용주이고 주의 종들을 고용인 취급을 하는 교인들까지 생겨날 정도입니다. 그런데 그런 신앙으로 살면 자신도, 그 자손까지도 절대 복이 안 됩니다.

여러분, 주의 종의 진심이 무엇인지 아십니까? 주의 종이 바라는 것은 결단코 세상의 부귀나 권세나 향락이 아닙니다. 우리 양 떼들이 구원받고 치유 받고 양육되고 믿음으로 헌신하여서 일생토록 하나님의 풍성한 은혜를 받고 축복을 누리고 행복하게 쓰임 받는 것 이상 바랄 것이 아무것도 없습니다.

그런데 많은 때 교인들은 “왜 목사님이 저렇게 말씀하실까? 왜 그것을 하자고 하시는가? 왜 그것을 꼭 하려고 하는가?” 하고 의혹의 마음을 갖고 의심도 하고 반대도 하고 심지어 갖가지 거짓으로 험담도 하고 비방도 합니다. 그러니 얼마나 가슴이 답답합니까? 지난 44년 목회를 해오면서 저의 가슴을 찢어 보여주고 싶은 충동을 느낄 때가 한두 번이 아니었습니다. 그때마다 주의 종들은 기도하고 인내하며 기다릴 수밖에 없습니다.

얼마 전에 우리 교회 한 장로님이 우리 영등포노회 어떤 목사님을 만나고 와서 이런 이야기를 들려주셨습니다. 어떤 교회가 교인들이 100여 명 출석하는데, 예배당 건물이 잘 갖춰지지 않아서 예배당이 있는 교회와 합병을 하려고 했더니 몇몇 교인들이 그렇게 반대를 해서 결국 그 뜻을 이루지 못했다고 합니다.

그런데 코로나19를 맞이하여 그 교회는 더 어려워져서 출석교인이 100명 미만으로 줄어들었지만, 그 합병하려고 했던 교회는 그 후 계속 부흥을 해서 지금은 500여 명 출석하는 교회를 이루게 되었다고 하면서 교인들이 반대해서 그 복을 놓쳤다고 그렇게 안타까워하더랍니다. 그 이야기를 전해 듣고 제가 "그것이 그 교인들의 복의 한계입니다!"라고 했습니다.

여러분, 여러분은 각자 자신의 전공이나 직업의 전문가이듯이, 주의 종들은 하나님의 종으로 소명을 받고 신학을 공부하고 목회훈련을 받아서 적어도 목회에 대해서는 전문가들입니다. 교회가 어떻게 하면 부흥하고 교인들이 어떻게 하면 복을 받는다는 것을 다 압니다.

저는 어렸을 때 장로님, 권사님이신 부모님을 통해서 학교에 가면 선생님 말씀을 잘 듣고 병원에 가면 의사 선생님 말씀을 잘 듣듯이 교회에 가서는 목사님 말씀을 잘 들으라고 배웠습니다. 어렸을 때부터 주의 종을 하나님 섬기듯이 모시고 주의 종에게 절대 순종하라고 배웠고, 일생토록 저 나름대로는 주의 종에게 잘 순종하며 섬기면서 살아왔습니다. 그랬더니 하나님께서 부족한 종의 일생토록 얼마나 많은 은혜를 부어주시고 축복을 내려주시고 행복의 감격 속에 살아오게 하셨는지 모릅니다.

이처럼 부족한 종이 이런 영적으로 풍성한 은혜와 축복과 행복의 감격을 확실히 체험하고 나니까, 확신을 가지고 히브리서 13장 17절 말씀을 강조하여 외치지 않을 수 없습니다.

> "너희를 인도하는 자들에게 순종하고 복종하라 그들은 너희 영혼을 위하여 경성하기를 자신들이 청산할 자인 것같이 하느니라 그들로 하여금 즐거움으로 이것을 하게 하고 근심으로 하게 하지 말라 그렇지 않으면 너희에게 유익이 없느니라."

우리 치유하는교회의 주의 종들뿐만 아니라 목장의 목자들과 교회학교 교사들에 이르기까지 영적인 인도함에 기쁨으로 순종하면 우리가 큰 복을 받게 될 것입니다. 마음이 안 내키면 억지로라도 복종해야 합니다. 그러면 여러분의 여생과 자손들도 큰 복을 누리게 됩니다. 그러므로 우리가 영적인 인도함을 받게 될 때 틀림없이 하나님으로부터 귀하게 쓰임 받고 큰 복을 누리고 크게 영광을 돌리게 될 줄 확실히 믿으시기 바랍니다.

부족한 종이 미국 유학을 마칠 무렵 장로회신학대학원에서 저에게 목회상담학을 가르쳐주신 은사님께서 한국으로 돌아올 것을 제안하셨습니다. 그때 저는 박사학위를 받고 시카고 한인연합장로교회에서 행복하게 목회하고 있었기 때문에 꼭 한국에 나올 이유는 없었습니다. 그러나 미국에서 배웠던 목회상담학과 가족치료학을 선지동산에서 신학생들에게 가르쳐서 한국교회에 봉사하고 싶은 열정이 있었기 때문에 그 제안을 받아들였습니다.

그렇게 사랑하는 성도들과 아쉬운 눈물의 이별을 하고 지금으로부터 24년 전인 1997년 5월 초 고국으로 돌아왔습니다. 그런데 장로회신학대학교의 교수회의의 추천으로 교수청빙 1순위로 이사회에 올라갔지만, 이사회에서 2순위였던 한 이사의 조카와 뒤바뀌어 결국 장신대 교수가 되지 못했습니다.

피눈물 나게 고생해서 박사학위를 받고 목회도 행복하게 잘하고 있었는데 오라고 해서 왔는데 교수가 못 되었으니, 이제는 시카고로 돌아갈 수도 없고 서울에 남아 있을 수도 없는 오도 가도 못하는 처참한 상황 속에서 억울하고 원통한 마음의 상처만 깊게 남았습니다. 더구나 뒤에 들려오는 소식이 그 이 모 이사님이 장신대에 4억 원의 후원금을 냈다는 것입니다. '돈 없고 백 없는 사람은 신학대학 교수도 못하는구나!' 하고 생각하니까 서러움의 눈물밖에 안 나왔습니다. 그때는 믿고 의지할 것이 아무것도 없어서 매일 말씀을 읽고 주님께 간절히 기도하면서 앞으로 어떻게 살아갈 것인가 막막한 가운데 하루하루를 보낼 수밖에 없었습니다.

사실 한국에 돌아온 첫 해 여름학기부터 장로회신학대학원 시간강사로 계절학기 한 강의를 맡았더니 한 달에 30만 여 원 정도를 주었는데, 세 식구가 살려고 하니까 경제적으로 너무도 어려워서 살아갈 일들이 막막해서 저의 집사람이 일을 나가지 않을 수 없었습니다. 그나마 하나님께서 살 길을 열어주셔서 뜻하지 않게 대학원 조교를 통해 아르바이트 제의가 들어왔는데, 풀러신학대학원 목회학 박사 논문을 영어로 번역해 주는데 한 권당 100만 원씩 받으면서 그럭저럭 살아가고 있었습니다.

그런데 그렇게 한 달이 지나가던 6월로 기억됩니다만, 제가 한국에 돌아가서 교수가 못 되었다는 소식을 들은 시카고 레익뷰 교회 이종민 목사님께서 선·후배관계였던 당시 한신대 교수이시면서 크리스찬치유상담연구원을 설립하신 정태기 총장님에게 전화를 하신 것입니다. 시카고에서 목회를 잘하던 김의식 목사가 한국에서 교수로 오라고 해서 갔는데 교수도 안 됐다고 하니, 정 총장님이 좀 데려다가 가르칠 기회를 달라고 부탁을 하셨다면서 정태기 총장님에게서 만나자는 전화가 걸려왔습니다.

만나 뵈었더니 모든 사정을 다 들었다고 하시면서 크리스찬치유상담연구원에 와서 강의를 할 수 있겠는가 하고 청빙을 하셨습니다. 정 총장님의 제의로 그해 2학기부터 크리스찬치유상담연구원에 가서 월요일 점심, 저녁 식사만 제외하고 오전부터 저녁까지 하루 종일 7시간 강의를 하게 되어서 경제적인 어려움을 이겨낼 수 있었습니다.

그런데도 저의 마음속에 장신대 교수가 되지 못한 깊은 마음의 상처의 응어리가 남아 있었는데, 그때 당시 가장 큰 위로와 힘이 되었던 것은 당시 크리스찬치유상담연구원의 강의 전에 30분 동안 치유의 찬양을 하는 시간이었습니다. 지금도 안 잊혀집니다만, 그때 크게 은혜받은 찬송으로 '두 손 들고 찬양합니다'라는 찬송이 저의 가슴에 뜨겁게 와 닿았습니다.

두 손 들고 찬양합니다
다시 오실 왕 여호와께
오직 주만이 나를 다스리네
나 주님만을 섬기리
헛된 마음 버리고

성령이여 내 영혼
충만하게 하소서
주님 앞에 내 생명 드리리라

이 찬송을 부를 때마다 그렇게 눈물이 줄줄 흘러내렸는데, 그때 당시 믿고 의지할 분은 주님밖에 없었기 때문입니다. 그래서 찬양을 해도, 기도를 해도, 강의도 해도 눈물 없이는 못했는데, 그때마다 성령님께서 저의 상처 난 마음을 어루만져 주시고 다 치유해주셔서 모든 원수를 다 용서하고, 어떠한 상황에도 감사하면서 얼마나 뜨겁게 치유의 은혜를 받았는지 모릅니다. 그래서 마음의 위로와 평강이 차고 넘칠 수 있었습니다.

그렇게 미국 유학을 다녀와서 지난 24년 동안 호남신학대학교, 장신대, 연세대 등에서 강의를 하였지만 크리스찬치유상담연구원과 치유상담대학원대학교에서만큼 열정을 쏟을 수가 없었습니다. 24년 동안 개근을 하면서 총장님의 은혜에 보답하기 위해 열정을 다 쏟아 강의를 해왔습니다. 그러는 가운데 치유상담연구원은 일반과정, 전문과정, 인턴과정으로까지 1,000여 명의 학생이 모이는 세계 최대의 상담교육기관으로 성장했을 뿐만 아니라, 그 후 2014년 교육부에서 치유상담대학원대학교로 인가까지 나고, 200여 명의 대학원(석사과정) 학생들이 배우는 세계 최대 치유상담 전문교육기관으로 발전했습니다.

뿐만 아니라 내년부터는 박사과정의 개설과 함께 미국 목회상담협회를 설립하셨던 하워드 클라인벨(Howard Clinebell) 교수님이 몸담으시던 미국의 세계 최고의 상담대학원인 클레이몬트 신학대학원과 공동 상담학박사 과정까지 열게 되었습니다. 그렇게 정태기 총장님과 함께 지난 24년을 하루같이 안식년도 없이 열과 성을 다해 개근하며 강의를 해왔습니다.

그런데 3년 전에 80세가 되신 총장님 내외분이 만나자고 하셔서 갔더니, 교육부에 알아보니까 담임목사와 총장 겸임이 가능하다고 하시면서 제가 지금까지 상상도 못했던 후임 총장직을 맡아달라고 하셨습니다. 저로서는 현재 목회도 감당키 어렵고 또 총회 일들도 많이 남아 있어 총장으로 가기가 어렵다고 완곡하게 거절했는데, 작년 6월에는 "교회와 총회 일을 우선으로 해서 하고 어차피 매주 강의하러 나오니까 총장 결제만 하면 되지 않으냐?"고 부탁을 해오셨습니다.

고령이신 총장님 내외분의 간곡한 부탁을 더 이상 거절할 수가 없어서 총장님 말씀하신 대로 순종하겠다고 했더니, 결국 금년 1월 22일 이사회에서 제3대 총장으로 만장일치로 결의를 해주고, 지난 2월 28일 치유하는교회 당회가 만장일치로 허락을 해주셔서 이번 주 수요일 밤 치유상담대학원대학교의 제2대 정태기 총장님을 이어 영광스러운 제3대 총장 이·취임예배를 드리게 되었습니다.

사랑하는 성도 여러분, 우리가 사람들에게 쓰임 받아도 감사하고 영광스러운 일인데, 하나님께 쓰임 받는다는 것은 얼마나 축복되고 영광스러운 일입니까? 그러나 우리가 원한다고 다 되는 것이 아닙니다. 다만 우리가 선한 인격을 회복하고 자신에게 맡겨진 일에 충실하고 영적인 인도함을 받으며 나아갈 때에 이스라엘의 초대 왕 사울과 같이 하나님의 나라를 위해 복되게 쓰임 받으며, 하나님 아버지께 큰 영광을 돌리게 될 줄 확실히 믿습니다.

이 시간 다 함께 '주의 은혜라'를 함께 부르며 믿음으로 결단하도록 하겠습니다.

내 평생 살아온 길 뒤돌아보니
짧은 내 인생길 오직 주의 은혜라(×2)
주의 은혜라 주의 은혜라 내 평생 살아온 길
주의 은혜라 주의 은혜라 다함이 없는 사랑
달려갈 길 모두 마친 후 주 얼굴 볼 때
나는 공로 전혀 없도다 오직 주의 은혜라
주의 은혜라 주의 은혜라 내 평생 살아온 길
주의 은혜라 주의 은혜라 다함이 없는 사랑(×2)
달려갈 길 모두 마친 후 주 얼굴 볼 때
나는 공로 전혀 없도다 오직 주의 은혜라
나는 공로 전혀 없도다 오직 주의 은혜라

우리를 부르시고 귀하게 쓰시는 하나님 아버지, 지난날 우리가 하나님의 뜻을 거스르고 불충성함으로 인해 하나님께 복되게 쓰임 받지 못할 때가 얼마나 많았습니까? 그러나 남은 여생은 선한 인격을 회복하게 하여 주시옵소서! 맡겨진 일에 충실하게 하여 주시옵소서! 더 나아가 주님의 영적인 인도함을 받게 하여 주시옵소시! 그리할 때 우리의 남은 여생 하나님 나라를 위해서 복되게 쓰임 받으며 큰 영광을 돌리게 될 줄 믿사옵고, 예수님의 이름으로 간절히 축복하며 기도하옵나이다. 아멘!

실패를 벗어나려면

사무엘상 15:17-27

우리는 모두 다 성공하고 행복하길 원하지만, 살다 보면 결코 인생이 우리 뜻대로 안 됩니다. 그리하여 실패의 불행과 고통을 겪을 때가 얼마나 많습니까? 이스라엘의 초대 왕이 된 사울이 주변 나라들과 전쟁을 하면서 승리하여 왕권을 확립하게 되지만(삼상 14:47-48), 오늘 본문을 보면 결정적 실수로 인해 왕위에서 물러나고 결국에는 죽음에까지 이르고 맙니다. 이 사울 왕의 실패를 통해서, 우리가 어떻게 하면 인생의 실패에서 벗어나 주님 안에서 참된 성공과 행복을 이룰 것인지, 이 시간도 들려주시는 하나님의 음성을 들을 수 있길 바랍니다.

세상의 욕심에 빠져선 안 됨

먼저 본문 19절 말씀을 다 함께 읽겠습니다.

“어찌하여 왕이 여호와의 목소리를 청종하지 아니하고 탈취하기에 만 급하여 여호와께서 악하게 여기시는 일을 행하였나이까.”

오늘 본문 이전에 사무엘상 13장으로 거슬러 올라가면, 사울 왕이 40세에 왕이 되고 2년이 지났을 때였습니다. 블레셋 군대가 이스라엘과 싸우려고 대치하고 있을 때 사무엘 선지자가 사울 왕에게 길갈로 먼저 가서 7일을 기다리라고 하였고, 내려가서 사울 왕과 함께 하나님께 번제와 화목제를 드리겠다고 약속했습니다.

그런데 사무엘 선지자가 7일의 기한이 다 되도록 오지 않고, 7일의 기한을 넘긴 것은 아니지만 그 기한의 끝이 되었을 때, 이스라엘 백성들이 두려운 마음에 자꾸 흩어지니까 사울 왕은 다급한 마음이 들었습니다. 그래서 자신이 나서서 사무엘 선지자가 드려야 할 번제를 드려버렸습니다.

아마 사울 왕은 사무엘상 7장에서처럼, 이스라엘 백성들이 미스바에 모여 기도하고 금식하며 통회 자복하고 사무엘 선지자가 온전한 번제를 드려서 하나님이 블레셋 사람들에게 큰 우레를 발하여 격퇴했던 것을 또다시 기대했을지 모릅니다. 그러나 사울 왕이 사무엘 선지자 없이 홀로 번제를 드린 것은 하나님께 대한 큰 교만이요, 월권행위였습니다.

그 후에 곧바로 사무엘 선지자가 와서 사울 왕에게 “왕이 망령되이 행하였도다 왕이 왕의 하나님 여호와께서 왕에게 내리신 명령을 지키지 아니하였도다 그리하였더라면 여호와께서 이스라엘 위에 왕의 나라를 영원히 세우셨을 것이거늘 지금은 왕의 나라가 길지 못할 것이라 여호와께서 왕에게 명령하신 바를 왕이 지키지 아니하였으므로 여호와께서 그의 마음에 맞는 사람을 구하여 여호와께서 그를 그의 백성의 지도자로 삼으셨느니라"(삼상 13:13-14)고 첫 번째 경고를 하고 길갈을 떠나 그의 처소가 있던 베냐민의 기브아로 올라가 버립니다.

그 후 오랜 세월이 지나고 사무엘 선지자가 사울 왕을 다시 찾아와서 그에게 지난날의 과오를 회개하고 만회할 수 있는 기회를 주고자 했는데, 사울 왕은 돌이킬 수 없는 결정적인 실패의 계기를 만들고 맙니다. 에서의 자손으로서 호전적인 유목민이었던 아말렉(창 36:12)이 이스라엘의 출애굽 때에도 대적하고(출 17:8-16; 민 14:45; 신 25:17-19) 계속해서 괴롭히니까, 이번 기회에 아말렉을 쳐서 그 모든 소유와 어린아이와 짐승까지도 완전히 전멸하라는 명령을 받았습니다.

그런데 사울 왕과 백성들은 아각 왕과 양과 소의 가장 좋은 것과 살진 송아지와 어린 양과 모든 좋은 것들을 다 남기고 완전히 전멸하기를 즐겨 하지 않고 가치 없고 하찮은 것들만 진멸했습니다. 이에 사무엘 선지자가 사울 왕에게 "왜 왕이 여호와의 목소리를 청종하지 아니하고 탈취하기에만 급하여 여호와께서 악하게 여기시는 일을 행하였나이까?" 하고 책망했습니다. 다시 말하면 사울 왕이 하나님의 말씀에 복종하지 못하게 했던 그의 근본적인 이유인 세상의 욕심에 대해서 가장 먼저 책망을 하였던 것입니다.

말세 마지막 때에도 우리가 십자가에서 죽기까지 사랑해 주신 주님을 사랑하고, 주님의 말씀에 순종하며 주님 안에서 살아가면, 날마다 천국의 축복과 행복의 감격 속에 살아갈 수 있습니다. 그런데도 결국 우리를 근본적으로 무너뜨리는 것이 있다면 그것은 세상의 욕심 때문입니다. 그래서 주님을 온전히 사랑하지 못하고, 주님의 말씀대로 살지 못하고, 주님의 사명을 충성스럽게 감당하지 못하고 살다가 떠나가고 맙니다. 그렇기에 빈손으로 왔다가 어차피 빈손으로 떠나갈 인생들을 향하여 디모데전서 6장 10절에 "돈을 사랑함이 일만 악의 뿌리가 되나니 이것을 탐내는 자들은 미혹을 받아 믿음에서 떠나 많은 근심으로써 자기를 찔렀도다"라고 분명히 경고하였던 것입니다.

지난 주일 어려운 형편 속에서 홀로 아이를 키우던 아빠가 딸의 생일날 피자가게 사장님으로부터 감동적인 선물을 받았다는 소식 전해드렸습니다. 그런데 그 뒤로 후원이 계속 이어지고 있는데, 아빠와 7살 딸은 도움이 더 절실한 사람들에게 그 따뜻함을 전하고 싶다며 그 온기를 다른 사람들과 나누었습니다.

아빠는 피자를 선물한 사장님의 고마운 마음을 세상에 알리고 싶어 제보했다고 했는데, 뜻밖에 김 씨 부녀를 돕고 싶다는 연락이 쏟아지자 무척 당황했다고 합니다. 아빠는 물품 후원은 사양하고 7살 딸의 이름으로 후원금을 받았는데, 적게는 1만 원부터 많게는 100만 원까지 따뜻한 응원과 함께 800만 원 상당의 후원금이 모였습니다.

그 피자집 주인처럼 이 아빠도 그 돈으로 끊긴 가스비와 통신비를 내고 1만 원으로 달걀 10개와 저녁거리를 샀다고 합니다. 나머지 후원금을 피자집 주인은 한 부모 자녀 가정을 위해 사용한다고 했는데, 딸과 아빠는 자신도 힘들지만 한술 더 떠서 아빠, 엄마 없이 할머니, 할아버지 손에 자라는 아이들을 돕는 데 쓰기로 했습니다.

여러분, 우리가 신앙을 가지고 있다면 적어도 이렇게 살아야 하지 않겠습니까? 그런데도 신앙을 가지고 있다면서도 세상 사람들과 똑같이 욕심에 빠져 살아간다면 그것이 무슨 신앙생활이냐는 것입니다.

더 나아가 우리의 이러한 세상의 욕심은 물질뿐만 아니라 명예와 향락에까지 빠지게 하고 마는데, 그것은 인생의 모든 것을 누리는 성공 같지만 사실은 실패의 길에 접어들게 하고 맙니다.

한 회사에서 여직원을 모집하게 되었는데 남성 면접관이 여직원 응시생들에게 물었습니다. "1+1이 몇입니까?" 그랬더니 첫 번째 응시생이 이공계 출신인지 "1+1는 2입니다" 하고 너무도 정직하게 대답을 하더랍니다. 그다음 두 번째 응시생은 문과 출신인지 "1+1은 1입니다"라고 대답해서 "왜 1이냐?"고 물었더니 "우리가 서로 다른 환경에서 모였지만 한 마음, 한 뜻이 되어 일해야 하니깐요"라고 너무 은혜롭게 대답하더랍니다.

그런데 마지막 응시생이 아주 창의적인 사고를 가지고 "1+1은 王(왕)입니다"고 대답해서 "왜 왕이냐?"고 물으니까 "한 사람, 한 사람이 왕과 같은 주인의식을 가지고 일해야 하지 않을까 생각됩니다"라고 대답하더랍니다. 여러분은 어떤 여직원이 가장 훌륭한 여직원이라고 생각되십니까? 과연 이 회사 면접관은 어떤 여직원을 뽑았을까요? 앞의 면접을 다 무시하고 '가장 섹시한 여자'를 뽑았다고 합니다.

요즘 남자들이 이렇습니다. 그래서 그렇게도 코로나19 4단계 거리두기를 강조해도 교회에는 안 나오면서도 룸살롱에는 그렇게 열심히 모입니다. 지난 5월 12일 청주의 한 여중학생이 친한 친구와 함께 오창읍 한 아파트에서 극단적 선택을 했습니다. 이들은 성범죄 피해 등으로 경찰 조사를 받던 중이었는데, 가해자로 지목된 사람은 친구의 계부였습니다. 의붓딸과 딸 친구에게 성범죄를 저지른 혐의로 그 친구의 계부는 5월 25일 구속되었는데, 지난 주일 친구의 계부로부터 성범죄 피해를 본 뒤 극단적 선택을 한 것으로 알려진 청주 여중생의 유품을 정리하다 발견했다며 유서가 공개되었습니다.

이 여중생은 유서를 통해 "부모님이 내 곁에서 위로해 줘서 그동안 버틸 수 있었던 것 같아. 나 너무 아팠어. 솔직하게 다 털어놓았으면 좋았을 텐데, 다 털어놓으면 우리 엄마, 아빠 또 아플까 봐 미안해서 못 얘기했어요"라고 애끓는 심정을 토로했습니다. 또한 "우리 아빠 누구보다 맘이 여려 아파하실까 걱정된다. 아빠가 나 때문에 걱정 많이 하고 잠 못 드는 거 싫어. 마음 쓰지 말고 편하게 지내셔야 해, 꼭"이라고 가족을 걱정했습니다.

그러면서 "나 너무 아파 어쩔 수 없어요. 나는 그만 아프고 싶어서 혼자 이기적이어서 미안합니다. 불효녀가 되고 싶진 않았는데 미안해요. 알지?"라고 극단적 선택을 암시했습니다. 또한 "중학교 친구들이 너무 그립다. 보고 싶다. 얘들아, 너희가 너무 그리워…내 얼굴 잊지 말고 기억해 줘"라고 친구들에게도 자신의 심정을 남겼습니다. 그리고 유서의 마지막도 "우리 가족들♡ 내 빈자리가 크지 않길 바라요. 조용히 살고 싶어요. 너무 아팠어, 나…나쁜 사람은 벌 받아야 하잖아. 그날만 생각하면 손이 막 떨리고 심장이 두근대…마음이 너무 아파서 먼저 떠나겠습니다"라는 딸의 유서를 읽던 엄마는 이날 기자회견 도중에 울음을 터뜨리면서 "가해자가 재판에서도 뻔뻔하게 (범죄를) 부인하고 있다"며 "아이의 억울함을 풀어주기 위해서라도 공정한 재판을 통해 엄벌해 달라"고 촉구했습니다.

여러분, 인간의 욕심의 한계가 어디까지일까요? 어떻게 의붓딸과 그 친구에게까지 술을 마시게 하고 성범죄를 저지를 수 있습니까? 그래서 골로새서 3장 5절에 "그러므로 땅에 있는 지체를 죽이라 곧 음란과 부정과 사욕과 악한 정욕과 탐심이니 탐심은 우상 숭배니라"고 경고하였던 것입니다. 우리는 다른 방법이 없습니다.

날마다 이러한 세상의 욕심이 솟구칠 때마다 주님의 십자가를 바라보면서 "주여! 주여!" 하고 부르짖으면서 우리의 세상 욕심을 십자가 앞에 다 쏟아붓고 주님의 십자가에서 내가 죽어져야 합니다. 그래서 중세의 영성가들은 십자가 성호를 그을 때 나 자신이 죽어져야 한다는 의미로 성호를 그었다고 하지 않습니까?

지난 월요일부터 수요일에 강원도 정선에 있는 로미지안 가든에 다녀왔습니다. 로미지안 가든은 엘베스트 그룹 손진익 회장님이 10만 평의 땅에 수백 억 원을 들여서 지은 우리나라 최초의 치유의 숲입니다. 처음 갔을 때는 수백 억 돈이 있으면 죽어가는 영혼들에게 선교하고 치유하고 구제하고 봉사하는 데 쓰지 이렇게 밑 빠진 독에 물 붓듯이 수많은 돈을 쏟는다고 비판했습니다. 그런데 화요일 오전 손 회장님을 만나 로미지안 가든의 설립 배경을 듣고 안내를 받으면서 큰 감동을 받았습니다.

금년 80세인 손 회장님은 부산의 한 장로님의 가정에서 태어나 일찍이 한양공대 화공과를 졸업했습니다. 그는 공대를 졸업하고 단돈 500만 원으로 화공회사를 차려서 피눈물 나는 고생을 하면서 회사를 일으켜 세웠습니다. 그런데 부인이 천식으로 평생 동안 고생을 너무도 많이 해서 부인을 살리기 위해 국내외 공기 맑은 곳을 찾아다니다가 결국 강원도 정선까지 찾아가게 되었고, 그곳에서 천식이 다 치유를 받아서 그곳에 정착해서 지난 10년 동안 치유의 숲을 조성한 것입니다.

갖가지 치유 조형물에 설명문을 써 붙여놔서, 그날 빗속에서 치유의 숲을 안내받아 거닐면서 얼마나 은혜를 받았는지 모릅니다. 이 치유의 숲을 통해 가장 먼저 사랑하는 아내의 천식을 치유 받았을 뿐만 아니라, 영육 간에 지친 수많은 영혼들을 치유하고자 하는 치유의 비전을 가지고 그곳에서 열정을 쏟는 것을 보았습니다. 전 재산을 사회에 환원하여 영육 간에 치유의 사명을 감당하는 것을 보면서, 치유상담대학원대학교 총장 취임을 앞두고 왜 주님께서 저를 그곳으로 인도하셨는지 다시 한번 치유의 사명에 대한 큰 도전을 받고 돌아올 수 있었습니다.

우리도 얼마 남지 않은 여생 동안 세상의 욕심을 모두 다 십자가 앞에 내려놓고, 주님 주시는 믿음으로 세상의 어떠한 욕심도 모두 다 물리치고, 이 코로나19의 어려울 때일수록 주신 축복을 바치고 나누고 베풀면서 살아갈 수 있길 바랍니다(눅 12:15). 그리할 때 우리는 인생의 어떠한 실패에서도 벗어나 요한일서 2장 15-17절에서 "이 세상이나 세상에 있는 것들을 사랑하지 말라 누구든지 세상을 사랑하면 아버지의 사랑이 그 안에 있지 아니하니 이는 세상에 있는 모든 것이 육신의 정욕과 안목의 정욕과 이생의 자랑이니 다 아버지께로부터 온 것이 아니요 세상으로부터 온 것이라 이 세상도, 그 정욕도 지나가되 오직 하나님의 뜻을 행하는 자는 영원히 거하느니라" 고 약속하신 대로 그대로 이루어질 줄 확실히 믿으시기 바랍니다.

하나님의 말씀에 복종해야 함

계속해서 본문 22-23절 말씀을 다 함께 읽겠습니다.

"사무엘이 이르되 여호와께서 번제와 다른 제사를 그의 목소리를 청종하는 것을 좋아하심같이 좋아하시겠나이까 순종이 제사보다 낫고 듣는 것이 숫양의 기름보다 나으니 이는 거역하는 것은 점치는 죄와 같고 완고한 것은 사신 우상에게 절하는 죄와 같음이라 왕이 여호와의 말씀을 버렸으므로 여호와께서도 왕을 버려 왕이 되지 못하게 하셨나이다 하니."

사울 왕이 아말렉을 전멸하지 않은 날 여호와의 말씀이 사무엘 선지자에게 임하여서, 여호와께서도 사울을 왕으로 세운 것을 후회하시면서 사울 왕이 돌이켜서 여호와를 따르지 아니하며 그의 명령을 행하지 아니하였다고 한탄하십니다(10-11절).

그래서 사무엘 선지자가 사울 왕을 만나려고 그다음 날 아침 일찍이 일어났는데, 곁에서 사무엘에게 말하기를 "사울이 갈멜에 이르러 자기를 위하여 아말렉과의 전쟁의 전승 기념비까지 세우고 길갈로 내려왔다"고 했습니다. 사울 왕이 이제는 물질욕뿐만 아니라 자신의 명예욕까지 드러낸 것입니다. 사무엘 선지자가 사울 왕에게 찾아갔는데도 사울 왕은 자신의 죄과도 모르고 사무엘 선지자에게 "원하건대 당신은 여호와께 복을 받으소서 내가 여호와의 명령을 행하였나이다" 하고 큰소리를 칩니다. 그때 사무엘 선지자가 "그러면 내 귀에 들려오는 이 양의 소리와 내게 들리는 소의 소리는 어찌 됨이니이까?"(14절) 하고 반문합니다.

그러자 사울 왕이 아말렉의 양과 소를 빼앗아 온 것을 숨길 수가 없으니까 "그것은 무리가 아말렉 사람에게서 끌어온 것인데 백성이 당신의 하나님 여호와께 제사하려 하여 양들과 소들 중에서 가장 좋은 것을 남김이요 그 외의 것은 우리가 진멸하였나이다"(15절)라고 합니다.

그리고 사무엘 선지자의 계속되는 책망에, 또다시 20-21절에 "사울이 사무엘에게 이르되 나는 실로 여호와의 목소리를 청종하여 여호와께서 보내신 길로 가서 아말렉 왕 아각을 끌어 왔고 아말렉 사람들을 진멸하였으나 다만 백성이 그 마땅히 멸할 것 중에서 가장 좋은 것으로 길갈에서 당신의 하나님 여호와께 제사하려고 양과 소를 끌어왔나이다" 하고 또다시 변명까지 합니다.

백성들이 그랬다고 두 번씩이나 책임을 전가하고 "당신의 하나님 여호와"께 제사드리려고 했다면서 "당신의 하나님 여호와"라는 단어를 두 번씩이나 반복해서 사용합니다. 이미 사울 왕에게는 하나님 여호와가 더 이상 자신의 하나님 여호와가 아닌 것이니 이 얼마나 불행한 일입니까?

그러자 사무엘 선지자가 "여호와께서 번제와 다른 제사를 그의 목소리를 청종하는 것을 좋아하심같이 좋아하시겠나이까 순종이 제사보다 낫고 듣는 것이 숫양의 기름보다 나으니 이는 거역하는 것은 점치는 죄와 같고 완고한 것은 사신 우상에게 절하는 죄(우상숭배의 죄)와 같음이라"(22-23절)고 깨우쳐 줍니다.

그리고 왕이 여호와의 말씀을 버렸으므로 여호와께서 왕을 버려 더 이상 왕이 되지 못하게 하실 것이라고 다시 한번 경고합니다. 사울 왕은 세상의 욕심에 눈이 어두워 하나님의 말씀까지 버림으로 인해서 결국 하나님께서 그를 버리시는 더 큰 실패의 불행으로 치닫고 만 것입니다.

우리 인생도 아무리 실패해도 실패의 원인을 세상적인 행운이나 자신의 능력이나 주위의 환경을 탓하지 말고, 주님 앞에 엎드려서 하나님의 말씀대로 살지 못했던 것을 통회 자복하고 그 말씀대로 기쁨으로 순종해야 합니다. 억지로라도 복종하면 거기서부터 우리 인생의 문제가 풀리고, 앞길이 열리고, 하나님의 복이 임하게 되는 것입니다.

지난 금요밤치유집회에서 한 부목사님이 너무도 은혜로운 간증을 들려주셨습니다. 1년 8개월에 걸쳐 오랜 시간 동안 코로나19가 계속되어서 한 젊은 집사님이 여러 유튜브 설교들을 듣다 보니까, 유명하다는 목사님들의 말씀이 우리와 달라서 교회 신앙생활에 혼란과 회의가 생겼다고 합니다. 그래서 친구 집사에게 이 고민을 털어놓았더니 한마디로 처방해 주는데 "성경 봐!" 그러더랍니다. 그래서 유튜브 설교를 끊고 성경을 읽는 가운데 신앙생활의 모든 혼란과 회의가 다 풀려서 지금은 새벽기도까지 나온다는 것입니다.

여러분, 우리 인생의 모든 해답은 성경에 다 나와 있습니다. 그래서 미국 댈러스 웨슬리연합감리교회 이진희 목사님이 쓴 《율법? 그건 알아서 뭐해?》란 책 가운데 이런 내용이 나옵니다. 성경을 보면 구약의 율법이 크게 613가지가 있는데, 중세시대 유대의 유명한 랍비인 마이모니데스(Maimonides)가 연구한 바에 따르면, 유대인들이 우리의 몸의 지체 수를 248가지라고 하듯이, 248가지 온몸의 지체로 '하라'는 긍정적인 의미 율법 248가지가 있고, 1년 365일 이것만은 '하지 말라'는 부정적인 의미의 율법 365가지가 있습니다.

이 613가지 율법을 요약한 것이 십계명이고, 이 십계명을 요약 정리하신 말씀이 예수님께서 마태복음 22장 37-40절에서 "예수께서 이르시되 네 마음을 다하고 목숨을 다하고 뜻을 다하여 주 너의 하나님을 사랑하라 하셨으니 이것이 크고 첫째 되는 계명이요 둘째도 그와 같으니 네 이웃을 네 자신같이 사랑하라 하셨으니 이 두 계명이 온 율법과 선지자의 강령이니라"고 하신 하나님 사랑과 이웃 사랑인 것입니다. 이 두 가지 말씀만 행해도 우리는 온 율법을 행할 수 있는데, 사실 이 두 말씀 앞에 다 무너지고 맙니다.

그래서 먼저 우리가 하나님을 사랑하면 이웃 사랑은 자연스럽게 되고, 우리가 이처럼 하나님의 말씀대로 살아가면 축복장인 신명기 28장 1-2절에서 "네가 네 하나님 여호와의 말씀을 삼가 듣고 내가 오늘 네게 명령하는 그의 모든 명령을 지켜 행하면 네 하나님 여호와께서 너를 세계 모든 민족 위에 뛰어나게 하실 것이라 네가 네 하나님 여호와의 말씀을 청종하면 이 모든 복이 네게 임하며 네게 이르리니"라고 분명히 약속하시지 않습니까?

지난주 월요일 강원도 정선에 갔다가 첫째 날 점심에 식사를 하러 정선군 내에 가게 되었는데, 부침개와 막국수로 유명하여 맛집이라고 소개된 '회동집'이라는 식당을 가 보았습니다. 주위 식당들은 텅텅 비어 있는데, 점심시간이 되기도 전부터 사람들이 '회동집' 앞에서 순서를 기다리고 있었습니다. 그 비결이 무엇인가 살펴보니까 실내에 울려 퍼지는 피아노 반주곡이 찬송가 382장 '너 근심 걱정 말아라'라는 찬송이었습니다. 그래서 '아, 이 식당이 이렇게 찬송까지 틀어놓을 정도로 믿음으로 사니까 이 복을 받는구나!' 하고 느꼈습니다.

그리고 둘째 날 저녁에 또다시 식사를 하러 정선군 먹자골목에 이르게 되었는데, 가려고 했던 유명 맛집인 정선황기막국수집이 문이 닫혀 있었습니다. 그래서 그 옆집인 '산골집'에 들어가게 되었는데, 식당 안의 선반에 조그마한 십자가가 세워져 있고 정선교회 달력이 있어서 물어보았더니 주인 아주머니가 정선교회 권사님이시라는 것입니다. 얼마나 반갑던지 식사 후 축복기도까지 해주고 계산하고 나오는데, 우리가 처음 가려고 했던 식당 문이 열려 있어서 깜짝 놀랐습니다.

하나님께서 그 권사님 댁에 가서 사 먹도록 그 유명식당의 문을 잠시 닫아놓으셨던 것입니다. 여러분도 정선에 가실 기회가 있으면 꼭 회동집과 산골집에 다녀오십시오. 치유하는교회 목사가 소개해서 왔다고 하면 더 잘해 주실 것입니다.

그러므로 우리가 지난날 어떠한 인생의 실패가 있었다고 할지라도 다시 하나님의 말씀으로 돌아가서 하나님의 말씀이 내 마음에 안 내켜도 철저히 복종하며 살아갈 때, 말씀장인 시편 119편 165절의 "주의 법을 사랑하는 자에게는 큰 평안이 있으니 그들에게 장애물이 없으리이다"는 말씀처럼 틀림없이 하나님의 복을 새롭게 회복하게 될 줄 확실히 믿습니다.

사람을 두려워해선 안 됨

마지막으로, 본문 24절 말씀을 다 함께 읽겠습니다.

> "사울이 사무엘에게 이르되 내가 범죄하였나이다 내가 여호와의 명령과 당신의 말씀을 어긴 것은 내가 백성을 두려워하여 그들의 말을 청종하였음이니이다."

하나님께서 사울 왕을 버리셨다는 사무엘 선지자의 말에 사울 왕이 자신의 죄악을 인정하고 자백하는데, 그가 여호와의 명령과 사무엘의 말씀을 어긴 것은 백성을 두려워하여 그들의 말에 굴복했다(gave in them)는 것입니다. 그러면서 "청하오니 지금 내 죄를 사하고 나와 함께 돌아가서 나로 하여금 여호와께 경배하게 하소서"(25절) 하고 사정을 합니다. 그러나 사무엘 선지자는 그의 입술만의 회개를 받아들이지 않고 "사무엘이 사울에게 이르되 나는 왕과 함께 돌아가지 아니하리니 이는 왕이 여호와의 말씀을 버렸으므로 여호와께서 왕을 버려 이스라엘 왕이 되지 못하게 하셨음이니이다"(26절) 하고 마지막 경고를 합니다.

그리고 사무엘 선지자가 떠나가려고 몸을 돌이킬 때 사울 왕은 그를 붙잡기 위해 겉옷자락을 세게 붙잡아 그 옷이 찢어졌습니다. 사울 왕은 그의 고백대로 하나님보다 사람을 두려워해서 결국 하나님의 말씀에 복종하지 못했고, 결과적으로 이후 왕위에서만 물러나게 된 것이 아니라 결국 블레셋과의 길보아 전투에서 세 아들과 함께 엎드러져 죽는 비극적 종말을 맞이하고 맙니다.

우리 인생도 마찬가지입니다. 언제 어떻게 죽을지도 모르는데 하나님을 두려워하기보다도 사람을 두려워해서 인본주의, 세속주의, 자유주의 신앙을 영적으로 분별하지 못하고 계속해서 그들에게 끌려다니는 교인들이 얼마나 많습니까? 그러니 주의 종들이나 영적인 교인들이나 누가 그들의 신앙을 인정해 줄 수 있겠습니까? 그가 살아있을 때도 좋아하지 않지만 심지어 세상을 떠나도 아무도 슬퍼하지 않고 모두에게 외면당하고 맙니다.

그래서 마태복음 10장 28절에 "몸은 죽여도 영혼은 능히 죽이지 못하는 자들을 두려워하지 말고 오직 몸과 영혼을 능히 지옥에 멸하실 수 있는 이를 두려워하라"고 강조하셨던 것입니다. 여러분, 인간은 한때 우리를 괴롭힐 수 있고 힘들게 할 수 있지만 영원히 죽이지는 못합니다. 그러나 하나님께서는 우리의 육신과 영혼을 영원히 지옥에 멸하시니 얼마나 두려운 일입니까?

지금 코로나19로 인해 온 세상이 두려움과 고통 가운데 있는데,

전전주 8월 14일에 아이티에 진도 7.2 강진이 일어나서 2,000명 이상의 사망자를 낳았고 전국을 초토화시켜버렸습니다. 우리나라도 지난 월요일 북상한 태풍 오마이스로 인해서 전국이 물 폭탄을 맞고 얼마나 큰 수해를 입었습니까? 이처럼 아무리 우리가 애쓰고 수고하여 모아놓고 쌓아놓아도 살아 계신 하나님께서 한번 뒤흔드시고 뒤엎으시면 우리의 인생은 다 무너지고 흩어지고 맙니다. 그러므로 우리의 남은 여생 하나님만 두려워하며 살아야 하는 것입니다.

지난 수요일에 드렸던 치유상담대학원대학교 총장 이·취임예배에 저에게 치유목회를 가르쳐주시고 본을 보여주셨던 증경총회장이신 노량진교회 림인식 원로목사님이 오셔서 말씀을 전하셨습니다.

그런데 그동안 우리 치유하는교회에 부흥성회와 헌당예배 등 여러 차례 오셔서 말씀을 전하시면서도 6년 동안 노량진교회에서 목회훈련을 받았던 부족한 종에 대해서 한마디 언급도 안 하셨습니다. 그래서 우리 교우들 가운데에는 제가 림 목사님께 인정받지 못해서 그런 것이 아닌가 하고 생각하시는 분들도 있었을 것입니다. 그런데 지난 37년 동안 모시고 지내오면서 언젠가 림 목사님께 여쭤보았더니 "장로교의 창시자 장 칼뱅(John Calvin)은 설교에서 인간을 칭찬한 적이 없으셨다"라고 하셨습니다. 그런데 이번 총장 이·취임예배에 오셔서 지난 37년 만에 정태기 총장님과 저에 대해서 4번씩이나 칭찬하시는 말씀을 들었습니다. 그것이 림 목사님이 하늘나라로 가시기 전에 부족한 종을 위해 해주시는 처음이자 마지막 격려의 말씀으로 들렸는데, 또 돌아가셔서 문자메시지를 보내오셨습니다.

김 목사, 축하드리고 열심히 하는 것을 보며 흐뭇한 감동을 받았고, 목회도 열심히 하는 것을 보며 기쁘게 생각해요. 이 나이에 김 목사 하는 일에 가서 도와줄 수 있다는 점! 김 목사가 고마워하는 것을 보며 모두 하나님의 크신 은혜라고 감사하는 마음이 들며, 어제와 오늘을 돌아보아 금석지감이 가득하여 고마움뿐이네요.

림 목사님께서 가르쳐주신 대로 제자 목자가 열심히 하는 것을 보시고 대견한 마음이 드셨던 모양입니다.

이처럼 부족한 종이 림 목사님에게서 목회를 배운 후부터 지금까지 목회를 해오면서 늘 가슴에 새기는 말씀이 갈라디아서 1장 10절에 나오는 바울 사도의 고백입니다.

"이제 내가 사람들에게 좋게 하랴 하나님께 좋게 하랴 사람들에게 기쁨을 구하랴 내가 지금까지 사람들의 기쁨을 구하였다면 그리스도의 종이 아니니라."

바울 사도가 선교를 하고 목회를 하는 데 주위의 핍박과 갈등이 얼마나 많았겠습니까? 그러나 바울 사도는 그리스도의 복음이라는 중심을 잡고 하나님께 좋게 하고 하나님의 기쁨이 되기를 구하면서 그리스도의 종의 사명을 평생토록 충성스럽게 감당해 나갔습니다. 그래서 그는 주후 64년경 로마 네로 황제의 박해 때에 로마 오스티안 거리에서 목 베임의 순교를 당하고 그대로 사라지는 것 같았지만, 그가 순교하였던 현장에서 잘린 머리가 튀면서 그곳에서 기적적으로 생수가 솟아나서 분수교회(Tre Pontane)가 세워지고, 그가 전한 그리스도의 복음은 우리에게까지 전해졌습니다. 그리고 기독교 역사상 가장 위대한 사도요, 선교사요, 목회자요, 순교자로 우리의 가슴속에 영원히 기억되고 있습니다. 이렇듯 그는 주님 안에서 실패와 같은 성공의 삶을 살았던 것입니다.

말세 마지막 때 우리도 지난날의 실패의 원인이 사람들의 인정이나 받고 사람들을 의식하고 사람들을 두려워하는 데 있었음을 이제라도 가슴속 깊이 깨닫고, 주님과 지난날의 순교자들의 신앙을 따라 "죽으면 죽으리라"는 신앙으로 더 이상 사람을 두려워하지 않고 하나님만 두려워하며 살아가야 합니다. 그리할 때 어떠한 실패 속에서도 새롭게 일어서서 주님 안에서 진정한 성공의 축복과 행복의 감격 속에 일생토록 살아 계신 하나님께 영광 돌리며 살아가게 될 줄 분명히 믿으시기 바랍니다.

지난 목요일 아프가니스탄에서 우리나라를 도운 390명의 아프가니스탄 사람들이 미라클 작전에 의해 우리나라에 입국했습니다. 이에 대해서 교계 내의 보수와 진보의 견해차가 극명해서 보수진영에서는 이슬람 세력이 한꺼번에 저렇게 몰려오는데 내버려두면 이 땅위에 이슬람 세력들이 점점 늘어서 이 땅이 어떻게 되겠느냐고 했습니다. 여러 교인들이 문의를 해오기에 제가 이렇게 대답했습니다.

"우리가 6.25 전쟁으로 그 어려웠을 때 미군들이 북한에서 수십만 명을 배에 태워 내려올 때 '당신은 기독교 신자요? 불교 신자요? 유교 신자요?' 하고 물은 적이 있었던가요? 주님의 사랑으로 온 천하보다 귀한 생명을 구원해냈을 때, 자유 대한민국에 와서 주님의 은혜에 감사하며 예수님을 믿은 사람들이 얼마나 많았나요? 이번에 우리나라에 온 아프가니스탄 사람들은 다 우리나라를 위해서 일했는데

요, 탈레반이나 엊그제 자살폭탄테러로 170여 명을 희생시키고 부상자만 해도 1,300여 명에 이르게 한 IS(이슬람국가) 세력에 의해 결국 처형되고 마는 위험 속에서 구해내는 것은 당연합니다. 그리고 이번에 온 사람들 중에 절반이 10살 이하의 어린아이들이라는데, 그들을 살려내면 우리가 그만큼 그들을 구원하고 치유하여 주님의 제자로 삼을 수 있지 않겠느냐?"고 했습니다.

인도주의 관점에서도 "어려울 때의 친구가 참된 친구이다"(A friend in need is a friend indeed)라는 말을 잊어서도 안 되지만, 더욱이 우리를 도왔던 이웃이 죽음의 위기에 빠졌을 때 우리가 그들의 선한 사마리아인이 되어야 하지 않겠습니까? 놀라운 것은 아프가니스탄 난민들을 맞이해 준 진천군의 농산물 쇼핑몰에는 전국에서 돈쭐을 내겠다며 평소보다 3배의 주문이 폭주했다고 합니다.

지난 주간 한 성도님이 보내주신 참으로 감동적인 동영상을 보게 되었습니다. 영국의 한 TV 프로그램 방청석에 앉아 있던 할아버지가 옆에 앉아 있던 여인을 보자 눈물을 훔쳤습니다. 그리고는 갑자기 기립하는 방청객들의 모습을 보고 믿을 수 없다는 표정을 짓는 이 할아버지 니컬러스 윈턴(Nicholas Winton)에게는 다음과 같은 감동적인 사연이 있었습니다.

1938년 제1차 세계대전 종전 이후 나치독일은 유태인들에 대한 탄압을 계속하였고 이로 인해 많은 유태인들은 난민이 되었고, 유럽 곳곳에 난민 캠프들이 생겨났습니다. 나치는 수많은 유태인을 난민 캠프에 가두어서 요즘 아프가니스탄을 방불케 하는 전쟁터에서 그들은 끔찍한 삶을 살고 있었고 모두가 이곳을 빠져나오길 갈망했는데, 특히 어린아이들은 보호받지 못하고 방치되어 있었습니다. 니컬러스 윈턴은 당시 29세로 영국에서 증권중개인을 하고 있었는데, 어느 날 체코슬로바키아 난민 캠프에서 일하던 지인에게 한 통의 연락을 받게 되었고, 연락을 받은 니컬러스 윈턴은 난민들을 돕기 위해 곧장 프라하로 날아갔습니다.

그곳에 도착해 마주한 난민들은 나치의 탄압으로 인해 비참한 삶을 보내고 있었는데, 윈턴은 특히 부모와 헤어져 홀로 지내고 있는 아이들을 보자 마음이 너무도 아팠고 이들을 이 지옥 같은 곳에서 구해야겠다는 마음뿐이었습니다.

영국으로 다시 돌아간 윈턴은 정부의 허가를 얻어 '체코 킨더트랜스포트'라는 기관을 조직하였고, 아이들을 구출하는 데 필요한 자금을 후원받기 위해 발로 뛰었습니다. 또한 아이들이 영국으로 왔을 때 새로운 가족을 맞이할 수 있게 준비해 두었습니다. 아이들을 구출하는 일은 극도로 위험한 일이었지만, 나치의 계속되는 위협에도 불구하고 모자란 돈은 본인이 부담하며 아이들을 데려올 기차편을 마련했습니다.

1939년 3월, 처음 아이들을 프라하에서 영국으로 이송하는 날 아이들의 행복과 더 나은 미래를 위해 그들을 보내야만 했던 부모들은 아이들에게 "곧 보자!"라는 마지막 말을 남긴 채 헤어졌습니다. 기차역에는 아이들과 부모들의 통곡소리로 가득 찼고, 20명의 아이들을 태운 기차는 프라하를 떠났습니다.

윈턴은 총 7번의 기차를 운행해서 669명의 아이들을 영국으로 데리고 와 영국의 가정으로 입양 보냈고, 윈턴의 계획은 성공적이었습니다. 하지만 갑자기 터진 제2차 세계대전으로 인해 250명의 아이들을 태운 8번째 기차가 멈추게 되고 안타깝게도 이 아이들은 다시는 볼 수 없었는데, 윈턴은 이에 좌절하고 죄책감을 느껴 전쟁에 공군으로 참전하여 세상에서 모습을 감추었습니다.

시간이 흘러 50년 후 윈턴의 아내는 다락방에서 우연히 한 스크랩북을 발견했는데, 여기에는 윈턴이 목숨을 구했던 아이들의 사진과 모든 정보들이 기록되어 있었습니다. 윈턴은 별거 아니라며 대수롭지 않아 했지만, 아내는 이 사실을 세상에 알리고 싶어서 자료를 토대로 독특한 이름을 가진 아이들에게 먼저 연락을 취했는데, 연락을 받은 그들은 누구로부터 구해졌는지 전혀 알고 있지 못했습니다.

그 후 이 자료들은 기사화되어 영국 BBC의 'That's Life'라는 TV쇼에서 그를 위한 서프라이즈 선물을 준비하게 됩니다. "여기에는 베라라는 이름이 적혀 있어요. 우리는 그녀의 이름을 그의 리스트에서 찾았어요. 오늘 매우 특별한 밤이 될 것 같은네요. 안녕하세요. 베라 씨! 그리고 당신은 사실 니컬러스 윈턴 씨 옆에 앉아 있어요." 자신이 구해준 소녀를 50여 년 만에 마주한 이 사실을 전혀 몰랐던 윈턴은 눈물을 훔쳤습니다.

"저는 그때 당시 이것을 목에 걸고 있었어요"라고 말한 옆에 앉아 있던 또 다른 여인 또한 니컬라스 윈턴이 생명을 구했던 소녀 중 한 명이었던 것입니다. 그리고 "혹시 이곳에 니컬러스 윈턴 씨에 의해 생명이 구해진 분들이 계시다면 일어나주실 수 있나요?"라는 말에 방송 내내 태연하게 앉아 있어서 방청객인 줄만 알았던 이들은 모두 50여 년 전 윈턴이 그의 손으로 구해낸 아이들이었습니다. 그가 구한 아이들은 이렇게 나이가 들어 노년이 되었고, 그가 구한 669명이었던 아이들은 가족을 이루어 6,000명이나 되었습니다.

이후 생존자들은 미래 세대를 위해 그들의 증언을 기록할 수 있도록 영국에 '홀로코스트 기념 재단'을 만들었습니다. 그리고 영국과 체코에 그를 기념하는 동상이 세워졌고, 2003년 인류에 대한 봉사로 영국에서 기사 작위를 받았고, 2014년에는 체코공화국 최고 영예인 흰 사자 훈장을 받았습니다.

그는 2015년 106세의 일기로 잠을 자다가 평화롭게 세상을 떠났는데, 그의 이야기는 믿을 수 없는 변화를 가져오는 이기적이지 않은 행동의 힘을 보여주는 좋은 본보기가 되었습니다. 니컬러스 윈턴은 "잘못을 하지 않는 것만으로 만족하지 말고, 매일매일 어떤 선행을 행하도록 준비하라"는 말을 남겼는데, 그의 작은 선행이 수많은 인생들을 살려내고 변화시킬 수 있었습니다.

영국의 한 증권회사 직원이었던 니컬러스 윈턴은 세상에서는 내세울 것 없이 이름도 없이 빛도 없이 한평생을 살다 간 시골 할아버지와 같았습니다. 그러나 그는 세상 욕심에 빠지지 않고 물질을 아까워하지 않고 이웃을 사랑하라는 하나님의 말씀에 복종하면서 불쌍한 어린아이들을 외면하지 않고, 나치 정권의 위협에도 사람들을 결코 두려워하지 않고 하나님만 두려워하며 살아감으로써 실패 같은 성공의 감동적인 생애를 살았습니다. 뿐만 아니라 지금까지도 온 세계 사람들에게 주님의 사랑의 큰 감동을 끼치고 있습니다.

사랑하는 성도 여러분, 한 번 왔다가 언젠가는 떠나가는 인생, 우리는 언제 떠나갈지 모르며 살아갈 날이 점점 짧아지고 있습니다. 실패의 불행과 고통을 벗어나서 세상에서는 실패 같지만 주님 안에서는 성공의 복된 삶을 살기 위해서 남은 여생을 어떻게 살아가야 하겠습니까?

다 함께 결단의 찬송으로 '주님 마음 내게 주소서'를 부르며 믿음으로 결단하도록 하겠습니다.

보소서 주님 나의 마음을
선한 것 하나 없습니다
그러나 내 모든 것 주께 드립니다
사랑으로 안으시고 날 새롭게 하소서(×2)
주님 마음 내게 주소서 내 아버지
주님 마음 내게 주소서
나를 향하신 주님의 뜻이 이루어지도록
주님 마음 내게 주소서
내게 사랑을 가르치소서
당신의 마음으로 용서하게 하소서
주의 성령 내게 채우사 주의 길 가게 하소서
주님 당신 마음 주소서(×2)
주님 마음 내게 주소서 내 아버지
주님 마음 내게 주소서
나를 향하신 주님의 뜻이 이루어지도록
주님 마음 내게 주소서(×2)

복의 근원 되시는 하나님 아버지, 지난날 우리의 삶 가운데 실패의 불행과 고통이 얼마나 많았습니까? 이제 남은 여생은 더 이상 세상의 욕심에 빠지지 말게 하여 주시옵소서! 복의 근원 되시는 하나님의 말씀에 복종하게 하여 주시옵소서! 사람을 두려워하지 않고 하나님만 두려워하게 하여 주시옵소서! 그리함으로 진정으로 주님 안에서 실패 같은 성공의 복된 삶을 살게 하여 주시옵소서. 예수님의 이름으로 간절히 축복하며 기도하옵나이다. 아멘!

하나님의 마음에 맞는 사람

사무엘상 16:1-13

창세 이래 하나님 나라의 역사에 있어서 항상 변함이 없었던 한 가지 원칙은 하나님께서 그의 마음에 맞는 사람을 부르시고 세우시고 귀하게 쓰셨다는 사실입니다. 이스라엘의 초대 왕인 사울이 하나님의 말씀을 버림으로 하나님께서도 그를 버리시고 사무엘 선지자에게 베들레헴 사람 이새에게로 가라고 하십니다. 그리고 하나님께서는 이새의 아들 중에서 한 왕을 보았다고 하시면서 본문 7절에 "그의 용모와 키를 보지 말라 내가 이미 그(이새의 큰아들 엘리압)를 버렸노라 내가 보는 것은 사람과 같지 아니하니 사람은 외모를 보거니와 나 여호와는 중심을 보느니라"고 말씀하십니다.

한 여자 청년이 무더운 여름에 배꼽티를 입고 교회에 오자 그걸 본 목사님이 "아무리 날씨가 덥다고 교회에 오면서 배꼽이 다 드러나는 옷을 입고 올 수 있느냐"고 야단을 쳤습니다. 그랬더니 그 여자 청년이 오히려 반문을 하더랍니다. "하나님은 중심을 보신다고 했잖아요?" 그 중심이 그 중심입니까?

이새의 일곱 아들을 다 보았지만 여호와께서는 이들을 택하지 아니하시고, 식사 자리에는 없었지만 양을 치고 있던 막내아들 다윗을 데려오니까 여호와께서 "이가 그니 일어나 기름을 부으라"고 명령하십니다. 그때 사무엘 선지자가 기름 뿔병을 가져다가 다윗에게 부었는데, 이날 이후 다윗이 여호와의 성령님으로 크게 감동을 받아 나아가게 됩니다.

이는 사무엘상 13장 14절에서 사무엘 선지자가 예언하였듯이, 사도행전 13장 22절에서도 바울 사도의 전도 가운데 "다윗을 왕으로 세우시고 증언하여 이르시되 내가 이새의 아들 다윗을 만나니 내 마음에 맞는 사람이라 내 뜻을 다 이루리라"고 증언하십니다. 여기 "내(하나님) 마음에 맞는"이란 단어는 헬라어로 'κατά'(카타)라고 해서 '(하나님의 마음을) 좇는, 따르는'이란 뜻입니다.

그렇다면 다윗의 어떠한 점이 하나님의 마음에 들어서 "하나님의 마음에 맞는 사람"(a man after my own heart)이라고 하셨을까요? 이 말씀을 계속해서 묵상하는 가운데 열왕기상 3장 6절에서 그 해답을 찾을 수 있었습니다.

> "솔로몬이 이르되 주의 종 내 아버지 다윗이 성실과 공의와 정직한 마음으로 주와 함께 주 앞에서 행하므로 주께서 그에게 큰 은혜를 베푸셨고 주께서 또 그를 위하여 이 큰 은혜를 항상 주사 오늘과 같이 그의 자리에 앉을 아들을 그에게 주셨나이다."

솔로몬 왕이 아버지 다윗의 뒤를 이어 이스라엘의 3대 왕이 된 후에 하나님께 일천번제를 드리며 하나님께 간구하면서 하나님 앞에서 아버지의 일생을 회고하며 고백하는 말씀이 있습니다. 아버지 다윗이 하나님의 마음에 맞는 사람이었기 때문에 그에게 큰 은혜를 베푸셨고, 아들인 솔로몬에게까지 큰 은혜를 부어주셨다는 것입니다. '사랑받는 자'라는 이름의 뜻의 다윗이 어떻게 '하나님의 마음에 맞는 사람'이었는지, 우리는 어떻게 '하나님 마음에 맞는 사람'이 될 수 있는지, 이 시간도 들려주시는 하나님의 음성을 다 함께 들을 수 있길 바랍니다.

성실의 사람이어야 함

먼저 열왕기상 3장 6절 상반절 말씀을 다 함께 읽겠습니다.

"솔로몬이 이르되 주의 종 내 아버지 다윗이 성실과…."

여기 '성실'이란 단어는 히브리어로 'אֱמֶת'(에메트)라고 하고, 영어로는 'faithfulness'라고 해서 '충성'하였다는 것입니다. 흔히들 '충성'이라고 하면 우리가 일을 완벽하게 하는 것을 의미하는 것으로 착각하는데, 이는 결코 그러한 의미가 아닙니다. 왜냐하면 우리 인간 자체가 완벽할 수 없기 때문입니다. 어떠한 인간이든지 다 능력의 한계가 있고, 그 한계는 머지않아 우리의 죽음을 통해 다 드러납니다. 그래서 여기 나오는 '충성'이란 단어는 우리가 할 수 있는 열과 성을 다해 최선을 다한다는 의미입니다. 더욱이 우리가 하나님께서 부탁하신 일에 자신의 이익이나 감정이나 편리를 위해서 어영부영해서는 안 된다는 것입니다. 우리가 충성만 다하면 그 나머지 모든 결과는 하나님께서 다 포상해 주십니다.

이처럼 다윗이 자신에게 맡겨진 바를 최선을 다해 충성한 성실의 사람이었던 것이 하나님의 마음에 맞은 것입니다. 우리는 사무엘상 17장 34-35절에서 그것을 확인할 수 있습니다.

"다윗이 사울에게 말하되 주의 종이 아버지의 양을 지킬 때에 사자나 곰이 와서 양 떼에서 새끼를 물어 가면 내가 따라가서 그것을 치고 그 입에서 새끼를 건져내었고 그것이 일어나 나를 해하고자 하면 내가 그 수염을 잡고 그것을 쳐 죽였나이다."

다윗은 이때 20세쯤 되었고, 아버지의 양을 지키고 있었습니다. 보통 사람 같으면 사자나 곰이 와서 양의 새끼를 물어 가면 자신의 목숨을 잃을까 두려워서 숨든지 도망갔을 텐데, 그 젊은 나이에 겁도 없이 사자나 곰을 좇아가서 그것들과 목숨 걸고 싸워서 그것들의 입에서 새끼를 끌어냈습니다. 사자나 곰이 달려들면 그것들의 수염을 잡고 쳐서 죽여서 물리친 것입니다. 이렇게 아버지가 자신에게 맡겨주신 양 떼들을 지키느라고 목숨을 걸고 충성을 다하니까, 하나님께서는 이 작은 일에 충성을 다한 다윗에게 많은 것을 맡기셔서 온 이스라엘을 맡아 섬기는 왕으로 세워주셨습니다.

마태복음 25장 21, 23절에 다섯 달란트와 두 달란트를 맡아 다섯 달란트와 두 달란트를 남긴 종들에게 두 번씩이나 강조해서 뭐라고 칭찬하십니까? "잘하였도다 착하고 충성된 종아 네가 적은 일에 충성하였으매 내가 많은 것을 네게 맡기리니 네 주인의 즐거움에 참여할지어다" 하고 분명히 약속하시지 않습니까? 사실 이 말씀이 진리입니다.

부족한 종이 세계적인 규모와 교육 수준을 갖춘 상담전문대학원인 치유상담대학원대학교의 정태기 명예총장님의 뒤를 이어 신임총장이 되었습니다. 그런데 총장이 되고 싶다고 해서 돈 쓰고 힘을 쓰고 백을 쓴다고 해서 될 일입니까? 더구나 정 총장님은 사재를 다 쏟아부으셨고, 16명의 전임교수가 있고, 저는 파트타임 초빙교수에 불과한데 총장이 되는 것은 상상도 안 했을 뿐만 아니라 꿈도 못 꿀 일이었습니다.

솔직히 말해서 제가 뭐가 내세울 게 있습니까? 하나님께서 세우지 않으시면 무엇을 원해도 우리 마음대로 안 됩니다. 저는 총장이 되면서 왜 하나님께서 나를 총장으로까지 세우셨을까 기도해 보았는데, 기도 중에 찾은 단 한 가지 이유는 지난 24년간 한 학기도 쉬지 않고 열심히 강의를 하면서 맡겨진 사명에 충성을 다한 것밖에 없었습니다. 그래서 분명히 체험한 사실은 착하고 충성된 목사, 장로, 권사, 집사, 성도들에게 틀림없이 살아 계신 하나님께서 복으로 갚아주시고 귀하게 쓰신다는 것입니다.

지난 주간 도쿄에서 있었던 장애인들을 위한 패럴림픽에서 올림픽 역사상 최초로 우리나라 남자 탁구선수들이 금, 은, 동메달을 다 차지해서 태극기가 시상대에 한꺼번에 세 번이나 올라간 것은 처음 있는 일로 참으로 영광스럽고 감격스러운 일이었습니다.

금메달을 딴 주영대 선수는 경상대 체육교육과에 입학했던 1994년 여름, 교통사고로 장애 1등급을 받고 절망에 빠졌습니다. 여러분, 우리가 겪어보지 못했지만 뜻하지 않게 장애를 입고 일생을 살아간다는 것이 얼마나 앞이 캄캄하고 가슴 아프고 눈물 나는 일이겠습니까? 이후 4년간 집 밖에 나오기가 힘들었다고 합니다.

하지만 컴퓨터 웹디자이너로 새로운 삶을 내디뎠고, 교통사고가

난 지 14년 만인 2008년 재활운동으로 탁구를 시작했습니다. 그리고 2014년 인천장애인 아시안게임에서 태극마크를 달았고, 경남장애인탁구협회 사무국장 등 장애인 스포츠 행정가로 봉사하다가 2016년 리우 패럴림픽 때 은메달을 땄습니다.

또한 48세의 고령임에도 불구하고 결코 좌절하지 않고 지난 5년 동안에도 끝까지 참고 기다리면서 충실하게 각고의 훈련을 잘 견뎌냄으로써, 탁구 최강국인 중국의 아성을 무너뜨리고 이번 도쿄 패럴림픽에서 금메달을 따내게 된 것입니다. 전 세계적으로 탁구를 잘 치는 사람들이 얼마나 많습니까? 그러나 끝까지 포기하지 않고 결국에 금메달을 따냈습니다.

그러므로 우리도 어떠한 좌절 속에서도 절망하지 않고 아프리카의 성자 알베르트 슈바이처(Albert Schweitzer) 선교사님의 좌우명처럼 끝까지 한 우물을 파면서 기다리면 언젠가는 목표한 바를 이뤄낼 수 있습니다. 그러므로 우리도 다른 길이 없습니다. 우리의 교회에서나 가정에서나 직장에서나 맡겨주신 일에 하나님께서 지켜보신다는 믿음을 가지고 주님의 이 땅의 복과 하늘의 상을 바라보면서 충성을 다해야 합니다. 그리할 때 이러한 하나님의 마음에 합한 성실한 사람들을 귀하게 쓰시고, 복되게 하시고, 큰 영광을 받으실 줄 확실히 믿으시기 바랍니다.

공의의 사람이어야 함

계속해서 열왕기상 3장 6절 중반절 말씀을 다 함께 읽겠습니다.

"…공의와…."

여기 나오는 '공의'는 히브리어로 'צְדָקָה'(체다카)이고, 영어로는 'righteousness'라고 해서 인간의 의를 내세우는 'justice'(정의)와는 다릅니다. 하나님의 의로 인정받는 'righteousness'(공의)입니다. 왜 하나님 마음에 맞는 사람으로 인간의 정의를 말씀하시지 않고 하나님의 공의를 말씀하셨을까요? 하나님 앞에서 의롭다 할 인간이 이 땅에 존재하지 않기 때문입니다. 하나님 앞에서 의롭다 할 인간이 어디 있습니까?

사람의 정의로는 가릴 수 있을지 모르지만 의로우신 하나님 앞에서는 어느 누구도 죄인 됨을 부인할 수 없습니다. 그런데도 바로 이러한 인간의 정의에 빠진 사람들은 예수님께서 "화 있을진저 외식하는 서기관들과 바리새인들이여" 하고 마태복음 23장에서 일곱 번이나 그토록 진노하셨던 '자기 의'를 내세우는 사람들입니다. 그래서 자기가 좀 의로운 일을 하면 그걸 인정받길 원하고, 내세우길 원하고, 높임 받길 원합니다.

그리고 다른 사람이 조금이라도 잘못을 저지르면 자신이 주님으로부터 어떻게 용서를 받았는지를 다 잊어버리고 '복수할 수 있는 때는 이때다'라고 생각하며 사과하라고 윽박지르면서 남을 짓밟습니다. 이러한 사람들이 바로 아무도 인정하지 않는 자기 의에 빠진 사람들입니다. 그러나 주님의 십자가의 용서의 사랑을 체험한 사람들은 절대 그렇게 못합니다.

그러므로 이러한 때 꼭 우리가 기억해야 할 주님의 음성이 있습니다. 간음 중에 잡힌 여인을 끌고 왔을 때도 보면 왜 여자만 끌고 옵니까? 간음을 여자 혼자 합니까? 그 간음한 남자는 죄가 없습니까? 예수님께서는 "너희 중에 죄 없는 자가 먼저 돌로 치라"(요 8:7)고 말씀하십니다. 우리는 아무도 의인이 없고 다 죄인입니다. 그래서 평생 죄를 많이 지은 어른들로부터 시작해서 젊은이들까지 다 떠나가고 "오직 예수와 그 가운데 섰는 여자만 남았더라"(요 8:9)고 기록하지 않습니까? 바로 이 순간이 감동입니다.

우리는 지금까지 살아오면서 온갖 죄악을 저질렀는데 주님께서는 "나도 너를 정죄하지 아니하노니 가서 다시는 죄를 범하지 말라"(요 8:11)고 용서해주신 것입니다. 이것이 바로 주님으로부터 의롭다 함을 받는 공의입니다. 이 공의를 체험한 사람은 사람을 의식하지 않고 주님만 바라보고, 주님의 십자가 사랑과 은혜에 감사하고 감격하면서 오히려 주님의 위로를 받고 새 힘을 얻어서 어떠한 원수라도 다 용서하지만, 끝까지 불의한 자들에 대해서는 강하고 담대한 믿음으로 나아가는 것입니다.

공의로운 다윗의 이 강하고 담대한 모습을 사무엘상 17장 45절에서 찾아볼 수 있습니다.

> "다윗이 블레셋 사람에게 이르되 너는 칼과 창과 단창으로 내게 나아오거니와 나는 만군의 여호와의 이름 곧 네가 모욕하는 이스라엘 군대의 하나님의 이름으로 네게 나아가노라"(삼상 17:45).

다윗은 하나님으로부터 의롭다 함을 받고 나니까 너무도 감사하고 감격하였습니다. 블레셋 장수 골리앗은 여섯 규빗 한 뼘(45cm ×6+13cm=2m 83cm)의 장신에다가 갑옷이 놋 오천 세겔(11.424g× 5,000=57kg)인데다가 창자루가 철 육백 세겔(11.424g×600=7kg)이니, 이것들만 합해도 총 64kg으로 무장을 했습니다.

우리나라 육군의 완전 군장이 20kg이니까 3배 이상으로 중무장을 한 블레셋 장수 골리앗 앞에서 이스라엘 백성들은 다 떨고 있었지만, 하나님으로부터 의롭다 함을 받은 다윗은 아무리 어리고 약해도 참을 수가 없었습니다. 그래서 "너는 칼과 창과 단창으로 내게 나아오거니와 나는 만군의 여호와의 이름 곧 네가 모욕하는 이스라엘 군대의 하나님의 이름으로 네게 나아가노라"(삼상 17:45)고 강하고 담대하게 외칩니다.

또한 "또 여호와의 구원하심이 칼과 창에 있지 아니함을 이 무리에게 알게 하리라 전쟁은 여호와께 속한 것인즉 그가 너희를 우리 손에 넘기시리라"(삼상 17:47)고 선포합니다. 그리고 믿음으로 물맷돌을 가지고 나아가서 골리앗의 이마에 정통으로 맞춰서 그 거구였던 골리앗을 쓰러뜨렸습니다.

사실 골리앗이 하나님을 욕하지만 않았더라도 다윗이 그렇게 용맹스럽게 달려들지는 않았을 텐데, 그는 하나님의 공의를 입은 자로서 하나님을 모욕하는 자에게 강하고 담대하게 달려들어 기적적인 승리를 거둘 수 있었던 것입니다.

이번에 도쿄 패럴림픽에서 가장 눈물 나게 한 선수는 대한민국 장애인 스포츠의 '철녀'인 이도연 선수였습니다. 이 선수는 19살 때 건물에서 떨어져 하반신 마비 장애를 갖게 되었지만 신앙으로 이겨냈습니다. 그러다가 어머니의 권유로 장애가 생긴 지 15년 만인 31세에 체육센터를 찾아가 휠체어 탁구를 시작해서 40세이던 2012년에 육상선수로 전국체전에서 좋은 성적을 내고, 2013년부터 사이클을 타면서 3년 만에 국가대표로 발탁되어 2016년 첫 리우 패럴림픽에서 은메달을 따는 감동적인 스토리를 썼습니다.

여기에 만족하지 않고 2018년 평창 동계 패럴림픽에서는 노르딕 스키선수로 전향해 전 종목을 완주하는 투혼을 불태웠습니다. 금년

49세로 세 딸의 어머니이기도 한 이 선수는 이번 도쿄 패럴림픽 여자 도로독주에서 완주했지만 아쉽게도 메달권에는 들지 못했습니다. 그러나 "달리면서 정말 죽음까지 갈 정도로 힘들었지만 아버지 생각을 많이 했어요. 평생 장애가 된 딸의 편이었고 든든한 후원자셨던 아버지가 이 자전거를 풀세트로 사 주셨습니다. 도쿄 메달을 기대하시다가 작년에 돌아가셨는데 같이 있지는 못하지만 아버지께 기쁨을 드리고 싶었습니다. 만화 〈달려라 하니〉에서 엄마 생각을 하면서 힘껏 달리는 그 마음이 어떤 건지 아세요? 이번에는 비록 실패했지만, 우리 아버지가 보고 싶어서라도 더 열심히 달리겠습니다"라고 제2의 주종목인 개인도로경기에 대한 각오를 더욱 뜨겁게 하였습니다.

하나님의 자녀 된 그녀는 주님 안에서 늘 긍정적이고 적극적인 신앙을 가지고 담대하게 헤쳐 나아가고 있었습니다.

우리도 우리의 힘만으로는 이 환난 많은 세상을 결코 이겨낼 수가 없고, 아무것도 할 수 없습니다. 그래서 우리의 삶 가운데 어렵고 힘들수록 주님이 절실히 필요한 것입니다.

부산 호산나교회를 담임하고 교회를 크게 부흥시켰던 홍민기 목사님이 교회를 사임하고 최근에 《내 편은 아무도 없었다》라는 책을 펴냈습니다. 그가 교회를 사임하고 나왔을 때만 해도 모두가 자기 편인 줄 알았는데, 뒤늦게 자기 편은 아무도 없다는 것을 깨닫게 되었습니다. 그리고 오직 하나님만 진정으로 내 편이심을 확실히 믿게 되었다고 합니다. 오히려 그가 몸부림치면 칠수록 일들이 꼬여만 갔는데, 그때 비로소 깨달은 사실이 있습니다. 지금까지의 삶이 자신의 꿈을 이룬 것이 아니라 하나님의 은혜가 자기를 이끌어 가신 것을 깨닫게 되었습니다. 그래서 오직 진정한 내 편이신 주님께 철저히 복종하고 그분만 의지하고 그분과만 동행하게 되었다는 감격의 고백을 이 책 가운데 담고 있습니다.

그렇습니다. 주님께서 죄된 우리를 의롭다 하시고 우리에게 능력을 주셔서 우리를 강하게 하셔서 공의의 사람이 되었으므로, 우리는 다윗과 같이 나사렛 예수의 이름으로 나아가야 합니다. 그리할 때 빌립보서 4장 13절의 "내게 능력 주시는 자 안에서 내가 모든 것을 할 수 있느니라"는 말씀의 약속과 같이, 죄인 된 우리를 의롭다 하신 주님께서 우리에게 무한한 능력을 부어주시고 강하고 담대하게 하셔서, 하나님의 마음에 맞는 공의의 사람으로 어떠한 환난도 능히 이겨내고 승리의 영광을 누리게 하실 줄 확실히 믿습니다.

정직의 사람이어야 함

마지막으로, 열왕기상 3장 6절 하반절 말씀을 다 함께 읽겠습니다.

> "…정직한 마음으로 주와 함께 주 앞에서 행하므로 주께서 그에게 큰 은혜를 베푸셨고 주께서 또 그를 위하여 이 큰 은혜를 항상 주사 오늘과 같이 그의 자리에 앉을 아들을 그에게 주셨나이다."

여기 '정직'이라는 단어는 히브리어로 'יְשָׁרָה'(이쉬라)라고 하고, 영어로는 'uprightness'라고 해서 '올곧음'을 말하며, 불의와 함께 기뻐하지 아니하고 진리와 함께 기뻐하는 것입니다. 그러나 우리는 인간입니다. 실수와 허물이 없는 사람이 어디에 있습니까? 정직은 그렇게 실수와 허물을 저질렀을 때 솔직하게 고백하고 돌이키는 용기를 말합니다. 우리는 이러한 다윗의 정직한 모습을 사무엘하 12장 13-14절에서 찾아볼 수 있습니다.

> "다윗이 나단에게 이르되 내가 여호와께 죄를 범하였노라 하매 나단이 다윗에게 말하되 여호와께서도 당신의 죄를 사하셨나니 당신이 죽지 아니하려니와 이 일로 말미암아 여호와의 원수가 크게 비방할 거리를 얻게 하였으니 당신이 낳은 아이가 반드시 죽으리이다."

그의 부하들과 군대가 암몬 자손을 멸하러 갔을 때, 다윗은 더욱 깨어 기도하고 말씀을 묵상하며 영적으로 충만하여 기다리고 있어야 했습니다. 그런데 군대가 암몬 자손을 멸하고 랍바를 에워쌌을 때, 그는 영적 교만과 방심에 빠져서 결국 밧세바라는 여인과 간음하게 됩니다. 그리고 죄를 감추려고 밧세바의 남편 우리아를 최전방에 보내서 그를 죽이는 살인죄까지 범하게 됩니다.

그런데 나단 선지자가 찾아와 책망할 때 그는 왕의 권세로 얼마든지 나단 선지자의 책망을 뿌리치고, 지난날 신앙의 조상들이 첩을 얻었던 것을 합리화하면서 오히려 나단 선지자에게 반발하며 처형까지도 할 수 있었습니다. 하지만 그는 정직한 신앙의 사람이었기에 "내가 여호와께 죄를 범하였노라"고 자백합니다. 그러자 나단 선지자가 다윗 왕에게 "여호와께서 당신의 죄를 용서하셨나니 당신이 죽지 아니하려니와 이 일로 말미암아 여호와의 원수가 크게 비방할 거리를 얻게 하였으니 당신의 낳은 아이가 반드시 죽으리이다"라는 고통스러운 심판을 감수하게 합니다.

그러나 그의 정직한 믿음이 하나님의 마음에 맞는 사람으로, 그와 밧세바의 후손 가운데 우리의 영원한 구세주 예수 그리스도가 탄생하는 영광을 누리게 되었습니다. 뿐만 아니라 지금까지도 이스라엘 국민들의 최고의 성왕으로 추앙을 받고 전 세계 신앙의 사람들로부터 큰 존경을 받고 있습니다.

우리의 신앙생활도 마찬가지입니다. 우리가 목사, 장로, 권사, 집사가 되었지만, 우리는 다 하나님 보시기에 죄의 허물을 지으며 살아갑니다. 그러므로 정직한 사람은 다른 사람의 눈의 티를 탓하기보다도 나의 눈 속에 있는 들보를 먼저 깨닫게 됩니다. 세리와 같이 참회하는 심령으로 "하나님이여, 불쌍히 여기소서! 나는 죄인이로소이다!" 하고 통회 자복하면서 정직하게 살아가면, 연약하지만 정직한 인생을 하나님께서 다 용서하시고 기뻐 받아주시며 귀하게 쓰십니다.

호스피스 자원봉사의 개척자이며 웰다잉(well-dying)운동의 선구자로 우리나라의 자원봉사를 이끌어 온 김옥라 각당복지재단 명예이사장이 지난 월요일 하늘나라로 떠나갔습니다. 1918년 강원도 간성에서 10남매 중 여덟째로 태어난 김 이사장님은 감리교신학교를 거쳐서 일본 도시샤 여대 영문과를 졸업했습니다.

조국의 광복 후 미국 정청과 문교부(현 교육부)에 근무하고, 한국전쟁 피난민 시절 부산에서 '대한소녀단 걸스카우트'를 창단했습니다. 그 후 한국교회여성연합회 회장과 감리교여선교회 전국연합회장을 역임하고, 1981년부터 세계감리교여성연합회 세계회장으로까지 일했고, 단체를 유엔의 NGO(비정부기구)로 등록시켜 한국 여성 최초로 국제기구 수장이 되기도 했습니다.

늘 주님의 은혜에 감사하고 감격하면서, 국내에 '자원 봉사'라는 개념조차 낯설었던 1986년 남편 라익진 전 상공부 차관과 함께 사재를 털어 국내 첫 전문자원봉사자 양성기관인 한국자원봉사 능력개발연구회를 설립했습니다.

4년 후 남편이 하늘나라로 떠나가자 남편의 아호를 따서 각당(覺堂)복지재단으로 단체명을 바꾸고, 이사장으로 취임했습니다. 그리고 1991년 당시만 해도 금기시됐던 '죽음'이라는 주제를 호스피스 봉사자 교육과 웰다잉 운동을 통해 양지로 끌어올리고 '삶과 죽음을 생각하는 회'를 설립해서 국내 최초로 '웰다잉'(잘 죽기) 교육을 시작했습니다.

호스피스와 비행청소년 상담 등 돌봄이 필요한 분야의 자원봉사자 발굴과 교육을 진행해서 병원과 보호관찰소에 배치했습니다. 더욱이 자신도 80대 초반에 신장암을 앓아 한쪽 콩팥을 잃었지만, 항상 연약함 속에서도 정직하고 진실하며 긍정적인 생활 태도로 건강을 관리해서 2018년 백수연을 열 정도로 장수하다가, 금년 103세를 일기로 주무시듯이 평안하게 하나님의 부르심을 받았습니다.

주님께서는 에베소서 5장 8-9절에 "너희가 전에는 어둠이더니 이제는 주 안에서 빛이라 빛의 자녀들처럼 행하라 빛의 열매는 모든 착함과 의로움과 진실함에 있느니라"고 우리에게 늘 강조하시지 않습니까? 그러므로 우리가 항상 연약함 속에서 착하고 의롭고 진실하게 주님과 고통당하는 이웃을 위해 살아갈 때, 하나님의 마음에 맞는 정직의 사람으로 크게 사용하시고 영광 받아 주실 줄 확실히 믿으시기 바랍니다.

우리는 오늘을 총회주일로 지키고 있습니다. 교회들이 모여서 지역 노회를 이루고, 지역 노회들이 모여서 전국 총회를 이루고 있습니다. 우리 대한예수교장로회 총회는 2020년 12월 31일자로 노회 수는 69개, 교회 수는 9,341개, 전체 교인 수는 239만 2,919명으로 집계되어 있고, 교회들의 모든 문제에 있어서 총회가 최종적인 결정을 해줍니다.

그런데 10여 년 전 우리 교회가 참으로 어려울 때, 노회의 정치, 목사, 장로들이 우리 교회의 문제 해결에 도움이 되는 것이 아니라 오히려 이를 전략적으로 이용하였습니다. 노회재판국에서 부족한 종에게 '정직 2개월'이라는 판결을 해서 2개월 동안 완전히 목회를 못하게 했습니다. 총회재판국에서는 유책성, 즉 담임목사로서 교회 문제에 대해서 책임은 있지만 이것이 정직의 죄목은 안 된다고 하니까, 노회의 정치 목사, 장로들이 벌떼처럼 달려들어서 결국 '시무 정지' 즉 당회장권만 일시정지를 시켰습니다.

그런데 교회를 어지럽히던 자들은 오히려 계속해서 고소를 해오고, 또 이를 악용하는 노회의 정치 목사, 장로들에 의해서 '지시 불이행'이라는 죄목을 붙여서 그것도 지난번에 노회재판국에서 '정직 2개월'을 내렸기 때문에 가중처벌을 해야 한다는 논리를 내세워서 결국 '목사 면직'이라는 목사로서의 최고의 중형을 내렸습니다.

그런데 목사가 면직당할 무슨 큰 죄를 지은 것도 아니고 자신들의 지시를 불이행한 것도 없었는데, 아무리 목사를 죽이려고 해도 그렇지요, 어떻게 '지시 불이행'으로 목사 면직까지 시킬 수 있습니까? 그래서 총회재판국이 열리는 날 금식을 하고 재판국에 갔는데, 이미 저에 대한 심의는 다 하였기 때문에 지시 불이행을 한 적이 있는지 물었습니다.

저는 당시 노회의 수습전권위원회의 지시에 전적으로 순응했기 때문에 불이행을 한 적이 없다고 말했더니 최후 진술을 할 기회를 주었습니다. 그 순간 부족한 종이 죽음의 위험에서 기적적으로 살아나 하나님의 소명을 받고 부모님으로부터 독립해서 지하셋방, 옥탑방에서 첫 딸을 잃는 피눈물 나는 고생을 하면서 험난한 목회훈련을 받았고, 그 어려운 유학생활을 마치고 돌아와서 새벽부터 밤늦게까지 양 떼들을 위해 뼈 빠지게 고생한 죄밖에 없는데, 정치적으로 '지시 불이행'이라는 죄목을 붙여서 '목사 면직'을 당한다는 것이 너무도 억울하고 원통한 생각이 들었습니다.

그래서 제가 그랬습니다. "맡겨주신 양 떼들을 위해서 새벽부터 밤늦게까지 주님만 바라보며 죽도록 충성을 다한 것이 목사 면직의 사유가 된다면 기꺼이 총회재판국의 판결을 수용하겠습니다. 그러나 현명하신 재판국장님과 재판국원님들께서 올바른 판단을 해주시길 간곡히 부탁드립니다" 하고 최후 진술을 하는데, 오늘이 목사로서 마지막이 될 수도 있다고 생각을 하니까 저도 모르게 눈물이 와락 쏟아졌습니다.

더욱이 충성스러운 우리 교우들이 그날 만사를 제쳐놓고 총회재판국 앞에까지 가서 얼마나 간절히 부족한 종과 하나님의 교회를 위해 총회재판국이 공정한 재판을 해달라고 부르짖었습니까?

벌써 20년 가까운 세월이 지났어도 저는 지금도 아니 평생토록 그분들의 사랑과 은혜를 잊을 수가 없을 것 같습니다. 그런데 재판국장과 재판국원들이 최종판결을 '무죄'로 선언해 주셨습니다. 그래서 우리 치유하는교회는 모든 사탄의 시험을 다 이겨내고 교회는 갑절로 뜨겁게 부흥하고, 이렇게 아름다운 새 성전을 건축하고, 오늘날까지 이 코로나19의 위기 속에서도 이렇게 우리는 복의 근원이 되시는 하나님 아버지께 감격의 예배를 드리고 있습니다.

저는 지금까지도 총회의 은혜를 잊을 수가 없고, 우리 총회가 바로 서야 개 교회를 지켜주기도 하지만 장자 교단으로서 한국 교회를 바로 세워나가고 열방을 힘 있게 선교할 수 있다는 확신을 가지고 있습니다. 그래서 하나님께서 부족한 종에게 총회를 섬길 수 있는 기회를 주신다면, 이 치유목회를 총회에 접목시켜서 한국 교회의 영과 혼과 육을 치유하여 성령 충만한 전인건강을 회복하고 싶습니다. 저의 남은 여생 몸과 마음을 바쳐 은혜롭고 행복하고 부흥하는 총회를 위해 죽도록 충성을 다할 각오가 되어 있습니다.

사랑하는 성도 여러분, 하나님께서 우리를 사용하지 않으셔서 우리가 쓰임 받지 못하는 것이 아닙니다. 지난날 우리가 하나님 마음에 맞는 성실하고 공의롭고 정직한 사람으로 서 있지 못했기 때문에 쓰임 받지 못한 것입니다. 그러므로 남은 여생은 하나님 마음에 맞는 성실과 공의와 정직의 사람으로 일어선다면, 하나님 아버지께서 우리의 생애 마지막 순간까지 우리를 귀하게 쓰시고 복되게 하시며 크게 영광 받아주실 줄 확실히 믿습니다.

다 함께 결단의 찬송으로 '은혜'를 함께 부르며 믿음으로 결단하도록 하겠습니다.

1. 내가 누려왔던 모든 것들이
내가 지나왔던 모든 시간이
내가 걸어왔던 모든 순간이
당연한 것 아니라 은혜였소
아침 해가 뜨고 저녁의 노을
봄의 꽃향기와 가을의 열매
변하는 계절의 모든 순간이
당연한 것 아니라 은혜였소

2. 내가 이 땅에 태어나 사는 것
어린아이 시절과 지금까지
숨을 쉬며 살며 꿈을 꾸는 삶
당연한 것 아니라 은혜였소
내가 하나님의 자녀로 살며
오늘 찬양하고 예배하는 삶
복음을 전할 수 있는 축복이
당연한 것 아니라 은혜였소

후렴) 모든 것이 은혜 은혜 은혜
한없는 은혜
내 삶에 당연한 건 하나도 없었던 것을
모든 것이 은혜 은혜였소

살아 계신 하나님 아버지, 지난날 우리가 믿음으로 산다고 하면서도 불성실하고 불의하고 부정직할 때가 얼마나 많았습니까? 이제 얼마 남지 않은 남은 여생은 하나님 마음에 맞는 성실과 공의와 정직의 사람이 되어서, 진정으로 주님으로부터 귀하게 쓰임 받고 복된 삶을 누리며, 하나님께 크게 영광 돌리며 살게 하여 주시옵소서! 예수님의 이름으로 간절히 축복하며 기도하옵나이다. 아멘!

사람은
무엇으로 사는가

사무엘상 18:1-5

어느덧 가을의 문턱에 접어들면서 아침 저녁으로 찬바람이 불어오는데, 다음 주일부터 시작되는 추석 연휴를 맞이하여 많은 분들이 이번 주말부터 귀향길에 오르실 것입니다. 그런데 요즘 우리의 고향 마을 어귀에 "아들, 딸, 며느리야 이번 추석에는 고향에 안 와도 된당께", "아들, 며늘아, 이번 추석 차례는 우리가 알아서 지내야. 그러니 내려올 생각 말고 영상통화로 만나자", "아범아, 추석에 코로나 몰고 오지 말고 용돈만 보내라", "불효자는 옵니다"라는 플래카드가 걸려 있다고 합니다.

그래도 우리가 우리 민족의 큰 명절 설날에 이어 두 번째 명절인 이번 추석에 사랑하는 부모, 형제, 자녀 손들을 만나게 될 것입니다. 이처럼 코로나19로 인해 다들 위기의 시대를 살아가고 있는데, 오늘 말씀은 '사람은 무엇으로 살아야 하는가'라는 제목으로 본문에 나오는 다윗과 요나단의 사랑의 관계를 통해서 들려주시는 하나님의 음성을 다 함께 들을 수 있길 바랍니다.

영적인 마음으로 하나가 되어야 함

먼저 본문 1절 말씀을 다 함께 읽겠습니다.

> "다윗이 사울에게 말하기를 마치매 요나단의 마음이 다윗의 마음과 하나가 되어 요나단이 그를 자기 생명같이 사랑하니라."

다윗이 블레셋 장수 골리앗을 기적적으로 무찌른 날 돌아와서 사울 왕 앞에 섰으니 이 얼마나 자랑스럽고 영광스러운 순간입니까? 그런데 그때 사울 왕의 아들 요나단의 마음이 다윗의 마음과 하나가 되어 요나단이 다윗을 자기 생명같이 사랑했다는 것입니다.

우리가 본문을 단편적으로 볼 때는 아름다운 우정의 모습이라고 볼 수 있습니다. 그러나 심리학적인 관점에서 볼 때는 요즘 대선 정가에서 흔히 볼 수 있듯이, 두 사람의 관계를 왕자로서 과거의 기득권을 가신 기성세력인 요나단과 골리앗을 물리치고 온 국민들의 열화와 같은 환호를 받고 있는 신흥세력인 다윗과의 극심한 '세력다툼'(power struggle)으로 볼 수도 있습니다.

또 본인들은 그렇지 않았을지라도 자신의 이익을 추구하는 주위의 세력들에 의해 분명히 부추김을 당했을 텐데, 그럼에도 불구하고 그들의 마음이 어떻게 하나가 되어 자기 생명같이 사랑할 수 있었을까요? 그 근거를 원어성경에서 찾아볼 수 있습니다. 여기 '마음'이 하나 되었다고 하는데, 이 마음을 히브리어로 'נֶפֶשׁ'(네페쉬)라고 해서 이는 '영혼'이 하나로 묶여 있다는 의미입니다. 다시 말하면 우리의 마음이 영적으로 하나 될 때 가장 깊이 있고 강력하게 하나가 되는 것입니다.

이처럼 우리가 누군가를 자기 생명같이 사랑하고, 그 사랑으로 서로의 마음이 하나 되는 것처럼 행복한 일은 없습니다. 왜냐하면 세상의 돈이나 명예나 향락으로는 잠시 잠깐 낙을 누릴 수 있을지 모르지만, 사랑의 행복은 누릴 수 없기 때문입니다. 이제 우리가 이번 추석에 사랑하는 부모, 형제, 자녀 손들을 만나게 될 텐데 '가화만사성'(家和萬事成)이란 옛말이 있듯이, "집안이 화목해야 모든 일이 잘 된다"라고 하지 않습니까?

그러면 우리가 어떻게 해야 우리 가정을 화평케 할 수 있을까요?

러시아의 문호 레프 톨스토이(Lev Tolstoy)의 단편소설 가운데 〈사람은 무엇으로 사는가〉라는 감동적인 명작이 있습니다. 가난하지만 친절한 구두 수선공인 시몬이 그의 부인 마트료나와 두 아이들과 살고 있었습니다. 그런데 하나님에게 벌을 받고 세상에 온 천사로서 구두방에서 조수로 성실하게 일하던 미하일(Michael)이 시몬에게 다가와서 하나님이 마침내 자신을 용서했다면서 작별을 고합니다. 그 순간 방안이 밝아지며 미하일이 천사가 됩니다.

그 모습을 본 시몬은 두려우면서도 "자네가 우리 집에 왔을 때 세 번 웃었는데, 왜 웃었는지 하나님이 왜 자네에게 벌을 주셨는지 말해주게"라고 부탁합니다. 미하일은 6년 전 하나님이 한 영혼을 데려오라고 명령하셔서 세상에 내려왔는데, 자기를 데려가면 아이들이 죽게 될 거라며 아이 엄마가 애원하여 마음이 약해져서 하나님이 말씀하신 내용을 지킬 수 없었다고 합니다.

그러자 하나님은 미하일에게 "첫째, 사람의 마음속에는 무엇이 있는가? 둘째, 사람에겐 자기 미래를 내다보는 지혜가 있는가? 셋째, 사람은 무엇으로 사는가?" 이 세 가지의 질문의 답을 찾을 때까지 세상에 내려가 있으라고 명령하셨습니다.

그래서 인간 세계로 내려온 미하일은 알몸으로 차가운 길바닥에서 웅크리고 있던 자신을 시몬과 마트료나 부부가 따뜻하게 대접하는 것을 보고 "사람의 마음속에는 하나님의 사랑이 있음"을 깨달았습니다. 또한 귀족 신사가 일 년을 신어도 끄떡없는 구두를 주문했지만 그가 곧 죽을 것을 미하일 자신은 알았기에, 구두 대신 슬리퍼를 만들었지만 시몬이 그 이유를 모르는 것을 보고 미하일은 "사람에게는 자기 미래를 내다보는 지혜가 없구나"를 깨달았습니다. 그리고 엄마를 잃은 아이들을 사랑으로 키우는 한 여인을 보고 "사람은 사랑으로 산다"는 사실을 깨달았다고 말합니다. 그 말을 마치고 하나님의 세 가지 질문의 답을 깨달은 미하일은 하늘나라로 돌아갑니다.

그렇습니다. 사람은 사랑으로 살아갑니다. 세상의 물질이나 명예나 향락이 우리 삶에 행복을 가져다줄 것 같지만, 그것들은 우리 삶의 행복의 일부일 뿐 결코 전부가 아닙니다. 그러나 우리 인생에 사랑이 없으면 다 무너지고 맙니다. 그런데도 세상의 수많은 불행한 부부들을 보면 돈과 성에 매어 살아갑니다. 그러나 과연 그들이 이러한 세상의 돈이나 성으로 진정 행복할까요?

돈도 안 벌어다 주고 성적으로도 만족이 안 되면 "네가 해준 게 뭐가 있니? 네가 해준 게 뭐가 있어?" 하고 달려든다고 합니다. 그런데 돈은 잘 벌어다 주지만 성적으로 만족이 안 되면 "밥만 먹고 사니? 밥만 먹고 살아?" 하고 달려든다고 합니다. 그래서 돈은 잘 못 벌면서 성적으로만 만족시켜 줄려고 하면 "맨날 그것만 하고 사니? 그것만 하고 살아?" 하고 달려든다고 합니다. 그러면 돈도 잘 벌어다 주고 성적으로도 만족시켜 주면 아무 불만도 없이 행복한 줄 아십니까? 그때는 "그래, 너 잘났다! 너 잘났어!" 하며 달려든다고 합니다.

그래서 주님께서 고린도전서 13장 13절에 "그런즉 믿음, 소망, 사랑, 이 세 가지는 항상 있을 것인데 그중의 제일은 사랑이라"고 그토록 강조하였고, 부족한 종이 주례를 하면서 평생 항상 있어야 할 것으로 믿음, 소망, 사랑 이 세 가지 중 사랑을 그토록 강조한 이유가 바로 거기에 있습니다. 사랑이 없으면 우리의 믿음도, 소망도 다 무너지고 우리의 인생이 불행과 고통 속에서 헤어 나오지 못합니다.

이처럼 사람은 사랑으로 살아야 진정으로 행복할 수 있는데, 우리가 왜 그 사랑의 영원한 행복을 잃어버리고 삽니까? 가장 근본적으로는 하나님의 사랑을 체험하지 못했기 때문입니다. 우리가 불신앙의 죄를 회개하고 예수님을 나의 구세주로 영접하여 하나님의 자녀로 거듭남을 체험하게 될 때, 사랑이신 하나님의 성품이 우리의 삶 가운데 자연스럽게 사랑으로 흘러나오게 됩니다. 그리하여 우리 마음이 주님의 사랑으로 하나가 되는 것입니다.

그렇기에 지난 화요일 2021년 올해의 브랜드 대상 전문가 엔터테이너 부문에서 대상을 수상한 신경정신과 전문의 오은영 박사는 수상 소감을 밝히는 자리에서 "세상의 그 무엇보다도 사람의 마음과 마음이 소통하여 하나 되는 것이 진정한 행복이다"라고 강조했던 것입니다.

그렇다면 우리가 어떻게 사랑으로 하나 될 수 있을까요? 에베소서 4장 4-6절을 보면, 우리가 불신앙의 죄를 회개하고 예수님을 구주로 영접하게 되어서 하나님의 자녀로 거듭나게 될 때에 "(우리가) 몸이 하나요 성령도 한 분이시니 이와 같이 너희가 부르심의 한 소망 안에서 부르심을 받았느니라 주도 한 분이시요 믿음도 하나요 세례도 하나요 하나님도 한 분이시니 곧 만유의 아버지시라 만유 위에 계시고 만유를 통일하시고 만유 가운데 계시도다" 하고 주님 안에서 하나 됨을 일곱 번이나 강조하였습니다.

그런데도 우리의 하나 됨의 사랑의 결정적인 장애물이 무엇일까요? 여기 그 직전에 나오는 에베소서 4장 2-3절에서 분명히 밝혀주고 있습니다.

"모든 겸손과 온유로 하고 오래 참음으로 사랑 가운데서 서로 용납하고 평안의 매는 줄로 성령이 하나 되게 하신 것을 힘써 지키라."

우리가 겸손하지 못하고 교만하고, 온유하지 못하고 혈기를 부리고, 오래 참지 못하고 조급하다 보니까, 서로 사랑 가운데서 용납하지 못하고 평안의 매는 줄로 성령님께서 이미 우리를 주님 안에서 하나 되게 하신 것을 지켜나가지 못하고 있는 것입니다.

그러므로 남은 여생은 온전히 겸손하고 온유하고 오래 참음의 사랑 가운데 서로 용납하고, 평안의 매는 줄로 성령님이 하나 되게 하신 것을 힘써 지켜나갈 때, 우리는 진정으로 하나님의 자녀로서 영적으로 하나가 된 사랑의 행복의 감격과 축복을 새롭게 회복하게 될 줄 분명히 믿으시기 바랍니다.

사랑의 약속을 지켜나가야 함

계속해서 본문 3절 말씀을 다 함께 읽겠습니다.

"요나단은 다윗을 자기 생명같이 사랑하여 더불어 언약을 맺었으며."

사울 왕 부자(父子) 간에 다윗을 사랑하여서 사울 왕은 골리앗 장수를 무찌른 그날 이후 다윗을 아버지 집으로 돌려보내지 않고 왕궁에 머물게 합니다. "요나단은 다윗을 자기 생명같이 사랑하였다"고 1절에 이어 두 번씩이나 강조하면서 더불어 언약을 맺었다고 합니다. 본문을 원어 성경에서 보면 "요나단은 (먼저) 다윗과 언약을 맺고 (그다음에) 다윗을 자기 생명같이 사랑했다"고 개역개정판 한글성경과 거꾸로 기록되어 있는데, 중요한 것은 여기 '언약'이라고 하는 것은 히브리어로 'בְּרִית'(뻬리트)라고 해서 '자른다'는 의미입니다.

고대 근동에서는 언약을 맺을 때 희생 동물을 반으로 갈라서 양쪽에 놓고, 그 사이를 언약하는 사람이 지나감으로 언약을 맺는데, 만일 그 언약을 어기면 이 동물과 같이 자름을 당한다는 무서운 경고의 의미를 담고 있었습니다. 그래서 요나단은 이 사랑의 언약을 지키기 위해 다윗을 아버지 사울 왕으로부터의 죽음의 위기에서 수차례 구해 주었고(삼상 19:2, 20:1-23), 다윗도 이 사랑의 언약을 지키기 위해 요나단이 죽은 후에도 그의 유가족인 장애인 아들 므비보셋까지 끝까지 잘 돌봐줍니다(삼하 1:26, 9:1-8, 19:24-30). 이처럼 다윗과 요나단은 20세 때 맺은 순수한 사랑의 약속을 평생토록 지켜나갔던 것입니다.

우리가 결혼해서 지금까지 버텨온 것도 가장 먼저는 하나님의 말씀 때문이지만, 결혼할 때 주례 목사님들이 이구동성으로 했던 "검은 머리가 파뿌리가 되도록 살라"는 말씀 때문 아니었습니까? 그 사랑의 약속을 지키기 위해 검은 머리가 파뿌리가 되도록 온갖 불행을 참고 살아왔습니다. 그런데도 우리 주위의 사람들은 얼마나 약속을 밥 먹듯이 안 지킵니까? 그것도 사랑의 약속을 배신하고, 배우자에게 말할 수 없는 마음의 상처를 안겨다 주어서 평생을 불행과 고통의 피눈물을 흘리며 살게 해서 검은 머리가 순식간에 파뿌리가 되어버리는 일이 얼마나 많습니까?

그것은 부모 자식 간에는 말할 것도 없고, 형제간에도 그러하고, 심지어 부부간에도 그러하니 웬수도 그런 웬수가 없습니다. 그런데 우리가 부부간이나 고부간의 갈등 등 시가식구들과 평생의 불행과 고통을 겪는 것은, 성경의 가르침대로 "남자가 그 부모를 떠나는 것" (창 2:24; 마 19:5; 막 10:7; 엡 5:31)이 아니라, 유교의 관습대로 "여자가 그 부모를 떠나는 데"서부터 시작됩니다. 하나님의 말씀에 근거한 사랑의 온전한 약속을 지키지 못한 데서 불행이 싹트기 시작한 것입니다.

그래서 마태복음 10장 36절에 "사람의 원수가 자기 집안 식구리라"고 경고하십니다. 사실 우리 일생의 불행과 고통은 이웃집 아저씨나 아주머니가 주는 것이 아니라, 바로 우리 집안의 그 인간이 주고 그 집안 씨족들이 단체로 줍니다. 그러니 그 상처의 아픔을 어떻게 평생 감당할 수 있겠습니까?

그런데 그다음 마태복음 10장 38절에 계속해서 우리가 이 모든 원수들로부터 상처를 감당할 길을 밝혀주십니다.

> "또 자기 십자가를 지고 나를 따르지 않는 자도 내게 합당하지 아니하니라."

평생토록 우리에게 말할 수 없는 상처를 안겨다 주는 그들이 우리의 십자가이기 때문에 그 십자가를 지고 주님을 따르라는 것입니다.

사실 먼저 믿은 우리가 그 집안과 결혼을 안 했더라면 그 인간은 폐인(廢人)이 되고, 그 집구석은 폐가(廢家)가 되고, 그 씨족들은 폐족(廢族)이 되었을 텐데, 하나님께서는 우리를 그 집안에 '가정선교사'로 파송해 주셨던 것입니다. 그러니 우리가 그 인간들을 사랑하지 않으면 누가 사랑해주고, 그 인간들을 구원하지 않으면 누가 구원하고, 그 인간들을 변화시키지 않으면 누가 변화시킬 수 있겠습니까?

그러므로 우리는 먼저 그들을 구원하고 치유하고 양육해야 할 사명감을 가져야 하고, 상처와 분노의 순간마다 "죽여라! 죽여!" 하고 달려들면 안 됩니다. "죽여라! 죽여!"를 조금만 약하게 하면 뭐가 됩니까? 그 분노의 순간마다 주님의 십자가를 바라보면서 "주여! 주여!" 하고 부르짖으면서 주님 십자가 앞에 우리의 상처의 감정을 다 쏟아붓고, 빈 마음에 주님의 사랑을 간구하고, 그 사랑으로 어떠한 원수라도 용서하고, 우리 자신부터 주님의 십자가에서 날마다 "주여! 주여!" 하고 죽어야 합니다.

사탄이 아무리 우리의 자존심을 짓밟고 상처를 주고 시험에 빠뜨려도 죽은 사람처럼 말도 없고 혈기도 없고 아무런 반발도 하지 않으면, 이전과는 달리 변화된 우리를 통해 그 인간들도 언젠가는 주님의 사랑으로 구원받고 치유 받고 변화될 것입니다.

저는 우리 교인들 가운데 대부분의 남편들이 신앙을 안 가졌을 때에 세상 술에 취해서 외도하고 온갖 죄악에 빠져 살면서 가정에서 모범이 되지 못할 뿐만 아니라, 오히려 가정폭력까지 행해서 말로 다할 수 없는 상처의 불행과 고통 가운데 살았던 권사님들이나 집사님들의 사연을 많이 듣고 알고 있습니다.

그러나 그때마다 "하나님께서 저 원수 같은 인간들을 회개케 하고 변화시키라"고 분부하신 가정선교사의 사명을 가지고 10년, 20년,

30여 년의 그 기나긴 세월을, 그 감당키 어려운 불행과 고통 속에서도 눈물 뿌려 기도하며 인내함으로써, 이제는 남편들이 예수님을 믿고 세례에 순종하고 서리집사가 되고 안수집사가 되고 장로까지 되었습니다.

그리고 코로나19의 이 극심한 안팎의 환난과 핍박 속에서도 거룩한 주일을 지키면서 하나님 앞에 나아와서, 하나님께서 가장 기뻐 받으시고 모든 복의 통로인 이 은혜로운 성전예배를 드리는 것을 볼 때마다 너무나 감사하고 감격스러워서 눈물이 다 나올 정도입니다.

이처럼 우리가 평생토록 하나님께서 허락하신 사랑의 약속을 굳게 지켜나가게 될 때 언젠가는 아무리 강퍅하고 완악한 인간들이라도 다 회개하고 돌아오고, 새롭게 변화되고, 천국같이 행복하고 축복된 가정을 회복하게 될 줄 확실히 믿습니다.

물질까지도 아까워하지 않고 나누어야 함

마지막으로, 본문 4절 말씀을 다 함께 읽겠습니다.

> "요나단이 자기가 입었던 겉옷을 벗어 다윗에게 주었고 자기의 군복과 칼과 활과 띠도 그리하였더라."

요나단은 다윗에게 사랑의 언약의 증표로서 그가 입고 있던 겉옷을 주었는데, 그것은 왕자의 권위를 상징하는 소중한 의복이었습니다. 뿐만 아니라 왕자의 군복과 칼과 활과 띠까지 다 건네주었습니다. 자신의 군복을 주는 것은 고대에 혈맹관계를 맺을 때 흔히 있었던 일이지만, 당시 이스라엘에서는 칼은 왕인 사울과 왕자인 요나단만 가지고 있었습니다.

그런데 왕자가 감히 거들떠보지도 않는 하찮은 서민에게 생명같이 소중하게 여기는 그토록 값지고 자신의 생명을 지켜주는 최고의 무기들을 모두 다 주었다는 것은 자신의 최고의 사랑을 다 쏟아 부어준 것입니다.

그렇다면 우리에게는, 이 땅을 살아가면서 우리의 생명 다음으로 가장 소중한 것이 무엇입니까? 마태복음 6장 21절에서도 "네 보물 있는 그곳에는 네 마음도 있느니라"고 분명히 증거하시듯이, 우리가 몸과 마음과 재능과 정성을 다해 사랑할 수 있지만, 물질은 우리 마음의 최고의 표현입니다. 그런데 사랑의 마음이 다른 데로 가 있으니까 우리를 위해 십자가에서 죽기까지 사랑해주신 주님에게는 말할 것도 없고, 심지어 사랑하는 가족이나 이웃에 대해서 소홀히 할 때가 얼마나 많습니까?

사실 우리 가운데 자기 물질이 아깝지 않은 사람이 누가 있습니까? 주의 종이라도 아깝습니다. 그러나 십자가의 사랑이 우리를 강권하게 될 때, 어차피 빈손으로 왔다가 빈손으로 떠날 인생 가운데 우리가 이 땅에 사는 동안 의미 있고 보람되고 복되게 쓰임 받아야 할 것 아닙니까?

그러나 우리가 그렇게 홀대했던 사랑하는 주님이나 부모님이나 형제들이나 자녀 손들을 대할 날이 한 해 더 짧아졌다는 사실을 결코 잊어서는 안 됩니다. 더욱이 내년 추석에 다시 만날 수 있다는 보장이 어디에 있습니까? 우리는 내일 일도 모르고 잠시 잠깐 후의 일도 모르기 때문에 항상 이번이 마지막 추석이듯이, 오늘이 마지막 날이듯이 사랑하지 않으면 안 됩니다. 그리할 때 우리는 결코 후회하지 않는 은혜와 축복과 행복의 감격 속에 일생을 살아가게 됩니다.

우리 교우들 가운데 중국 동포인 최정우·박소유 집사 가정이 있는데, 코로나19의 극심한 안팎의 핍박 속에서도 모든 예배에 어린 3남매를 데리고 온 가족이 다 나올 정도로 얼마나 신실한 믿음으로 사는지 모릅니다.

그런데 지난번 교회 설립 기념주일에 아프리카 에티오피아의 굶주리는 아이들을 돕기 위해 구호의 손길을 펼치자며 복음의 빚진 자로서 이웃을 돌보자는 말씀을 듣고 자신들보다 더 어려운 사람들, 이웃이 눈에 보일 수 있도록 기도해 왔다고 합니다. 그래서 이전부터 계속 말씀을 통해 들어왔던 것들이 설교와 연결이 되면서, 아프리카 어린이 3명 정도를 후원하면 되겠다는 마음의 감동이 왔다고 합니다.

'현재 경제 상황으로 무리가 아닌가'라는 생각이 들었지만, 마음에 계속 감동이 와서 우선 기도를 해야겠다는 생각이 들었다고 합니다. 그래서 신청서를 일단 받아와서 집에서 계속 기도하는 중 집에서 아이들과 성경을 읽다가 마음의 결단이 더 견고해졌지만 순종을 못하고 주저하고 있었는데, 남편에게 10명을 후원하라는 하나님의 감동이 뜨겁게 온 것입니다.

"아무리 그래도 지금 우리도 먹고 살기도 힘든데 어떻게 10명을 할 수 있느냐?"는 아내와 어렵게 대화를 하다가 함께 고민을 하며 기도하는데, 하나님께서 이전에 조선족 천만 명을 먹이고 싶다는 기도를 해왔던 것을 생각나게 하셨습니다. 그리고 아프리카 어린이 10명도 못 먹이면 나중에 이러한 영혼들을 어떻게 먹일 수 있겠느냐는 감동을 주셨고, 지금은 삶이 어렵더라도 이 아이들을 먹이면 1년 뒤에 너희가 거두게 될 수확을 기대해 보라는 음성을 주시더랍니다.

그래서 하나님의 감동과 음성을 들은 뒤로 부부가 주저 없이 10명의 어린이 후원을 결정하게 되었다고 합니다. 그래도 아내가 끝까지 반대하면 절대 못하는데, 부부가 믿음으로 헌신해서 물질을 아까워하지 않고 그렇게 결단하게 된 것입니다.

그런데 이러한 결정을 한 뒤 이번 달에 둘째 아이 치아가 너무 심하게 썩어서 인터넷으로 검색하여 한 치과 진료를 받았는데, 치료비가 79만 원이 든다고 하더랍니다. 지금 형편에 그 큰돈을 치과 진료비로 준비하기 어려워서 기도하면서 이곳 저것을 찾아보다가 다른 치과를 가보게 되었는데, 그곳에서는 감사하게도 6만 원 정도로만 치료해도 된다고 하더랍니다.

아이들 눈높이와 부모들의 필요를 다정다감하게 상담해 주는 너무 친절한 치과 안내와 진료를 받으면서 '하나님께 순종하니까 이러한 어려움들도 넘어갈 수 있도록 은혜를 베풀어주시고 축복으로 갚아주시는구나' 하는 생각을 하게 되었답니다.

뿐만 아니라 남편도 작년 코로나19로 실직을 한 후에 새벽마다 합심해서 기도하여 계약직으로 취직을 하였는데, 오직 예배드리는 일과 하나님 말씀에 순종하는 일에 최선을 다했더니 금년 3월에 정규직으로 계약한 것을 넘어서 지난달에는 파트장으로 승진하는 축복까지 주셨다고 합니다.

우리가 바치고 나누고 베풀고 섬기는 것이 손해 보는 것 같지만 결코 그렇지 않습니다. 오히려 그것이 영적 투자가 되어서 놀라운 복으로 우리와 우리 자손들에게 천 배 만 배로 갚아주십니다. 집사님 부부는 어려운 상황이지만 예배와 이웃을 돌보라는 하나님 말씀에 순종함으로 말로 다 할 수 없는 하나님의 축복을 체험하게 되었다고 그렇게 기뻐하며 감사를 고백했습니다.

그래서 누가복음 6장 38절에 “주라 그리하면 너희에게 줄 것이니 곧 후히 되어 누르고 흔들어 넘치도록 하여 너희에게 안겨 주리라 너희가 헤아리는 그 헤아림으로 너희도 헤아림을 도로 받을 것이니라”고 분명히 축복의 약속의 말씀을 하시지 않습니까?

그러므로 우리가 이번 추석에도 이번이 마지막이라는 심정으로 가서 코로나19로 인해 큰 어려움을 겪고 있는 우리의 사랑하는 부모님이나 형제들이나 자녀 손들에게 결코 물질을 아까워하지 말고 사랑과 정성을 다해 나누고 베풀고 섬겨야 합니다. 그리할 때 우리의 조그마한 물질을 통해 주님의 사랑의 복음이 전파되고 주님의 축복의 통로로 쓰임 받아서, 온 천하보다 귀한 그들을 구원하고 치유하고 제자 삼고 돌아오게 될 것입니다. 뿐만 아니라 복의 근원이 되시는 주님께서 우리에게 천 배 만 배로 갚아주실 줄 확실히 믿으시기 바랍니다.

저의 장모님은 36세에 혼자 되셨습니다. 장인이 오랫동안 간경화로 투병생활을 하다가 재산을 다 소비하고 세상을 떠나셔서 장모님은 어린 4남매를 데리고 길바닥에 나앉다시피 하셨습니다. 그러니 4남매를 먹여 살리고 대학까지 보내고 평생 뒷바라지하시느라 안 해본 일이 없을 정도로 피눈물 나는 고생을 하셨습니다.

그래서 모든 기대와 희망을 자녀들에게 걸었는데, 특별히 4남매 중에서 공부를 제일 잘한 자녀에게 가장 큰 기대를 걸었으니 그 사람이 바로 저의 집사람이었습니다. 저는 재수를 해서 한양공대를 들어갔지만, 저의 집사람은 단번에 일류여대 약대를 합격하였으니 얼마나 큰 기대를 가졌겠습니까? 그래서 적어도 만사위감은 의사나

판사나 검사를 기대했었는데, 대학을 졸업할 무렵 결혼하겠다고 데려온 사람이 가난한 신학생이었던 저였습니다.

생김새야 아쉬운 대로 봐줄 수 있었겠지만, 신학생에 전도사라는 직업이 너무도 마음에 안 드셨습니다. 더구나 저의 장모님은 그때 예수님을 안 믿었으니 제가 얼마나 싫었겠습니까? '저 건달 같은 놈이 약사인 내 딸을 빼앗아갔다'고 생각하셨을 테니까 싫은 정도가 아니라 아마 엄청 미웠을 것입니다.

그래도 어떻게 합니까? 두 사람이 결혼을 약속했으니 장모님께 더욱더 사랑으로 다가갈 수밖에 없었습니다. 처음에는 눈빛만 보아도 저를 결코 안 좋아하시는 것이 느껴졌지만, 그래도 저는 고생하면서 기르며 가장 큰 기대를 가졌던 딸 가진 어머니의 입장에서 어머니를 깊이 이해하고 "어머니! 어머니!" 하면서 끝까지 사랑으로 섬겼습니다.

그래서 유학을 다녀와서 교수 생활을 하면서부터는 소득의 십일조를 따로 떼어서 매달 용돈을 장모님께 전해 드렸고, 또 지방에 내려갈 기회가 있으면 꼭 찾아가 뵙고 용돈을 전해드렸습니다. 그런데 2012년 1월 29일 새성전 헌당 및 임직예식 때 처음으로 저희 교회에 오셔서 글로리아채플에 입추의 여지없이 3,000명 가까운 성도들이 가득 찬 것을 보시고, 헌당예식이 끝난 다음에 목양실에 오시더니 "우리 사위가 이렇게 훌륭한 목사님인 줄 몰랐네!" 하시면서 감탄을 하셨습니다. 그리고 나서부터는 저의 장모님이 사위의 기대에 어긋나지 않기 위해서 더욱 열심히 예수님을 믿기 시작하셔서 세례도 받으시고 집사님도 되시고 나중에는 권사님까지 되셨습니다.

그런데 장모님의 신앙이 깊어지실수록 장모님 댁을 찾아뵐 때마다 전과는 달리 신발을 벗고 달려오셔서 저를 끌어안고 안 놓으셨습니다. 저는 저의 장모님이 두 딸이나 두 처남이나 손아래 의사인 동서를 그렇게 끌어안아 주시는 것을 보지 못했습니다.

맏사위에 대한 미안한 마음이 드셨는지 아니면 안쓰러운 마음이 드셨는지 모르지만, 항상 저를 보시면 그렇게 껴안아 주시면서 "내가 이렇게 훌륭한 사위를 몰라봤으니 이제라도 용서하소!" 하고 눈물을 글썽이셨습니다. 그때마다 저는 "어머니, 저는 어머니를 처음 뵈었을 때나 지금이나 변함없이 어머니를 사랑해요!" 하고 고백하면서 건강이 더 악화되기 전에 한시라도 빨리 서울로 올라오셔서 함께 여생을 보내자고 했습니다.

그런데 4년 전 어버이날이었습니다. 그날이 월요일이어서 치유상담대학원 강의 때문에 찾아뵐 수가 없어서 용돈을 보내드리면서 전화를 드렸습니다. 그러면서 드시고 싶은 것도 드시고 사고 싶은 것도 사시라고 하고 "건강이 조금이라도 안 좋으시면 언제라도 빨리 올라오시리"고 말씀을 드렸습니다. 그러자 "우리 사위가 말이라도 그렇게 해주니까 고맙네!" 하시면서 기뻐하시며 울먹이셨는데, 금요일 저녁에 저의 집사람이 안부전화를 드려도 안 받으시고, 토요일 아침에도 전화를 안 받으셔서 경비실에 연락을 해서 문을 열고 아파트에 들어가 보았더니, 거실에 그대로 누우신 채로 홀로 하늘나라로 떠나버리신 것입니다.

당신의 행복을 다 포기하고 평생을 병든 남편과 4남매 자식들을 위해 모든 것을 희생하신 장모님을 생각하면 지금도 눈물밖에 안 나옵니다. 그래도 하늘나라로 떠나시기 며칠 전 부족한 사위와 마지막 통화를 하시고, 저의 깊은 사랑이라도 안고 가셔서 그나마 위로가 됩니다.

사랑하는 성도 여러분, 우리 인생도 지나보면 잠시 잠깐입니다. 벌써 지난날의 어린 시절, 청년 시절, 장년 시절이 다 지나가고, 이제는 노년을 지나 말년을 향해 달려가는 분들이 얼마나 많이 계십니까? 얼마 남지 않은 여생에 지금까지 다하지 못했던 사랑만 하며 살아도 너무도 짧은 인생입니다.

더욱이 지난날 우리 부모님들의 고생과 희생이 있었기에 오늘의 우리가 있음을 결코 잊지 않는다면, 우리의 남은 여생은 우리가 무엇으로 살아야 하는가를 깊이 생각해야 합니다. 무엇보다 먼저 영적으로 하나가 되어야 하고, 사랑의 약속을 지켜나가야 하고, 물질까지도 아까워하지 않고 나누어야 합니다. 그리할 때 이번이 마지막 기회라는 심정으로 사랑하는 가족들을 구원하고 치유하며 주님의 제자를 삼아서 우리의 여생이 진정으로 의미 있고 보람되고 행복하고 축복된 삶을 살아가게 될 줄 확실히 믿습니다.

다 함께 내가 죽어짐으로 하나님의 사랑의 통로로 쓰임 받기를 간절히 기도하는 심령으로 '십자가의 길 순교자의 삶'을 함께 부르며 믿음으로 결단하도록 하겠습니다.

내 마음에 주를 향한 사랑이
나의 말엔 주가 주신 진리로
나의 눈에 주의 눈물 채워 주소서
내 입술에 찬양의 향기가
두 손에는 주를 닮은 섬김이
나의 삶에 주의 흔적 남게 하소서
하나님의 사랑이 영원히 함께하리
십자가의 길을 걷는 자에게

순교자의 삶을 사는 이에게
조롱하는 소리와 세상 유혹 속에도
주의 순결한 신부가 되리라
내 생명 주님께 드리리

우리의 사랑이 되시는 하나님 아버지, 지난날 우리는 인생의 물질이나 명예나 향락이 부족해서 불행했던 것이 아니라, 사랑이 메말라감으로 인해 스스로 불행에 빠져 고통에서 헤어 나오지 못했음을 고백합니다. 그러나 얼마 남지 않은 여생이라도 지난날의 저희 부모님의 은혜를 결단코 잊지 않고, 이제 남은 인생 우리가 무엇으로 살아야 하는가를 기억하면서, 영적으로 우리가 하나 되게 하여 주시옵소서! 사랑의 약속을 지켜나가게 하여 주시옵소서! 물질까지도 아까워하지 않고 나누게 하여 주시옵소서! 그리함으로 이번 추석이나 우리의 여생이 진정으로 의미 있고 보람되고 행복하고 축복된 삶을 살게 하여 주옵소서. 예수님의 이름으로 간절히 축복하며 기도하옵나이다. 아멘!

사람을 어떻게 대해야 하는가

사무엘상 19:1-7

우리는 이번 주간 추석 연휴를 맞이하였는데 부모, 형제, 자녀 손들을 만날 때 어떻게 대할 것인가를 생각하며 벌써부터 명절증후군이 생겨서 히스테리, 어지럼증, 두통, 심장 두근거림, 소화불량, 복통, 피로감, 무력감, 우울증까지 겪고 있지는 않습니까.

하루를 살아도 사랑하며 감사하며 행복하게 살아야 하는데, 왜 그렇게 우리는 서로 감정을 풀지 못하고 가슴을 찔러대며 불행과 고통 가운데 살다가 지옥같이 인생을 끝내고 말까요?

오늘은 특별히 "더도 말고 덜도 말고 한가위만 같아라"는 이 풍요로운 추석을 맞이하면서, 사울 왕과 아들 요나단을 통해서 '사람을 어떻게 대해야 하는가'라는 제목으로 하나님의 음성을 다 함께 들을 수 있길 바랍니다.

어떻게 해서든지 사람을 살려야 함

먼저 본문 1-2절 말씀을 다 함께 읽겠습니다.

> "사울이 그의 아들 요나단과 그의 모든 신하에게 다윗을 죽이라 말하였더니 사울의 아들 요나단이 다윗을 심히 좋아하므로 그가 다윗에게 말하여 이르되 내 아버지 사울이 너를 죽이기를 꾀하시느니라 그러므로 이제 청하노니 아침에 조심하여 은밀한 곳에 숨어 있으라."

다윗이 블레셋 장수 골리앗을 죽이고 돌아올 때 이스라엘 모든 성읍에서 여인들이 나와서 노래하며 춤을 추었습니다. 소고(timbrel, tambourine)와 경쇠(lyre, 수금)를 가지고 나와서 사울 왕과 함께 환영하는데 "사울이 죽인 자는 수천 명이요, 다윗은 수만 명이다"(삼상 18:7)라고 노래한 데서부터 문제가 터졌습니다.

그때 사울 왕이 여인들의 노래에 심히 불쾌해하고 노하여서 "다윗이 죽인 자는 수만 명이라고 하고 내게는 수천 명이라고 하니 그다음에 다윗이 더 얻을 것이 이 나라 말고 무엇이겠느냐"(삼상 18:8)라고 합니다. 그리고 이때부터 다윗을 시기하고 질투하면서 그를 어떻게 죽일까 하고 지켜보기 시작합니다.

더구나 사울 왕의 마음속에 "여호와께서 부리시는 악령"(삼상 19:9)이 강하게 역사했다고 합니다. 히브리어 원어성경에 보면 'רוּחַ־אֱלֹהִים רָעָה'(루아흐 엘로힘 라아)라고 해서 "여호와로부터 온 악령"(an evil spirit from the Lord)이라고 기록하고 있습니다. 모든 만물의 기원이 주님으로 말미암아 생겨났기 때문에 이런 표현을 쓰지만, 이 '악령'은 타락한 천사장인 사탄입니다.

그래서 엄밀하게 말하면 사울에게 악령이 역사하는 장면이 사무엘상 16장 14절, 18장 10절, 19장 9절까지 세 번이나 나오는데, 사무엘상 16장 14절에 "여호와의 영이 사울에게서 떠나고 여호와께서 부리시는 악령이 그를 번뇌하게 한지라"고 기록하고 있듯이, 여호와의 영이 더 이상 역사하지 않으실 때, 악령이 사울을 지배한 것입니다. 사울 왕은 그를 위해 수금을 타는 다윗을 향하여 두 번이나 창을 던졌지만 다윗은 이를 피하게 됩니다.

더욱이 여호와께서 사울 왕을 떠나 다윗과 함께함으로 그를 더욱 더 두려워하며 죽이려고 한 것입니다(삼상 18:11-12). 그리하여 사울 왕이 그의 아들 요나단과 그의 모든 신하들에게 다윗을 죽이라고 명령하니까, 요나단이 다윗을 너무도 사랑했기 때문에 다윗에게 "내 아버지 사울 왕이 너를 죽이기를 꾀하므로 내일 아침에 조심하여 은밀한 곳에 가서 숨어 있으라 그리고 아버지와 말하다가 너에 관한 계획을 알게 되면 알려주리라"고 했습니다. 이처럼 요나단은 그의 아버지와 자신의 강력한 라이벌인 다윗일지라도 그를 진정으로 사랑했기 때문에 어떻게 해서든 그를 살리고자 했던 것입니다.

우리도 조금만 자신의 자존심을 상하게 하고 감정을 불러일으키고 물질이나 명예에 손실을 가져오면 서운한 감정을 느끼고, 가슴에 응어리진 감정을 품고 "어디 두고 보자!" 하고 벼르면서 어떻게 해서든지 죽이려고 달려듭니다. 그것은 세상 사람은 말할 것도 없고 우리 가족들 간에도 그렇고 심지어 하나님을 믿는다는 목사, 장로, 권사, 집사들까지도 그렇습니다. 그들은 십자가의 속죄의 사랑을 체험하지 못한 사람들이고, 하나님의 심판이 있음을 못 믿는 사람들이고, 자신도 결국 하나님의 심판을 면치 못할 사람들인 것입니다.

서로의 허물을 들추면서 비방하고 험담하고 죽이려고 하는 것은 어떠한 이유로도 정당화할 수가 없는데, 그것은 모두 다 사탄의 역사이기 때문입니다. 그리하여 우리가 사탄의 역사에 속아서 사람을 용서하지 않고 죽이려고 하면, 마태복음 18장 35절에 "너희가 각각 마음으로부터 형제를 용서하지 아니하면 나의 하늘 아버지께서도 너희에게 이와 같이 하시리라"고 분명히 경고하지 않습니까?

여러분, 이 말씀은 말세 교인들에게 무서운 경고입니다. 우리가 어떠한 원수라도 용서를 안 하면 주님께서도 우리를 용서하지 않으시고 우리가 평생 신앙생활을 하고 목사, 장로, 권사, 집사를 해도 외식하는 서기관들과 바리새인들이 되고 마는 것입니다.

성경은 끊임없이 강조합니다. 진정한 신자는 우리의 죄악이 하나님으로부터 용서함을 받고, 우리의 신앙생활 가운데 중대한 죄를 지은 원수를 근본적으로 용서하고 사랑하는 데서 시작되기 때문입니다.

그런데 수많은 말세 교인들의 가장 심각한 문제는 바로 이 용서의 문제에서 다 무너져 버린다는 것입니다. 원수를 용서하지 않고 끝까지 우리 마음속에 증오심과 적개심을 품고 살아가면, 가장 먼저는 우리의 영혼이 병들게 되고 가정에서나 직장에서나 심지어 교회 안에서도 불행과 고통 가운데 살다가 육신도 점점 병들어 곧 죽고 맙니다. 그래서 용서하지 않는 우리를 결단코 용서하지 않으시는 하나님의 심판을 면치 못하게 되는 것입니다.

전전주 9월 11일은 미국 세계무역센터의 9.11 테러의 20주년이 되는 날이었습니다. 2001년 9월 11일 세계 최강국인 미국이 이슬람 과격 테러단체인 알카에다에 의해서 네 차례의 연쇄 테러공격을 당했고, 이 테러로 인해서 2,977명이 사망하고 25,000명 이상이 부상을 당하고, 최소 100억 달러(한화 12조 원)의 엄청난 손실을 입은 미국 역사상 최악의 테러사건이었습니다.

그런데도 조 바이든 대통령은 버락 오바마, 빌 클린턴 전 대통령 등이 모인 가운데 세계무역센터가 있던 뉴욕 그라운드 제로에서 20주기 기념식에 모인 군중들에게 "지난 20년을 헤치고 나오면서 평범함 이상을 보여준 모든 사람들에게 감사를 표한다"면서 "피해와 증오는 보복에 초점을 맞춰서는 결단코 안 되고, 용서로써 단결함이야말로 우리의 행복에 가장 큰 영향을 미치는 요인이다"라고 용서를 강조하였는데, 신앙의 대통령만이 할 수 있는 위대한 결단의 선언이었습니다.

그렇습니다. 하지만 용서를 해야 한다는 것은 너무도 잘 알면서도 한 가지 문제가 있는데, 이는 상대방이 사과를 안 하고 용서를 구하지도 않고 변화가 없으면 용서할 수 없다고 합니다.

그러나 그것은 진정한 십자가의 용서의 의미를 깨닫지 못한 사람들이 하는 말입니다. 주님께서는 우리가 십자가의 복음을 알지도 못하고 깨닫지도 못하고 믿지도 않아서 어떠한 변화의 삶을 살기도 이전에, 우리가 죄인 되었을 때 2,000년 전에 이미 십자가에서 우리를 용서하셨다는 사실을 결코 잊어서는 안 됩니다. 이것이 바로 십자가 사랑의 용서의 영적인 깊은 의미입니다. 그러므로 우리가 십자가 사랑의 용서를 체험했다면, 어떠한 이유로도 용서를 못할 사람이 없다는 것입니다. 실제로 우리가 원수를 용서하지 않으면 더 큰 불행과 고통을 겪게 됩니다.

지난 화요일 새벽기도회에도 한 권사님과 따님이 안수기도를 받으러 왔는데, 따님이 편의점에서 아르바이트를 하면서 나쁜 오빠들과 언니들에게 폭행을 당하고 마음에 깊은 상처가 남아서 밤에 잠도 못 자고, 잠이 잠깐 들어도 가위에 눌려서 고통 가운데 살아간다는 것입니다. 그래서 가장 먼저 자신의 모든 상처의 감정부터 십자가 밑에 다 내려놓고 어떠한 원수라도 다 용서해야 우리가 먼저 마음의 평안을 회복하게 된다고 했습니다. 그러고 나면 육신의 평안한 잠을 잘 수 있다고 권면하고 뜨겁게 기도해 드리고 돌려보냈습니다.

그러므로 우리가 치유되고 회복될 수 있는 길은 다른 길이 없습니다. 우리의 감정이 결코 용납하지 않고 우리의 뜻과는 정반대여도, 하나님께서 명령하신 에베소서 4장 31-32절의 "너희는 모든 악독과 노함과 분냄과 떠드는 것과 비방하는 것을 모든 악의와 함께 버리고 서로 친절하게 하며 불쌍히 여기며 서로 용서하기를 하나님이 그리스도 안에서 너희를 용서하심과 같이 하라"는 말씀에 순종해야 합니다.

적이도 우리가 십자가의 사랑을 체험한 하나님의 자녀라면 자신의 마음속에 있는 모든 악독과 노함과 분함과 떠드는 것과 비방하는 것을 모든 악의와 함께 주님 앞에 다 쏟아붓고 우리의 빈 마음에 하나님의 사랑을 간구해서 어떠한 원수라도 친절하게 대하고 불쌍히 여기고, 더 나아가 하나님께서 예수 그리스도를 통해 우리를 용서하심과 같이 다 용서하시기 바랍니다. 그리할 때 하나님으로부터 지난날의 어떠한 죄악과 잘못조차도 다 용서받고, 어떠한 마음의 상처도 다 치유 받고, 진정한 천국의 기쁨과 행복의 감격을 회복하게 되고, 우리가 대하는 모든 사람들과의 관계가 새롭게 화평케 될 줄 분명히 믿으시기 바랍니다.

사람에 대해서 칭찬해야 함

계속해서 본문 4절 말씀을 다 함께 읽겠습니다.

> "요나단이 그의 아버지 사울에게 다윗을 칭찬하여 이르되 원하건대 왕은 신하 다윗에게 범죄하지 마옵소서 그는 왕께 득죄하지 아니하였고 그가 왕께 행한 일은 심히 선함이니이다."

요나단은 다윗을 숨기고 아버지 사울 왕에게 다윗을 칭찬합니다. "왕은 신하 다윗에게 범죄하지 마옵소서! 그는 왕께 죄를 짓지 아니하였고 그가 왕께 행한 일은 심히 선함이니이다" 하고 다윗을 칭찬하면서 "다윗이 왕에게 범죄하지 않았고 좋은 일만 행했는데 그를 죽이려고 하는 것은 무죄한 피를 흘리는 일이니 결단코 하지 말아 달라!"고 사정을 합니다.

말세 마지막 때가 되니까 사람의 마음이 점점 강퍅하고 완악해져서 마음속에서 좋은 말이 안 나옵니다. 그래서 입만 열면 남에 대해서 시기하고 질투하고 비방하고 험담하고 공격하고 죽이려는 말만 하게 됩니다. 우리의 말 한마디가 사람을 죽이는 무서운 살인 병기가 되어서, 우리가 대하는 사람들이 상처를 받고 시험에 들고 평생을 불행과 고통 가운데 살게 합니다.

뿐만 아니라 우리에 대해서 부정적인 이미지를 갖게 하고 우리와의 관계를 다 끊어버리게 하고, 결과적으로 그 사람을 영적으로 죽여 버리고 맙니다. 그래서 야고보서 3장 6절에 "혀는 곧 불이요 불의의 세계라 혀는 우리 지체 중에서 온몸을 더럽히고 삶의 수레바퀴를 불사르나니 그 사르는 것이 지옥 불에서 나느니라"고 분명히 경고하지 않습니까?

그렇게 남을 험담하고 비방한다고 해서 자기가 높아지는 것도 아니고, 자기 의가 세워지는 것도 아니고, 자기 영광을 구할 것도 아무것도 없습니다. 오히려 사랑이 메말라버린 그들의 삶에는 지옥의 심판만 가까워 오고 있을 뿐입니다. 그러므로 우리가 적어도 하나님의 사람이라면 살아 계신 하나님 앞에서 두렵고 떨리는 마음으로 아무리 우리를 죽이려고 하는 원수 같은 사람에 대해서도 불쌍히 여기고 용서할 뿐만 아니라, 보다 더 적극적으로 따뜻한 사랑의 말 한마디로라도 위로할 수 있길 바랍니다.

지난 주일 오후 유태경 목사님의 미래로교회 목사 위임예배에 가서 교인들에게 권면을 하면서 목사에게 가장 큰 위로와 힘이 되는 것은 첫째는, 목사를 위해서 기도해주는 것이지만 둘째는, 말 한마디라도 따뜻하게 해주는 것이고 셋째는, 목사가 마음껏 목회할 수 있도록 전폭적으로 밀어주는 것이라고 했습니다.

부족한 종이 22년 전에 치유하는교회에 와서 어렵고 힘들 때 많은 교인들이 만날 때나 핸드폰 문자 메시지로 많이 위로해 주셨습니다. "목사님, 얼마나 힘드세요? 그래도 목사님, 꼭 힘내세요. 우리가 있잖아요?" 어디서 많이 듣던 소리 아닙니까? 그런데 그런 문자 메시지를 볼 때마다 눈물이 핑핑 돌았습니다.

이런 코로나19의 위기 속에서도 서로에게 힘을 주는 성령의 언어 3단계가 있는데, 첫째는, 서로 불쌍히 여기며 아픔을 위로하는 것이고, 둘째는, 어려움을 딛고 일어서도록 격려하는 것이고, 셋째는, 조금이라도 잘하는 것이 있으면 아낌없이 칭찬하는 것입니다.

칭찬은 돈 들어가는 것도 아니고 힘쓰는 것도 아니고 백을 쓰는 것도 아닌데, 사람을 살리고 힘을 쓰게 하고 기적의 역사를 일으킵니다. 이 칭찬이 바로 사랑의 언어의 최고의 클라이맥스인 것입니다. 칭찬은 우리의 감정으로 하는 것이 아니기 때문에, 우리가 성령 충만하지 않으면 어느 누구도 사랑으로 칭찬할 수가 없습니다.

이번 추석에 사랑하는 부모, 형제, 자녀 손들을 만나게 되어도 “나 때는 이랬다”고 잔소리나 하면 ‘라떼(?)부모’라고 해서 다 싫어합니다. 우리 부목사들도 제가 “내가 전도사 때는, 부목사 때는 이랬다”고 하면 듣기 싫어합니다.

더욱이 자영업자들이 모의장례식을 치를 정도로 최악이기 때문에 어려움 당하는 가정에 대해서 취조하듯이 너무 꼬치꼬치 묻지 마시기 바랍니다. 특히나 청년들은 더더욱 최악의 상황이기 때문에 자녀들에게 어떠한 도움도 못 주면서 “직장은 다니느냐, 언제 결혼하려느냐”는 등의 금기 질문은 꼭 피할 수 있길 바랍니다.

코로나19로 인해 가장 어려운 때 가족들을 위로하고 격려하고 칭찬하는 덕담만 나누고 돌아올 수 있길 바랍니다. 그러한 사람이 진정으로 주님의 십자가의 사랑을 뜨겁게 체험한 사람이고, 주님께서 크게 사용하는 사람이고, 주님께 놀랍게 영광 돌리는 사람입니다. 우리의 칭찬을 통해서 우리가 대하는 모든 사람들을 감동시키고, 변화시키고, 열매 맺게 하실 것입니다.

세계적인 경영컨설턴트인 켄 블랜차드(Ken Blanchard) 외 3인이 쓴 《칭찬은 고래도 춤추게 한다》라는 베스트셀러가 있지 않습니까? 조련사가 몸무게가 3톤이 넘는 범고래를 훈련시키면서 말이 통하지 않는 고래지만, 먼저 고래를 칭찬하며 사랑의 정감을 나누고 긍정적인 친밀한 관계로 이끌어줍니다. 실수를 해도 절대 야단을 치지 않고 기다려 줄 때 범고래가 자신의 능력 이상으로 점프하여 높은 줄을 뛰어넘는 멋진 범고래쇼를 보여주더라는 것입니다.

그러니 사람은 어떠하겠습니까? 그래서 잠언 27장 21절에 "도가니로 은을, 풀무로 금을, 칭찬으로 사람을 단련하느니라"고 분명히 증거하고 있습니다.

이번 추석에 사랑하는 부모, 형제, 자녀 손들을 만났을 때 눈에 거스르고 마음에 안 들고 잔소리를 하고 싶은 충동이 들 수도 있습니다. 그러나 그러한 것들은 다 하나님께 맡기고 하나님께 간구하면서, 코로나19로 인해 다들 어려운 때 위로와 격려와 칭찬의 덕담만 하고 돌아올 수 있길 바랍니다. 그리할 때 우리가 대하는 모든 사람들과의 관계가 화평케 되고 살아 계신 하나님께서 우리의 어려운 형편을 다 아시고 기적적으로 가장 좋은 것으로 응답해 주실 줄 확실히 믿습니다.

지난날에 대해서는 감사해야 함

마지막으로, 본문 5절 말씀을 다 함께 읽겠습니다.

> "그가 자기 생명을 아끼지 아니하고 블레셋 사람을 죽였고 여호와께서는 온 이스라엘을 위하여 큰 구원을 이루셨으므로 왕이 이를 보고 기뻐하셨거늘 어찌 까닭 없이 다윗을 죽여 무죄한 피를 흘려 범죄하려 하시나이까."

지난날 다윗이 골리앗에게 도전한 것은 자신의 생명을 건 일이었고, 골리앗을 죽임으로써 사울 왕도 살아나고 이스라엘도 구원을 받아서 왕 또한 이로 인해서 얼마나 기뻐했느냐는 것입니다. 그런데 이제 와서 지난날에 대해서 진정으로 감사하기보다 아무런 이유도 없이 다윗을 죽여서 무죄한 피를 흘리면, 하나님의 말씀(신 9:10, 21:8; 왕하 21:16, 24:4)을 어겨서 하나님께 범죄하게 되지 않느냐는 것입니다.

그러자 사울 왕의 마음이 풀어져서 다윗이 전과 같이 사울 왕에게 나아올 수 있었습니다. 사울 왕의 다윗의 살해 시도는 오늘 본문 이후 사무엘상 19장에서만 봐도 10, 11, 14, 15, 20절에 5번이나 계속됩니다.

우리도 지난날 우리의 부모님이나 형제나 자녀 손들로 인해 은혜를 입고 기뻐하고 감사할 때가 얼마나 많았습니까? 그런데 지금 좀 불만스럽고 불평스럽고 원망스럽다고 해서 주위 사람들을 외면하고 무시하고 해하려고 한다면, 이 얼마나 어리석고 불행한 일입니까?

지난 토요일에도 새벽기도회에 한 권사님이 자녀 상담을 하러 왔는데, 가족들이 세상적으로 화려하게 성공하지 못했다 할지라도 믿음으로 살고 건강하고 서로 인내하면서 가정을 무너뜨리지 않고 지키고 있는 것만 해도 감사해야 한다고 했습니다. 시편 103편 2절에도 "내 영혼아 여호와를 송축하며 그의 모든 은택을 잊지 말지어다"라고 분명히 명령하시지 않습니까?

그러므로 우리는 지난날의 하나님의 은혜나 부모, 형제 등 모든 사람들의 은혜를 결단코 잊지 말아야 합니다.

흔히들 추석 명절에 부모님이 오지 말라고 하신다고 해서 코로나19를 핑계대고 놀러가면서 부모님을 찾아뵙지 않는 것은 큰 불효입니다. 여러분이 할아버지, 할머니가 되어 보면 손주들을 보는 것이 예수님을 믿는 것 다음으로 큰 행복임을 알 수 있을 것입니다. 저도 지난 화요일 둘째 손자 영기(榮基)를 얻었는데, 그것이 얼마나 귀엽고 사랑스러워 보이는지 모릅니다. 세상에서 그렇게 귀엽고 잘생긴 신생아 있으면 나와 보라고 하고 싶습니다. 이것이 바로 '고슴도치 할아버지의 사랑'입니다.

그러니 할아버지, 할머니들에게 여러분보다도 손주를 보여드리기 위해서라도 가야 합니다. 마스크만 잘 쓰고 있고, 음식 드실 때 말 안 하면 아무런 문제 없습니다. 1년 중 설날, 추석 명절에 두 번 찾아뵙는데, 그것마저도 못하면 살아생전에 언제 부모, 형제를 찾아뵙겠습니까? 우리가 찾아가서 사랑하며 감사하며 섬겨야 마지막으로라도 복음을 전해서 그들을 구원하고 치유하고 제자 삼을 수 있는 것입니다.

그런데도 우리의 모든 불행과 고통의 또 하나의 근본적인 원인은, 원수를 사랑하지 못하고 범사에 감사하지 못하기 때문입니다. 그래서 우리가 평생토록 굳게 붙잡아야 할 신앙의 두 기둥이 말씀과 기도라면, 삶의 두 기둥은 사람들에 대한 사랑과 모든 환경에 대한 감사입니다. 이 사랑과 감사는 그냥 되는 것이 아니라 우리가 말씀과 기도로 성령 충만하게 될 때 자연스럽게 되는 것입니다.

그런데 그렇게 가르쳐주고 강조해도 다 잊어버리고, 사랑과 감사라는 두 기둥을 놓쳐버리기 때문에 평생토록 스스로 삶의 불행과 고통에서 헤어 나오지 못합니다. 그러니 어떻게 합니까? 3초의 기억력을 가진다는 금붕어처럼 다 잊어버려도 감사합니다. 왜냐하면 늘 새롭게 가르칠 수 있기 때문입니다.

그리고 여러분이 실천하고 천국의 축복과 행복의 감격을 누릴 때까지 기다리는 것입니다. 우리가 평생을 천국의 축복과 행복의 감격 속에 살기 위해서 의식적으로 감사해야 하는데, 감사가 안 되시는 분들은 저(이름)를 기억하십시오. 그래야 의식적으로 감사하게 되고 틀림없이 삶의 행복과 축복을 회복하게 됩니다.

특히 이 감사에 대해서 설교의 왕이라고 불렸던 영국의 찰스 스펄

전(Charles Spurgeon) 목사님은 "세상 사람들은 원수는 돌에 새기고 은혜는 물에 새기지만, 영적인 성도는 원수는 물에 새기고 은혜는 돌에 새겨야 한다"라고 그토록 강조하셨습니다. 그래서 지난날에 대해서 모두 다 감사하며 살아야 우리가 어떠한 불행과 고통 속에서도 진정으로 행복할 수 있고, 축복 되게 일생을 살아가게 되는 것입니다.

미국 미시시피 주의 한 시골에서 딸아이가 사생아로 태어났는데, 불행하게도 어머니에게까지 버림을 당하고 할머니 밑에서 자랐으니 얼마나 외롭고 힘들었겠습니까? 저도 초등학교 5학년 때 부모님을 떠나 할머니 밑에서 자라나서 그 심정을 조금이나마 이해할 수 있습니다. 그런데 더욱 충격적인 것은 9살 때 사촌오빠에게 성폭행을 당하고, 14살 때 자신도 미혼모가 되어서 낳은 아들을 2주 후에 잃는 슬픔까지 겪어야 했습니다. 소녀 시절 인간으로서는 말로 다할 수 없는 불행과 고통을 겪으면서 몇 번이고 죽고 싶은 심정뿐이었습니다.

그 후 멀리 테네시 주의 이발사였던 아버지에게 보내졌지만 외롭고 힘들게 살았습니다. 그러던 중 그녀의 삶에 획기적인 전환점이 된 사건이 일어났습니다. 자신처럼 성적 학대를 당했던 흑인 여성인 마야 안젤루(Maya Angelou)가 쓴 《새장에 갇힌 새가 왜 노래하는지 나는 아네》(*I Know Why the Caged Bird Sings*)라는 책을 읽고 새로운 희망과 용기를 얻게 되고, 자신의 하루의 삶을 돌이켜보면서 매일 감사할 일 다섯 가지를 찾아 감사일기를 쓰기 시작했습니다.

우리가 보기에는 너무도 하찮은 일 같지만, 매일 다섯 가지 감사를 하기 시작하면서 그녀는 불행과 고통의 삶 속에서 새로운 위로와 희망을 얻고 일어서게 되었습니다. 그리하여 고등학생 때 라디오 방송국에서 아르바이트를 하다가 하나님의 축복으로 놀랍게도 고등학교를 졸업하고, 19세에 지역 방송국 뉴스 아나운서로 발탁이 되어서 결국 하나님의 기적적인 축복 속에 그녀가 진행하는 토크쇼가 세계적인 대성공을 거두게 되었습니다. 그녀가 바로 미국에서 가장 인기 있는 유명한 방송인이고, 흑인 여성으로 최고의 재벌인 오프라 윈프리(Oprah Winfrey)입니다.

이처럼 매일 감사한 것, 이 한 가지가 오프라 윈프리를 살렸을 뿐만 아니라, 기적적인 축복을 누리면서 자신과 같은 불우한 인생을 사는 여인들을 위한 위대한 축복의 통로로 쓰임 받게 된 것입니다.

우리는 어떠합니까? 우리의 신앙생활 가운데 조금만 어려운 일이 닥치면 감사를 잃어버리고, 스스로 불행에 빠져서 고통 속에서 헤어나지 못합니다. 더욱이 평생 뼈 빠지게 고생해 놓고도 지금까지 고생한 것을 안 알아준다고 자신의 감정을 다 쏟아부어서 한순간에 고생을 헛되이 날려버리는 사람들이 얼마나 많습니까? 이 얼마나 어리석은 사람들입니까?

그러면 상대방은 여러분에게 불평과 원망이 없어서 참고 사는 줄 아십니까? 천만의 말씀, 만만의 공덕입니다. 그런데 그렇게 불평하고 원망한다고 하나님이 알아주시겠습니까? 사람들이 알아주겠습니까? 우리가 진정으로 주님을 바라보고 살아왔다면 모든 것을 다 하나님께 맡기고 감사해야 합니다.

그래서 주님께서 데살로니가전서 5장 18절에 “범사에 감사하라 이것이 그리스도 예수 안에서 너희를 향하신 하나님의 뜻이니라”고 모든 일에 대한 감사를 그토록 강조하신 것입니다. 그러므로 우리가 이번 추석이나 우리의 여생에 더 이상 불만이나 불평이나 원망을 다 멈추고, 오히려 주님 앞에 다 쏟아붓고 지난날의 모든 일에 대한 감사부터 회복해야 합니다. 그리할 때 우리가 대하는 모든 사람들이 사랑스러워지고, 자신의 모든 삶의 불행이 행복으로 바뀌고, 자신의 모든 삶의 실패가 축복으로 기적적으로 변하게 될 줄 확실히 믿으시기 바랍니다.

부족한 종이 군대에 다녀와서 장로회신학대학원에 1학년 복학을 하면서, 그때 대한예수교장로회 총회장이셨던 노량진교회 림인식 목사님을 만나 그 밑에서 6년 동안 목회의 훈련을 받게 된 것이 저의 신앙과 목회에 커다란 전환점이 되었습니다. 림 목사님에게서 예수님의 사랑의 섬김의 목회를 철저히 배울 수 있었기 때문에, 저는 평생토록 림 목사님의 은혜를 잊을 수가 없고, 어디 가나 그분에게서 받은 은혜를 증거하며 살아갈 것입니다.

그런데 그렇게 사랑으로 섬기시는 림 목사님에게도 괴롭히는 장로님들이나 권사님들이나 집사님들이 있었습니다. 불평과 원망이 많은 그들이 더 많은 문제를 안고 있었지만, 림 목사님은 그들에 대해서 한 번도 안 좋은 말씀을 하시는 것을 듣지를 못했습니다. 오히려 주님의 십자가의 사랑으로 그들의 모든 허물을 다 덮어주시고, 오히려 끝까지 변함없는 사랑을 베푸시면서 '살리는 목회'를 하셨습니다. 그것을 보면서 림 목사님은 체격은 작으시지만 마음만은 태평양처럼 넓기에 '작은 거인'(Little Giant)이라는 별명을 제가 붙여 드렸습니다.

그래서 사례비는 적고 일은 많고 3개 부서를 맡아 일하면서 속썩이는 교인들이 힘들게도 했지만, 한 번도 불평하거나 원망하지 않고 늘 감사하면서 열심히 일하며 배웠습니다. 너무도 분주했던 심방전도사 시절에 사랑하는 딸을 잃었을 때도 어느 누구도 원망하지 않았고 다 저 때문이라며 하나님 앞에 엎드렸습니다.

그런데 제가 1989년 유학의 길에 올라 노량진교회를 떠난 후의 일입니다. 당시 재정부장 장로님이 사업을 크게 하신 분이셨는데, 회사에 급전이 필요해서 교회 재정에서 3억여 원을 급히 인출해 사용했다가 채워 넣지 못했는데, 결국에는 연말 감사에서 드러나서 교회가 발칵 뒤집히고 말았습니다. 30년 전의 3억은 지금의 30억 원 가까운 거액이어서 긴급 임시당회가 열렸습니다.

림 목사님께서는 그 3억여 원의 돈을 목사님의 퇴직금으로 변제해 달라고 당회에 요청을 하고, 재정부장 장로님은 시무 장로직을 내려놓고 근신하면서 휴무토록 했습니다. 그리고 그 장로님의 허물이 당회 밖으로 더 이상 새어 나가 교인들을 시험에 빠지지 않도록 조용히 다 덮어버리시 교회는 평온하게 그 어려운 시험을 다 이겨내고, 그 후 목사님은 은혜롭게 은퇴하시게 되셨습니다.

그런데 그 빚은 장로님이 다 갚아야 했겠지만, 림 목사님은 은퇴하신 후에도 지금 94세로 장수하시고 지금까지 한국교회를 대표하시는 목사님으로 귀하게 쓰임 받으시면서 하나님의 영광을 크게 드러내고 계십니다. 저는 지금도 매년 새해 첫날 세배를 드리기 위해 림 목사님을 찾아뵙는데, 늘 인자하시고 포근한 영의 아버지로서의 사랑의 권면을 해주셔서 갈 때마다 늘 새롭게 들려주시는 '살리는 목회'의 교훈들을 가슴에 새기며, 지금까지 이렇게 하나님의 축복과 행복의 감격 속에 목회해 올 수 있었습니다.

그런데 이렇게 훌륭하신 목사님들과 함께할 수 있는 날들이 많이 남아 있지 않다는 것이 우리의 큰 슬픔입니다. 지난 화요일에도 세계 최대의 교회로 부흥시키시고 한국 교회를 전 세계에 알리신 여의도 순복음교회 조용기 원로목사님이 하늘나라로 떠나가셨습니다. 모두 다 한국 교회의 2세대 영적 지도자들이십니다. 부족한 종이 20세 때 주의 종으로 부르심을 받고 성경의 뜻을 잘 몰랐기에 이상근 목사님의 주해성경을 읽으면서 하나님의 말씀을 배웠습니다. 성령님에 대해서는, 매 주일 여의도 순복음교회 오후 4시 예배에 꼭 참석해서 조용기 목사님의 설교를 듣고 저서를 읽으면서 성령님의 은혜를 체험하며 훈련을 받았습니다.

그분들은 성경과 성령의 두 기둥을 붙잡고만 목회하셨고, 저희는 그러한 목사님들의 영적 모범과 감화를 받으며 자라났는데, 이제 한 분씩 다 떠나가십니다. 지난날 한국 교회를 영적으로 이끌어주시고 우리의 모범과 사표가 되어주셨던 목사님들이 한 분씩 떠나가신다는 것은 우리 모두의 슬픔이 아닐 수 없습니다. 추석이 다가오니까 부모님이 먼저 떠나가신 것만 해도 그렇게 슬픈데, 그 누구보다도 신앙과 목회의 아버지이신 림 목사님마저도 떠나가신다면 육신의 아버지가 돌아가신 것 이상으로 너무도 외롭고 힘들고 슬프고 눈물 날 것 같습니다.

사랑하는 성도 여러분, 우리의 사랑하는 부모님, 형제들, 자녀 손들도 언제 우리 곁을 떠나갈지 아무도 모릅니다. 그러므로 이번 추석이 우리 생애 그들을 대하는 마지막이듯이, 모든 가족들에게 십자가의 사랑을 안고 가서 어떻게 해서든지 사람을 살리고 사람에 대해서 칭찬해 주고, 지난날에 대해서는 감사해야 합니다. 그리할 때에 이번 추석 연휴가 그 어느 해보다도 은혜롭고 축복되고 행복하게 될 줄 확실히 믿습니다.

다 함께 결단의 찬송으로, 이번 추석에 모두 다 주님의 사랑의 행복 전도자로 모두 다 쓰임 받기를 간절히 바라는 마음으로 복음성가 '행복'을 함께 부르며 믿음으로 결단하도록 하겠습니다.

화려하지 않아도 정결하게 사는 삶
가진 것이 적어도 감사하며 사는 삶
내게 주신 작은 힘 나눠주며 사는 삶
이것이 나의 삶의 행복이라오
눈물 날 일 많지만 기도할 수 있는 것
억울한 일 많으나 주를 위해 참는 것
비록 짧은 작은 삶 주 뜻대로 사는 것
이것이 나의 삶의 행복이라오
이것이 행복 행복이라오
세상은 알 수 없는 하나님 선물
이것이 행복 행복이라오
하나님의 자녀로 살아가는 것
이것이 행복이라오

복의 근원 되시는 하나님 아버지, 지난 한 해 베풀어주신 은혜와 축복을 진심으로 감사하옵나이다. 이번 추석 연휴에도 사랑하는 부모, 형제, 자녀 손들을 만나게 될 때 십자가의 사랑을 안고 가서 어떻게 해서든지 사람을 살리게 하여 주시옵소서! 사람에 대해서 칭찬하게 하여 주시옵소서! 지난날에 대해서는 감사하게 하여 주시옵소서! 그러함으로 그 어느 해보다 은혜롭고 축복되고 행복한 추석이 되게 하여 주시옵소서. 예수님의 이름으로 간절히 축복하며 기도하옵나이다. 아멘!

인생을
어떻게 헤쳐 나갈 것인가

사무엘상 20:1-4

추석 연휴 잘 보내셨습니까? 명절 연휴를 보내고 나면 우리는 아쉬움의 허탈감을 많이 느낍니다. 특히 하나님의 말씀대로 승리하지 못했을 때 더욱더 그렇습니다. 그렇다면 오늘 본문 말씀에 나오는 다윗과 요나단의 관계 속에서 우리의 지나간 삶의 문제가 무엇이었는가를 돌이켜보면서, 남은 험난한 인생을 어떻게 헤쳐 나갈 것인가, 이 시간도 들려주시는 하나님의 음성을 다 함께 들을 수 있길 바랍니다.

모든 문제를 사랑의 대화로 풀어야 함

먼저 본문 1절 말씀을 다 함께 읽겠습니다.

"다윗이 라마 나욧에서 도망하여 요나단에게 이르되 내가 무엇을 하였으며 내 죄악이 무엇이며 네 아버지 앞에서 내 죄가 무엇이기에 그가 내 생명을 찾느냐."

사울 왕이 사무엘 선지자가 머물던 라마 나욧(처소)에 가서 하루종일 성령님의 감동을 받아 예언을 하고 있는 동안에 다윗은 라마를 떠나 약 3km 떨어진 기브아(삼상 10:26)에 있던 요나단에게 갑니다. 성령님의 간섭으로 모두 실패하였지만, 사무엘 선지자에게 가서 피해 있던 다윗을 죽이려는 사울 왕의 계속적인 살해 시도가 있었기 때문입니다.

다윗은 요나단의 도움을 구하려고 기브아로 돌아가서 자신이 무엇을 잘못하였으며, 자신의 죄악이 무엇이며, 요나단의 아버지 사울 왕 앞에서 자신의 죄가 무엇이기에 자신의 생명을 그토록 찾는지 물으면서, 결코 보복을 계획하거나 복수를 감행하지 않고 모든 문제를 대화로 풀어가길 원합니다.

우리도 살아가면서 어떠한 원수와의 관계든지 대화로 문제를 풀어가야 합니다. 그토록 철전지 원수지간이었던 남북 간에도 대화를 시도하는데, 우리가 대화로 못 풀 문제가 어디에 있겠습니까? 그런데 상처의 감정이 앞서서 대화 시도를 안 하기 때문에 오히려 관계가 점점 더 악화되고, 감정의 골은 더욱 깊어만 가고 문제가 더욱 심각한 상태에 빠지는 것이 우리의 문제입니다. 더구나 우리의 또 하나의 문제는 대화의 시도를 해도 상대방의 입장을 전혀 고려하지 않고 상대방의 소리를 들으려고 하지도 않고 일방적으로 자신의 감정만 쏟으려고 하는 데 있습니다. 그것은 더 이상 대화(dialogue)가 아니라 독백(monologue)일 뿐입니다.

그런데 우리가 이처럼 자기 말만 쏟아놓는 근본 이유는, 우리가 성격이 급해서도 그렇지만 너무 교만해서 상대방에 대해 존중하는 마음이 없기 때문에도 그렇습니다. 상대방을 진정으로 존중한다면 말을 들어주십시오. 부부간은 말할 것도 없고 부모님의 말씀이나 자녀 손들의 말까지 들어주십시오. 때로는 말이 안 되는 것 같아도 "응, 그래!" 하고 공감해 주면서 꼭 들어주십시오. 사실 우리가 상대방의 소리를 들어주기만 해도 '치유적 경청'(therapeutic listening)이라고 해서 문제의 50%는 치유를 받습니다. 그래서 야고보서 1장 19-20절에 "내 사랑하는 형제들아 너희가 알지니 사람마다 듣기는 속히 하고 말하기는 더디 하며 성내기도 더디 하라 사람이 성내는 것이 하나님의 의를 이루지 못함이라"고 명령하시지 않습니까?

여러분, 듣기는 속히 하고 말하기는 더디 하고 성내기도 더디 하라고 인간의 귀는 두 개이고(한쪽 귀로 듣고 한쪽 귀로 흘러버리라) 입은 하나인 것입니다. 만약에 거꾸로 귀는 하나이고 입은 둘 달아놓았으면, 지금도 말이 많고 시끄러운 세상인데 우리는 갑절로 말 많은 세상에서 상처를 수없이 받고 미쳐버릴지도 모릅니다.

우리가 가슴에 깊은 상처를 받는 것은 다른 것 때문이 아니라 일방적으로 쏟아붓는 그 놈(?)의 말들 때문입니다. 더욱이 우리의 분노 때문에 깊은 상처를 받고 불행의 눈물을 흘리고 가슴에 응어리진 감정을 주체할 길이 없어서 다시는 그 인간들을 만나고 싶은 마음이 다 사라지고 맙니다. 우리는 상대방의 이야기를 다 들어준 다음에 우리의 마음에 있는 사고와 감정과 의지를 표현해야 하는데, 이 표현을 할 때 에베소서 4장 29절에 "무릇 더러운 말은 너희 입 밖에도 내지 말고 오직 덕을 세우는 데 소용되는 대로 선한 말을 하여 듣는 자들에게 은혜를 끼치게 하라"고 강조하시지 않습니까?

그러면 우리가 어떻게 은혜를 끼치는 대화를 할 수 있습니까? 그것은 상담학의 대화기술에서 보면 '나 진술법'(I-statement)을 사용하는 것입니다. 미국 미네소타 대학교의 부부 의사소통(couple communications) 프로그램을 보면 이렇게 표현하라고 합니다.

(1) 사실: "그게 어떻게 된 거예요?" "나는 이렇게 보았어요."
(2) 사고: "그것을 어떻게 생각해요?" "나는 이렇게 생각해요."
(3) 감정: "거기에 대해 어떻게 느껴요?" "나는 이렇게 느껴요."
(4) 소망: "그것이 어떻게 되길 바래요?" "나는 이렇게 되길 바래요."
(5) 행동: "그것을 어떻게 할 거예요?" "나는 이렇게 노력할게요."

이렇게 나를 주어로 말하면 상대방의 마음을 상하게 하는 것이 아무것도 없으면서 자신의 의사를 다 표현할 수 있습니다.

여기에 덧붙여서 '미고사축'의 사랑의 천국 방언을 해보십시오. "미: 미안해요, 고: 고마워요, 사: 사랑해요, 축: 축복해요" 이 네 마디 말만 해도 우리의 사랑을 얼마든지 표현할 수 있고, 더 나아가 이 간단한 사랑의 천국 방언이 우리의 마음을 다 열게 합니다. 그래서 우리의 지난날의 모든 상처도 치유하고, 결국에는 우리의 모든 관계를 화평케 합니다. 사랑하며 살아도 짧은 인생인데, 왜 이 사랑의 천국 방언을 못하겠습니까?

저는 요즘에 미국에 있는 두 살 난 큰손자와 아침, 저녁으로 영상통화를 하는 것이 큰 낙인데, 이 애가 자기 기분 좋을 때는 "할비, 사랑해요!" 하고 곧잘 인사를 잘합니다. 그런데 자기가 기분 나쁜 일이 있을 때는 "할비, 사랑해요!"를 안 합니다. 제가 "할비, 사랑해요!" 소리를 들으려고 아무리 노력해도 소용이 없습니다. 그러던 어느 날 제가 이 아이의 마음을 풀어 줄려고 "우리 은기, 최고! 사랑해요!"를 되풀이하였더니 금방 "할비, 사랑해요!" 하는 것입니다. 그래서 그때 깨달은 것은, 어린아이라도 우리가 먼저 사랑을 전하는 것이 이렇게 중요하구나 하는 것을 다시 한번 깨달았습니다.

이처럼 우리가 먼저 상대방의 소리를 들어주고, 상대방의 마음을 들어주고, 상대방의 입장을 들어주고, 그다음에 우리의 생각도 말하고 느낌도 말하고 바람도 말해야 하는 것입니다. 이처럼 우리가 상대방의 아픔을 속히 듣고 말하기는 더디 하고, 성내기도 더디 하고 기다리면서 대화하면, 주님 안에서의 사랑의 대화 가운데 우리 인생에 못 풀 문제가 없을 줄 확실히 믿으시기 바랍니다.

긍정적인 믿음을 가져야 함

계속해서 본문 2절 말씀을 다 함께 읽겠습니다.

> "요나단이 그에게 이르되 결단코 아니라 네가 죽지 아니하리라 내 아버지께서 크고 작은 일을 내게 알리지 아니하고는 행하지 아니하나니 내 아버지께서 어찌하여 이 일은 내게 숨기리요 그렇지 아니하니라."

다윗의 질문에 대해서 요나단은 '결단코 아니라'(חָלִילָה, 할릴라)고 강한 부정을 합니다. 다윗이 죽지 아니하리라는 것입니다. 아버지 사울 왕이 크고 작은 일을 요나단에게 알리지 아니하고는 행하지 아니하는데, 더욱이 얼마 전에 사울이 요나단에게 맹세하기를 "여호와께서 살아 계심을 두고 맹세하거니와 그(다윗)가 죽임을 당하지 아니하리라"(삼상 19:6)고 분명히 약속했기 때문에 사울 왕이 결코 다윗을 죽일 일은 없을 것이라는 것입니다.

요나단은 아버지 사울 왕이 사탄의 역사로 일시적인 광기가 발작할 경우를 제외하고는 결코 그럴 리가 없다고 하면서, 아버지 사울 왕이 다윗을 죽이지 못하리라고 믿었습니다. 무엇보다도 하나님께서 다윗을 지켜주실 것을 믿으며 모든 것을 긍정적인 신앙으로 받아들이고 오히려 다윗을 위로해 줍니다.

우리도 이 요나단과 같이 긍정적인 복음 신앙을 가지고 첫째, 하나님은 분명히 살아 계시고 둘째, 우리를 뜨겁게 사랑하시고 셋째, 우리의 작은 기도에 가장 좋은 것으로 응답하시고 넷째, 우리의 영·혼·육을 기적적으로 치유하시고 다섯째, 세상 끝까지 우리와 항상 함께하시는 줄 분명히 믿어야 합니다. 매사에 부정적이고 비판적으로 보면 우리 인생이 낙심과 좌절 가운데 절망과 고통에서 헤어 나올 수 없습니다. 그런데 그렇게 아무런 유익도 주지 못하는 부정적이고 비판적인 생각이나 말이나 행동을 왜 합니까?

지난 화요일 추석 새벽기도회를 마치고, 교회 납골당에 안치한 부모님께 인사를 드리러 형님 장로님 내외분과 오가는 길에 이런 반갑지 않은 소리를 들었습니다. 형님 장로님이 약국을 경영하고 있는데, 약국에 와서 까다롭게 구는 사람들은 놀랍게도 대부분 교인들이라는 것입니다. 세상 사람들은 오히려 너그럽고 상식적으로 대화가 통하는데, 교인들은 심지어 약봉지를 다 찢어놓고 바꿔달라고 한다는 것입니다. 하나님의 백그라운드가 있어서 그런지 너무도 자기중심적이고 말도 안 되는 소리로 끝까지 우긴다면서 "뭐가 문제냐?"고 저에게 물었습니다.

그래서 제가 그렇게 대답을 했습니다.

"그렇게 자기중심적이고 밴댕이 소갈머리같이 속 좁은 사람들은 진정한 의미로 그리스도인이 아니에요. 십자가의 사랑을 체험했다면 그런 이기적이고 감정적이고 자기중심적인 삶을 살라고 해도 못 살아요. 그런 사람들은 세속적이고 기복적이고 인본적인 종교 생활을 하는 사람들로서 그들이 아무리 목사, 장로, 권사, 집사가 되어도 누구든지 하나님을 사랑하노라 하고 형제를 미워하면 이는 눈에 보이는 형제를 사랑하지 못하는 세상 사람들과 똑같은 사람들인 거예요.

이 모든 것이 근본적으로 한국교회 목사들이 양 떼들을 거짓과 가식과 위선과 독선의 종교인으로 잘못 길러내서 그렇고요. 또 아무리 강단에서 목이 터져라 외쳐도 사탄이 그 치유의 복음의 말씀을 삶에 뿌리내리지 못하도록 자기 의와 교만과 타성과 침체로 가로막아 버렸기 때문에 그래요. 그러니 너무 실망하지 말고 하나님의 심판에 다 맡기세요!

우리라도 십자가의 사랑으로 그들을 다 용서하고요. 때로는 자존심이 상하고 손해를 보더라도 끝까지 섬기면요, 복의 근원 되시는 하나님께서 분명히 살아 계시기 때문에 결국에는 선악 간에 다 심판하시고요. 믿음의 복으로 우리의 여생과 자손들까지 천 배 만 배로 다 갚아주실 줄 확실히 믿습니다!"라고 위로하고 돌아왔습니다.

부정적이고 비판적인 근본 원인은, 진정으로 십자가의 사랑을 체험하지 못하고 지난날의 마음의 상처가 치유를 받지 못해서, 우리의 매사를 부정적이고 비판적으로 만들어 버린 것입니다. 더 나아가 살아 계신 하나님께 대한 긍정적인 믿음을 갖지 못하게 하니까 인생의 불행과 고통에서 헤어 나오지를 못하고, 매사에 낙심하고 좌절할 수밖에 없습니다.

그러므로 이처럼 매사에 부정적이고 비판적인 사람들은 십자가의 주님부터 새롭게 만나고, 주님의 십자가의 사랑을 먼저 체험하고, 그 사랑으로 어떠한 원수라도 다 용서함으로 지난날의 상처부터 치유를 받아야 합니다. 그리할 때 가장 먼저는 마음이 평안해지니까 모든 생각도 긍정적이 되고, 모든 말이나 행동도 적극적이 되고, 모든 삶이 희망적이 되고, 모든 신앙생활도 축복되고 행복해집니다.

1998년 미국 심리학협회 회장이었던 마틴 셀리그먼(Martin Seligman) 박사가 주창한 긍정심리학(positive psychology)이 있습니다. 개인의 행복이 기존 가치관에 의한 부귀나 명예나 세상적인 조건에 의해서 좌우되는 것이 아니라, 긍정적인 사고로부터 시작하여 가족이나 사회나 일이나 모든 활동들을 긍정적으로 받아들이고 실천해 나갈 때 우리 자신의 행복에 크게 영향을 미친다는 것입니다. 그러나 이 모든 세상의 학문이나 심리학이나 상담치료에 이르기까지 사실은 그 원리가 성경에 다 나와 있는데, 성경에서 바로 이 긍정적인 믿음을 수없이 강조하고 있습니다.

이기적이고 감정적이고 자기중심적인 사람들로 인해 우리는 수많은 상처를 받고 시험에 빠지고 실망할 수 있습니다. 그런데 시편 42편 5, 11절, 43편 5절에 "내 영혼아 네가 어찌하여 낙심하며 어찌하여 내 속에서 불안해 하는가 너는 하나님께 소망을 두라 그가 나타나 도우심으로 말미암아 내가 여전히 찬송하리로다"고 세 번씩이나 연이어서 강조하시지 않습니까? 그러므로 아무리 낙심되고 우리가 불안한 현실 속에 있더라도 주님만 바라보고, 주님만 의지하고, 주님으로부터 위로받고 새 힘을 얻으며 살아갈 수 있길 바랍니다.

30대 여 집사님이 지난 수요일 저녁 추석 찬양콘서트를 마치고 밤늦게 이런 문자메시지를 보내왔습니다.

"목사님, 오늘도 은혜 많이 받았습니다. 추석 동안 승리하고 왔어요. 꼭 감사하다고 말씀드리고 싶었는데 바쁘신 듯하여 돌아섰습니다. 목사님 말씀에 은혜받고 추석 내내 많은 고비가 있었지만, 그때마다 '나는 죄인인데 뭘…' 하고 웃었더니 좋게 좋게 모든 순간이 주님의 은혜로 잘 넘어갔어요. 응어리진 마음도 오늘 주님께 치유 받았습니다. 너무도 감사드려요."

이 얼마나 감동적인, 긍정적인 믿음의 승리의 고백입니까? 그러므로 우리가 인간의 생사화복(生死禍福)을 주관하시는 하나님께 소망을 두면, 어떠한 인생의 절망적인 상황 속에서도 내일의 희망을 안고 긍정적인 믿음을 가지고 일어서며, 인생의 어떠한 불행과 고통도 다 이겨내고 최후 승리를 얻게 될 줄 확실히 믿습니다.

죽음이 가까이 있음을 잊어선 안 됨

마지막으로, 본문 3절 말씀을 다 함께 읽겠습니다.

> "다윗이 또 맹세하여 이르되 내가 네게 은혜받은 줄을 네 아버지께서 밝히 알고 스스로 이르기를 요나단이 슬퍼할까 두려운즉 그에게 이것을 알리지 아니하리라 함이니라 그러나 진실로 여호와의 살아 계심과 네 생명을 두고 맹세하노니 나와 죽음의 사이는 한 걸음뿐이니라."

다윗은 요나단이 아버지 사울 왕의 살해 계획에 대해 왜 모르는지 말하며, 이에 대해 맹세하며 분명히 밝힙니다. 다윗이 요나단에게 은혜받은 줄을 사울 왕이 밝히 알고, 요나단이 슬퍼할까 두려워서 그에게 알리지 아니한 것뿐이지, 사무엘상 18, 19장에서만 해도 그를 8번에 걸쳐 계속해서 죽이려고 한다는 것입니다(삼상 18:11, 25, 19:1, 10, 11, 14, 15, 20).

그래서 진실로 여호와의 살아 계심과 요나단의 생명을 두고 맹세하노니 다윗과 죽음의 사이는 '한 걸음'이라고 했는데, 히브리어로 이는 פֶּשַׂע(페사으)로서 원래 '걸음'이라는 뜻의 명사형인데, 다윗이 한 걸음만 움직여도 사울 왕에게 죽임을 당할 수밖에 없는 정도로 절체절명의 위기 가운데 있음을 밝히고 있습니다.

요나단은 다윗의 설명을 듣고 사정이 절박함을 알게 되고, 다윗의 마음의 소원이 무엇이든지 요나단이 다윗을 위하여 이루리라고 약속합니다. 이처럼 죽음의 위기를 맞이하여 원수의 아들에게 안타까운 사정을 말하는 다윗과, 아버지의 뜻을 거스르면서까지 다윗을 도우려는 요나단 사이의 우정은 참으로 놀라운 것이었습니다. 그리하여 사무엘상 18상 3-4절에 이어 20장 12-16절에서 두 번째 사랑의 우정의 언약을 맺게 됩니다.

우리의 인생이 그러합니다. 우리도 너무 죽음 가까이 살아갑니다. 사실 엄밀한 의미에서 보면 시한부 환자는 자신이 세상을 떠날 날을 대략이라도 알고 사는 사람이고, 우리는 언제 어떻게 세상을 떠날지조차도 모르고 살아가는 사람이니까 우리가 훨씬 더 불안하게 살아가고 있는 것입니다. 그런데 우리의 문제는 죽음을 잊어버리고, 이 땅 위에 천 년 만 년 살 것처럼 착각을 하는 데 그 심각성이 있습니다. 우리는 하루하루, 한 주 한 주 이 죽음의 문에 가까이 다가가고 있는 것입니다.

지난 월요일에도 우리 치유하는교회 한 집사님, 권사님의 모친 장례예배를 인도했습니다만, 우리는 이 땅에 천 년 만 년 살 것으로 착각을 하기 때문에 죽음을 실감도 못하다가, 뜻하지 않게 부모, 형제가 세상을 떠나게 되면 그때 깨닫게 됩니다. 죽음이 그렇게 곁에 늘 가까이 다가와 있다는 것을 결단코 잊어서는 안 됩니다. 지난날 우리의 부모, 형제들이 세상을 떠나가셨듯이, 이제는 우리도 떠날 날이 점점 더 가까이 다가오고 있습니다.

인생의 모든 문제가 죽음 앞에서 다 무너지고 다 끝나게 되는데, 죽음 앞에 깨어 있지 못하니까 우리의 신앙이 육신적이고 세상적인 인본주의에 빠지게 되고, 그것마저도 깨닫지 못하고 살아가는 데 인생 문제의 심각성이 있는 것입니다. 그러나 우리가 이 죽음에 깨어 있을 때 우리는 더욱 신실하고 성결하고 충만하게 살아가게 됩니다.

20세기를 대표하는 정신의학자이며 임종자를 위한 호스피스운동의 창시자인 엘리자베스 퀴블러 로스(Elisabeth K bler-Ross) 박사가 데이비드 케슬러(David Kessler) 박사와 함께 쓴 《상실 수업》(*On Grief and Grieving*)은 그녀가 9년 동안 투병 생활을 하면서 죽음을 앞두고 쓴 마지막 책입니다.

그녀는 그 책에서 인생의 마지막 수업인 죽음이라는 '상실'에 대해서, 우리가 언젠가는 맞이하게 될 죽음을 내 삶의 일부처럼 상처를 치유하고, 상실과 함께 살아가는 법을 가르쳐 주고 있습니다. 첫째는 부정(Denial), 둘째는 분노(Anger), 셋째는 타협(Bargaining), 넷째는 우울(Depression), 다섯째는 수용(Acceptance)의 5단계를 거치면서 죽음을 자연스럽게 받아들이고, 죽음의 순간 전에 꼭 하고 싶은 그 일을 지금 하면서, 생의 마지막 순간까지 사랑하고 웃으며 살다 가라는 강력한 메시지를 우리에게 던져주고 있습니다.

사실 우리가 마지막 때까지 믿음을 가지고 소망 가운데 사랑하며 산다는 것이 결코 쉬운 일이 아닙니다. 그러나 늘 죽음 가까이 있음을 깨닫고 산다면, 언제 죽을지 모르는데 무얼 그렇게 욕심을 부리고 불평하고 원망하면서 불행과 고통 가운데 살 이유가 있겠습니까? 죽음이 가까이 있음을 잊지 않을 때, 이 땅에 사는 동안에도 주님의 십자가에서 매 순간 죽으면 자연스럽게 날마다 천국의 축복과 행복의 감격 속에 살아갈 수 있는 것입니다.

지난 수요일 저녁 추석찬양콘서트에 충청노회장이신 유병현 목사님의 부인 되는 박경옥 사모님이 오셔서 너무도 은혜로운 간증과 찬양을 들려주셨습니다. 자녀가 안 생겨 수정관아이 시술을 수차례 하고, 상태가 안 좋아 유산을 7번이나 하고, 심장병으로 인해 마취를 못하고 생살을 찢는 수술을 두 번씩이나 하게 되니까 매번 입에다가 "하나님, 나 죽고 싶어요! 못 살겠어요! 이혼하고 싶어요! 더 이상 고통스러워 못 살겠어요" 하는 저주의 말을 입에 달고 살았다고 합니다.

더구나 마지막으로 마취도 안 하고 생살을 째는 수술을 할 때는 의사에게 욕까지 터져 나올 정도였다고 합니다. 사모님이지만 그렇게 지옥과 같은 불행과 고통 속에서 10여 년을 살았습니다. 결국 마지막 수술을 하다 정신을 잃었는데, 깨어나면서 사모님 생애의 결정적인 전환점이 된 십자가의 환상을 목격하고, 그 순간 자신의 마음에 가득 찼던 불신과 불만과 불평과 원망과 불행과 고통까지도 주님의 십자가 앞에 다 내려놓았다고 합니다.

"이제는 저는 죽었으니까 주님 마음대로 하세요! 저 자녀 없어도 주님 사랑해요! 주님 한 분만으로 만족해요!" 하고 자신이 주님의 십자가에서 완전히 깨어지고 죽는 순간 마음의 평안을 얻고 회복하고 감사가 넘치고 기쁨이 충만해졌을 뿐만 아니라, 생각지도 않게 딸아이까지 낳았다고 합니다. 그 후 그 사모님의 삶이 얼마나 놀랍게 변화되었는지 날마다 천국의 축복과 행복의 감격 속에서 찬양과 간증으로 전 세계를 다니며 하나님께 영광을 돌리며 살게 되었다고 합니다.

여러분, 그러한 충만한 은혜의 삶의 비결이 어디서 왔을까요? 세상의 부귀, 영화, 권세, 향락을 다 누렸던 다윗 왕은 시편 39편 5-7절에서 "주께서 나의 날을 한 뼘 길이만큼 되게 하시매 나의 일생이 주 앞에는 없는 것 같사오니 사람은 그가 든든히 서 있는 때에도 진실로 모두가 허사뿐이니이다 진실로 각 사람은 그림자같이 다니고 헛된 일로 소란하며 재물을 쌓으나 누가 거둘는지 알지 못하나이다 주여 이제 내가 무엇을 바라리요 나의 소망은 주께 있나이다"라고 고백합니다.

그러므로 우리가 항상 깨어서 죽음을 대비하고, 우리 자신이 먼저 주님의 십자가에서 죽는 체험을 하고, 날마다 순간마다 죽음이 우리 곁에 너무도 가까이 있음을 결단코 잊지 않고 살아갈 때, 우리는 이 땅 위에서의 어떠한 어려움도 주님 주시는 힘으로 능히 다 이겨내게 될 줄 확실히 믿으시기 바랍니다.

지난 2007년 여의도순복음교회 조용기 목사님이 온누리교회에서 집회를 인도하실 때 설교하셨던 동영상을 보게 되었습니다. 1958년 6.25 전쟁 후 모두가 다 어려운 때 조 목사님이 신학교를 졸업하고 전도사 시절에 오갈 데가 없어서 은평구 불광동의 대조마을에 남의 깨밭으로 24명이 들어갈 텐트를 치고 가마니를 깔고 교회를 개척했다고 합니다.

그랬더니 그다음 날 깨밭 주인이 와서 남의 깨밭에 천막을 쳤다고 당장 거두라고 난리를 쳐서 텐트를 친 값을 드리겠다고 약속하고 교회를 시작했는데, 그때는 전라도나 경상도나 충청도에서 서울에 올라온 사람들이 오갈 데가 없어서 천막을 치고 사는 곳이 불광동이었습니다. 모두 다 너무나 가난하니까 다 낙심하고 좌절해서 남편들은 술로 인생을 달래면서 살아가고 술주정뱅이, 창녀, 강도, 절도, 소매치기범, 깡패들이 들끓는 곳이어서 아무리 회개하고 천국 가자고 외쳐도 아무도 거들떠보지 않았습니다.

하루는 함경도 북청에서 피난 온 그 대조마을에서 유명한 유황은 씨 댁에 전도를 갔다고 합니다. 왜 그 마을에서 유명하냐 하면, 그 유 씨가 얼마나 술을 많이 마시던지, 심지어는 마을의 대변을 모아 놓은 구덩이에 빠져서 허우적대는 것을 새끼줄로 꺼내올 정도로 마을 사람들에게 손가락질을 당하는 사람이었기 때문입니다.

아들이 9명 있었는데 먹고 살기가 어려우니까 소매치기를 하러 다니니, 그 부인 이초희 씨가 날마다 속이 뒤집어지고 불행과 고통 가운데 삶의 희망도 없이 마시못해 살아가고 있었습니다. 그런데 찾아가서 예수 안 믿으면 지옥 간다고 하니까, 내 삶이 지금 지옥인데 무슨 놈의 지옥이 겁이 나느냐고 하면서, 지금도 이부자리 담요와 쌀도 못 대주는 하나님이 무슨 천국을 예비하셨겠느냐고 오히려 달려들더랍니다.

그래서 그날 그 아줌마를 전도하러 갔다가 완전히 신앙의 회의가 차서 천막교회에 돌아와서 하나님께 그랬다고 합니다. "하나님 아버지, 제가 나가서 전도하려고 보니까 신학교에서 배운 것과 정반대입니다. 이 사람들은 너무나 헐벗고 굶주리고 병들고 절망 가운데 몸부림치고 있는데, '회개하라 천국이 가까웠느니라'가 무슨 소용이 있겠습니까?

그리고 그 아줌마 이야기를 들어보니까, 저도 이제 그 천국이 희미합니다. 제 신세나 그 아줌마 신세나 다를 게 뭐가 있습니까? 정말 하나님이 살아 계시면 이 땅에 사는 동안 천국을 보여주셔야 하지 않겠습니까? 지금 세상에는 극장이나 술집이나 빌딩을 짓고 사람들이 몰려오는데, 저는 이 냄새 나는 천막에 가마니 깔고 교회를 하고 있으니 무슨 놈의 사람들이 찾아오겠습니까?" 하고 한탄을 하며 기도하고 그날부터 마태복음부터 성경을 다시 읽기 시작했다고 합니다.

그런데 전에 알던 예수님과 사복음서에 나오는 예수님이 너무도 다르더랍니다. 이 땅에 오셔서 수많은 죄인과 상처 입은 자와 병든 자를 치료하시는 예수님을 새롭게 만나게 되었는데, 성경에 나오는 예수님은 천국에 대해서 말씀만 하신 것이 아니라 천국을 나누어 주고 계시더랍니다.

예수님은 굶주린 자를 먹이시고 병든 자를 고치시고 귀신 들린 자를 쫓아내시고 죽어가는 자를 살리시며 천국을 나눠 주셨는데, 우리는 그렇게 하지 못하니까 목회를 감당할 수가 없었던 것입니다. 그런데 그날 성령님께서 말씀하시기를 "너도 가서 내가 한 것처럼 천국을 나눠 줘라!"고 명령하셔서 그때부터 율법적인 목회를 한 것이 아니라 성령에 사로잡힌 복음목회를 시작하신 것입니다.

그래서 그다음 날 그 아줌마를 찾아갔더니 "또 왔네!" 그래서 "좋은 소식을 가지고 왔습니다!"라고 했습니다. "무슨 좋은 소식?"이라고 하기에 "술주정뱅이 아줌마 남편이 낫고, 자식들이 믿음으로 복되게 자라고, 아줌마의 위장병과 심장병도 낫고, 복되게 살 수 있는 팔자를 고쳐주실 분을 소개해 드리려고 왔습니다" 그랬더니 "전에는 그렇게 말 안 하더니 오늘은 달리 말하네! 그런 분이 어디 있어?" 하고 묻더랍니다. 그래서 "저를 따라오세요!" 하고 전도를 했더니 천막교회로 따라와서 그 순간 '아, 이렇게 하면 온 동네 사람들이 다 따라 나오겠구나!' 하는 믿음이 생기더랍니다.

그렇게 천막 교회까지 따라와서 "그분이 어디 계세요?" 하고 물어서 "여기 천막 안에 계십니다" 그랬더니 천막을 들춰보았는데, 강대상은 흙더미를 쌓아 놓은 곳 위에 사과 궤짝 하나 있고, 바닥에는 냄새나는 가마니들이 깔려 있는 것을 보고 천막을 내리더니 조 전도사님을 쳐다보면서 "지 팔자나 내 팔자나!" 하고는 박장대소하며 웃더랍니다.

그래서 "우리가 함께 팔자를 뜯어고치시는 하나님을 만나자고요!" 그랬더니 이 희망의 메시지가 그 아줌마를 붙들어서 끝없이 심방을 가고 상담을 하고 권면을 하여서 술주정뱅이 남편까지 따라 나오고 술 귀신까지 쫓아내서, 그 내외분이 결국 여의도순복음교회 최초의 유황은 장로님, 이초희 권사님이 되신 것입니다. 그 아들들 가운데 세 사람이 목사가 되었고, 인생의 팔자가 완전히 뜯어고쳐지고 복된 가정으로 일어서게 되었다는 것입니다.

그렇게 불광동에서 뜨거운 부흥이 일어나고, 서대문으로 옮겼다가 여의도 허허벌판에 순복음교회를 건축해서 세울 때, 건축대금을 못 갚아서 건축업자들에게 얼마나 수모를 겪고 고통을 겪었던지 예배당 꼭대기에서 뛰어내리고 싶은 자살 충동을 수없이 느꼈다고 후에 고백했습니다. 그가 17세이던 고등학교 2학년 때 폐결핵으로 죽음의 절망 가운데서 주의 종으로 소명을 받고, 주님의 십자가를 지고 복음 사역을 해오는 가운데 복되고 형통한 일만 있었던 것이 아니라, 엘리야 선지자처럼 앞이 캄캄하고 죽고 싶은 심정이 들 때도 많았던 것입니다.

우리도 다 남모르는 견디기 어려운 신앙의 연단 과정을 겪으면서 그동안 수많은 땀과 눈물과 죽음의 골짜기를 걸어온 것이 아닙니까? 부족한 종도 20년 전 교회가 가장 어려울 때 노회수습전권위원회에 끌려가서 위원장 목사에게 3시간 30분 동안 제 평생 들어보지 못한 온갖 입에 담지 못할 욕설을 듣고, 오후 늦게 집에 돌아와서 저의 집 사람에게 처음으로 저의 심정을 털어놓았습니다. "사람이 검찰에 끌려가서 밤새워 심문을 당하고 돌아와서 왜 산에 가서 목매달고 한강이나 아파트에서 뛰어내리는지 그 심정이 이해되네!" 그리고 너무도 억울하고 원통하고 서러운 마음에 이불을 뒤집어쓰고 한없이 혼자 눈물을 흘리며 흐느껴 울다가 잠들었던 기억이 납니다.

그래도 조 목사님은, 하나님께서는 분명히 살아 계셔서 그의 영광을 위하여 기적을 행하신다는 긍정적인 믿음을 가지고 십자가를 붙들고 끝까지 인내하면서 목숨을 걸고 목회를 하셨습니다. 그랬더니 하나님께서 그의 인간적인 허물도 다 덮어주시고, 1993년 등록교인이 78만 명에 이르는 세계 최대교회로 기네스북에 오르는 기적적인 부흥을 일으켰고, 2008년 원로목사로 추대가 되고도 전 세계를 다니며 복음을 전하셨습니다.

저의 친한 친구 목사님이 수원에 교회를 개척해서 어렵게 목회를 했는데, 몇 년 전 100여 명 모일 때 어렵게 조용기 원로목사님께 연결이 되어서 조 목사님을 모시고 부흥성회를 하는 것이 평생소원이라고 사정을 아뢨더니, 그 바쁘신 분이 그 조그만 교회에 오겠다고 하시더랍니다. 그래서 너무도 은혜롭게 부흥성회를 마치고 어렵게 마련한 강사비를 전해드렸더니 "박 목사님, 교회 개척하고 오늘에 이르기까지 얼마나 고생이 많으셨어요? 제가 개척해 봐서 목사님 심정을 다 압니다. 교회 필요할 때 쓰세요" 하면서 그 돈을 놓고 가셨답니다. 이 목사님 내외분이 조 목사님이 가신 후 그렇게 감사해서 울었다고 합니다.

이렇게 남은 여생 주의 일에 힘쓰시다가 뇌출혈로 쓰러지셨다가, 지난 2021년 9월 14일 이 땅 위에서의 그의 사명을 다 마치시고 86세를 일기로 하늘나라로 떠나가셨습니다.

사랑하는 성도 여러분, 우리도 언제 어떻게 세상을 떠날지 모르지만, 누구나 한번은 떠나가야 합니다. 그러나 우리가 이 땅에 사는 동안 우리 인생에 닥쳐오는 수많은 문제들을 사랑의 대화로 풀어나가고, 긍정적인 믿음을 갖고 일어서고, 죽음이 가까이 있음을 결단코 잊지 않고 날마다 십자가에서 죽을 때, 우리는 주님과 함께 어떠한 인생의 고난도 다 헤쳐 나가며 의미 있고 보람되고 복되게 쓰임 받게 될 줄 확실히 믿습니다.

다 함께 결단의 찬송으로 '참 좋으신 주님'을 부르며 믿음으로 결단하도록 하겠습니다.

1. 참 좋으신 주님 귀하신 나의 주
늘 가까이 계시니 나 두려움 없네
내 영이 곤할 때 내 맘 낙심될 때
내 품에 안기라 주님 말씀하셨네
광야 같은 세상 주만 의지하며
주의 인도하심 날 강건케 하시며

주의 사랑 안에서 살게 하소서
주만 의지하리 영원토록

2. 예수 이름으로 모였던 곳에서
우리가 헤어질 때 늘 함께하시며
이 세상 살 동안 주 말씀 따라서
살게 하소서 승리하게 하소서
광야 같은 세상 주만 의지하며
주의 인도하심 날 강건케 하시며
영원토록 평안함 얻게 하소서
우리 다시 만날 그날까지

우리의 소망과 위로가 되시는 하나님 아버지, 환난 많은 세상을 살아갈 때 낙심되고 좌절되는 일들이 얼마나 많이 있습니까? 그럼에도 불구하고 모든 문제들을 사랑의 대화로 풀어나가게 하여 주시옵소서! 긍정적인 사고를 갖고 일어서게 하여 주시옵소서! 그러나 우리에게도 죽음이 늘 가까이 있음을 결단코 잊지 않고, 날마다 십자가에서 죽을 수 있게 하여 주시옵소서! 그리함으로 인생의 어떠한 고난도 다 헤쳐 나갈 뿐만 아니라, 의미 있고 보람되고 복된 여생을 모두 다 살게 하여 주옵소서. 예수님의 이름으로 간절히 축복하며 기도하옵나이다. 아멘!

영적 싸움에 승리하려면

사무엘상 21:3-15

다윗은 요나단과 작별한 후 놉으로 피합니다. 놉은 히브리어로 '강론' 또는 '예언'이란 뜻을 가지고 있는데 예루살렘 북쪽 4km, 기브아에서는 동남쪽으로 4km 지점으로서 실로가 블레셋 사람에 의해 파괴된 후(삼상 4:10-11) 놉이 이스라엘의 성소 역할을 했습니다. 그래서 제사장의 성읍이 되었는데(삼상 22:19), 다윗이 이곳에 온 것은 하나님께 자신의 진로에 대해서 묻고 또 우선 필요한 물품들을 얻기 위함이었습니다.

그렇다면 다윗이 놉에 와서 무엇을 구했는가를 보면서, 우리 일생의 영적 싸움에서 승리하려면 무엇을 구해야 하는지, 이 시간도 들려주시는 하나님의 음성을 듣길 바랍니다.

일용할 양식을 구해야 함

먼저, 본문 3절 말씀을 다 함께 읽겠습니다.

"이제 당신의 수중에 무엇이 있나이까 떡 다섯 덩이나 무엇이나 있는 대로 내 손에 주소서 하니."

다윗이 놉에 오자 아히멜렉 제사장은 두려움에 떨게 되었는데, 사울 왕의 사위가 되고 큰 권세를 잡은 다윗이 무슨 위험한 일을 가지고 온 것임에 틀림이 없다고 여겼기 때문입니다. 그런데 다윗은 최근 일어난 사울 왕에 의한 살해 시도를 아히멜렉 제사장에게 다 말할 수가 없었습니다. 사울 왕이 자신에게 일을 명령하고 이르시기를 "내가 너를 보내는 것과 네게 명령한 일은 아무것도 사람에게 알리지 말라"고 하셨기 때문에, 다윗은 자신의 소년(40세 이하의 청년) 부하들에게 이러이러한 곳으로 오라고 말하였다고 하면서, 아히멜렉 제사장에게 "당신의 수중에 무엇이 있나이까? 떡 다섯 덩이나 무엇이나 있는 대로 내 손에 주소서" 하고 부탁을 합니다.

다윗이 사울 왕의 살해 시도를 피해 피난생활을 하면서 먹고 살아갈 길이 막막해서 절박한 사정을 아뢴 것입니다. 당시 아히멜렉 제사장은 일상적으로 먹을 떡은 없지만 성소에 바친 진설병은 있다고 말합니다. 생명의 떡으로 오신 예수님을 상징하는 거룩한 그 떡은 성소의 진설대에 이스라엘 12지파를 따라 12개의 떡을 진설하고 한 주간 후에 매 안식일마다 새 떡과 교체되었는데(레 24:5-8), 묵은 떡은 제사장들이 거룩한 장소에서 먹었습니다(레 24:8-9).

그래서 아히멜렉 제사장은 제사장들만 먹는 이 떡을 다윗에게는 줄 수 있으나 소년들이 부녀자와 관계를 가졌으면 부정해서 떡을 줄 수 없다고 하지만(레 15:18), 다윗이 3일 동안 피난길에 있었기 때문에 그들도 부녀자들을 가까이하지 않았기에 가능하다는 거였습니다. 그래서 아히멜렉 제사장은 그 거룩한 떡을 다윗과 그의 일행에게 주었고, 예수님께서도 이것을 인정하셨던 것입니다(마 12:3; 눅 6:3-4).

우리도 험난한 인생 가운데 평생토록 영적 싸움을 해나가는데, 먼저 육신이 건강하지 않으면 영적 싸움을 해나갈 수가 없습니다. 육신이 건강하기 위해서는 육신의 일용할 양식이 없으면 안 되기 때문에 옛말에도 "목구멍이 포도청"(먹고 살기 위해서는 포도청, 즉 경찰서에 끌려감을 감수하고라도 범죄를 할 수 있음)이라고 하고, "금강산도 식후경"(아무리 재미있는 일이라도 배가 불러야 흥이 남)이라고 하고, "수염이 석 자라도 먹어야 양반"(배가 불러야 체면도 차릴 수 있음)이라고 하지 않습니까? 특별히 코로나19로 인해서 경제적으로 심각한 타격을 받은 우리는 더욱더 그러합니다.

지난 화요일 국민일보에도 보도하였습니다만, '2020 인구주택총조사 표본 집계 결과'에 따르면 30대 미혼 인구가 5년 전보다 42.5%로 6.2% 급증했고, 40대 미혼 인구 역시 17.9%로 4% 이상 늘었습니다. 더욱이 부모로부터 도움을 받아 생활하는 일명 캥거루족이 20대는 248만 9,000명(79.3%), 30, 40대도 65만 명(20.7%)에 달해서 부모에게 의존하는 20대는 말할 것도 없고 30, 40대의 성인 자녀들이 적어도 5명 중 1명 이상이 될 정도로 어려움을 겪고 있답니다.

그런데 중국 주나라의 점치는 책이었던 《주역》에 나오는 '화천대유'(火天大有)라는 말 그대로, "하늘의 도움으로 천하를 얻는다"는 뜻의 화천대유자산관리회사에 근무하던 모 국회의원 아들이 퇴직하면서, 산업재해에 따른 위로금이라는 명목의 45억 원을 포함해서 퇴직금으로 50억 원을 받아서, 일반회사 직원이 우리나라 최고 기업인 삼성전자 사장의 퇴직금보다 더 많이 받았다고 합니다.

그러니 일반 직장인들에게는 너무나 큰 상대적 박탈감을 느끼게 했을 것입니다. 오죽하면 성남시 대장동 공사 현장에 "너희는 수천억 배당, 나는 빚더미, 원주민은 호구였다"라는 플래카드까지 붙었겠습니까? 이렇게 여나 야나 정치권은 온갖 비리와 부정으로 혼탁하니, 우리 믿는 사람들이라도 모두 다 욕심을 버리고 성결한 믿음을 가지고 살아야 하는데 그렇지 못할 때가 너무도 많습니다.

언론에 보도된 일입니다만, 강남의 대형교회에 다니는 신 집사라는 사람이 매일 새벽기도회에 나오면서 "하나님께서 고수익을 보장하신다"고 교인들과 목사 사모에게까지 사기를 쳐서 200억 원을 가로챈 사건이 있었습니다. 저희 집사람에게는 돈이 없어 보여서 그런지 접근하는 사람이 없다고 하는데, 30% 고이자로 유혹한 것도 문제지만 거기에 넘어간 교인들도 문제인 것입니다.

주님께서는 우리에게 "피차 사랑의 빚 외에는 아무에게든지 아무 빚도 지지 말라 남을 사랑하는 자는 율법을 다 이루었느니라"(롬 13:8)고 분명히 가르쳐 주셨는데, 결국 인간의 욕심이 우리를 말할 수 없는 파멸에 이르게 하는 것입니다.

그래서 예수님은 마태복음 6장 11절에서 "오늘 우리에게 일용할 양식을 주시옵고"라고 기도를 가르쳐 주십니다. 우리는 삶의 궁핍함을 느낄 때 불만도 많이 품고 불평도 많이 하고 원망도 많이 하는데, 일용할 양식을 위한 기도는 안 할 때가 너무도 많습니다. 그러나 예수님께서는 우리에게 영적인 것만 구하도록 하지 않으셨습니다.

주님께서 가르쳐주신 기도 가운데 보면, 하나님의 이름과 나라와 뜻을 구한 다음에 가장 먼저 "오늘 우리에게 일용할 양식을 주옵소서" 하고 우리의 일용할 양식을 구했는데, 우리가 가장 먼저 먹고 살아야 신앙의 삶도 살고 주의 일을 할 수 있기 때문입니다.

더 나아가 우리가 매일 하나님께 일용할 양식을 구하고 그 일용할 양식을 얻은 것만 해도 감사해야 합니다. 그리고 우리는 우리 자신이나 자손들만 복 받기 위해서 하나님의 복을 구하는 것이 아니라, 주님과 고통당하는 이웃을 위하여 하나님의 복을 구해야 하는 것입니다.

부족한 종은 부잣집 아들로 부족함이 없이 살다가 40년 전 결혼하면서 고생이 뭔지도 모르면서 결혼해서 독립해서 살겠다고 선언했다가 고생길로 접어들었는데, 지금 돌이켜보면 하나님의 연단의 세월이었습니다. 신혼여행을 다녀와서 보니까 13만 원이 남아서 그걸로 신혼살림을 시작했는데, 금방 돈 떨어지고 쌀 떨어지고 반찬 떨어지고 다 떨어지고 나니까 앞이 캄캄해졌습니다. 밥이나 김치 하나라도 놓고 "오늘도 일용할 양식을 주시니 감사합니다!"라고 식사기도를 할 때마다 눈물 없이 밥을 먹을 수가 없었습니다.

여러분, 양식이 있는데 살 빼느라고 안 먹는 것과 먹을 양식이 없어 굶는 것은 천지 차이입니다. 처음부터 가난했으면 덜 서러웠을 것 같은데 그렇게 부자로 살다가 갑자기 가난해지니까 그렇게 서러울 수가 없었습니다.

더욱이 부모님께 손을 내밀면 당장 노와주실 텐데, 부모님과의 처음 약속을 지키기 위해 온갖 가난과 굶주림을 참고 이겨내야 했을 때 너무도 서럽고 눈물이 났습니다. 그래서 일용할 양식을 달라고 더욱더 주님께만 간절히 매달려 기도하게 되고, 먹을 양식이 없으면 굶식(?)을 하면서 부르짖었습니다.

"하나님 아버지, 주의 종으로 불러놓고 꼭 굶주리게 해야 마음 편하십니까? 제가 굶어 죽으면 하나님의 영광도 다 가리고 맙니다. 알아서 하십시오!" 하고 강짜 기도(?)까지 터져 나왔습니다. 그래도 저의 이름(의식, 義植) 뜻과 같이 마태복음 6장 33절의 말씀만 붙잡고 매달렸습니다.

"그런즉 너희는 먼저 그의 나라와 그의 의를 구하라 그리하면 이 모든 것을 너희에게 더하시리라"는 하나님의 축복의 약속을 확실히 믿고 하나님의 나라와 의만 구하면서 지난 40년을 살아왔습니다. 그랬더니 주님도 "안 되겠다!" 하는 생각이 드셨는지 이렇게 십자가의 주님만 바라보면서 끝까지 인내하며 하나님의 나라와 의를 구하며 살다 보니, 주님께서 부족한 종을 주님만 바라보도록 철저히 연단하신 후에 복의 근원 되시는 하나님 아버지께서 주의 종을 불쌍히 여겨주시고, 기적적으로 사람 까마귀들을 통해서 어떻게 해서든지 지금까지 먹고 살아올 수 있도록 채워 주셨습니다.

그래서 이렇게 하나님의 풍성한 은혜를 받고 부족함이 없는 축복을 누리고 넘치는 행복의 감격 속에 살아가는 목사가 되었습니다.

코로나19로 인해서 모두들 얼마나 어렵고 힘들게 살아가고 있습니까? 그럼에도 불구하고 복의 근원 되시는 하나님께 일용할 양식도 구하면서 하나님의 나라와 의를 구할 때 살아 계신 하나님 아버지께서 우리의 필요에 차고 넘치도록 채워 주시고 부어주시며 갚아주시고 영적 싸움에 기필코 승리하게 될 줄 분명히 믿으시기 바랍니다.

영적인 무기도 구해야 함

계속해서 본문 8절 말씀을 다 함께 읽겠습니다.

> "다윗이 아히멜렉에게 이르되 여기 당신의 수중에 창이나 칼이 없나이까 왕의 일이 급하므로 내가 내 칼과 무기를 가지지 못하였나이다 하니."

먼저 먹을 양식을 구한 다윗은 아히멜렉 제사장이 진설병을 주자 그다음으로 무기를 구했습니다. 그 이유는 도엑이라는 에돔 사람인 사울의 목자장이 있었기 때문입니다. 그는 사울의 에돔 원정 때부터 사울의 종이 되었고, 사울 왕의 신임을 받아서 사울 왕의 가축을 관할하는 목자장이라는 요직으로 승진하였는데(삼상 21:7), 그의 고발로 놉의 제사장 85명이 죽는 대참사가 펼쳐질 것을 예감했습니다(삼상 22:18).

도엑이 여호와 앞 성소에 머물러 있는 것을 보고, 이 사악한 도엑이 어느 순간에 다윗을 공격해 올지 몰랐기 때문에 무기를 구한 것입니다. 그런데 다윗에게 아히멜렉 제사장이 줄 다른 무기는 없었고, 다윗이 엘라 골짜기에서 블레셋 장수 골리앗을 물맷돌로 쓰러뜨리고 나서 그를 죽인 그 칼이 있다고 합니다(삼상 17:31-40). 그리고 아히멜렉 제사장은 보자기에 싸서 하나님의 뜻을 알려주는 우림(빛)과 둠밈(완전함)이 담긴 대제사장의 예복인 에봇 뒤에 있으니 가져가려면 가져가라고 하자, 다윗은 그 칼같이 좋은 칼이 없으니 가지겠다고 하여 취한 것입니다.

우리도 먹고 사는 것만이 중요한 문제가 아닙니다. 이 육신의 문제보다도 그 배후의 영적인 문제에 관심을 갖지 않으면 안 됩니다. 그러므로 이러한 일용할 양식도 소중하지만 영적으로 깨어 있지 않으면 어지없이 우리 가운데 사탄이 역사하고, 그 배후에는 교활한 사탄과의 영적 싸움이 있음을 결단코 잊어서는 안 되는 것입니다.

그래서 늘 강조하지만, 우리가 겉으로 볼 때는 그것이 물질의 문제이고 건강의 문제이고 관계의 문제이고 가정의 문제이고 직장의 문제이고 교회의 문제이고 사회의 문제이고 나라의 문제이고 민족의 문제이고 열방의 문제인 것처럼 보이지만, 그 배후를 파고 들어가 보면 다 영적인 문제이고 영적인 싸움입니다. 그러므로 우리는 이러한 사탄과의 영적 싸움에 대한 영적 분별력을 가져야 하고, 영적인 무장을 하고 목숨을 걸고 평생토록 힘 있게 영적 싸움을 해내야 하는 것입니다.

부족한 종이 총회부흥전도단에 들어가서 존경하는 목사님으로부터 추천받은 책이 있는데, 그것은 17세기 영국의 영적 거장이었던 윌리엄 거널(William Gurnall) 목사님이 쓰신 《그리스도인의 전신갑주》(*The Christian in Complete Armour*) Ⅰ, Ⅱ입니다. 복음 신앙을 지키려던 거널 목사님은 16세기 영국 국교회인 성공회가 생기고 청교도들의 핍박이 극심하던 1662년 당시 대박해 속에서도 청교도의 신앙을 지키며 제도권 속에서 외로운 영적 싸움을 해나갑니다.

이 책은 그리스도인의 지상에서의 삶의 전 과정을 담고 있는데, 특히 영적 전쟁을 위한 하나님의 전신갑주의 무장이 얼마나 중요한가를 강조하면서, 평생토록 그리스도인이 대적하여 싸워야 할 원수들의 성격과 능력과, 그것들을 상대할 때 우리가 지켜야 할 영적 자세와 영적 무기 등을 자세히 풀어서 설명하고 있습니다. 이처럼 우리가 일생 동안 영적 싸움을 하면서 살아갈 때, 이보다 더 구체적이고 확실한 복음적인 전투 설명서는 이 땅에서 찾을 수 없을 것입니다.

그러나 그 책의 중심 내용은 에베소서 6장 14-17절 상반절에 다 나와 있습니다. 영적 싸움의 구체적인 방어용 무기로서 머리에 구원의 투구를 쓰고, 가슴에 의의 호심경을 두르고, 허리에 진리의 띠를 띠고, 발에 평안의 복음의 신을 신고, 한 손에 믿음의 방패로 무장을 해야 한다고 강조하고 있습니다.

더 나아가서 우리가 더욱 강하게 영적인 싸움의 무장을 위한 공격용 무기에 대해서 에베소서 6장 17절 하반절부터 19절에 "…성령의 검 곧 하나님의 말씀을 가지라 모든 기도와 간구를 하되 항상 성령 안에서 기도하고 이를 위하여 깨어 구하기를 항상 힘쓰며 여러 성도를 위하여 구하라 또 나를 위하여 구할 것은 내게 말씀을 주사 나로 입을 열어 복음의 비밀을 담대히 알리게 하옵소서 할 것이니" 하고 하나님의 말씀과 기도를 그토록 강조하고 있습니다.

우리 자신을 위해서도 기도하지만, 하나님께서 가장 크게 영광 받으시고 모든 은혜와 축복과 행복의 통로인 성전예배와 고통당하는 성도들과 복음을 전하는 주의 종들을 위해서도 기도할 것을 강조한 것입니다. 그래야 우리가 영적인 무기로 무장을 하고, 영적인 분별을 가지고 영적 싸움에 승리할 수 있기 때문입니다.

지난 1년 9개월 동안 그토록 강조해 왔습니다만, 생계 때문에 일터에 나가야 하거나 병들어 거동이 불가능해서 주님의 전에 못 나오는 분들은 주님도 다 이해하십니다. 그러나 지난날 신사참배에 유일하게 동참하지 않은 출옥 성도들과 주의 종들에 의해 세워진 우리나라에서 가장 보수적이고 복음적인 교단인 대한예수교장로회 고신총회에서, 한국교회 사상 최초로 비대면 온라인예배는 비성경적이다고 규정했습니다.

그런데 독감보다도 치사율이 낮은 코로나19를 두려워하며 갖가지 이유로 온라인예배를 본다고 자위를 하고, 매일 말씀과 기도 생활도 안 하고, 주님의 기적의 응답을 받을 수 있는 절호의 기회인 특별새벽기도회도 안 나옵니다. 내일부터 시작되는 가을부흥성회에는 축복 목회의 주창자이신 증경총회장 채영남 목사님이 오셔서 "너는 복이 될지라"(창 12:2)는 주제로 말씀을 전해주십니다.

우리가 이 코로나19로 너무도 어려운 때에 하나님의 기적적인 복을 받을 수 있는 길을 열어주시는데도 못 나온다면 그가 목사든지,

장로든지, 권사든지, 집사든지 아무런 상관이 없이 그 영혼은 틀림없이 영적으로 잠들고 병들고 죽어가서, 하나님이 주시는 기적적인 은혜와 축복과 행복을 다 잃어버리고 말 것입니다.

그러므로 이제는 우리가 하나님의 말씀과 기도의 공격용 무기로 철저히 무장하여서, 우리의 신앙생활 가운데 가장 소중하고 하나님의 복의 통로가 되는 성전예배를 지켜나감으로써 우리에게 끊임없이 부딪혀오는 영적 싸움을 기필코 이겨내야 하는 것입니다.

지난 수요일 특별새벽기도회를 마치고, 인천 하버파크호텔에서 서울·인천·경기지역의 '수도권 기독교연합연대'(수기연)의 설립 준비모임이 있었습니다. 그 호텔은 지금으로부터 136년 전인 지난 1885년 4월 5일(부활주일) 언더우드 선교사님과 아펜젤러 선교사님이 입국하셨던 인천 8부두 옆에 위치하고 있어 의미가 깊습니다.

그런데 지금 이 정부는 살아 계신 하나님께 영광 돌리고 모든 복의 근원이 되며 코로나19를 유일하게 종식시킬 수 있는 하나님께 예배드리는 일을 방해하고, 동성애를 방조하고, 차별금지법 개정을 감행하려고 합니다. 그러한 때에 서울에만 해도 250만 교인, 인천에도 100만 교인, 경기지방에도 350만 교인들(도합 700만)이 있는데, 한국교회를 대표하는 한국교회총연합(한교총)이나 한국기독교총연합회(한기총)나 한국교회연합(한교연)까지도 침묵하고 있습니다.

교회가 침묵하면서 끌려가는 것을 더 이상 방치할 수가 없어서 이번에 복음주의 신앙에 뜻을 함께하는 서울, 인천, 경기지역의 영적인 초교파교회 목사님들이 함께 모여서 '수도권 기독교연합연대'(수기연)를 결성하게 된 것입니다.

여러분, 지난 화요일에 있었던 대한예수교장로회 총회도 1,500명의 목사님, 장로님 총대가 모였는데 예방접종을 다 하고 마스크를 다 쓰고 모이니까 아무런 문제가 없었습니다. 그런데 지하철이나 대형식당이나 마트는 다 풀어놓고 북적거리고, 세상 공연이나 불교나 가톨릭 교회의 1,000여 명이 모이는 대형집회는 다 허락하면서도 왜 수천 명, 수만 명 모이는 교회를 19명 이하로 모여라, 99명까지만 모이라고 그토록 규제를 합니까?

여러분, 바로 그 배후에는 영적 싸움의 최선봉에 있는 교회에 대한 사탄의 역사가 있음을 영적인 믿음의 눈으로 직시해야 합니다. 이럴수록 우리가 교회에 더욱 열심히 모여서 예배드리고 기도하면서 모든 병의 치료자가 되시는 하나님의 마음을 감동시켜야 그 때 비로소 코로나19가 속히 종식되지 않겠습니까?

이제는 영적인 그리스도인들이 나서서 하나님의 말씀과 기도로 영적인 무장을 철저히 해야 합니다. 우리가 적어도 말세 마지막 때 날마다 말씀과 기도의 영적인 무기를 구해야만 사탄을 대적할 수 있는 영적 무장을 하게 되고, 성령님께서 기적적인 힘을 부어주셔서 영적 싸움에서 기필코 승리하게 될 줄 확실히 믿습니다.

뱀과 같이 지혜로워야 함

마지막으로, 본문 13절 말씀을 다 함께 읽겠습니다.

> "그들 앞에서 그의 행동을 변하여 미친 체하고 대문짝에 그적거리며 침을 수염에 흘리매."

다윗은 사울 왕의 심복인 도엑을 볼 때 사울의 위협을 강하게 느끼게 되어 놉에서 피하여 블레셋 5대 도시 중 하나인 가드로 갔습니다(삼상 21:10). 가드는 과거에 다윗이 공격했던 성읍(삼상 17:51)이었기 때문에, 다윗에게는 위험한 적지였으나 사울의 위협이 너무도 위급하므로 우선 피하지 않을 수 없었습니다.

그런데 가드 왕 아기스의 신하들이 아기스 왕에게 "이는 그 땅의 왕 다윗이 아니니이까? 무리가 춤추며 이 사람의 일을 노래하여 이르되 사울이 죽인 자는 천천이요 다윗은 만만이로다 하지 아니하였나이까?"(삼상 21:11) 하고 이의를 제기했습니다.

다윗이 이 말을 그의 마음에 두고 가드 왕 아기스를 심히 두려워하여서 그들 앞에서 미친 체하고 대문에 낙서를 하며(making marks on the doors of the gate) 침을 수염까지 흘렸습니다. 그러자 아기스 왕이 그의 신하들에게 이르기를 "너희도 보거니와 이 사람이 미치광이로다 어찌하여 그를 내게로 데려왔느냐 내게 미치광이가 부족하여서 너희가 이 자를 데려다가 내 앞에서 미친 짓을 하게 하느냐 이 자가 어찌 내 집에 들어오겠느냐 하니라"(삼상 21:14-15)고 하면서, 다윗을 쫓아냄으로 다윗은 죽음의 위기에서 하나님께서 주시는 지혜로 빠져나와 가까스로 살아날 수 있었던 것입니다.

지난 월요일 우연히 tvN의 〈벌거벗은 세계사〉라는 프로그램을 시청하게 되었습니다. 전 세계적으로 가장 많은 땅을 차지한 그리스 마케도니아 왕국의 알렉산더(Alexander) 대왕이 그의 평생에 백전백승을 할 수 있었던 것은 몇 가지 요인이 있는데 첫째, 알렉산더 대왕이 뛰어난 전략과 전술을 가졌다는 것입니다. 병사들은 다른 나라 병사들의 창보다 3배나 긴 창을 들고 전진하는 팔랑크스 전법을 사용하고, 이들은 헤타이로이라고 하는 귀족 기병들이 엄호했기 때문에 가능했다는 것입니다. 둘째, 포용정책과 공포정책을 병행했는데, 다시 말하면 협상을 하여 포용도 하였지만, 끝까지 저항하는 세력에 대해서는 가차 없는 처벌을 하면서 정복해 나갔다는 것입니다. 셋째, 정복한 나라들과의 문화의 교류와 문명의 융합을 이루어서 정복한 나라들과 하나 되어 나갔습니다. 넷째, 충성스런 병사들의 청원을 잘 받아들여서 위대한 결단을 하며 나아가서 그는 중국 끝까지 정복하길 원했지만, 인도를 정복한 후 12년에 걸친 오랜 원정으로 지친 병사들을 이끌고 귀국길에 올랐습니다.

이처럼 하나님으로부터 얻은 알렉산더 대왕의 놀라운 지혜는, 결국 젊은 그를 당시 세계에서 가장 넓고 강력한 나라를 건설할 수 있도록 하였던 것입니다.

우리도 평생을 사탄과의 영적 싸움을 해나가는 데 있어 꼭 기억해야 할 말씀이 있습니다. 그 말씀이 바로 마태복음 10장 16절 말씀입니다.

> "보라 내가 너희를 보냄이 양을 이리 가운데로 보냄과 같도다 그러므로 너희는 뱀같이 지혜롭고 비둘기같이 순결하라."

예수님께서는 제자들을 파송하실 때에 "보라 내가 너희를 보냄이 양을 이리 가운데로 보냄과 같도다"고 하시면서 "그러므로 너희는 뱀같이 지혜롭고 비둘기같이 순결하라"고 강조하셨습니다.

여러분, 우리는 뱀을 사탄의 상징으로서 아담과 하와를 타락시킨 존재로 알고 있는데, 어떻게 뱀과 같이 지혜로우라고 주님께서 명령할 수 있습니까? 그것은 우리가 비둘기같이 순결하기도 해야 하지만 뱀과 같이 지혜롭지 못하면 사탄에게 당해 버리고 말기 때문입니다.

그래서 뱀과 같이 지혜롭지 않으면 사탄의 교활한 계략을 간파할 수도 없고, 결국 영적 싸움에서 사탄의 계략에 말려들어 패배할 수밖에 없는 것입니다.

어제도 특별새벽기도회가 끝난 후 한 전도사님이 찾아왔습니다. 지난달에 함께 가서 포천에 사시는 암에 걸린 오라버니를 전도했는데, 가서 집안에 있는 부적을 떼어버렸다고 불신 올케언니가 난리를 쳤다는 것입니다. 그런데 그날 올케언니를 달래기 위해서 포천에 심방을 간다고 해서, 그날 가면 엄청 당하고 올 테니까 뱀과 같이 지혜롭게 그날 가지 말고 오라버니의 병세가 악화되어서 우리의 도움이 필요할 때나 병세가 호전되어 기분이 좋을 때 찾아가자고 했습니다. 이처럼 우리는 비둘기같이 순결하기도 해야 하지만 뱀과 같이 지혜로워야 하는 것입니다.

그렇다면 우리가 어떻게 사탄의 계략을 간파하고 이겨낼 정도로 지혜를 얻을 수 있습니까? 하나님의 깊고 놀라운 지혜를 얻기 위한 방법이 야고보서 1장 5절에 나와 있습니다.

> "너희 중에 누구든지 지혜가 부족하거든 모든 사람에게 후히 주시고 꾸짖지 아니하시는 하나님께 구하라 그리하면 주시리라."

그러므로 우리가 하나님의 지혜를 구하게 될 때, 하나님께서 우리에게 지혜를 주셔서 뱀과 같이 지혜로워서 사탄의 계략을 간파하고 물리치고, 영적 싸움에서 기필코 승리하게 될 줄 분명히 믿으시기 바랍니다.

지난 화요일 일산 한소망교회에서 대한예수교장로회 제106회 총회가 열렸는데, 이번 제106회기 총회장에는 일산 한소망교회 류영모 목사님이 취임하였습니다. 류 목사님과의 만남은 지금으로부터 37년 전인 1984년 군대에 다녀와서 장로회신학대학원 1학년에 복학했을 때 시작되었습니다. 류 목사님은 1년 선배로 군대에 다녀와 복학을 해서 당시 충신교회 교육전도사로서 중고등부를 뜨겁게 부흥시켰고, 저는 노량진교회 교육전도사로서 소년부를 뜨겁게 부흥시켜서 함께 각 노회 교회학교의 교사 강습회와 아동부, 중고등부 부흥회와 수련회를 인도하느라고 전국을 함께 돌아다녔습니다.

그 후 장로회신학대학원과 대학원을 졸업하고 5년 동안 함께 활동을 하다가 저는 미국 유학을 떠났습니다.

류 목사님은 망원제일교회를 담임하여 목회를 하다가 30년 전에 일산에 맨손, 맨몸, 맨땅의 소위 '3맨'으로 한소망교회를 개척했습니다. 6개월 동안 기도하고 준비하여서 처음에는 당시 농촌 마을인 능곡에 40평 지하실 한 칸을 세 들어 꿈에도 그리던 설립예배를 드렸습니다.

그런데 수도공사가 잘못되어 지하 예배당 바닥으로 물이 스며드는데, 목회만 했으니 수도공사의 잘못된 원인을 어떻게 알고 고칠 수 있었겠습니까? 온 가족이 예배당 의자 밑을 기어 다니며 닦고 또 닦는데, 온 가족이 며칠 동안 얼마나 바닥을 닦았던지 밤낮으로 너무 무리하다 보니까 결국 모두 다 허리를 다치고 말았다고 합니다.

목사가 자신만 고생해도 서러운데, 사모님은 말할 것도 없고 초등학생 어린 딸까지 고생하다 다 몸져눕게 되니까 너무도 눈물이 났습니다. 어느 날 목사님이 그래도 혼자라도 예배당 바닥의 물을 닦기 위해서 교회에 갔다가 허리가 끊어질 정도로 너무도 아파서 엉금엉금 기어서 강단 바닥에 엎드려서 서러운 마음에 엉엉 울었다고 합니다. 몸이 너무나 아파서도 울었고, 목사가 이런 일까지 해야 한다는 것이 서러워서 울었고, 개척교회가 너무도 힘들어서 그렇게 혼자 흐느껴 울었다고 합니다.

그런데 그때 강렬하게 들려오는 하나님의 음성이 있었습니다. "종아, 아프냐? 교인들도 아프고, 세상도 아프다! 그 눈물로 상처받고 고통당하는 교인들의 아픈 가슴을 녹이고 치유하라! 그 눈물로 세상을 닦고 치유하라!"는 하나님의 음성을 듣고 한없이 울면서 다시 한 번 결단했다고 합니다.

그리고는 지난 30년의 피눈물 나는 세월을 인내하면서 하나님께 일용할 양식도 간구하고 영적인 무기도 간구하면서 밑바닥 삶 속에서도 하나님의 나라와 의를 구하며 목숨 걸고 목회했습니다. 그러다 보니 인간은 다 허물이 있지만, 오늘날 만 명에 이르는 경기 이북지역을 대표하는 한소망교회의 대부흥을 이루게 되었습니다. 그리고 지난 화요일 한국교회에서 가장 큰 규모의 장자교단인 대한예수교장로회 제106회 총회장까지 되고 "복음으로, 교회를 새롭게! 세상을 이롭게!"(신 16:11; 막 1:15; 행 2:47)라는 캐치프레이즈를 내걸고 총회와 한국교회와 우리나라를 위해 헌신, 봉사하게 된 것입니다.

사랑하는 성도 여러분, 일평생 살아오면서 피눈물 나는 눈물의 골짜기를 걸어오지 않은 사람이 누가 있겠습니까? 자신과 주님만 아십니다. 말세 마지막 때 우리는 더욱더 사탄과의 영적 싸움을 해야 하는데, 성령님의 도우심이 없이는 한순간도 버틸 수가 없고, 승리할 수도 없습니다. 그러므로 우리가 일용할 양식을 구해야 하지만 영적인 무기도 구하고 뱀과 같이 지혜롭게 무장해서, 주님께서 부르시는 날까지 끝까지 영적 싸움을 인내해 나갈 때 최후 승리의 영광과 축복을 누릴 그날이 꼭 다가오게 될 줄 확실히 믿습니다.

다 함께 결단의 찬송으로, 1944년 독일의 저항신학자 본 회퍼 목사님이 나치 정권에 의한 제2차 세계대전 종전을 한 해 앞둔 성탄절에, 사랑하는 약혼자에게 보낸 마지막 옥중서신을 찬양곡으로 만든 '선한 능력으로'라는 복음성가를 함께 부르며 믿음으로 결단하도록 하겠습니다.

1. 그 선한 힘에 고요히 감싸여 그 놀라운 평화를 누리며
   나 그대들과 함께 걸어가네 나 그대들과 한 해를 여네
2. 지나간 허물 어둠의 날들이 무겁게 내 영혼 짓눌러도
   오 주여 우릴 외면치 마시고 약속의 구원을 이루소서
3. 주께서 밝히신 작은 촛불이 어둠을 헤치고 타오르네
   그 빛에 우리 모두 하나 되어 온누리에 비추게 하소서
4. 이 고요함이 깊이 번져갈 때 저 가슴 벅찬 노래 들리네
   다시 하나가 되게 이끄소서 당신의 빛이 빛나는 이 밤

후렴) 그 선한 힘이 우릴 감싸시니 믿음으로 일어날 일 기대하네
주 언제나 우리와 함께 계셔 하루 또 하루가 늘 새로워

우리의 영원한 승리가 되시는 하나님 아버지, 사탄이 우는 사자와 같이 삼킬 자를 찾는 말세 마지막 때, 우리가 먼저 영적 분별력을 가지고 하나님 나라와 의를 구하며 일용할 양식부터 구하게 하여 주시옵소서! 영적인 무기도 구하게 하여 주시옵소서! 무엇보다 뱀과 같이 지혜롭게 무장하게 하여 주시옵소서! 그리함으로 주님 부르시는 그날까지 영적 싸움에서 기필코 승리하여 영광 돌리는 믿음의 복된 삶을 모두 다 살게 하여 주시옵소서! 예수님의 이름으로 간절히 축복하며 기도하옵나이다. 아멘!

일어나 함께하자

사무엘상 22:1-2

최근에 우리나라의 액션 서스펜스 드라마인 〈오징어 게임〉(Squid Game)이 전 세계 사람들의 열화와 같은 흥행을 불러일으켰습니다. 한 사람당 1억 원으로 총 456억 원의 상금이 걸린 의문의 서바이벌 게임에 참가한 사람들이 총 6개의 게임을 통과해 최후의 승자가 되기 위해서 우리의 하나뿐인 소중한 목숨을 걸고 극한의 게임에 도전하는 이야기를 담고 있습니다.

이러한 '오징어 게임' 현상은 세계 어느 사회에서나 볼 수 있는 말세 마지막 때 사탄의 역사로 인한 비극적 현실에 대한 공감과 관심의 결과입니다. 그러면서도 궁극적으로 기독교의 본질을 왜곡하고 비하하는 모습을 보면서 이러한 '오징어 게임'과 같은 오늘의 현실의 비극들을 접하는 우리의 자세가 어떠해야 하는지 심각한 도전을 던져줍니다.

오늘 본문을 보면, 블레셋의 가드에서 미친 체하면서 살아난 다윗은 아둘람 굴로 피신하게 됩니다. 이 아둘람은 가드와 베들레헴의 중간에 위치한 굴로서 가드에서 동남쪽으로 14km 떨어진 지점에 있었는데, 고고학자들의 발굴에 의하면 이곳에 약 400명 정도가 집합할 수 있는 위치를 발견했다고 합니다.

성경은 사실만 기록하기 때문에 훗날의 고고학을 통해서 다 증명되는데, 당시 사울 왕에게 반대의 뜻을 가진 자들은 모두 다 처형했기 때문에, 다윗의 형제와 그 자손 등 모든 가족들을 비롯해서 다윗과 뜻을 함께한 자들은 모두 모였을 것입니다. 더욱이 아둘람의 뜻이 히브리어로 '간증'이란 의미여서, 다윗과 뜻을 함께하여 갖가지 삶의 불행과 고통 가운데 살아가는 사람들이 함께하였습니다. 그리고 거기서 힘을 얻어서 앞으로 다윗이 유다의 왕이 되기까지 약 10년간의 피난 생활 가운데 뜻을 함께해 나갑니다.

그렇다면 다윗의 사랑하는 가족 외에 어떠한 사람들이 아둘람 굴에서 다윗과 함께하였는가를 보면서, 우리도 코로나19라는 이 최악의 상황 속에서 어떻게 함께해야 하는지, 이 시간도 들려주시는 하나님의 음성을 다 함께 들을 수 있길 바랍니다.

영적인 환난을 당해도 함께해야 함

먼저, 본문 1-2절 상반절 말씀을 다 함께 읽겠습니다.

> "그러므로 다윗이 그곳을 떠나 아둘람 굴로 도망하매 그의 형제와 아버지의 온 집이 듣고 그리로 내려가서 그에게 이르렀고 환난당한 모든 자와…."

오늘 본문 가운데 보면, 아둘람 굴에 다윗의 사랑하는 가족들뿐만 아니라 환난당한 모든 자들이 함께하였습니다. 사울 왕이 영적으로 침체되어서 악령이 역사하고, 그로 인해 하나님의 사람 다윗을 시기하고 질투하고 그를 죽이려고 온갖 살해 시도를 다 하니까, 다윗뿐만 아니라 다윗의 사랑하는 가족들과 다윗의 믿음을 따르는 사람들까지도 생사의 위기에 처하는 큰 환난을 당했습니다. 이처럼 믿음으로 살려고 했던 자들이 이러한 환난을 피해 결국 고향 산천, 부모 형제를 다 떠나서 아둘람 굴에 모이지 않을 수 없었던 것입니다.

우리도 진정한 믿음으로 살려고 하면 가정에서나 직장에서나 이웃과의 관계에서나 세상 가운데서 환난과 핍박을 당하게 됩니다. 어제가 1446년 세종대왕에 의해 우리 글 한글이 만들어진 제575돌 한글날이었습니다. '말을 모른다'는 뜻으로 최초의 '조선어 사전'을 의미하는 〈말모이〉라는 감동적인 영화의 내용은 이렇습니다.

1941년 수도 경성을 배경으로 일본 황국신민화정책이 극에 달했을 때, 1931년 조직된 조선어학회의 말모이 조선어사전 편찬이 끝나가던 1942년, 일본 경찰의 기습 습격으로 조선어학회가 해체의 위기 가운데 한글학과 최현배 교수 등 33명이 체포되었고, 2명이 옥사를 당했습니다. 그러나 일제의 한글 말살 정책의 극심한 환난과 핍박에도 불구하고 조국이 해방되고, 1947년 한글날, 감격의 우리말 큰사전이 발간되었고, 오늘날 세계적으로 가장 쉽게 배우고 쓸 수 있는 창의적인 한글을 보유하는 자랑스러운 대한민국을 이룬 것입니다.

특별히 코로나19로 인해 한국교회에는 큰 환난과 시험이 닥쳤습니다. 함께 신앙생활을 해온 목사, 장로, 권사, 집사들조차도 꼭 그렇게 코로나19가 위험한데 교회에 모여서 예배를 드려야 하느냐, 꼭 그렇게 너희들만 신앙이 좋은 것처럼 티를 내느냐, 꼭 그렇게 성전에 모여 믿어야만 진정한 신앙의 삶이냐고 하면서, 하나님의 말씀대로 믿음으로 살려고 하는 이들을 향해 오히려 우리 주위에 가까이 있는 사람들이 더욱더 핍박하여 환난을 당하게 할 때가 얼마나 많습니까?

그런데 이 배후에는 사탄이 아주 교묘하고 교활하게 우리의 신앙을 무너뜨리려고 갖가지 잘못된 성경해석과 그릇된 교리로 우리를 핍박하고 우리의 신앙을 뒤흔드는 것입니다.

성경 말씀 가운데 신명기에서만 해도 16번(신 12:5, 21, 26, 14:23, 24, 25, 15:20, 16:2, 6, 7, 11, 15, 16, 18:6, 26:2, 31:11)이나 "택하신 곳에 가서 제사를 드리라"고 성전예배를 강조하십니다. 그런데 왜 우리는 하나님의 말씀보다 세상 정부와 육신적인 사람들의 말에 흔들려서 하나님께서 가장 기뻐 받으시는 성전예배를 믿음으로 안 드리고 동영상 예배를 본다고 합니까?

그 순간부터 여러분도 영적으로 죽어가고, 여러분의 자녀들도 죽어가고, 한국교회도 다 죽고 맙니다. 더욱이 별미 축복의 천국 잔치인 부흥성회를 해도 이 핑계, 저 핑계 대면서 다 빠져나가면 다른 사람은 다 은혜받는데 자신만 은혜를 못 받는 것입니다. 그렇게 신앙생활을 평생 해보십시오. 세상에서 아무리 애쓰고 수고해도 그것은 밑 빠진 독에 물 붓는 것처럼, 하나님께서 우리에게 부어주시는 그 풍성한 은혜와 축복과 행복을 잃어버리게 됩니다.

그러나 부족한 종이 지난 주일 특별새벽기도회에서 말씀을 전하면서, 지난 1년 9개월 동안 우리 치유하는교회가 성전예배를 사수함으로 인해 부족한 종부터 얼마나 큰 은혜와 축복과 행복을 누렸는지에 대해 자세히 간증했습니다. 그 놀라운 축복을 못 겪어본 사람들은 "아멘" 할 수가 없을 것입니다.

그렇습니다. 그렇기 때문에 우리는 환난의 때일수록 어떠한 주장이나 교리보다 살아 계신 하나님의 말씀을 최우선시하고, 우리 인생의 아둘람 굴인 주님 앞에 더욱 가까이 나아와야 하고, 주님 앞에 더 엎드려야 하고, 주님께 더욱 매달려야 하고, 주님께 더욱더 부르짖어야 합니다. 그리할 때 시편 46편 1-3절에 살아 계신 하나님께서 뭐라고 분명히 약속하십니까?

> "하나님은 우리의 피난처시요 힘이시니 환난 중에 만날 큰 도움이시라 그러므로 땅이 변하든지 산이 흔들려 바다 가운데에 빠지든지 바닷물이 솟아나고 뛰놀든지 그것이 넘침으로 산이 흔들릴지라도 우리는 두려워하지 아니하리로다."

하나님만이 우리의 피난처가 되시고 힘이 되시고 환난 중에 만날 큰 도움이 되셔서, 땅이 변하고 산이 흔들려서 바다 가운데 빠지고, 바닷물이 솟아나고 뛰놀고 그것이 넘침으로 산이 흔들릴지라도 우리는 두려워하지 않는다는 것입니다. 그러므로 우리는 이러한 환난 가운데 혼자 힘으로 버티기 힘들 때, 우리의 도피성이 되고 피난처가 되시는 영적 아둘람 굴인 주님의 몸 된 교회로 달려나와 부르짖으며 서로 위로하고 격려하며 힘이 되어 줄 때 환난 많은 세상을 능히 이겨낼 수 있습니다.

그래서 히브리서 10장 23-25절에 "또 약속하신 이는 미쁘시니 우리가 믿는 도리의 소망을 움직이지 말며 굳게 잡고 서로 돌아보아 사랑과 선행을 격려하며 모이기를 폐하는 어떤 사람들의 습관과 같이 하지 말고 오직 권하여 그날이 가까움을 볼수록 더욱 그리하자"고 분명히 증거하지 않습니까?

이 말씀을 영적으로 깊이 묵상해 보면, 우리가 신앙생활을 해나갈 때 우리에게 약속하시는 주님은 믿음직스러운 분이니까, 우리에게 항상 있어야 할 것 세 가지인 믿음과 소망과 사랑을 가져야 한다는 말입니다. 그래서 이 살아 계신 주님을 바라보는 믿음에 굳게 서서 소망 가운데 서로 위로하고 사랑으로 격려해야 합니다.

말세 마지막 때가 되고, 더욱이 코로나19 전염병이 극성을 부리는 이때 모이기를 폐하는 목사, 장로, 권사, 집사들의 신앙을 결단코 본받지 말고, 주님 뵈올 날이 점점 더 가까움으로 환난이 극심할수록 일어나 더욱 모이기에 힘써야 합니다. 그리할 때 주님이 주시는 힘으로 어떠한 환난도 능히 이겨내게 될 줄 확실히 믿으시기 바랍니다.

경제적으로 어려워도 함께해야 함

계속해서 본문 2절 중반절 말씀을 다 함께 읽겠습니다.

> "…빚진 모든 자와…."

아둘람 굴에 다윗과 함께한 자들 가운데에는 환난과 핍박 속에서 있었을 뿐만 아니라 경제적으로 어려움을 겪고 남에게 빚까지 지고 파단 직전에 있는 사람들도 있었습니다. 어떤 분들은 빚진 사람들이 아둘람 굴로 먹튀한 것이 아니냐고 받아들일 수도 있습니다. 그러나 히브리어로 'נָשָׁא'(노쉐)라고 해서 고리대금에 전 재산을 몰수당하거나 노예가 되어 견딜 수 없는 자들이었습니다. 그들은 더 이상 낙심하거나 좌절하거나 절망하지 않고 아둘람 굴에 모여 다윗과 함께 어떠한 경제적 어려움도 이겨내었던 것입니다.

우리도 믿음으로 살다 보면 환난과 핍박뿐만 아니라 경제적으로 어려울 때가 있습니다. 더욱이 코로나19로 인해 경제적인 이득을 본 사람들도 있지만 대부분이 경제적으로 큰 어려움을 겪고 있고, 더구나 자영업자들은 파산 직전에 몰리고 있습니다.

그런데 매 주일마다 겪는 일이지만, 오늘도 우리가 아둘람 굴의 말씀을 함께 나누는 줄 주님께서 어떻게 아셨는지 지난 월요일 조선일보를 보면서 다시 한번 전율하지 않을 수 없었습니다. 기사 타이틀이 "대통령도, 재명이 형도, 석열이 형도 자영업자는 나 몰라라 한다"라고 나왔고, 함께한 자영업자가 서울 명동거리에서 "같이 삽시다"라고 쓰인 종이까지 들고 서 있지 않았습니까?

우리 또한 외국처럼 코로나19와 함께 사는 '위드 코로나'(with corona)로 전환해야 하는데, 유달리 우리 정부는 하나님의 교회와 자영업자를 때려잡는 일에 골몰하고 있습니다. 그래서 그다음 페이지에 "자영업자 학살극의 주범은 숫자놀음에 정신 팔린 'K방역'"이라는 타이틀로 직격탄을 쏘아 붙였는데, 그것이 사실이기 때문입니다. 그렇게 하나님의 교회와 힘없는 자영업자들을 죽이려고 철저하게 방역을 할 것 같으면, 왜 대형 공연장이나 대형 식당이나 대형마트는 그렇게 풀어놓느냐는 것입니다. 다시 말하면 큰 문들은 다 열어놓고 작은 문들만 꽁꽁 묶어 잠그면 무슨 소용이 있습니까?

엊그제도 소상공인협회에서 집합금지와 영업 제한으로 너무 큰 피해를 보았으니 정부가 100% 보상하라고 요구하고 나섰고, 정부는 80%를 보상한다고 해서 앞으로도 갈등을 겪으리라는 것이 예상됩니다. 더욱이 코로나19의 치료의 지름길인 교회 문까지 닫아놓으면 모든 병의 치료자 되시는 하나님의 마음을 누가 움직일 수 있겠습니까? 완전히 앞뒤가 뒤바뀌고 해결의 우선순위를 찾지 못하는 탁상

행정의 비극적인 결과입니다.

그렇다면 이처럼 우리 주위의 자영업자들이 죽어가는 때에 그들을 살릴 수 있는 길이 무엇일까요? 우리의 환난 날의 도피처 되시는 아둘람 굴에 나아와 부르짖을 때 복의 근원이 되시는 하나님께서 우리의 신음 소리에 귀를 기울이시고 기적으로 응답하셔서 하늘의 축복의 문을 여시는 것입니다.

또한 하나님의 축복을 받은 우리는 바로 이때를 위해서 축복을 내려 주신 것이니까, 코로나19의 어려운 때일수록 서로 나누고 베풀고 섬겨야 합니다. 그렇지 않고 그 많은 축복을 끌어안고 있다가, 주님과 고통당하는 이웃을 위해 한 푼도 쓰지 못하고 어느 날 갑자기 세상을 떠나게 되면 우리가 부자가 된 것이 무슨 소용이 있겠습니까?

우리가 이 땅에 사는 동안 “너는 복이 될지라”(창 12:2)는 말씀처럼, 이 경제적으로 어려운 시내에 축복의 통로로 쓰임 받지 않으면 아무 소용도 없고 자식들의 장래의 축복까지도 다 막아버리고 마는 것입니다.

그런데 믿음으로 사는 성도님들을 보십시오. 우리 치유하는교회의 참으로 존경하는 한 장로님은 예수님을 믿으신 후 평생을 모든 예배에 참석하시는 것은 말할 것도 없고, 온전한 십일조 생활을 하시고, 교회 건축헌금도 많이 하시고, 바치고 나누고 베푸는 일에 일생 동안 충성을 다하셨습니다. 그리고 여생을 보내시기 위해 시골의 텃밭을 구해서 조그마한 집을 짓고 그곳에서 남은 생을 보내시려고 했습니다.

그런데 주중에 가서 텃밭을 가꾸는 것도 보통 어려운 일이 아닌

데, 주님께서 더 이상 고생하지 말고 여생을 주의 일에 힘쓰시라고 그 텃밭으로 길이 나게 해서 땅값이 몇 배로 올라 텃밭을 팔고 올라오게 되셨다는 이야기를 지난 주간에 전해 듣게 되었습니다.

이처럼 복의 근원 되시는 하나님 아버지께서는 우리를 세밀히 살피시고 우리의 여생뿐만 아니라 자손대대로 이렇게 몇 배의 축복으로 다 갚아주십니다. 그러므로 당장 축복의 응답이나 열매가 없어도 결코 낙심하지 마시고 끝까지 하나님의 복이 임할 때까지 인내하며 기다려야 합니다.

지난 화요일 가을부흥성회 후 우연히 JTBC의 〈풍류대장〉이란 프로그램을 보았습니다. 국악과 대중음악을 접목하여 크로스오버를 하는 프로그램인데, 전주대사습놀이에서 영광스러운 장원을 한 25년 경력의 소리꾼 오단해가 나왔습니다.

그는 지난 25년 동안 소리꾼으로 활동을 하다가 코로나19로 인해 설 무대가 없으니까 택배기사, 대리운전까지 하면서 겨우 생계를 유지해 왔고, 이번에 사랑하는 자녀까지 잃고 큰 슬픔의 충격에 빠져 낙심되어 있었는데, 아내의 응원에 힘입어 출연하게 되었다는 것입니다. 그는 가난과 좌절로 인한 깊은 상처의 아픔 속에서 너무나 간절하게 신해철 씨의 '민물장어의 꿈'을 불렀습니다.

> 좁고 좁은 저 문으로 들어가는 길은
> 나를 깎고 잘라서 스스로 작아지는 것뿐
> 이젠 버릴 것조차 거의 남은 게 없는데
> 문득 거울을 보니 자존심 하나가 남았네
> 두고 온 고향 보고픈 얼굴 따뜻한 저녁과 웃음소리

고갤 흔들어 지워버리며 소리를 듣네
나를 부르는 쉬지 말고 가라 하는
저 강들이 모여드는 곳 성난 파도 아래 깊이
한 번만이라도 이를 수 있다면 나 언젠가
심장이 터질 때까지 흐느껴 울고 웃다가
긴 여행을 끝내리 미련 없이 익숙해 가는
거친 잠자리도 또 다른 안식을 빚어
그마저 두려울 뿐인데 부끄러운 게으름
자잘한 욕심들아 얼마나 나일 먹어야
마음의 안식을 얻을까 하루 또 하루 무거워지는
고독의 무게를 참는 것은 그보다 힘든 그보다 슬픈
의미도 없이 잊혀지긴 싫은 두려움 때문이지만
저 강들이 모여드는 곳 성난 파도 아래 깊이
한 번만이라도 이를 수 있다면 나 언젠가
심장이 터질 때까지 흐느껴 울고 웃으며
긴 여행을 끝내리 미련 없이 아무도 내게
말해 주지 않는 정말로 내가 누군지 알기 위해

그날 소리꾼 오단해가 자신의 과거의 좌절과 현재의 몸부림과 미래의 꿈을 이뤄가는 과정을 열창했는데, 예선을 통과한 후 얼마나 감격스러웠는지 아내에게 소식을 전하면서 그렇게 흐느껴 울었습니다.

제가 이런 이야기를 전하면 "주일날 강단에서 세상 노래를 소개하느냐?"고 할 사람들이 있을지 모릅니다. 그러나 예수님께서도 이 땅에 오셔서 죄인과 세리와 창녀들과도 함께하시며 복음을 전하실 때 거룩한 체하는 외식하는 서기관들과 바리새인들을 저주하셨습니다. 그래서 디모데전서 4장 4-5절에 "하나님께서 지으신 모든 것이 선하매 감사함으로 받으면 버릴 것이 없나니 하나님의 말씀과 기도로 거룩하여짐이라"고 분명히 증거하지 않습니까?

우리가 세상 것을 다 듣고 알고 부르기도 하지만 세상을 이길 거룩한 신앙을 지켜나갈 수 있는 것은 날마다 말씀과 기도로 성령 충만하기 때문입니다. 그래서 우리의 일생에 힘든 세월도 많이 있지만 언젠가는 주님 안에서 쨍하고 해 뜰 날이 돌아온다는 믿음을 가지고 소망 가운데 인내해야 하는 것입니다.

그러므로 히브리서 6장 13-15절에 "하나님이 아브라함에게 약속하실 때에 가리켜 맹세할 자가 자기보다 더 큰 이가 없으므로 자기를 가리켜 맹세하여 이르시되 내가 반드시 너에게 복 주고 복 주며 너를 번성하게 하고 번성하게 하리라 하셨더니 그가 이같이 오래 참아 약속을 받았느니라"고 분명히 약속하시듯이, 우리가 아무리 애쓰고 수고해도 복의 근원 되시는 하나님 아버지께서 복을 주시지 않으면 안 됩니다.

그래서 자기보다 더 큰 이가 없으신 하나님께서 반드시 우리에게 복 주시고 복 주시고 번성하게 하시고 번성하게 하시리라고 약속하시는데, 아브라함과 같이 오래 참고 기다려야 이 축복의 약속을 누릴 수 있다는 것입니다. 그 증거가 우리가 지나온 삶입니다.

빈손으로 이 땅에 와서 지금까지 굶어 죽지 않고 먹고 입고 쓰고 살아온 것만 해도 감사하고 감격스러울 뿐입니다. "아멘" 하지 않는 사람들은 고생을 덜해 봐서 그렇습니다. 정말 고생을 해보면 주님의 은혜가 얼마나 큰지 날마다 감사하고 감격하지 않을 수 없습니다. 일찍이 독일의 문호 요한 볼프강 폰 괴테(Johann Wolfgang von Goethe)는 그의 장편소설 《빌헬름 마이스터의 수업시대》라는 책 가운데 "눈물 젖은 빵을 먹어보지 않은 사람과는 인생을 이야기하지 말라"는 한 노인의 탄식을 통해 우리 자신을 통찰케 해줍니다.

그러므로 우리의 빚진 가난한 세월을 통해 주님의 연단을 받으면서 우리가 일어나 함께할 때에, 그 연단의 세월이 지난 후 복의 근원이 되시는 하나님 아버지께서 기필코 우리를 복 주고 복 주시며, 번성하게 하고 번성하게 하셔서 영광 받아 주실 줄 확실히 믿습니다.

마음의 상처가 깊어도 함께 해야 함

마지막으로, 본문 2절 하반절 말씀을 다 함께 읽겠습니다.

> "…마음이 원통한 자가 다 그에게로 모였고 그는 그들의 우두머리가 되었는데 그와 함께한 자가 사백 명 가량이었더라."

다윗은 사랑하는 가족들뿐만 아니라 마음이 원통한 자들과도 함께하였습니다. 여기 '원통한'이라는 단어는 히브리어로 'מַר'(마르)라고 해서 'discontented'(불만족스런)이란 뜻인데, 그들은 억울하고 원통하며 불만족스런 마음을 다윗에게 토로하며 치유 받았습니다. 다윗이 그들의 영적 리더가 되어서 그들을 이끌어 주었고, 유다 왕이 되기까지 사백여 명이 10년에 걸친 피난생활을 함께 동고동락하면서 최후의 승리를 거두었습니다. 그 다윗 왕의 영광의 축복을 그들도 함께 나눌 수 있었습니다.

우리도 신앙생활을 한다고 하면서도 억울하고 원통하고 불만족스런 삶을 살 때가 얼마나 많습니까? 그 근본 이유가 지난날의 상처가 치유를 받지 못했기 때문에 그렇습니다. 어쩌면 우리가 믿음으로 살려고 하면 할수록 더욱 많은 상처의 아픔과 시련을 겪을지 모릅니다. 그것은 어린 시절 부모님과의 관계에서부터 시작되어서, 갖가지 상처를 받고 살아오면서 자신의 성격이나 행동이나 신앙을 다 형성하게 됩니다.

더욱 가슴 아픈 일은, 상처를 받고 치유를 못 받은 사람일수록 주위의 어떠한 말이나 행동에 더 쉽게 상처를 받고, 평생토록 상처의 불행과 고통 속에서 헤어 나오지를 못하니 이 얼마나 불행하고 안타까운 일입니까?

전전주 금요일 밤 KBS JOY의 〈국민영수증〉이라는 프로그램에서 우리 교회 이수영 부목사님이 아니라 크리스천 가수 이수영이 나와서 지나온 삶의 이야기를 들려주었습니다. 그녀가 계부로 인해서 학창시절 말할 수 없는 폭력의 트라우마를 겪었지만, 눈물의 기도와 각고의 노력 끝에 20대에 발라드 여왕이 되어서 그야말로 한국은행처럼 돈을 쓸어 모을 정도로 많이 벌었다고 합니다.

그런데 30세에 사기를 크게 당해서 20대에 번 전 재산을 다 잃어버리고, 오히려 빚까지 져서 지금까지 갚으며 사느라고 엄청난 고생을 했다고 합니다. 뿐만 아니라 그 충격으로 8년째 공황장애로 고통을 겪고 있다고 했습니다. 그나마 그녀가 십자가의 믿음을 붙잡고 살아가고 있기에, 주님의 사랑과 은혜가 그녀를 지금까지 붙잡아주어서 더 이상 미쳐버리거나 자살하지 않은 것이라고 합니다. 지금은 신앙의 남편과 결혼하여 슬하에 아들 하나를 낳고 행복하게 살아가면서 새롭게 방송 활동을 하게 되었다고 했습니다.

하나님이 십자가에서 예수 그리스도를 통해 우리를 용서하셨듯이, 우리도 어떠한 원수라도 용서하지 않으면 우리의 지난날의 상처가 치유가 안 됩니다. 그리하면 매사가 부정적이고 비판적이고 비관적으로 되어서, 결코 어떠한 원수도 사랑하지 못하고 어떠한 환경에도 감사하지 못하고, 평생 교회를 다니고 귀한 직분까지 받았을지라도 어떠한 삶의 변화도 일어나지 않습니다. 지옥같이 불행과 고통 가운데 살다가 어느 날 갑자기 인생을 끝내버리니, 그런 사람들이 진정으로 거듭난 하나님의 자녀라고 할 수 있을까요? 그러니 이보다 더 불행하고 불쌍한 인생이 어디에 있습니까?

부족한 종이 신학대학원을 졸업하고 목회상담학을 전공하기 위해 대학원에 진학을 하고 미국에까지 가서 석사, 박사 과정을 공부하고 목회하면서 '어떻게 하면 우리의 상한 마음을 치유해서 우리의 신앙과 성격과 삶을 변화시킬 수 있을까' 하고 많은 연구를 하는 가운데 얻은 결론이 있습니다. 그것을 함께 울고 함께 웃는 우리 치유하는 교회의 치유목회의 주제 성구인 로마서 12장 15절에서 발견할 수 있었습니다.

"즐거워하는 자들과 함께 즐거워하고 우는 자들과 함께 울라."

여러분, 여기서 왜 웃음과 눈물이 상처의 치유에 중요하냐 하면, 상처를 받고 치유가 안 되어 있으면 대부분 아무리 웃음과 눈물의 감동의 이야기를 들어도 웃다 말고, 눈만 멀뚱멀뚱하며 그의 삶 가운데 웃음과 눈물이 다 메말라버립니다. 그만큼 마음의 상처가 깊이 굳어져 있다는 것입니다.

외식하는 서기관들과 바리새인들과 같이 마음이 교만하고 강퍅하고 완악해져서 하나님의 말씀을 받아도 하나님께서 기뻐 받으시는 "아멘" 소리도 안 나옵니다(고후 1:20). 마음의 치유를 못 받았으니까, 자기의 마음에 맞는 말씀만 받으려고 하니까, 하나님의 그 풍성한 은혜와 축복과 행복을 못 누리니 이보다 불행하고 안타까운 일이 어디에 있습니까?

그래서 웃음의 이야기를 통해서 닫혔던 마음을 터뜨려 열게 해주고, 눈물의 이야기를 통해서 상처 난 감정을 씻어 치유하려는 것입니다. 암은 어떠하든지 수술하면 2주 정도면 치료를 받지만, 마음의 상처는 신체의 치료와는 달리 오랜 세월 마음속 깊이 드리워진 아픔이기 때문에 시간이 몇 달, 몇 년, 심한 경우는 10, 20년이 걸릴 수도 있습니다.

그렇기 때문에 '약수터 치유'를 해야 합니다. 약수터에 가보면 물이 한 방울씩 떨어지는 것 같지만 그 밑의 바위는 움푹 패어 있는데, 물방울이 몇 년, 몇십 년 떨어지는 가운데 그 굳은 바위까지 패어버린 것입니다. 이렇게 치유 받다 보면 어느 순간부터 그 얼굴에서 행복의 미소가 피어오르고, 그 눈에서는 감격의 눈물이 끊이지 않게 됩니다.

지금은 지방으로 이사를 간 한 안수집사님이 계십니다. 그는 일생을 살아오면서 울어본 경험이 없었다고 합니다. 심지어 부모님이 돌아가셨을 때도 눈물 한 방울 흘리지 않을 정도였으니까 얼마나 불행하게 살아왔겠습니까? 그런데 그가 치유동산에서 지난날의 자신의 원수들을 다 용서하고 난 뒤에 그의 삶이 완전히 변화되었는데, 매주일 말씀을 받을 때마다 눈물이 없이는 말씀을 못 받았습니다. 그리고 어느 날 저를 찾아와서 이렇게 고백했습니다. "목사님, 제가 매주일 고장 난 수도꼭지가 되어 버렸어요!" 그래서 제가 "집사님의 지난날의 상처가 다 치유 받고 나니까 영적으로 건강해져서 그래요!" 그랬습니다.

그렇습니다. 아무리 불행하고 고통스러워도 지난날의 상처까지도 치유 받고 회복되니까, 어떠한 하나님의 말씀도 다 "아멘"으로 받아들이고 은혜를 받고 어떠한 기도도 응답을 받습니다. 날마다 웃음과 눈물의 감격이 끊이지 않을 뿐만 아니라, 어떠한 상처의 말을 듣거나 일을 겪어도 "No, thank you!"(천만에요) 하고 상처도 안 받습니다.

오히려 강하고 담대한 믿음으로 일어서서 일생토록 천국의 축복과 행복의 감격 속에 살아가게 되었습니다. 이 웃음과 눈물의 감격과 행복을 우리만 경험하고 누릴 수 없으니 가장 먼저 우리 치유하는교회에 전하고, 더 나아가 우리 총회에 전하고, 한국교회에도 전하고, 이민교회에도 전하고, 세계 선교지에까지 전해야 될 사명이 저와 여러분에게 있는 것입니다.

그러므로 이제는 우리의 마음의 상처가 깊어도 일어나 영적 아둘람 굴인 우리 치유하는교회에 나아와서 십자가 앞에 우리의 모든 마음의 상처와 감정을 다 쏟아내고, 주님의 십자가의 사랑으로 다 용서하고 함께해야 합니다. 그리할 때 어떠한 불평과 불만도 다 이겨내고 날마다 천국의 축복과 행복의 감격 속에 살아가게 될 줄 확실히 믿으시기 바랍니다.

지난 주간 우리는 증경총회장님이신 광주 본향교회 채영남 목사님을 모시고 가을부흥성회를 너무도 은혜 가운데 잘 마쳤습니다. 강영길 집사님이 채 목사님의 일생을 다루어서 《복이 될지라》라는 책을 펴냈는데, 채 목사님은 3남 4녀 중 막둥이로 태어났습니다. 원래 예수님을 안 믿는 가정이었는데, 먼저 어머니가 신안의 복음전도자요, 성자이셨던 문준경 전도사님에게서 전도를 받고 먼저 예수님을 믿게 되었습니다.

그런데 처음에는 예수님을 믿겠다고 약속하고 결혼하셨던 아버지가 돌아서서 그토록 핍박을 하고, 심지어는 어린 시절 어머니의 시숙이 되시는 큰아버지가 집에 오셔서 어머니의 머리채를 붙잡고 질질 끌면서 앞마당을 돌 정도로 핍박을 했다고 합니다.

예수님을 믿는다고 그렇게 말로 다할 수 없는 핍박을 당하셨고, 마음에 깊은 상처를 입으시고 너무도 억울하고 원통하실 때마다 어머니의 일생의 유일한 아둘람 굴이었던 성전에 달려가셨습니다. 그리고는 밤이나 낮이나 “주여! 주여!” 하고 울부짖으면서 아무도 몰라주어도 주님과 어머니만 아시는 가슴의 깊은 상처의 불행과 고통의 눈물을 쏟아내셔야 했습니다.

채 목사님은 이러한 신앙의 어머니께서 강권하셔서 교회를 따라나가게 되었는데, 커가면서 점점 교회에 대해서 부정적이 되어 고등학생 때는 가출을 하고 교회마저도 떠나 사셨다고 합니다. 그래서 졸업식에도 참석을 안 해서 나중에 졸업장을 받으러 갔더니 선생님이 “너는 커서 뭐가 될래?” 그러시더랍니다.

그런데 고등학교를 졸업한 후 어머니의 손에 이끌려서 집회에 참석했다가 예수님을 뜨겁게 만나게 되었습니다. 결국에는 목사님까지 되시고, 몇 년 전에는 그 고등학교에서 ‘장한 동문상’까지 받았다고 합니다. 우리가 예수님을 바로 믿으면 이런 놀라운 축복이 임하게 될 수밖에 없습니다.

그런데 예수님을 만나고 보니까 그렇게 좋을 수가 없어서 주님을 제일 기쁘시게 하고 따르기 위해 신학교를 가시게 되었습니다. 신학교 2학년 1학기를 마치고 방학을 하게 되었는데, 선배 전도사님이 거문도 덕촌리에 덕촌교회가 있는데 목회자만 있으면 큰 변화가 있으리라는 권면을 하더랍니다. 그래서 성령님의 인도하심으로 순종하고 무작정 신학교를 휴학하고, 그 머나먼 거문도의 덕촌교회에 부임하게 되었습니다.

그런데 가서 보니까 그곳에는 가난하고 병들고 문제를 일으키는 교인들만 모여 있더랍니다. 그야말로 목사님께 닥쳐온 영적 아둘람 굴이었던 것입니다. 그래도 끊임없이 그들을 찾아가 전도하고 심방하고 치유하지 않을 수 없었는데, 하필이면 폐결핵 말기 환자를 돌보다가 그 결핵이 감염이 되어서 몸 안에 잠복이 되어 있다가 25세에 뒤늦게 군대에 갔을 때 폐결핵에 걸린 것을 알게 되었습니다.

그때 당시에는 약이 별로 없어서 폐결핵에 걸려 죽은 사람들이 많았기 때문에 아무도 채 목사님을 가까이하려고 하지 않았습니다. 그래서 의병 제대를 했지만, 젊은 나이에 이렇게 인생을 끝낼 수가 없어서 생사의 위기 속에서도 질병에 굴하지 않고, 다시 거문도 덕촌교회에 간절히 간청을 해서 그곳으로 돌아가 남은 여생 목숨을 걸고 목회를 하게 되었습니다. 그리고는 홀로 고난의 아둘람 굴에 갇혀서 눈물로 울부짖기 시작했는데, 그때 아무도 찾아오지 않았고 어머니와 결혼 전의 사모님만 헌신적으로 함께해 주셨습니다.

그렇게 죽음의 절망과 고통 가운데 지내던 어느 날 밤 사택의 작은 방에 누워 있는데, 비몽사몽 간에 화려한 옷을 입으신 한 분이 나타나셔서 채 목사님 가슴에 손을 얹고 "너는 치유되었다! 이제는 끝났느니라! 이제는 몸 관리를 잘해라! 몸 관리는 잘 먹고 쉬는 게 아니라 하나님과의 관계, 즉 영적인 관계를 건강하게 하는 것이다"라고 하시더랍니다. 그때 채 목사님은 "아멘, 주여!"라고 응답하며 벌떡 일어났는데, 그날 이후에 4년 동안 절망 가운데 고통을 겪었던 폐결핵에서 기적적으로 깨끗이 치유함을 받게 된 것입니다.

그 후 결혼을 하고 1980년 광주 극락교회에 부임하게 되었는데, 교인이 30명 정도에 불과하고 거문도 덕촌교회 못지않은 오지였습니다. 교회 이름부터가 '극락'이니 얼마나 사탄이 역사하는 피폐한 교회였겠습니까? 그곳에서 지난 42년 동안, 영적으로 환난을 당하고 경제적으로 너무도 어렵고 마음의 깊은 상처가 깊은 자들을 끌어안고, 아둘람 굴과 같이 너무도 앞이 캄캄하고 고통스럽고 눈물 나는 상황 속에서도, 아둘람 굴에 이르기까지 끝까지 주님만 바라보면서 "너는 축복이 될지라"(창 12:2)고 외쳐 오신 것입니다. 그렇게 일생 '축복 목회'를 해오심으로 오늘날 2,000명 가까이 모이는 뜨겁게 부흥하고 행복한 '본향교회'를 이루고, 한국교회의 장자교단인 대한예수교장로회 제100회 총회장을 역임하시고, 남은 여생도 해피코리아를 설립해서 이 땅의 모든 사람들이 축복 되게 함께 일어서는 행복운동에 여생을 바치고 계십니다.

사랑하는 성도 여러분, 우리의 인생에도 누구에게나 십자가의 고난이 있습니다. 그래서 우리의 영적인 아둘람 굴 안으로 영적으로 환난당하는 사람들도 나아오고, 경제적으로 어려움을 당하는 사람들도 나아오고, 마음의 깊은 상처를 받은 사람들도 나아와야 합니다. 우리가 주님 안에서 일어나 함께할 때, 주님 주시는 힘으로 인생의 어떠한 고난도 능히 이겨내고 최후 승리의 영광과 축복의 감격이 우리 모두와 영원히 함께할 줄 확실히 믿습니다.

다 함께 결단의 찬송으로 '원하고 바라고 기도합니다'를 부르며 믿음으로 결단하도록 하겠습니다.

1. 이 세상을 살아가는 동안에
   나의 힘을 의지할 수 없으니

기도하고 낙심하지 말 것은
주께서 참 소망이 되심이라

2. 주의 길을 걸어가는 동안에
세상의 것 의지할 수 없으니
감사하고 낙심하지 말 것은
주께서 참 기쁨이 되심이라

후렴) 하나님의 꿈이 나의 비전이 되고
예수님의 성품이 나의 인격이 되고
성령님의 권능이 나의 능력이 되길
원하고 바라고 기도합니다

우리에게 최후의 승리를 주시는 하나님 아버지, 우리가 인생을 살아가면서 말로 다할 수 없는 고난 속에서 낙심하고 좌절하고 절망할 때가 얼마나 많았습니까? 그러나 아무리 영적으로 환난을 당하고 경제적으로 어려움을 당하고 마음의 깊은 상처를 받아도, 모두 다 일어나 우리의 영적인 아둘람 굴인 치유하는교회에 나아와 주님만 바라보며 믿음으로 함께 일어서게 하여 주시옵소서! 그리할 때 최후 승리의 영광과 축복의 감격이 우리 모두와 영원히 함께할 줄 확실히 믿사옵고, 예수님의 이름으로 간절히 축복하며 기도하옵나이다. 아멘!

주님의 뜻을 이루소서

사무엘상 23:1-14

우리의 신앙생활 가운데 주님의 뜻을 따르는 것은 대단히 중요한 일입니다. 우리가 주님의 뜻대로만 살아가면 아무리 코로나19의 피폐한 현실 속에서도 하나님의 풍성한 은혜를 받고 부족함이 없는 축복을 누리고 행복의 감격이 차고 넘치게 됩니다.

오늘 본문 가운데 다윗은 사울 왕의 추격을 피해서 아둘람 굴에 있었는데, 블레셋 사람들이 블레셋 땅과 가깝지만 헤브론 서북쪽 13km 지점인 유다의 영토인 그일라를 침략하여 타작마당을 탈취하자 다윗에게 도움을 요청합니다. 그러자 사울 왕을 피해 다니는 다윗의 입장에서는 자신의 신분을 숨기고 숨어 지내야 하는데 드러내놓고 블레셋과 싸워야 하는 난감한 상황 속에 빠지게 되었습니다.

이때 다윗이 어떻게 주님의 뜻을 이루어 가는가를 보면서, 우리도 주님의 뜻을 이루며 진정으로 주님 안에서 은혜롭고 축복되고 행복하게 살기 위해 어떻게 할 것인지, 이 시간도 하나님의 음성을 다 함께 들을 수 있길 바랍니다.

주님의 뜻을 구해야 함

먼저, 본문 2절 말씀을 다 함께 읽겠습니다.

> "이에 다윗이 여호와께 묻자와 이르되 내가 가서 이 블레셋 사람들을 치리이까 여호와께서 다윗에게 이르시되 가서 블레셋 사람들을 치고 그일라를 구원하라 하시니."

이스라엘 성지에서는 추수를 하면 곡식을 타작마당에 그대로 쌓아두고 파수꾼을 두어 지키게 하다가 가을 우기가 되면 곳간에 들여놓았습니다. 그런데 블레셋 사람들이 그일라의 타작마당을 공격하여 곡식을 탈취했습니다. 이것을 사울 왕에게 보고하지 않고 다윗에게 요청한 것은 사울 왕이 백성들을 돌보지 않았기 때문입니다. 그러자 그일라 북쪽 5km 지점의 아둘람 굴에 있는 다윗에게 요청한 것입니다.

그일라 거민의 하소연을 들은 다윗으로서는 동족을 도와주어야 한다는 데는 이의가 없었지만, 자신이 나서서 싸우게 되면 금방 소문이 나고 사울 왕의 군대가 죽이러 달려들 것이기 때문에 망설여졌습니다. 더구나 블레셋의 돌격대는 강력한 부대였기 때문에 다윗의 부하들에게도 큰 공포를 느끼게 해서 다윗으로서는 어떻게 해야 할지 심각한 딜레마(dilemma)에 빠지고 만 것입니다.

그러나 다윗은 가장 먼저 여호와께 엎드려 간구합니다. 그래서 다윗이 "제가 가서 이 블레셋 사람들을 치리이까?" 하고 여쭤보니까 여호와께서 다윗에게 "가서 블레셋 사람들을 치고 그일라를 구원하라"고 응답하셨습니다. 그러자 다윗을 따르던 사람들이 다윗에게 "보소서 우리가 유다에 있기도 두렵거든 하물며 그일라에 가서 블레셋 사람들의 군대를 치는 일이리이까?" 하고 묻습니다.

그러자 다윗은 여호와께 다시 여쭈어봤는데 여호와께서 "일어나 그일라로 내려가라 내가 블레셋 사람들을 네 손에 넘기리라"고 응답하셨습니다. 결국 다윗과 그를 따르는 사람들이 주님의 뜻을 구하며 그일라로 가서 블레셋 사람들과 싸워서 크게 쳐서 죽이고 그들이 잃었던 곡식을 회수하고 가축까지 전리품으로 끌어와서 그일라 주민들을 구원했습니다.

우리도 주님의 뜻을 이루어가려면 가장 먼저 주님의 뜻을 간구해야 합니다. 우리가 상처를 당하든지 피해를 입든지 생명의 위협을 느껴도, 먼저 주님의 뜻을 구해야 합니다. 예수님께서 그 모범을 보여주시며 우리에게 가르쳐주신 기도 가운데 마태복음 6장 10절에서도 "뜻이 하늘에서 이루어진 것같이 땅에서도 이루어지이다"라고 분명히 주님의 뜻을 강조하셨습니다.

또한 예수님께서 그의 생애의 마지막에 그 엄청난 고통의 십자가의 고난을 앞두시고 겟세마네 동산에서 땀방울이 핏방울같이 변할 정도로 기도하시는 가운데 누가복음 22장 42절에 "아버지여 만일 아버지의 뜻이거든 이 잔을 내게서 옮기시옵소서 그러나 내 원대로 마시옵고 아버지의 원대로 되기를 원하나이다"라고 간구하시지 않았습니까?

예수님께서는 육신적으로는 너무도 고통스러워서 가능하면 피하고 싶으셨지만 먼저 하나님의 뜻을 구하고 하나님의 영광을 위해 간구하셨고, 그 고통스러운 십자가의 죽음을 당하셨지만 그 결과가 어떻게 되었습니까?

빌립보서 2장 9-11절에 "이러므로 하나님이 그를 지극히 높여 모든 이름 위에 뛰어난 이름을 주사 하늘에 있는 자들과 땅에 있는 자들과 땅 아래에 있는 자들로 모든 무릎을 예수의 이름에 꿇게 하시고 모든 입으로 예수 그리스도를 주라 시인하여 하나님 아버지께 영광을 돌리게 하셨느니라"고 분명히 증거하지 않으십니까? 하나님의 뜻을 구하고 따랐던 것이 영원한 축복이 된 것입니다.

그런데 우리의 신앙생활은 어떠합니까? 우리의 욕심과 욕망에 사로잡혀서 하나님의 뜻을 구하기보다도 내 뜻을 구하며 살아갑니다. 그리고는 오히려 우리가 아무리 기도를 해도 응답이 없다고 불만을 품고 불평을 하고 불신에 빠져서 주님의 뜻보다도 자기 육신의 뜻을 구하지 않았습니까.

30여 년 전 신학생 때 들은 이야기입니다. 어떤 신부님이 수유리에 있는 아카데미하우스 세미나에 참석한 후 택시를 합승하고 내려오고 있었습니다. 왼쪽에는 연세 높으신 할머니가 탔고 오른쪽에는 젊고 아리따운 아가씨가 탔는데, 이 비탈길에 택시가 왼쪽으로 기울다 오른쪽으로 기울다 했습니다. 그러자 이 신부님이 왼쪽의 할머니 쪽으로 기울 때는 "주여, 시험에 들게 마옵소서!" 하고 기도하고, 오른쪽의 아가씨 쪽으로 기울 때는 "내 주여, 뜻대로 행하시옵소서!" 했다고 하지 않습니까? 웃자고 하는 이야기이니까 너무 깊이 생각하지 마시기 바랍니다. 그러나 진정한 기도는 내 뜻을 구하는 것이 아니라 주님의 뜻을 구하는 것입니다. 그러므로 우리가 기도할 때 주님의 뜻이 이 땅에 이뤄지도록 구해야 합니다.

지난 수요일 밤에 선교회 찬양제가 있었는데, 청년부가 기도로 잘 준비해서 코로나19의 어려움 속에서도 그 어느 해보다도 많은 남·여 전도회가 참가해서 은혜가 충만한 가운데 마쳤습니다. 그런데 상 이름부터가 예사롭지 않았습니다. 꼴등: 말씀만 묵상, 7등: 왜 이렇게 멋지상, 6등: 상상 그 이상, 5등: 열정이 환상, 4등: 은혜를 회상, 동상: 컨디션 최상, 은상: 깊은 인상, 금상: 직업이 수상에 이르기까지 다양했습니다.

그런데 그날의 하이라이트는 사이여전도회의 '주의 옷자락 만지며'라는 찬양이 너무도 감동적이어서 대상이 되리라는 기대를 가졌는데, 저의 기대와는 달리 대상의 영광은 '이 세상 어딜 가든지'를 부른 육일여전도회가 차지했습니다. 무엇보다 가장 많은 여전도회원들이 참가함으로써 믿음의 정성이 은혜의 감동을 뛰어넘었던 것입니다. 그래서 아쉽게도 인원수에 밀려 대상을 놓친 사이여전도회에게 내년에는 늘 아이디어가 뛰어난 삼일·삼이여전도회처럼 아이들을 데리고 나오든지 남편들을 모시고 나오든지 더 인원수를 모아서 대상을 탈환하라고 했습니다.

이처럼 우리 인생이 우리의 뜻대로 되는 것은 아무것도 없고, 결과론적으로 나타나는 주님의 뜻은 우리의 바람이나 상상을 뛰어넘어서 너무도 깊고 오묘하고 놀랍습니다. 그렇기 때문에 우리는 주님의 뜻만 구하며 나아가야 합니다. 그리함으로 코로나19의 아무리 어려운 위기의 상황 속에서도 주님의 뜻을 구할 때, 기필코 우리에게 더욱 놀라운 은혜와 축복과 행복이 더할 줄 확실히 믿으시기 바랍니다.

주님의 뜻을 분별해야 함

계속해서 본문 6절 말씀을 다 함께 읽겠습니다.

> "아히멜렉의 아들 아비아달이 그일라 다윗에게로 도망할 때에 손에 에봇을 가지고 내려왔더라."

그런데 오늘 본문의 내용과 어울리지 않는 아히멜렉 제사장의 아들 아비아달이 갑자기 나타나서 본문의 말씀이 앞선 사건과 연결이 되지 않는데, 다윗이 그일라를 칠 때에 어떻게 하나님의 뜻을 물었는지를 설명합니다.

본문 이전인 사무엘상 22장 20절에서, 에돔 사람인 사울 왕의 목자장 도엑이 아히멜렉 제사장이 다윗을 도와주었다는 고발을 하여 제사장 85명이 사울 왕에 의해서 살해될 때에, 아히멜렉 제사장의 아들 아비아달이 혼자 남아 놉에 있는 성소를 지키다가 화를 면했습니다. 그런데 기브아의 참사 소식을 듣고 그가 다윗에게로 도망을 갈 때 에봇을 챙겼다는 것을 강조한 것인데(삼상 21:9, 23:6), 여기에 영적인 깊은 뜻이 담겨져 있습니다. 대제사장의 예복인 에봇의 가슴에 판결 흉패가 달려 있어서 그 안에 우림과 둠밈을 넣었습니다.

우림과 둠밈은 '빛'과 '완전함'이란 뜻으로서, 그 모양이나 위치는 알 수 없지만 분명한 것은 빛과 완전함이 되시는 하나님의 뜻을 분별하는 도구였습니다(출 28:6-14, 30). 그러므로 기도해서 하나님의 뜻을 분별할 수 없을 때 우림과 둠밈을 통해 하나님의 뜻을 확실하게 분별케 하셨던 것입니다.

우리도 말세 마지막 때 사탄이 광명의 천사로 가장해서 우리의 가정과 세상과 교회까지 얼마나 혼란을 가져오고 있습니까? 그리하여 하나님의 뜻을 분별하기가 너무도 어려운 세상입니다. 부족한 종이 신학생 때 하나님의 뜻을 분별하기 위해 국내외 수많은 책들을 읽는 가운데 성서침례신학교 교장선생님이셨던 이삭 포스터(Isaac Foster) 선교사님이 건네주신 미국의 유명한 강해 설교가이셨던 워런 위어스비(Warren Wiersbe) 목사님의 《The Strategy of Satan》(당신은 사탄의 계략을 아는가)라는 책을 번역했는데, 늘 강조하지만 아브라함의 생애를 통한 '하나님의 뜻 분별법'을 보고 크게 감탄하지 않을 수 없었습니다.

첫째는 '하나님의 말씀에 근거한 것인가? 자신의 판단에 의존한 것인가?'입니다.

하나님께서는 아브라함에게 "내가 네 자손이 땅의 티끌 같게 하리라"(창 13:16)고 분명히 약속하셨는데, 하나님의 약속의 말씀을 믿지 못하고 아내 사라의 생리가 끊어지게 되자(창 18:11) 사라의 여종인 하갈에게서 이스마엘을 얻게 됩니다(창 16:11). 아브라함은 하나님의 말씀에 근거하기보다 자신의 판단에 의존함으로 첫 번째 하나님의 뜻을 알아가는 관문에서 실패한 것입니다. 우리도 모든 신앙 생활의 결정의 표준은 자신의 지식이나 경험이나 판단이 아니라 오직 하나님의 말씀이어야 합니다. 구약성경의 248가지의 '하라'는 긍정적인 의미의 계명대로 행하고, 365가지의 '하지 말라'는 부정적인 의미의 계명대로 행하지 않으면 하나님의 뜻이 우리의 삶 가운데 그대로 이루어집니다.

둘째는 '하나님의 영광을 드러내기 위한 것인가? 자신의 이름을 내기 위한 것인가?'입니다.

아브라함이 하나님의 영광을 위했다면 하나님께서 약속의 아들을 주실 때까지 기다렸어야 했는데, 그는 어떻게 해서든지 아들을 얻어 자신의 대를 이어야겠다는 마음이 앞서 첩을 취했습니다. 아브라함은 하나님의 영광을 위해서라기보다 자신의 이름을 위함으로 두 번째 하나님의 뜻을 알아가는 관문에서도 실패한 것입니다. 모든 일을 결정할 때에 나 자신의 이익이나 감정이나 인간관계를 결단코 따지지 말고, 무엇이 하나님의 영광을 위하고 하나님의 복음을 위하고 하나님의 교회를 위하는가를 먼저 생각할 때 우리를 통해서 하나님의 뜻이 이루어집니다.

셋째는 '하나님의 교회에 유익한 것인가? 하나님의 교회에 걸림이 되는가?'입니다.

믿음의 조상인 아브라함이 하나님의 약속의 말씀을 믿지 못하고 첩을 얻어 육신의 아들을 낳았으니 믿음의 공동체에 무슨 유익이 있었겠습니까? 믿음의 조상도 하나님의 약속을 믿지 못한다고 믿는 무리들의 신앙에 걸림이 됨으로써, 아브라함은 세 번째 하나님의 뜻을 알아가는 관문에서도 실패하고 만 것입니다. 우리도 결정하고자 하는 문제가 교회의 화평을 위하고 유익을 위하고 부흥을 위한 일인지 생각하고 모든 문제를 결정해야 합니다.

넷째는 '인내하며 기다릴 수 있는가? 성급하게 서둘러야 하는가?'입니다.

아브라함이 육신의 아들 이스마엘을 낳을 때가 86세였고(창 16:16), 약속의 아들 이삭을 낳을 때가 100세였으니까(창 21:3-5) 지금까지도 참고 기다렸는데, 14년만 더 기다렸으면 됐을 것입니다. 또 아브라함이 하갈을 얻지 않았다면, 그 전에라도 약속의 아들을 허락하실 수도 있었을 것입니다. 그런데 아브라함은 인내하지 못하고 성급하게 서두름으로 인해 네 번째 하나님의 뜻을 알아가는 관문에서도 실패했습니다. 우리가 모든 문제를 결정할 때도 기도하면서 인내하지 못하고 성급하게 서두르면 하나님의 뜻을 그르치고 사탄의 시험에 넘어갈 위험이 많은 것입니다.

다섯째는 '영적인 평안을 주는가? 갈등과 불화를 일으키는가?'입니다.

아브라함은 이렇게 하나님의 뜻을 구하는 과정에 육신의 편의를 따라 결정을 했을 때 자신도 영적인 평안을 다 잃어버리고 가정의 갈등과 불화를 일으켰습니다. 뿐만 아니라 자손 대대로 그 갈등과 불화가 이어져서 4,000여 년이 지난 지금까지도 이삭의 후손인 이스라엘과 이스마엘의 후손인 아랍의 전쟁이 끊이지 않는 중동사태가 전 세계의 화약고가 되어 있습니다. 하나님의 뜻을 분별하지 못한 한 사람의 실수가 한 가정의 불행과 고통뿐만 아니라 전 세계의 역사적 불안과 공포가 되어버린 것입니다.

모든 문제를 결정할 때는 내 마음속에 진정한 영적인 평안이 임하는가를 돌이켜 보아야 합니다. 그렇지 않고 아무도 인정하지 않는데도 자기의 의만 내세우면서 가정에서나 직장에서나 심지어 교회에서까지 계속해서 싸우자고 물고 늘어지는 사람들은 이미 사탄에게 넘어간 사람들입니다. 이처럼 우리가 하나님의 뜻을 바로 분별하는 것이 중요하고, 이 다섯 가지 질문을 던지다 보면 우리는 하나님의 뜻을 확실하게 바로 분별하게 되는 것입니다.

그러므로 우리가 이처럼 하나님의 뜻을 분별하기 위해서는 무엇보다도 로마서 12장 2절의 말씀대로 영적 준비를 하지 않으면 안 됩니다.

"너희는 이 세대를 본받지 말고 오직 마음을 새롭게 함으로 변화를

받아 하나님의 선하시고 기뻐하시고 온전하신 뜻이 무엇인지 분별하
도록 하라."

우리가 하나님의 뜻을 분별하기 위해서는 가장 먼저 세상의 유행 풍조를 결단코 본받아서는 안 됩니다. 다시 말하면 세속적 가치관, 인생관, 세계관 등을 따라가서는 결코 안 됩니다.

요즘 이런 충청도 조크가 있습니다. "아들 워디 대학 갔대유~?" "화천대 유~" "그런 대학도 있남?" "입학금 오백만 원 내면 졸업할 땐 오백억 준대유" "다 조은디 그 대학 나오면 깜빵 간대면서유~" "괜차아유~ 대법관한테 오십 억 주면 무죄로 다 나온대유~"

이것이 바로 우리의 현실입니다. 그러나 적어도 우리가 믿음의 사람이라면 결단코 세상의 부귀나 명예나 향락을 좇아가서는 안 됩니다. 오히려 날마다 하나님의 말씀과 기도 가운데 새롭게 변화를 받으면, 우리는 더 이상 사탄에게 사로잡혀서 불평하고 험담하며 지옥과 같이 살지 않게 됩니다. 그리고 오직 성령님으로 충만한 가운데 사랑과 감사의 천국의 축복과 행복의 감격 속에 살아가게 되는 것입니다.

그리할 때 우리는 자연스럽게 첫째, 하나님의 말씀 가운데서나 둘째, 기도하는 가운데서나 셋째, 주위의 영적인 사람을 통해서나 넷째, 우리의 환경을 통해서나 다섯째, 우리 주위의 사건을 통해서 보이는 하나님의 선하시고 기뻐하시고 온전하신 뜻을 분별하게 됩니다. 그래서 우리 자신이 은혜롭고 축복되고 행복하게 신앙생활을 하며 맡겨주신 사명을 감당할 뿐만 아니라 자손 대대로 천국의 축복과 행복의 감격 속에 살아가게 될 줄 확실히 믿습니다.

하나님의 뜻을 따라야 함

마지막으로, 본문 13-14절 말씀을 다 함께 읽겠습니다.

> "다윗과 그의 사람 육백 명 가량이 일어나 그일라를 떠나서 갈 수 있는 곳으로 갔더니 다윗이 그일라에서 피한 것을 어떤 사람이 사울에게 말하매 사울이 가기를 그치니라 다윗이 광야의 요새에도 있었고 또 십 광야 산골에도 머물렀으므로 사울이 매일 찾되 하나님이 그를 그의 손에 넘기지 아니하시니라."

그런데 문제는 다윗이 그일라 성에 있다는 것이 사울 왕에게 전해지고 만 것입니다. 이 소식을 들은 사울 왕이 20만 명의 군사를 모아 그일라로 내려가서(삼상 23:8) 그일라 성을 포위하고 다윗을 죽이려고 한 것입니다. 그런데 사울 왕의 도성 기브아에서 다윗이 거하는 그일라까지는 약 35km 거리여서 사울 왕이 군대를 소집하고 그일라까지 오는 데는 상당한 시간이 필요했습니다. 이에 다윗은 사울 왕의 계략을 알고 하나님의 뜻을 더욱 확실히 알기 위해 아비아달 제사장에게 에봇을 가져오라고 했습니다(9절).

다윗은 블레셋을 공격할 때뿐만 아니라(2, 4절) 사울 왕으로부터 도피할 때도 "이스라엘 하나님 여호와여 사울이 나 때문에 이 성읍을 멸하려고 그일라로 내려오기를 꾀한다 함을 주의 종이 분명히 들었나이다 그일라 사람들이 나를 그의 손에 넘기겠나이까 주의 종이 들은 대로 사울이 내려오겠나이까 이스라엘의 하나님 여호와여 원하건대 주의 종에게 일러 주옵소서" 하고 하나님의 뜻을 따라 행하길 원했습니다.

그랬더니 여호와께서 이르시되 "사울 왕이 내려오리라…그일라 사람들이 너와 네 사람들을 사울 왕에게 넘기리라"(10-12절)고 응답하십니다. 다윗이 그일라를 블레셋 사람들로부터 구원해 주었는데도 그들은 살기 위해 사울 왕에게로 돌아설 것을 경고하신 것입니다.

그런데 여기서 주목해야 할 것은, 지난 주일 다윗 일행이 아둘람 굴에 머물 때 다윗과 함께한 자가 400명 가량이라고 했는데(삼상 22:2), 오늘 본문을 보면 다윗과 그의 사람 600명 가량이 일어나 그일라를 떠났다고 기록하고 있습니다. 그 사이에 다윗을 따르는 무리가 200여 명이 늘어난 것인데, 피난 생활을 하며 죽음의 위기 가운데에 있던 다윗에게는 엄청난 사람들의 합류였고, 또 힘이 되었습니다.

다윗이 하나님의 뜻을 따라 나아갈 때 선한 뜻을 가진 사람들이 더해지는 놀라운 축복을 누릴 수 있었던 것입니다. 뿐만 아니라 그들이 다윗과 함께 그일라를 살리기 위해 그일라를 떠나는데, 사울 왕은 다윗 일행이 그일라를 떠났다는 그 소식을 듣고 그일라로 가기를 포기합니다.

이처럼 그일라를 떠난 다윗은 예루살렘 남방의 유다 광야의 그일라 동남쪽 약 20km 지점의 십 광야(수 15:55)의 산골에 머물면서 유랑생활을 하게 됩니다. 사울 왕은 하나님의 뜻을 따라 행하는 다윗을 죽이려고 혈안이 되어서 매일 다윗을 추격하였지만, 하나님께서는 이를 허락지 아니하시고 하나님의 뜻을 따르는 그들을 끝까지 지켜주시고 보호해 주셨습니다.

우리의 일생도 하나님의 뜻을 따라 살려고 할 때 얼마나 시련과 역경이 많았습니까? 그러나 우리가 하나님의 뜻을 따라 살았더니 환난이 변해서 축복이 되고, 슬픔이 변해서 기쁨이 되고, 고난이 변해서 행복이 되었습니다.

소통 스타강사인 김창옥 교수가 쓴 《나는 당신을 봅니다》라는 책이 있습니다. 그는 1973년 바람 많은 섬 제주도의 가난한 가정에서 태어났는데, 더욱이 아버지가 청각장애자여서 목소리 톤이 높고 투박하게 말씀하시다 보니까 수많은 상처 속에서 힘들었던 유년기를 보냈습니다.

공업고등학교를 졸업하고 대학입시에 실패한 후 해병대에 자원입대를 해서 제대한 후 25세에 늦깎이로 경희대 음대 성악과에 들어가서도 늘 열등감에 사로잡혀 살아갔습니다. 아버지가 어려울 때마다 서울서 고생하는 아들에게 경제적인 도움을 요청하셨는데, 어느 날 치과병원에서 치료를 받으며 도움을 요청하시면서 난생 처음으로 "막둥이야?…아부지다…미안하다…"라고 고백을 하시더랍니다. 그런데 그 말 한마디에 그동안 30여 년 가슴속 깊이 받았던 상처들이 아물기 시작했다고 합니다.

그리고 얼마 후 제주도에 갔다가 서울로 올라오는데, 난생처음으로 공항까지 배웅을 나오셨다가 돌아가시면서 "막둥아! 밥 잘 먹고 차 조심해라!"라고 하시더랍니다. 그런데 그 말을 남기고 돌아서시는데, 심하게 내려앉은 왼쪽 어깨와 한쪽 무릎이 구부러져 절뚝거리며 돌아가시는 아버지의 뒷모습을 보고 한없이 눈물이 흘러내렸다고 합니다.

그렇게 지난날 자신의 상처 받은 마음이 용서를 통해 치유 받고 나니까 영화 〈아바타〉에 나오는 여자 주인공이 남자 주인공을 처음 만났을 때 "나는 당신을 봅니다"(I see you)라는 말의 의미가 "당신의 모든 것이 사랑으로 느껴진다"는 고백임을 깨닫게 되었다고 합니다.

그리하여 그는 지난날 자신이 겪었던 눈물겨운 수많은 상처가 치유의 자원이 되어서, 하나님으로부터 받은 풍부한 감수성과 유머와 삶과 사람에 대한 깊은 관심을 바탕으로, 이제는 상처 입은 심령을 치유하는 상처 입은 치유자로 쓰임 받게 된 것입니다.

그래서 그는 대학을 졸업 후 일찍 전공과는 전혀 다른 소통 강연을 하게 되었는데, 이제는 그 어느 누구도 따라올 수 없는 대한민국 제1호 보이스 컨설턴트가 되었습니다. 그의 강의를 들을 때나 그의 저서를 읽을 때마다 느껴지는 것은, 성령님께서 그를 통해서 치유의 은혜를 베풀어주시니까 눈물 없이 들을 수 없는 감동의 강의를 하며 많은 사람들을 치유하는 데 귀하게 쓰임 받게 되었다는 것입니다.

우리가 주님의 뜻을 따라 살아온 일생을 돌이켜보면, 그때는 하나님께서 우리의 기도에 응답을 안 해 주신 것 같고, 우리를 버리신 것 같고, 우리만 고통당하고 불행한 것 같아서 낙심하고 절망할 때가 많을 것입니다. 그런데 이제 와서 돌이켜보면, 우리의 가슴에 뜨겁게 와 닿는 말씀이 로마서 8장 28절 말씀입니다.

> "우리가 알거니와 하나님을 사랑하는 자 곧 그의 뜻대로 부르심을 입은 자들에게는 모든 것이 합력하여 선을 이루느니라."

그렇습니다. 하나님을 뜨겁게 사랑하고 그의 뜻대로 부르심을 받고 그의 뜻을 따라 살아가는 자들은 모든 것이 합력하여 하나님의 선을 이루고 하나님의 나라를 위해서 복되게 쓰임 받게 되는 것입니다.

하나님께서는 우리 각 교회와 각 사람을 향하신 그의 뜻을 분명히 가지고 계십니다. 그래서 우리가 하나님이 주신 재능을 따라 헌신하고 봉사하고 충성을 다하면, 하나님께서 우리의 일생을 귀하게 쓰시고 복되게 하시고 크게 영광을 받아 주십니다. 때로는 주님의 뜻을 따르기가 마음에 큰 부담이 되고 삶에 큰 손해가 되고 결코 따르고 싶지 않은 마음이 들지라도, 살아 계신 하나님을 믿고 믿음으로 주님의 뜻만 따라갈 수 있길 바랍니다. 그리할 때 우리의 원수 대적이 다 물러가고, 절망적인 환경도 다 변화되고, 하나님의 나라를 위해 복되게 쓰임 받게 될 줄 확실히 믿으시기 바랍니다.

아델라이데 폴라드(Adelaide Addison Pollard)는 1862년 11월 27일 미국의 아이오와 주 블룸필드에서 태어났습니다. 그는 18살 때 덴막 아카데미를 마친 후 보스턴 스피치스쿨에서 발성법과 보건학을 공부하고, 무디성경학교까지 졸업했습니다. 폴라드는 당뇨로 큰 고통을 겪고 있었는데, 어느 날 당뇨가 악화되어 혼수상태에 빠지게 되었습니다. 그때 가장 가까운 친구 릴리 왈러가 당시 병 고침의 은사로 유명한 존 도위 목사에게 그녀를 데리고 가서 병에서 회복되었습니다. 그 이후 친구와 함께 도위 목사를 따라다니며 간증까지 하며 신유집회를 도왔습니다.

그뿐만 아니라 폴라드는 "예수 그리스도의 재림이 가까왔다"고 하면서 메인 주의 해변에 망루를 쌓아놓고 매일 교대로 보초를 세워 예수가 재림할 때 알리는 일까지 하기에 이르렀습니다. 그런데 사실 존 도위는 자칭 '엘리야 3세'라고 주장하는 이단이었고, 자신을 예수님의 위대함과 영광의 영향을 받은 '엘리야 3세'라고 자칭했습니다.

이후 1895년 33세의 나이에 폴라드는 다시 병상에 눕게 되었는데, 갈급한 심령으로 성경과 기독교 교회사를 읽으면서 하나님의 말씀에 큰 은혜를 받고 새롭게 눈을 뜨게 되었습니다. 그리고 도위의 이단 집단을 벗어나 아프리카 선교사로 가기를 서원했습니다.

폴라드는 자신의 모든 것을 바쳐서 복음을 전하는 일에 헌신하면 모든 길이 형통할 것이라고 생각했지만, 그녀의 생각과는 달리 그녀의 앞길이 열리지 않았고 아프리카 선교를 위해 계획했던 모금 운동도 중단되고 말았습니다. 그래도 폴라드는 좌절하지 않고 선교사 훈련학교에서 열심히 가르치면서 하나님께서 선교사의 길을 열어 주실 것이라고 믿으며 간절히 기도했습니다. 하지만 주님의 응답은 오지 않았습니다.

그녀는 하나님께서 왜 자신의 간구를 듣지 않으시는지, 과연 자신의 기도를 듣기는 하는 것인지, 자꾸 낙심이 되고 신앙의 회의와 절망에 빠지게 되어서 눈물밖에 안 나왔습니다.

그렇게 7년여라는 기나긴 세월이 지나 어느 날 그녀의 나이 40세가 되었을 때 그날도 복잡한 마음을 안고 저녁기도회에 참석했는데, 한 할머니 성도님의 기도 소리를 듣게 되었습니다. "주님, 우리의 삶 가운데 어떤 일이 일어나도 좋사오니 주님의 뜻과 섭리만이 우리에게 이루어지게 하옵소서!" 이 할머니의 기도 소리를 듣는 순간 폴라드는 그동안 마음속에 가득했던 불평과 원망, 갈등과 고통이 눈 녹듯이 녹으면서 순식간에 모두 사라지는 것을 느꼈습니다.

할머니의 기도 속에서 자신에게 말씀하시는 하나님의 음성을 들었던 것입니다. 하나님의 일을 한다고 하면서 자신의 뜻과 방법과 능력과 계획으로만 하려고 했던 일이 얼마나 잘못되었는지 알게 된 순간이었습니다.

그날 기도회를 마치고 돌아오는 내내 할머니의 기도 소리가 그녀의 귓가에서 사라지지 않았고, 집으로 돌아와 예레미야를 읽던 중 예레미야 18장 3-4절의 "내가 토기장이의 집으로 내려가서 본즉 그가 녹로로 일을 하는데 진흙으로 만든 그릇이 토기장이의 손에서 터지매 그가 그것으로 자기 의견에 좋은 대로 다른 그릇을 만들더라"는 말씀에 큰 은혜를 받았습니다.

할머니의 기도와 이 예레미야의 말씀이 그녀의 마음속에 뜨겁게 감동이 되면서, 폴라드는 그날 밤을 지새우면서 지난날의 불신앙과 불순종을 통회 자복하였고, 그녀의 마음속에 감동되는 찬송시를 눈물로 적어 내려갔습니다. 바로 그 찬송시가 5년 후인 1907년 유명한 찬송 작곡가 조지 스테빈스(George C. Stebbins)에 의해 곡이 붙여졌고, 그렇게 찬송가 425장 '주님의 뜻을 이루소서'란 찬송이 나오게 된 것입니다.

1. 주님의 뜻을 이루소서 고요한 중에 기다리니
   진흙과 같은 날 빚으사 주님의 형상 만드소서
2. 주님의 뜻을 이루소서 주님 발 앞에 엎드리니
   나의 맘속을 살피시사 눈보다 희게 하옵소서
3. 주님의 뜻을 이루소서 병들어 몸이 피곤할 때
   권능의 손을 내게 펴사 강건케 하여 주옵소서
4. 주님의 뜻을 이루소서 온전히 나를 주장하사
   주님과 함께 동행함을 만민이 알게 하옵소서

그때 폴라드 선교사님은 자신의 생애를 오직 주님의 뜻에 다 맡기게 되었고, 남아프리카의 케이프타운에서 선교 사역을 하게 되었습니다. 그렇게 그녀의 일생을 주님의 뜻에 다 맡기자 모든 길이 형통하게 열렸는데, 그곳에 내란이 일어나자 스코틀랜드로 건너가 전쟁이 끝날 때까지 그곳에서 선교활동을 하다가 뉴욕으로 돌아와 뉴잉글랜드 주에서 전도사역을 했습니다.

폴라드 선교사님은 병약한 몸으로도 평생을 독신으로 생의 마지막 순간까지 주님의 뜻만 따르며 복음을 전하다가, 마지막 뉴저지 주로 집회를 인도하러 나갔다가 그곳에서 72세를 일기로 하나님의 품에 안기게 되었습니다. 그녀는 떠나갔지만 그녀의 감동적인 찬송 '주님의 뜻을 이루소서'는 아직까지도 하나님의 뜻을 찾지 못하고 고통 가운데 방황할 때마다 우리에게 놀라운 은혜와 위로와 감동을 안겨 주고 있습니다.

사랑하는 성도 여러분, 우리도 지난날 주님의 뜻을 깨닫지 못하고 기다리지 못하고 인생의 고통 가운데 방황할 때가 얼마나 많았습니까? 그러나 살아 있는 동안 주님의 뜻을 구하고 주님의 뜻을 분별하고 주님의 뜻을 따라 살아갈 때, 이 땅에 사는 동안 천국을 누리며 살면서 주님의 뜻을 이루다가 우리도 영원한 천국에 이르게 될 줄 확실히 믿습니다.

다 함께 결단의 찬송으로 찬송가 425장 '주님의 뜻을 이루소서'를 함께 부르며 믿음으로 결단하도록 하겠습니다.

1. 주님의 뜻을 이루소서 고요한 중에 기다리니
   진흙과 같은 날 빚으사 주님의 형상 만드소서
2. 주님의 뜻을 이루소서 주님 발 앞에 엎드리니
   나의 맘속을 살피시사 눈보다 희게 하옵소서
3. 주님의 뜻을 이루소서 병들어 몸이 피곤할 때
   권능의 손을 내게 펴사 강건케 하여 주옵소서
4. 주님의 뜻을 이루소서 온전히 나를 주장하사
   주님과 함께 동행함을 만민이 알게 하옵소서

우리의 소망과 위로가 되시는 하나님 아버지, 코로나19로 인해 환난 많은 세상 가운데 마음이 낙심되고 좌절되고 불행하고 고통스러운 일들이 얼마나 많이 있습니까? 어떠한 삶의 고난 속에서도 주님의 뜻만 구하게 하여 주시옵소서! 주님의 뜻만 분별하게 하여 주시옵소서! 주님의 뜻만 따라 살게 하여 주시옵소서! 그리함으로 우리의 일생, 주님의 뜻만 이루고 주님의 복만 누리며 주님의 영광만 드러나게 하여 주시옵소서! 예수님의 이름으로 간절히 축복하며 기도하옵나이다. 아멘!

복수의 시대

사무엘상 24:1-7

사울 왕의 추격을 피하여 다윗은 십광야 수풀 속에서 사울 왕의 아들 요나단을 만나 세 번째 서로의 우정과 사랑의 언약(삼상 18:13, 20:16, 23:18)을 하고 엔게디 요새로 올라가 머뭅니다. 그 엔게디에서 다윗은 사울 왕의 계속되는 살해 시도에 대해 복수할 수 있는 기회가 있었음에도 불구하고 복수를 하지 않습니다.

오늘 본문 말씀 가운데 다윗이 사울 왕을 복수하지 않은 이유를 보면서, 우리는 이 살벌한 복수의 시대를 어떻게 살아갈 것인지, 이 시간도 하나님의 음성을 다 함께 들을 수 있길 바랍니다.

선으로 악을 갚아야 함

먼저, 본문 4절 말씀을 다 함께 읽겠습니다.

"다윗의 사람들이 이르되 보소서 여호와께서 당신에게 이르시기를 내가 원수를 네 손에 넘기리니 네 생각에 좋은 대로 그에게 행하라 하시더니 이것이 그날이니이다 하니 다윗이 일어나서 사울의 겉옷 자락을 가만히 베니라."

사울 왕은 다윗을 추격하다가 블레셋의 침략으로 중지했는데, 블레셋 사람들을 치러 가서 다 격퇴시키고 돌아온 사울 왕은 다윗이 엔게디 광야에 있다는 소식을 듣고 이번만은 기필코 붙잡겠다는 목표로 정예부대 3천 명을 거느리고 엔게디로 갔습니다.

그런데 길가 양의 우리에 이르렀는데 굴이 있었습니다. 당시 이런 굴은 양의 우리나 목자의 숙소로 사용되곤 했는데, 굴의 앞에는 돌을 둥글게 싸고 그 위에는 가시로 덮어 맹수의 접근을 막았습니다.

그때 사울 왕이 뒤를 보러 굴에 들어갔는데, 여기 '뒤를 보러 들어갔다'는 말이 원어성경에는 '**לְהָסֵךְ אֶת־רַגְלָיו**'(레하세크 에트 라글라이우)라고 기록되어서 영어로는 'cover his feet'(발을 가린다)이라는 의미입니다.

당시 용변을 보기 위해 앉으면 긴 옷자락이 발을 가렸기 때문에 생긴 표현인데, 사울 왕이 굴에 들어가서 '용변을 보았다'(relieve himself)는 뜻입니다. 그런데 이 굴은 대단히 깊고 넓은 곳이었기 때문에 그 안에 다윗의 부하들이 숨어 있었던 것입니다.

그러자 다윗의 부하들이 "보소서 여호와께서 당신에게 이르시기를 '내가 원수를 네 손에 넘기리니 네 생각에 선한 대로 그에게 행하라' 하시더니 오늘이 그날이니다" 하고 사울 왕의 복수를 강력히 건의합니다.

그러나 다윗은 일어나 가서 사울 왕의 목을 벤 것이 아니라 사울 왕의 겉옷 자락만 가만히 벱니다. 다윗은 혼자 용변을 보러 굴에 들어온 사울 왕에게 복수를 할 수 있는 절호의 기회를 얻었지만, 선한 대로 생각해서 그를 수없이 죽이려고 했던 사울 왕에 대한 복수의 기회를 다 내려놓고 선으로 악을 이긴 것입니다.

신앙생활을 하다 보면 우리 또한 원수가 멀리 갈 것도 없이 가장 먼저는 우리의 가정에 있습니다(마 10:36). 더 나아가 세상에서는 말할 것도 없고 사탄에 휩싸인 세상은 어떠합니까? 온 세상이 원수로 가득 차 있고 심지어 하나님의 자녀들이 모이는 교회 안에도 있습니다.

특별히 지금 우리는 대통령 선거를 앞두고 온 나라와 교회까지도 보수와 진보의 이념으로 쫙 갈라서서 목사, 장로들까지도 이념의 갈등으로 원수처럼 지내는 사람들이 우리 주위에 얼마나 많은지 모릅니다.

우리는 자신의 자존심을 상하게 하거나 상처를 주거나 손해를 끼치거나 가슴에 응어리를 맺히게 하면 "그래도 그놈만은 절대로 용서 못해!"라고 말합니다. 이처럼 대부분의 사람들은 자신에게 조금이라도 손해가 되면 어떻게 해서든지 복수를 하려고 하는 본능이 있습니다.

그러나 우리가 세상 사람들과 결정적인 차이점이 있다면, 우리는 주님의 십자가의 사랑을 체험했다는 사실입니다. 그 십자가의 사랑을 체험했다면, 그 주님의 사랑을 할 수 있어야 하고, 그 주님의 용서를 할 수 있어야 하고, 그 주님의 섬김을 할 수 있어야 합니다. 그런데도 우리는 말로는 다 주님의 십자가의 사랑을 체험했다고 하면서도, 자신의 상처의 감정대로 어떻게 해서든지 상대방에게 반대를 하고, 상대방의 발목이나 잡고 상대방에게 복수를 하려고 합니다.

"이러므로 그들의 열매로 그들을 알리라"(마 7:20)고 주님께서 말씀하셨듯이, 실제로 그런 사람들은 진정으로 십자가의 사랑을 체험한 사람도 아니고, 하나님의 자녀로 거듭난 사람도 아니고, 주님의 제자도 아닌 것입니다.

왜냐하면 요한일서 4장 7-8절에서도 "사랑하는 자들아 우리가 서로 사랑하자 사랑은 하나님께 속한 것이니 사랑하는 자마다 하나님으로부터 나서 하나님을 알고 사랑하지 아니하는 자는 하나님을 알지 못하나니 이는 하나님은 사랑이심이라"고 분명히 증거하시지 않습니까? 그러므로 우리가 십자가의 사랑을 체험한 사람이라면, 하나님께서 우리를 사랑하셨듯이 사랑하고, 하나님께서 우리를 용서하셨듯이 용서하고, 하나님께서 끝까지 인내하셨듯이 우리도 인내하게 되는 것입니다.

그런데 예수님께서 이 땅에 오셔서 죄인, 세리, 창녀, 병자 등 모든 사람들을 사랑하시고 용서하셨지만, 유일하게 진노하시고 심판하셨던 이들이 있었습니다. 자신들만 의로운 체하면서도 실제로 삶에 있어서는 어떠한 말씀도 제대로 행하지 않고, 가장 소중한 사랑이 메말라서 위선과 가식과 독선에 가득 찬 외식하는 서기관들과 바리새인들이었습니다.

말세 마지막 때도 마찬가지입니다. 우리의 신앙생활 가운데 가장 소중한 원수 사랑 하나 제대로 행하지 못하는 목사, 장로, 권사, 집사들이 이 땅 위에 얼마나 많습니까? 우리에게 항상 있어야 할 믿음, 소망, 사랑 중 제일인 사랑 하나 제대로 행하지 못하면서 우리가 다른 무얼 행할 수 있겠습니까?

그래서 한 신학자는 인간의 유형을 이렇게 요약했습니다.

첫째, 악으로 선을 갚는 사람: 마귀적(devil-like)이고 둘째, 악으로 악을 갚는 사람: 짐승적(beast-like)이고 셋째, 선으로 선을 갚는 사람: 인간적(human-like)이고 넷째, 선으로 악을 갚는 사람: 신적(God-like)이라는 것입니다.

우리가 선으로 악을 갚기 위해서 구체적으로 실천해야 할 말씀이 로마서 12장 19-21절에 잘 증거되어 있습니다.

> "내 사랑하는 자들아 너희가 친히 원수를 갚지 말고 하나님의 진노하심에 맡기라 기록되었으되 원수 갚는 것이 내게 있으니 내가 갚으리라고 주께서 말씀하시니라 네 원수가 주리거든 먹이고 목마르거든 마시게 하라 그리함으로 네가 숯불을 그 머리에 쌓아 놓으리라 악에게 지지 말고 선으로 악을 이기라."

그러므로 이 복수의 시대에 어떠한 원수라도 우리가 친히 갚지 말고 하나님께서 원수를 갚아주신다고 약속하셨으니 그 말씀대로 하나님의 진노하심에 맡겨야 합니다. 우리는 그저 원수가 주리거든 먹이고 목마르거든 마시게 함으로써 원수의 머리에 사랑의 숯불을 쌓아 놓아야 합니다. 그리할 때 원수의 강퍅하고 완악한 마음이 녹아 변화되면 주님의 놀라우신 사랑과 축복이 임하게 됩니다.

그런데 우리가 하나님과 같이 높아지는 교만에 빠져 원수를 갚는다고 끝까지 대적하고 죽이려고 달려들면, 그 숯불이 무서운 심판의 불이 되어서 그의 일생을 다 불태우고 영원한 지옥 불의 심판에 이르게 하고 마는 것입니다. 그러므로 우리가 험악한 복수의 시대에도 원수를 갚지 말고 주님의 심판에 맡기고 끝까지 주님의 사랑으로 섬기게 될 때, 우리는 기필코 악에게 지지 않게 되고 선으로 악을 이기게 될 줄 확실히 믿으시기 바랍니다.

영적 민감성을 가져야 함

계속해서 본문 5절 말씀을 다 함께 읽겠습니다.

"그리한 후에 사울의 옷자락 벰으로 말미암아 다윗의 마음이 찔려."

이 엔게디 굴 속에서 다윗은 사울 왕을 죽이고 복수만 할 수 있었을 뿐만 아니라, 왕위에까지 오를 수 있는 절호의 기회를 잡을 수 있었습니다. 하지만 다윗은 사울 왕을 죽이지 않고 그의 옷자락만 베었습니다. 그런데 그것조차도 마음에 찔려 후회했습니다. 이처럼 다윗은 보통 사람과는 달리 깊은 영적인 민감성을 가졌기 때문에 왕의 옷자락을 벤 것만으로도 양심의 가책을 심하게 느꼈던 것입니다.

말세 마지막 때 세상 사람들의 마음이 점점 강퍅하고 완악해질 때에 우리라도 다윗과 같이 영적 민감성(spiritual sensitivity)을 가져야 합니다. 그 영적 민감성은 하나님의 성경과 성령에 근거할 때 가능하므로 모든 판단에 있어서 성경에 근거하고 성령님의 인도하심을 따르게 되는 것입니다.

오늘부터 성전예배의 10%(예방주사 비접종자 포함)~20%(예방주사 접종자)까지 가능하도록 했는데, 정부는 여전히 종교시설(특히 교회)에 대해서만은 최소한 공연장이나 대형식당이나 마트 등과 같은 다중시설과 동일한 원칙을 적용하고 있지 않다는 사실이 참으로 유감입니다.

지난 화요일 증경총회장 목사님들과 점심식사를 하는 가운데 그동안 이 코로나19의 삼엄한 통제 속에서도 치유하는교회가 성전예배를 사수하여 지금까지 예배를 잘 드려온 것을 칭찬하시길래 제가 그랬습니다.

"비대면예배가 겉으로 볼 때는 방역수칙을 따라 감염을 막기 위해서 드린다고 하지만 그것은 맞는 말이 아닙니다. 저희 치유하는교회에서 지난 주일에도 두 분의 확진자가 나오는 등 지금까지 30명에 가까운 확진자들이 나왔지만, 하나님께서 다 막아주시고 지켜주셔서 더 이상의 어떠한 감염도 전혀 없습니다. 또한 질병관리청도 이를 분명히 인정했음에도 불구하고 교회의 예배를 이토록 통제하는 것은 배후에 분명히 간교한 사탄이 역사하였기 때문에 우리는 비성경적인 비대면예배를 인정하지 않고 성경적인 성전예배를 지금까지 계속하지 않을 수가 없었습니다"라고 했습니다.

여러분, 말세 마지막 때 우리가 하나님의 말씀과 성령을 따라 영적 민감성을 갖지 않으면 사탄의 계략에 다 넘어가서 하나님께서 주시는 진정한 은혜와 축복과 행복을 다 잃어버리고 맙니다.

그런데도 말세 마지막 때가 된 오늘날 우리는 어떠합니까? 디모데후서 3장 1-5절에 "너는 이것을 알라 말세에 고통하는 때가 이르러 사람들이 자기를 사랑하며 돈을 사랑하며 자랑하며 교만하며 비방하며 부모를 거역하며 감사하지 아니하며 거룩하지 아니하며 무정하며 원통함을 풀지 아니하며 모함하며 절제하지 못하며 사나우며 선한 것을 좋아하지 아니하며 배신하며 조급하며 자만하며 쾌락을 사랑하기를 하나님 사랑하는 것보다 더하며 경건의 모양은 있으나 경건의 능력은 부인하니 이 같은 자들에게서 네가 돌아서라"고 분명히 경고하고 있지 않습니까?

우리는 이렇게 무정하고 원통함을 풀지 않고 강퍅하고 완악하고 양심이 완전히 마비되어 있습니다. 그래서 경건의 모양은 있으나 경건의 능력은 부인하고 있으니 "이 같은 자들에게서 네가 돌아서라"고 명령하시지 않습니까?

요즘 말세 마지막이라서 사람들의 마음이 얼마나 영적으로 둔감해지고 강퍅하고 사악한지 모릅니다. 지난 2021년 10월 18일(월) 미국 펜실베이니아 주 필라델피아 외곽 통근열차에서 저녁 9시 15분 퇴근길에 오른 한 여성이 성폭행당하는 동안 근처 승객들이 40여 분 동안이나 휴대전화로 현장을 녹화하는 듯한 행동을 했을 뿐 아무도 신고하거나 범행을 말리지 않은 것으로 알려졌습니다.

AP통신 보도에 따르면 펜실베이니아 동남부 교통국(SEPTA) 경찰대는 당시 목격자들이 현장을 촬영했는지 조사하고 있는데, 토마스 네스텔 경찰대장은 기자회견에서 "당시 승객들이 사건 현장을 향해 휴대전화를 들고 있었다"고 밝혔습니다. 또한 네스텔 경찰대장은 "당시 필라델피아 911에 접수된 신고는 없었다"며 당시 사건이 발생한 열차의 마지막 2개 정차역을 관할하는 델라웨어 카운티의 911에 관련 신고가 있었는지 확인 중이라고 덧붙였습니다.

어퍼 다비 경찰서의 티머시 번하트 감독관은 당시 상황이 담긴 폐쇄회로(CCTV)를 살펴보고 있다면서 "누군가 나서서 행동했어야 했다"고 하며 이어서 "당시 상황을 녹화하고 범행을 말리지 않은 사람들도 처벌받을 가능성이 있다"며 "다만 이는 지역 검찰이 결정할 문제"라고 뉴욕타임스에 밝혔습니다.

당시 사건의 구체적인 정황도 공개됐는데, 피의자는 피스턴 노이(35)로 현재 강간 등 혐의를 받고 있습니다. 체포 후 그의 진술서에 따르면 노이와 피해 여성은 같은 역에서 열차에 올랐고, 노이가 열차 탑승 직후 피해 여성의 옆자리에 앉았습니다. 피해자는 노이를 여러 차례 밀쳐내려 시도했는데, CCTV에는 노이가 피해 여성의 옷을 벗겨내는 장면이 담긴 것으로 전해졌습니다.

경찰이 교통국 직원의 신고를 받고 현장에 출동한 것은 오후 10시 경이었는데, 그제서야 피해자는 피의자에게서 벗어날 수 있었으니 범행이 약 40분 이상 지속된 셈입니다. 노이는 주소가 노숙자 쉼터로 등록된 노숙자로 파악됐는데, 노이는 피해 여성과 아는 사이라며 당시 상황이 상호 동의하에 이뤄졌다고 거짓 주장을 했으나 피해 여성의 이름을 말하지는 못했습니다. 피해자는 경찰이 도착한 직후 병원으로 보내졌는데, 법원에서 노이에게 놓아 달라고 여러 차례 간청했다고 진술했습니다. 노이는 현재 구속된 상태이며, 오는 25일(월) 법원에 처음 출석할 예정이라고 합니다.

이처럼 사탄이 우는 사자와 같이 우리를 삼키려고 호시탐탐 노리고 있으니까, 우리는 영적 신앙생활의 3대 적인 사탄과 세상과 육신에 대해서 항상 깨어 민감해야 하고, 영적 민감성을 깊이 있게 가질 수 있도록 날마다 순간마다 성령님으로 충만해야 합니다.

그러기 위해서는 주님과 우리 사이를 가로막는 죄악을 철저히 통회사복 하고, 하나님의 은혜를 갈급히 사모하고 주님 없이 살 수 없음을 고백하면서 항상 주님께 대하여 깨어서 살아가야 합니다. 그래서 다윗은 시편 51장 17절에서 "하나님께서 구하시는 제사는 상한 심령이라 하나님이여 상하고 통회하는 마음을 주께서 멸시하지 아니하시리이다"라고 고백하지 않았습니까?

우리도 이러한 상하고 통회하는 마음을 가질 때 날마다 순간마다 영적으로 민감해지면 어떠한 어려움 속에서도 더 이상 남을 탓하지 않고 "내 탓이요!" 하고 엎드리면서 항상 깨어 영적 민감성을 가지고 살아가게 됩니다.

매 주일 예배가 끝나면 어려움을 겪고 있는 우리 교인들이 목양실로 와서 상담도 하고 안수기도도 받고 가는데, 두 주 전 한 권사님이 찾아와서 가슴에 깊은 통증을 호소했습니다. 이렇게 통증을 호소하는 교인들에게 저는 늘 "병원에서는 뭐라고 합니까?" 하고 묻습니다. 병명을 알아야 치유의 방법을 찾을 수 있을 거 아닙니까?

그런데 병원에서 아무 이상이 없다고 하면, 그 병은 마음에서 연유된 신경성 질환입니다. 그래서 "그동안 살아오면서 마음에 깊은 상처를 받거나 스트레스를 받은 적이 없느냐?"고 물었더니 그러한 것도 없다는 것입니다. 그러면 신경성 질환도 아니니 어떻게 병명을 찾을 수 있겠습니까? 그래서 지난 화요일 CT와 MRI 촬영을 한다고 해서 그러면 검사 결과를 받아 가지고 오라고 했더니, 수요일 새벽기도 후 권사님이 찾아왔는데 CT 촬영 결과도 아무런 이상이 없다는 것이었습니다.

그래서 제가 다시 물었습니다. "권사님, 그렇다면 다시 한번 깊이 생각해 보세요. 다른 사람에게 조금이라도 서운한 것이나 스트레스 받았던 것은 없어요?" 하고 물었더니, 그때 비로소 지금까지 살아오면서 경제적으로 어려움을 겪으면서 서운함과 더불어 받았던 스트레스를 이야기했습니다. 그것이 권사님의 무의식 가운데 계속해서 쌓였다가 터져 나온 것으로 비로소 신경성 질환의 원인을 찾아내게 되었습니다.

그래서 우리의 영적인 싸움에서 강력한 신앙의 두 무기가 말씀과 기도라면, 우리가 붙잡아야 할 삶의 두 기둥은 사랑과 감사라고 하면서, 그동안 자신을 서운하게 했던 남편이나 그 누구라도 용서하고 사랑해 주고, 이렇게 암에도 안 걸리고 신경성 질환인 것만 해도 감사하면서 어떠한 환경에도 감사하라고 했습니다.

그러다 보면 금방 행복을 회복하게 되고 치유 받을 수 있다고 확신한다고 하면서 빌립보서 4장 6-7절의 "아무것도 염려하지 말고 다만 모든 일에 기도와 간구로, 너희 구할 것을 감사함으로 하나님께 아뢰라 그리하면 모든 지각에 뛰어난 하나님의 평강이 그리스도 예수 안에서 너희 마음과 생각을 지키시리라"는 말씀을 날마다 암송하면서 기도하시라고 했습니다.

염려는 피하고 기도와 간구를 하면서 감사함으로 아뢰면 틀림없이 마음의 평안이 임하고 육신의 건강이 회복될 수 있다고 증거하고 뜨겁게 안수기도를 해드리고 돌려보냈습니다.

우리가 영적인 민감성을 가지고 인생을 돌이켜보면, 우리 인생의 문제의 원인을 다 찾아낼 수가 있습니다. 그리하여 어떠한 복수의 시대에도 남을 탓하기보다도 나 자신부터 날마다 통회 자복하는 마음으로 깨어 있을 때 주님께서도 우리를 멸시하지 않으시고, 더욱더 사랑하고 용서하고 화해하는 영적 민삼성을 가지고 영육 간에 치유 받고 회복될 줄 확실히 믿습니다.

영적 권위를 인정해야 함

마지막으로, 본문 6절 말씀을 다 함께 읽겠습니다.

"자기 사람들에게 이르되 내가 손을 들어 여호와의 기름 부음을 받은 내 주를 치는 것은 여호와께서 금하시는 것이니 그는 여호와의 기름 부음을 받은 자가 됨이니라 하고."

다윗은 그가 손을 들어 여호와의 기름 부음을 받은 그의 주인이 되는 사울 왕을 치는 것은 여호와께서 금하시는 것이라고 믿었습니다. 다윗은 계속해서 사울 왕을 죽여서 복수할 수 있는 기회가 있었지만, 사울 왕이 여호와의 기름 부음을 받았다는 한 가지 사실 때문에 그를 해할 수 없다고 했습니다. 그리고 자신뿐만 아니라 자기 부하들에게도 금하여서 사울을 해하지 못하게 한 것입니다. 그리하여 사울 왕은 일을 다 보고 살아서 굴에서 나와 자기의 길을 갈 수 있었습니다.

이러한 일은 사무엘상 26장에 나오는 십 광야에서도 똑같이 되풀이됩니다. 사울 왕이 잠든 사이 머리 곁에 있는 왕권의 상징인 창과 물병을 가져오면서도 그가 기름 부음을 받은 종이라는 단 한 가지 이유로 그를 결코 해하지도 않고 복수하지도 않습니다. 다윗의 위대함은 이처럼 하나님의 영적인 권위까지도 철저히 인정했던 데 있었던 것입니다.

여러분, 성경에 나오는 2,197명의 인물 가운데 이름이 가장 많이 기록된 사람이 누구인지 아십니까? 바로 다윗입니다. 아브라함도 289회밖에 안 나오는데, 다윗은 903회나 기록되어 있습니다.

다윗은 그의 이름 뜻대로 '(하나님의) 사랑받는 자'가 되었는데, 그 이유를 세 가지 꼽는다면 오늘 본문에 잘 나와 있듯이 첫째, 다윗은 어떠한 원수라도 용서하고 사랑하며 선으로 악을 갚고 둘째, 항상 영적인 민감성을 가지고 잘못을 지적하면 곧바로 회개할 정도로 영성이 깊었고 셋째, 일평생 기름 부은 자에 대한 영적인 권위를 철저히 인정하면서 성령 충만하게 살아갔습니다. 그로 인해서 그의 여생

뿐만 아니라 그의 자손 가운데 예수 그리스도까지 탄생하시고, 지금까지도 가장 사랑과 존경을 받는 왕이 되었다는 것을 우리가 결단코 잊어선 안 됩니다.

말세 마지막 때 우리의 마지막 문제는 영적인 교만입니다. 영적인 교만에 쉽게 빠지니까 하나님이 세우신 영적인 권위를 인정하려고 하지 않아서 권위가 상실된 시대를 살아가고 있습니다. 가정에서도 부모나 자식이나 도진개진이고, 직장에서도 사장이나 사원이나 도진개진입니다. 그러니까 나라에서도 대통령이나 국민이나 도진개진이어서 자기 자식에게도 입에 못 담을 말이나 글을 함부로 내뱉으며 양심의 가책도 없이 마치 자기 집 강아지 취급을 하니, 이 얼마나 몰상식하고 큰 결례를 범하는 일입니까?

우리의 부모님이 아무리 부족해도 우리의 부모님인데 그 부족한 부모의 자식은 어떻게 됩니까? 우리의 대통령이 아무리 부족해도 우리의 대통령인데, 그 부족한 대통령이 통치하는 나라의 국민은 어떻게 됩니까? 더구나 자기는 죄와 허물이 없습니까? 죄와 허물이 많은 사람들일수록 권위를 인정하려고 하지 않고 남을 비방하고 험담하는데, 이것을 심리학적 용어로 '투사'(projection)라고 해서 자신의 죄와 허물을 남에게 전가하는 것입니다.

그래서 디모데전서 2장 1-2절에 "그러므로 내가 첫째로 권하노니 모든 사람을 위하여 간구와 기도와 도고(중보적 기도)와 감사를 하되 임금들과 높은 지위에 있는 모든 사람을 위하여 하라 이는 우리가 모든 경건과 단정함으로 고요하고 평안한 생활을 하려 함이라"고 강조하신 것입니다.

그런데 이러한 세속의 물결이 교회 안에까지 들어와서 목사고 장로고 권사고 집사고 다 도진개진입니다. 이는 신앙의 근본이 없고, 영적인 체계를 다 무너뜨리고 마는 것입니다.

저희 어렸을 때만 해도 주의 종은 하나님의 대언자요, 대리자로 여겨서 무슨 말씀을 하든지 기쁨으로 순종하고, 정 내키지 않으면 억지로라도 복종하고, 주의 종을 섬기는 것을 하나님을 섬기는 것처럼 섬겼습니다. 그래서 지난날 우리 한국교회가 얼마나 뜨겁게 부흥하고 얼마나 많은 축복을 받고 얼마나 하나님께 큰 영광을 돌렸습니까? 그 결과 우리나라도 큰 복을 받아서 이렇게 세계적으로 잘 살지 않습니까?

그런데 언제부터인가 우리가 먹고살 만하니까 주의 종들의 영적인 권위에 순종하기는커녕 영적 교만에 빠져서 자신들이 고용주가 되고, 오히려 주의 종들은 언제든지 내 마음대로 쓸 수 있고, 내 마음에 안 들면 내쫓을 수 있다는 고용인 취급을 하는 큰 시험에 빠지고 말았습니다. 거기서부터 자기 자신의 일생뿐만 아니라 자손들에게까지도 주님의 은혜가 메말라가고 축복도 다 잃어버리고 행복도 다 사라지고 만 것입니다.

그러나 성경은 주님 안에서의 영적인 권위나 체계를 분명히 강조하고 있습니다. 최근에 왕성교회 원로목사님이신 길자연 목사님이 팔순을 맞이하여서 《목회 현장에서 발견한 목회보감》이란 책을 펴내셨습니다. 이 책은 원래 한의사이셨던 길 목사님이 목회자로서 살아오신 생애를 기록하였는데, 목회사역은 전적인 하나님의 은혜 가운데 이루어진 것이기에 목회 현장에서 깨닫고 발견하며 나누고 싶으신 이야기들을 '동의보감'과 같은 '목회보감'으로 펴내시게 된 것입니다.

길 목사님은 이 책에서 목회자들에게 가장 중요한 요소는 기도와 말씀 연구여서 이 두 가지를 매일 1시간 이상씩 해오셨는데, 그러다 보니까 목회의 길이 열리더라고 하셨습니다. 또한 거기에서 파생되는 문제들에 대한 해결책으로 첫째는, 기도 속에서 하나님의 뜻을 따라서 사명을 감당하고, 둘째는, 하나님의 영적 권위를 인정하면서 목사나 장로나 어느 누구와도 절대로 싸우려고 하지 않고, 오히려 상대방의 생각이 영적으로 바뀌도록 끝까지 인내하며 기다렸다고 했습니다. 그리하였더니 하나님께서 자신에게 복을 부어주셔서 대한예수교장로회(합동) 총회장, 칼빈대학교 총장, 총신대학교 총장에 이어 한국기독교총연합회 대표회장으로까지 세워주셨다는 것입니다.

그래서 로마서 13장 1-2절에 "각 사람은 위에 있는 권세들에게 복종하라 권세는 하나님으로부터 나지 않음이 없나니 모든 권세는 다 하나님께서 정하신 바라 그러므로 권세를 거스르는 자는 하나님의 명을 거스름이니 거스르는 자들은 심판을 자취하리라"고 분명히 경고하시지 않습니까?

우리가 하나님께서 세우신 사람들의 영적 권위를 인정하지 않으면 하나님의 영적 권위를 인정하지 않게 되어서, 결국 하나님의 심판을 자초하고 만다는 것을 결단코 잊어서는 안 됩니다. 그래서 때로는 목사님, 장로님, 권사님, 집사님이 마음에 안 들어도 하나님께서 기름 부어서 세우신 종들이니까 하나님을 대하듯이 대하고 하나님을 섬기듯이 섬기고 하나님을 모시듯이 모셔야 하는 것입니다.

그러므로 아무리 험악한 복수의 시대에도 영적 권위를 인정함으로 누구에게도 어떠한 복수도 하지 않고, 더 나아가 하나님의 영적인 권위에 절대복종을 하게 될 때 오히려 더 큰 은혜와 축복과 행복의 감격 속에 귀하게 쓰임 받게 될 줄 확실히 믿으시기 바랍니다.

지난 목요일 구미 갈릴리교회에서 총회부흥전도단 수련회가 있었습니다. 우리 대한예수교장로회 총회의 영적 부흥에 힘쓰는 분들이 모이니까 얼마나 중요합니까? 그래서 말세 마지막 때 영혼의 죄악과 마음의 상처와 육신의 질병을 치유하는 치유 설교에 대해서 말씀을 전하러 갔는데, 그날 밤 직전 대표단장이신 김병훈 목사님과 함께 밤을 지새우면서 이런 감동적인 이야기를 들었습니다.

젊은 남편 집사님이 세상을 떠나게 되어서 아내 집사님이 재혼을 하게 되었는데, 하필이면 불신 남편을 맞이하게 되어서 딸과 새아빠 집에 들어가 함께 살게 되었다고 합니다. 그러던 어느 날 엄마가 친정에 가서 집을 비운 사이에 새아빠가 고등학교 3학년생인 의붓딸과 집에 단둘이 남아 있었는데, 갑자기 새아빠가 딸의 방에 들어와 방문을 걸어 잠그더니 의붓딸을 덮쳐서 강제로 성폭행을 하고 말았습니다. 순식간에 그 딸의 일생이 송두리째 무너지고 망가지고 부서지는 순간이었습니다.

그런데 더욱더 충격적인 것은, 그날 이후부터 새아빠가 엄마가 집에 없는 시간만 되면 성관계를 요구해서 매일의 삶이 생지옥과 같았습니다. 더 이상 그 큰 상처의 고통과 불행을 견딜 수가 없어서 고등학교를 졸업하자마자 집을 떠났지만, 이 딸의 마음속에는 그 인간의 탈을 쓴 짐승만도 못한 새아빠에 대한 증오심이 끊임없이 끓어 오르고, 그런 남자를 사랑한다고 재혼한 엄마에 대해서조차 너무 큰 실망과 더불어 원망까지 끊이지 않았습니다.

그렇게 세월이 흐르고 흘러 이 딸아이는 시집도 못 가고 혼자 살면서 35세가 되었는데, 온몸이 너무도 고통스러워서 병원에 갔더니 왜 이제 왔느냐고 하면서 암세포가 이미 온몸에 다 퍼져버려서 더 이상 손을 쓸 수 없다고 했습니다.

20년 가까운 세월을 지난날의 견디기 어려운 상처의 불행과 고통 속에서 아무에게도 말도 못하고 혼자 외롭고 힘들게 산 것만 해도 너무도 서럽고 눈물 나는 일인데, 이제 말기암으로 인해 인생을 젊은 날에 끝내야 한다고 생각하니까, 인생이 얼마나 허무하고 무상한지 날마다 주체할 수 없는 눈물만 흘렸다고 합니다. 그런데 이제 살 날이 얼마 안 남았다고 생각하니까 어릴 때 아빠와 함께 다녔던 교회가 떠올라서 주일에 그 교회를 찾아갔다고 합니다.

예배를 다 드리고 나서 "아빠, 저 어떻게 하면 좋아요? 남은 시간들을 고통 가운데 어떻게 살아요?" 하고 속으로 울부짖는데, 하나님의 말씀을 붙잡아야 한다는 뜨거운 감동을 느끼게 되었습니다. 그래서 갈급한 심령으로 하나님의 위로의 음성을 듣고 싶어서 무작정 성경책을 들고 펼쳐 보았더니, 마태복음 18장 22, 35절의 "…네게 이르노니 일곱 번뿐 아니라 일곱 번을 일흔 번까지라도 (용서)할지니라…너희가 각각 마음으로부터 형제를 용서하지 아니하면 나의 하늘 아버지께서도 너희에게 이와 같이 하시리라"는 말씀이 눈에 확 들어오더랍니다.

이 말씀을 읽고 나서 용기를 내어 하나님께 이렇게 기도했다고 합니다.

"하나님 아버지, 용서를 꼭 해야 한다면 저의 엄마는 용서하겠습니다! 그러나 저의 일생을 이토록 불행과 고통 속에 몰아넣고 짓밟고 죽게 만든 새아빠만은 결코 용서할 수가 없습니다!" 하고 울부짖었습니다. 그리고는 집에 들어와 계속해서 성경을 읽게 되었는데, 누가복음 23장 34절에 십자가 위의 주님께서 "아버지 저들을 사하여 주옵소서 자기들이 하는 것을 알지 못함이니이다"라고 고백하신 말씀을 읽는데, 그날 성령님이 강렬하게 그의 굳어진 마음속에 역사하셨습니다.

"예수님은 하나님의 아들이셨는데도 얼굴에 침을 뱉고 빰을 때리고 갈대와 채찍으로 내리치고 십자가에 못 박아 죽였는데도 뭐라고 하시더냐? '자기들이 하는 것을 알지 못하고 있으니 저들을 용서하여 주옵소서!'라고 돌아가시면서까지 용서의 기도를 하시지 않더냐? 그러니 너도 신앙의 양심이 없이 너를 성폭행했던 너의 새아빠를 용서해라! 내가 십자가에서 너를 용서하였듯이 너도 네 새아빠를 용서해라!"는 강렬한 음성이 들려왔습니다.

그러자 이 딸이 성령님의 강권적인 사랑과 용서의 권면을 도저히 외면할 수가 없고, 주님의 사랑의 용서 앞에서 더 이상 버틸 힘이 없더랍니다. 그래서 "하나님 아버지, 제 감정으로는 도저히 용서할 수 없지만, 주님께서 십자가에서 베풀어 주신 사랑으로 이 짐승만도 못한 철천지원수, 새아빠까지도 지금 용서하길 원합니다!" 하고 눈물로 기도하는데, 그의 두 눈에서 눈물이 하염없이 쏟아졌습니다.

평생 그렇게 한없는 눈물을 펑펑 쏟아보기는 처음이었는데, 그러고 나니까 하늘로부터 너무나 놀라운 주님의 평안이 임하게 되었습니다. 그러고 나서 주님께 대한 한없는 감사와 행복의 감격의 눈물을 흘렸는데, 그 후 놀라운 기적이 일어났습니다. 날마다 말할 수 없는 마음의 평안과 더불어 암의 통증이 점점 사라져서 병원에 가서 검사를 받아 보았더니 온몸의 암이 깨끗이 사라져 버렸더랍니다.

할렐루야! 이것이 바로 놀라운 용서의 기적입니다.

사랑하는 성도 여러분, 우리는 말세 마지막 때 너무도 사악한 복수의 시대를 살아가고 있습니다. 그러나 우리가 어떠한 철천지원수라도 선으로 악을 갚고, 영적 민감성을 가지고 영적 권위를 인정하면서 우리의 감정으로는 도저히 용서할 수 없지만 십자가의 사랑으로 용서하며 살아가게 되면, 궁극적인 승리의 기적의 축복이 일생토록 우리와 항상 함께할 줄 확실히 믿습니다.

이 시간 다 함께 결단의 찬송으로 '주님 마음 내게 주소서'를 함께 부르며 새롭게 믿음으로 결단하도록 하겠습니다.

보소서 주님 나의 마음을
선한 것 하나 없습니다
그러나 내 모든 것 주께 드립니다
사랑으로 안으시고 날 새롭게 하소서(×2)
주님 마음 내게 주소서 내 아버지
주님 마음 내게 주소서
나를 향하신 주님의 뜻이 이루어지도록
주님 마음 내게 주소서
내게 사랑을 가르치소서
당신의 마음으로 용서하게 하소서
주의 성령 내게 채우사 주의 길 기게 하소서
주님 당신 마음 주소서(×2)
주님 마음 내게 주소서 내 아버지
주님 마음 내게 주소서
나를 향하신 주님의 뜻이 이루어지도록
주님 마음 내게 주소서(×3)

외아들을 죽게 하시기까지 우리를 용서해주신 사랑의 하나님 아버지, 이 육신 세상을 살아가면서 도저히 용서할 수 없는 복수의 시대를 살아갈 때가 얼마나 많이 있었습니까? 그러나 어떠한 철천지원수라도 선으로 악을 갚게 하여 주시옵소서! 영적인 민감성을 갖게 하여 주시옵소서! 영적인 권위를 인정하게 하여 주시옵소서! 그리하여 어떠한 원수라도 십자가의 사랑으로 용서함으로 궁극적인 승리의 기적의 축복이 우리와 영원히 함께하게 하여 주시옵소서. 예수님의 이름으로 간절히 축복하며 기도하옵나이다. 아멘!

은혜를 잊은 자여

사무엘상 25:18-31

우리는 많은 때에 은혜를 잊어버리고 살아갑니다. 그러고 나서 크게 후회할 때가 얼마나 많습니까? 오늘 본문은 사무엘상 24장과 26장 사이의 삽화적 기록입니다. 다윗이 마온에 사는 큰 부자 나발의 양 삼천 마리와 염소 일천 마리를 지켜 주었는데, 나발이 양털을 깎는 기간 동안 갈멜에 가 있었습니다(2절).

양털을 깎는 날은 유목민의 축제일로서 주인은 잔치를 벌이고 나그네와 일꾼들에게 푸짐한 대접을 하였기 때문에 다윗은 나발에게서 양 떼를 지켜준 정당한 대가를 부탁하기 위해 10명의 부하를 보냈습니다.

그런데 '어리석은 자, 미련한 자'라는 뜻의 나발은 고집이 세고 행실이 악해서 다윗의 은혜를 다 잊어버리고 오히려 "다윗은 누구며 이새의 아들은 누구냐? 요즈음에 각기 주인에게서 억지로 떠나는 종이 많도다 내가 어찌 내 떡과 물과 내 양털 깎는 자를 위하여 잡은 고기를 가져다가 어디서 왔는지도 알지 못하는 자들에게 주겠느냐?”(10-11절) 하고 모욕적인 말로 거부합니다.

다윗이 골리앗을 죽여 이스라엘을 구했고, 사울 왕의 사위요 천부장이어서 그의 명성을 모를 리가 없었습니다. 더구나 다윗이 사울 왕을 아버지로서 존경했고 살해 시도조차도 다 용서하고 피난을 왔는데, 나발은 다윗과 그의 부하들을 주인 사울 왕을 억지로 떠나서 어디서 왔는지도 알지 못하는 정처 없이 떠돌아다니는 불량배 취급을 하며, 그의 떡과 물과 고기를 줄 수 없다는 극한 모욕을 주었습니다.

이처럼 자기가 어려울 때는 그토록 도움의 손길을 구하다가, 이제는 살 만하고 도움이 필요치 않으니까 다윗의 은혜를 보답하기는커녕 폭언을 하며 외면하였다는 것은 그가 죽기를 작정한 망언을 한 것입니다. 다윗이 보낸 부하 10명이 빈손으로 돌아와 나발이 한 극한 모욕적인 말을 다윗에게 그대로 전하자, 극한 모욕을 전해 들은 다윗은 결국 나발을 공격하기 위해 그의 400명의 부하들을 무장시켜서 쳐들어갑니다(13절).

그런데 나발의 부인으로서 ‘기쁨의 아버지’라는 뜻의 아비가일은 참으로 지혜로운 여인일 뿐만 아니라 외모도 아름다웠는데, 아비가일이 어떻게 다윗의 은혜를 잊지 않고 갚았는가를 살펴보면서, 우리의 남은 때도 어떻게 은혜를 잊지 않고 갚으며 살 것인지, 이 시간도 하나님의 음성을 듣기를 원합니다.

마음 문부터 열어야 함

먼저 본문 18절 말씀을 다 함께 읽겠습니다.

"아비가일이 급히 떡 이백 덩이와 포도주 두 가죽 부대와 잡아서 요리한 양 다섯 마리와 볶은 곡식 다섯 세아와 건포도 백 송이와 무화과 뭉치 이백 개를 가져다가 나귀들에게 싣고."

이처럼 나발의 일꾼들은 다윗의 일행과 함께 들에 있을 때 그들이 너무도 잘 대해 주었기 때문에 다치거나 잃은 것이 없었는데, 나발이 다윗의 부탁을 모욕적으로 거부한 것을 아내 아비가일에게 전하게 됩니다. 지금 다윗이 분노하여 부하들을 거느리고 공격해 오는데, 주인 나발은 불량한 사람이어서 더불어 상의할 수도 없으니 아내 아비가일에게 잘 생각하여 빨리 대책을 세우라고 한 것입니다.

보고를 받은 아비가일은 급히 선물을 준비하는데, 종들을 동원해서 떡 200덩이와 포도주 두 가죽 부대와 양 다섯 마리 요리와 곡식 다섯 세아(7.633ℓ×5 = 약 38.3ℓ= 500mℓ 77통 정도)와 건포도 백 송이와 무화과 뭉치 200개를 가져다가 나귀들에게 싣고 가라고 합니다. 한두 가지만 선물을 해도 감사했을 텐데, 여섯 가지나 풍성하게 선물을 준비해서 다윗이 마음을 풀어주길 원했던 것입니다.

우리도 때로는 주위에 은혜를 저버리는 사람들이 있을 때 실망감이 생기고 낙심도 되고 심하면 배신감도 느끼게 되는데, 그럴 때 가장 먼저 해야 될 일은 어떻게 해서든지 닫힌 마음 문부터 열릴 수 있도록 해야 합니다. 마음 문이 열려야 대화도 하고 오해도 풀리고 서로가 화해할 수 있기 때문입니다.

그래서 고린도후서 6장 11-13절에 "고린도인들이여 너희를 향하여 우리의 입이 열리고 우리의 마음이 넓어졌으니(We have spoken freely to you, Corinthians, and opened wide our hearts to you) 너희가 우리 안에서 좁아진 것이 아니라 오직 너희 심정에서 좁아진 것이니라(We are not with holding our affection from you, but you are with holding yours from us) 내가 자녀에게 말하듯 하노니 보답하는 것으로 너희도 마음을 넓히라(As a fair exchange I speak as to my childen open wide youe hearts also)"고 명령하신 것입니다.

다시 말하면 먼저 입이 열려야 마음이 넓어질 수 있다고 하는데, 입이 열리게 하기 위해서는 아비가일처럼 먼저 음식을 함께 나누어야 합니다. 입이 열려야 식도가 열리고 식도가 열려야 마음이 열리기 때문입니다.

그래서 초대교회 때 성전에서나 가정에서나 떡과 음식을 함께 나누면서 교제했던 이유가 바로 여기에 있었습니다. 그러므로 우리가 마음과 정성을 다해서 먼저 음식까지도 아까워하지 않고 쏟을 때 마음이 열리고, 마음이 열려야 넓어질 수 있습니다.

부족한 종이 시카고신학대학원에서 박사과정을 공부할 때 시카고 한인연합장로교회를 담임하게 되었습니다. 초창기 400여 명이 모이면서 시카고에서 제일 컸던 교회가 시험에 빠져서 다 흩어지고 1992년에는 60여 명이 남아있었습니다. 왜 이렇게 교회가 썰렁한가 보았더니 사랑의 교제가 안 되는 것이었습니다.

예배를 마치고 교인들이 여전도회에서 준비한 커피와 도너츠를 들고 다 헤어져 버려서 여전도회장을 만나서 커피와 도넛 대신 국밥이나 국수를 준비했으면 좋겠다고 했습니다. 그랬더니 저를 빤히 보더니 눈을 흘기면서 "목사님, 우리가 한 주간 내내 다 일 나가는데 누가 시장을 봐오고요? 누가 다듬고요? 누가 주일에 일찍 와서 불 올리고요? 누가 서빙하고요? 누가 설거지하고요? 누가 청소하고요? 누가 쓰레기 처리를 합니까?"라고 했습니다.

그런데 그 순간 성령님께서 지혜를 주셔서 제가 "정 다들 피곤해서 못하시면 저희 내외가 할게요!" 그랬더니 "아이고, 말씀도 그런 말씀 하지 마세요! 우리가 하면 될 것 아니에요?" 그러셨습니다. 그렇게 그다음 주일부터 국밥을 시작했더니, 지하 친교실에 세팅을 해 놓으니 예배를 마친 후 어떤 교인도 국밥 들고 집에 가는 교인이 없었습니다.

그렇게 식탁 주위에 둘러앉아서 음식을 나누다 보니까 입이 열리고 식도가 열리고 마음이 열리고 대화가 시작되고 사랑이 싹텄습니다. 그렇게 교회가 사랑의 교제를 회복하고 계속해서 부흥해서 백인 동네의 조그만 대학을 구입해서 리모델링을 해서 큰 친교실도 마련하니까 매 주일마다 2부 예배 후 400여 명에 이르는 교인들이 식탁 주위에 앉아서 사랑의 교제를 나누는 행복한 교회로 뜨겁게 부흥하고, 저는 한국으로 돌아올 수가 있었습니다.

우리가 어차피 빈손으로 왔다가 빈손으로 돌아갈 텐데, 지난날 베풀어주신 주님과 주위 사람들의 은혜에 감사하고 감격하면서 음식과 물질까지도 함께 나누면 마음 문이 더욱더 열리고 모두가 화평케 됩니다. 왜냐하면 "네 보물(물질)이 있는 그곳에는 네 마음이 있기"(마 6:21) 때문입니다.

지난 수요일(3일)에 강남구청 복지과에 80대로 보이는 할머니가 찾아오셔서 "코로나19로 인해 독거노인 등 어려운 이웃을 위해 써 달라"고 하며 1억 5,225만 367원짜리 수표를 건네고 갔다고 합니다. 1원짜리 단위까지 쓰인 것을 보니까 은행 통장을 다 정리해서 가져온 것 같아서 구청 직원이 할머니를 쫓아가 "성함이라도 알려주시라"고 요청했지만 "이름을 알린다면 기부를 안 하겠다"고 끝까지 우기시고 성함을 알리지 않고 버스를 탄 뒤 사라졌다는 것입니다.

버스를 타고 오신 것을 보니까 여유가 있는 할머니는 아닌 것 같은데 그 수십 억, 수백 억, 수천 억대 재산가가 즐비하게 산다는 강남구에 접수된 지금까지의 개인 후원금 중 최고 금액이라고 합니다. 이것이 큰 감동이었습니다.

여러분, 물질을 많이 가지고 있다고 해서 헌금이나 구제를 많이 하는 것 절대 아닙니다. 저는 그 할머니가 어느 교회 권사님이실 줄 믿지만, 말세 마지막 때 우리 교회에서도 이렇게 물질 아까워하지 않고 바치고 나누고 베풀 수 있는 교인들이 많이 나올 수 있길 바랍니다. 아멘을 안 하시는 분들은 복받길 원치 않아서 그러십니까? 아니면 나눌 물질이 아까워서 그러십니까?

이처럼 우리가 음식이든 물질까지도 아낌없이 섬김으로 주위 사람들의 마음 문부터 열게 될 때, 지난날 베풀어주신 주님의 은혜와 주위 사람들의 도움을 잊지 않고 기억하며 보답하게 될 줄 확실히 믿으시기 바랍니다.

화해를 시도해야 함

계속해서 본문 23절 말씀을 다 함께 읽겠습니다.

> "아비가일이 다윗을 보고 급히 나귀에서 내려 다윗 앞에 엎드려 그의 얼굴을 땅에 대니라."

아비가일은 남편과 의논했다가는 가정에 큰 파탄이 날 것이 염려되었기 때문인지 남편과 의논도 하지 않고 6가지 음식을 푸짐하게 준비합니다. 그리고 선물을 실은 나귀들을 종들과 함께 먼저 보내고 자신도 뒤따라 다윗에게 찾아갑니다. 선물로 다윗의 분노한 마음을 달래고 자신이 나서서 화해를 시도하고자 함이어서, 아비가일은 나귀를 타고 그가 살던 산지에서 내려오고 마침 다윗도 요새에서 내려와 산기슭에서 만나게 되었습니다.

다윗은 그들이 광야에서 나발의 양 떼들을 지켜준 것이 헛일이었고, 나발이 악으로 선을 갚는다고 하면서 나발의 가족과 종 모든 남자 가운데 한 사람이라도 내일 아침까지 남겨두면 하나님께서 다윗에게 벌을 내리시고 또 내리시길 원한다고 다짐을 하고 요새에서 내려오고 있었던 것입니다.

바로 그때 아비가일은 요새에서 내려오는 다윗을 보고 급히 나귀에서 내려서 겸손히 그의 얼굴을 땅에 대면서까지 다윗의 발에 엎드려서 "내 주인이시여, 원하건대 이 죄악을 나 곧 내게로 돌리시고 여종에게 주의 귀에 말하게 하시고 이 여종의 말을 들으소서"(24절) 라고 합니다. 그리고 "원하옵나니 내 주인은 이 불량한 사람 나발을 개의치 마옵소서 그의 이름이 그에게 적당하니 그의 이름이 나발(어리석은 자)이라 그는 미련한 자니이다 여종은 내 주께서 보내신 소년들을 보지 못하였나이다"(25절) 하고 말합니다.

그리고 아비가일은 다윗에게 가져온 예물을 그의 부하들에게 나눠주고 모든 잘못을 자신의 탓으로 돌리면서 "주인의 여종의 허물을 용서하여 주옵소서 여호와께서 반드시 내 주인을 위하여 든든한 집을 세우시리니 이는 내 주께서 여호와의 싸움을 싸우심이요 내 주인의 일생에 내 주인에게서 악한 일을 찾을 수 없음이니이다"(28절) 하고 다윗에게 사정을 합니다. 어떻게 해서든지 겸손히 엎드려서 다윗과 화해를 시도하고자 한 것입니다.

영국의 '설교의 왕'이라고 불렸던 찰스 스펄전(Charles Spurgeon) 목사님은 "세상 사람들은 원수는 돌에 새기고 은혜는 물에 새기지만 우리는 원수는 물에 새기고 은혜는 돌에 새겨야 한다"고 강조했습니다. 그러므로 아무리 우리의 은혜를 저버리고 우리 곁을 떠나가는 사람이 있다고 할지라도, 그것은 그 사람이 하나님 앞에서 거둬들여야 할 일이니 하나님께 다 맡기고 겸손히 다가가서 화해를 해야 합니다. 어느 한쪽이라도 교만하면 절대 화해가 안 됩니다.

지난 화요일에는 강원도 홍천에서 있었던 전국장로회연합회 주관 전국장로대회에 가서 '영적 내적 치유'(Spiritual Inner Healing)에 대해서 말씀을 증거하고 왔습니다. 한국 교회가 그동안 "영적으로 은혜 받아라!", "육적으로 축복 받아라!"를 강조해서 은혜도 많이 받고 축복도 많이 받아서 다들 목사, 장로, 권사, 집사가 되었습니다.

그런데 우리의 상한 마음이 치유를 못 받으니까 구원의 기쁨을 잃어버릴 뿐만 아니라 자신의 성격이나 행동이나 신앙의 어떠한 변화도 일어나지 않는 것입니다. 그 결과 가정에서나 세상에서나 심지어 교회에서까지 '해피 바이러스'(happy virus)로 살아가는 것이 아니라 '암 바이러스'(cancer virus), 즉 암적 존재로 살다가 어느 날 갑자기 인생을 끝내버립니다. 그러니 이보다 더 불행하고 불쌍한 인생이 어디에 있습니까?

주님께서는 마태복음 5장 23-24절에 "그러므로 예물을 제단에 드리려다가 거기서 네 형제에게 원망 들을 만한 일이 있는 것이 생각나거든 예물을 제단 앞에 두고 먼저 가서 형제와 화목하고 그 후에 와서 예물을 드리라"고 강조하셨습니다.

하나님께 나아와 예배드리기 전에 어떠한 원수라도 주님께서 우리를 용서하였듯이 다 용서하고 화해하라고 강력히 권면하셨습니다.

그렇지 않으면 하나님께서도 우리를 용서하지 않으신다는 것입니다. 마태복음 23장에서 예수님이 진노하시고 일곱 번이나 "화 있을진저 외식하는 서기관과 바리새인들이여"라고 책망하셨던 그들과 다를 바가 뭐가 있느냐는 것입니다. 우리가 겸손하게 용서하고 화해해야 진정으로 영적으로 살아나고, 여생을 천국의 축복과 행복의 감격 속에 살아갈 수 있기 때문입니다.

그러므로 우리가 교만에 빠져서 마치 자신이 하나님이나 된 듯이 최고인 줄 알고 또 다른 사람에게만 문제가 있는 것처럼 책임을 전가하고, 자기 때문에 가정도 잘되고 직장도 잘 되고 교회도 잘된 것처럼 착각에 빠져서 큰소리를 치면, 예수님을 믿어도 마음에 참된 평안이 없고 평생을 불행과 고통 가운데 살아가게 됩니다.

입만 열면 남을 비판하고 정죄하는 그것이 바로 말세 마지막 때 사탄이 가장 간교하게 역사하는 것이고, 또 우리가 가장 경계해야 할 영적 교만입니다. 그렇게 교만한 사람들은 겸손히 화해를 시도하려고 하지 않고 평생을 어디 두고 보자며 벼르는데, 그러면 영적인 질환에 걸리고 정신적 질환에 걸리고 신체적 질병까지 걸리고 맙니다.

그래서 속이 다 썩어버리고 뼈마디가 다 말라비틀어지고 현대인의 질병 3분의 2인 신경성 질환을 겪고, 성격장애, 분노조절장애, 충동조절장애, 더 나아가 우울증, 강박증, 조현병까지 걸려서 온갖 폭력과 살인까지 저지르고 불행과 고통 가운데 세상을 떠나고 맙니다. 그러니 이 얼마나 불쌍하고 불행한 인생입니까?

그러므로 원수는 하나님의 심판에 다 맡기고 우리는 "하나님이여, 불쌍히 여기소서! 나는 죄인이로소이다" 하고 고백하고, 우리는 화해만 시도하며 살아갈 수 있길 바랍니다. 그리할 때 로마서 12장 17-18절에 강조하셨듯이 "아무에게도 악을 악으로 갚지 말고 모든 사람 앞에서 선한 일을 도모하라 할 수 있거든 너희로서는 모든 사람과 더불어 화목하라"는 말씀과 같이, 선으로 악을 이기면서 모든 사람과 더불어 화목할 수 있습니다.

그렇게 할 때 지난날 은혜를 잊은 자라고 할지라도 언젠가는 그 은혜를 다 기억하고 보답할 날이 반드시 다가오게 될 줄 확실히 믿습니다.

관계를 회복해야 함

마지막으로, 본문 31절 말씀을 다 함께 읽겠습니다.

> "내 주께서 무죄한 피를 흘리셨다든지 내 주께서 친히 보복하셨다든지 함으로 말미암아 슬퍼하실 것도 없고 내 주의 마음에 걸리는 것도 없으시리니 다만 여호와께서 내 주를 후대하실 때에 원하건대 내 주의 여종을 생각하소서 하니라."

아비가일이 다윗에게 이렇게 간절히 호소를 합니다.

"사람들이 다윗의 생명을 찾을지라도 다윗의 생명을 내 주의 하나님 여호와와 함께 생명 싸개(the bundle of life) 즉 생명 주머니로 하나님의 완전한 보호 가운데 지켜 주시기를 바랍니다. 다윗의 원수들의 생명은 물매로 던지듯이 여호와께서 그것들을 던져서 멸망하실 것입니다. 여호와께서 피를 흘려 친히 보복하시는 일을 막으셨으니, 다윗이 이스라엘의 왕이 될 때 무죄한 피를 흘리셨다든지 친히 보복하셨다든지 함으로 인해 슬퍼할 것도 없고 마음에 걸리는 것도 없어야 할 것이기 때문에 남편 나발을 살려주십시오. 다만 여호와께서 다윗을 후대하셔서 왕으로 세우실 때 원하건대 내 주인의 여종인 저를 생각하소서."

이처럼 아비가일은 끝까지 남편을 살려내고 다윗과의 관계를 회복하길 간절히 바랐습니다. 결국 갈멜에 있던 남편 나발은 다윗의 은혜를 잊어버리고, 다윗에게는 그토록 인색하였으면서도 자신은 왕의 잔치와 같은 성대한 잔치를 열고 만취하였다가, 아비가일로부터 그녀가 나서서 다윗과 화해했다는 소식을 전해 듣고 충격을 받아 쓰러져서 열흘 만에 죽고 맙니다. 대신에 다윗의 은혜를 잊지 않고 다 갚았던 아비가일은, 그녀의 지혜로운 모습을 귀하게 여긴 다윗이 나발의 죽음을 애곡하는 기간인 7일이 지난 후에 그녀를 아내로 맞이하여서, 후에 다윗 왕의 왕비가 되는 일생에 놀라운 영광과 축복과 행복까지 누리게 됩니다.

이렇듯 인생을 살아가다 보면 관계(relationship)가 얼마나 중요한지 새삼 깨닫게 됩니다. 혼자 사는 세상이라면 자신의 능력만으로 충분하지만, 함께 사는 세상이기 때문에 자신의 능력보다는 관계의 도움이 무엇보다 필요하며, 그것들이 결정적으로 우리 일생을 좌우할 때가 얼마나 많습니까? 그래서 우리가 더욱 모든 관계를 회복해야 하는데, 무엇보다도 십자가의 복음으로 모든 관계를 회복해야 합니다.

그런데 주님의 십자가를 통한 모든 관계의 회복은 마태복음 22장 37-40절에 핵심적으로 다 나와 있습니다.

"예수께서 이르시되 네 마음을 다하고 목숨을 다하고 뜻을 다하여 주 너의 하나님을 사랑하라 하셨으니 이것이 크고 첫째 되는 계명이요 둘째도 그와 같으니 네 이웃을 네 자신같이 사랑하라 하셨으니 이 두 계명이 온 율법과 선지자의 강령이니라."

먼저 우리의 마음을 다하고 목숨을 다하고 뜻을 다하여 하나님을 사랑하여서 하나님과 화해하여 지난날의 모든 죄를 용서받고, 하나님 안에서 행복과 축복을 누리면서 하나님과의 관계를 회복해야 합니다. 그런데 하나님보다 육신의 우상인 물질이나 명예나 세상 향락을 더 사랑하고, 심지어 자식들에게 목을 매고 살아가는 교인들이 얼마나 많습니까?

그러다가 자식들에게 사랑하는 사람이 생기고 처자식이 생기면 그때는 헌신짝처럼 버려지고 낙동강 오리알이 되어버립니다. 그때 주님 앞에 나아와 "주님, 주님만은 아시지요?" 하고 눈물 흘려봐야 때는 이미 늦은 것입니다. 그럴 때 부르는 노래가 '때는 늦으리'입니다.

그다음 둘째도 그와 같이 중요한데, 자신과의 관계가 회복되어 자신을 존중하는 마음인 자존감을 회복해야 합니다. 그리할 때 우리는 더 이상 열등감이나 우월감에 사로잡히지 않고 나는 혼자라는 우울증에 걸리지도 않습니다. 이렇게 자기를 사랑하여 자신과의 관계를 회복하면, 그다음에 마지막으로 이웃과의 관계가 회복되어야 합니다.

그런데 우리는 사이가 안 좋은 사람들이 있으면 무조건 불러서 식사대접을 하거나 술 한 잔 마시면서 서로 용서하라고 권하면서 두 사람 사이의 관계를 회복시켜 줄려고 합니다. 그런데 문제는 아무리 그렇게 만나서 식사를 해도 먹을 때만 좋아하고 먹고 헤어지면 옛날로 돌아가고 맙니다.

가장 먼저는 각자 회개할 것을 회개해야 합니다. 하나님과의 영적인 관계를 회복하지 못하고 그다음 자신과의 관계가 회복이 안 되면, 그다음 이웃과의 관계도 진정한 회복이 이루어지지 않는 것입니다. 우리는 주님의 십자가에서 어떠한 관계도 다 회복될 수 있는데, 이것이 진정한 관계 회복의 3단계입니다.

지난 목요일에는 광주 본향교회에서 있었던 영·호남 한마음 성시화대회에 말씀을 전하러 갔습니다. 14년 전에 시작된 영·호남 성시화운동에는 경남, 경북, 전남, 전북뿐만 아니라 부산, 대구, 울산, 포항, 광주, 전주, 대전 지역 성시화운동본부까지 거의 한강 이남 지역의 연합선교기관입니다.

무엇보다도 삼국시대 이래로 신라와 백제의 대결뿐만 아니라 근대에 이르러서는 군사독재정권 아래에서 노회한 정치인들이 지역감정을 조장함으로 인해 동서분열의 고통과 불행이 얼마나 장기화되었습니까? 주의 종들부터 동서화합의 장으로 이끌어내야 한다고 해서 전국에서 모여 함께 치유의 말씀을 나누고, 성령님의 하나 되게 하신 것을 힘써 지키고자 합심기도의 시간을 가졌는데, 얼마나 대규모의 은혜로운 집회였는지 모릅니다.

거기서 저는 우리가 관계를 회복하기 위해서는 가장 먼저 에베소서 4장 31-32절 말씀처럼 우리의 상처난 감정들을 먼저 십자가 앞에다 쏟아버려야 한다고 했습니다. 우리의 빈 마음에 하나님의 사랑을 간구해서 그 사랑으로 어떠한 원수라도 지난날의 상처의 피해자요, 희생자임을 기억하면서 친절하게 대하고 불쌍히 여겨야 한다고 했습니다.

그리고 하나님이 그리스도 안에서 우리를 용서해 주심같이 어떠한 원수라도 용서해야 우리 자신이 먼저 치유된다고 했습니다. 그리할 때 우리 자신부터 남은 여생을 진정으로 천국의 축복과 행복의 감격 속에 살아야 한다고 했습니다. 그럴 때 우리의 가정을 행복하게 하고 우리의 교회를 화평하게 하고, 우리의 동서를 화해하게 하고, 우리의 남북이 통일 되게 해서 땅끝까지 이르러 선교하면서 십자가의 복음으로 우리의 모든 관계가 회복되고 하나님의 영광을 크게 드러낼 수 있다고 강조하였습니다.

이 십자가의 사랑을 통해 종적인 하나님과의 관계와 횡적인 인간과의 관계 등 온전한 관계의 회복이 이루어져야 하는 것입니다. 우리가 지난날의 은혜를 다 잊어버리고 살다가도 주님의 십자가를 통해 주님과 나와 이웃 간의 모든 관계를 온전히 회복하게 될 때, 주님과 주위 모든 사람들의 은혜를 결단코 잊지 않고 평생 감사하고 감격하면서 행복하게 살아가게 될 줄 확실히 믿으시기 바랍니다.

전전주 화요일 목민교회에서 제127회 영등포노회가 열렸는데, 이번에 노회장에는 가까운 강서교회 김안식 목사님이 선출되셨습니다. 모든 병 중에서 가장 무서운 병이 바로 암인 것 같습니다. 얼마나 암이 고통스럽던지 한 암환자 교인이 하나님께 간절히 매달려 물어보았다고 합니다.

"하나님 아버지, 하나님 아버지도 못 고치는 병이 있으세요?" 그랬더니 하나님께서 이렇게 대답하셨다고 합니다. "암!" 무슨 말인지 이해를 못하시는 분들은 집에 가셔서 곰곰이 생각해 보시기 바랍니다. 그런데 이번에 노회장이 되신 김 목사님은 약 2년 전 가장 치사율이 높다는 췌장암 말기로 3개월 시한부 판정을 받았습니다. 지금까지 35차 항암치료를 받았는데, 항암치료를 받아보신 분들은 다 아시겠지만 얼마나 고통스럽습니까? 음식을 먹으면 다 토해내고 견딜 수가 없어서, 이제 살 만큼 살았고 주의 일을 할 만큼 했으니까 몇 번이고 항암치료를 포기하고 싶었다고 합니다.

그런데 사랑하는 딸이 "아빠, 아빠가 살아나셔야 해요. 아빠가 돌아가시면 엄마랑 저랑 아빠 없이 어떻게 살아요? 아빠가 어떻게 해서라도 살아나셔서 우리 곁에 계셔야 해요!" 하고 울먹이는데, 사랑하는 아내와 딸을 남겨두고 떠나가는 아버지의 심정이 말이 아니었다고 합니다. 남편과 아버지만 바라보고 살아오며, 가정의 행복의 모든 기대를 걸고 있는 사랑하는 가족들을 위해서라도 살아야겠다는 다짐을 하게 되었다고 합니다.

미국에서 사시는 구순이 넘으신 원로목사님이 기도원에까지 들어가셔서 금식하며 기도하시고, 또 교회의 모든 장로님들과 권사님들과 집사님들과 성도님들이 새벽마다 성전에 나아와 간절히 합심하여 부르짖는 뜨거운 사랑과 간절한 기도를 생각해서라도 살아야겠다는 마음이 들더랍니다.

무엇보다 주위의 모든 사람들의 은혜를 통해 나타난 하나님의 사랑이 그를 강권하시기에 더 이상 생을 포기할 수가 없어서 다 토해내고도 그 자리에서 억지로 또 먹고 일어서고 걷고 기도하면서 지난 2년을 버텨왔습니다. 그랬더니 하나님께서 목사님을 불쌍히 여겨주셔서 지금까지 기적적으로 건강하게 생존케 하셨을 뿐만 아니라, 이번에 영광스러운 영등포노회 노회장까지 되신 것입니다.

감사한 것은 우리 영등포노회가 한국 교회 역사상 최초로 말기암 환자를 노회장으로 세우게 되는 영광까지 누리게 하셨습니다. 하나님께서 생명을 허락하시는 한 주님의 십자가의 사랑과 은혜에 감사하고 감격하면서, 주님께서 부르시는 생의 마지막 순간까지도 십자가의 복음을 위해 충성을 다하겠다는 굳센 믿음을 고백하셔서 노회원 모두에게 큰 감동의 은혜를 안겨주었습니다.

사랑하는 성도 여러분, 늘 강조하지만 뒤늦게 후회하지 말고 살아 있을 때 감사하고, 건강할 때 감사하고, 이렇게 주님 앞에 나아올 수 있을 때 감사하고, 지금까지 베풀어주신 주님의 은혜에 감사하고 감격하시기 바랍니다. 주님의 십자가의 사랑이 강권하시니 우리의 남은 여생 모든 것을 다 쏟아 마음 문부터 열어야 하고, 겸손히 다가가 화해를 시도해야 하고, 진정으로 모든 관계를 회복해야 합니다. 그리할 때 우리는 하나님의 은혜나 주위 사람들의 은혜를 평생토록 잊지 않고, 그 은혜에 감사하고 감격하면서 영원히 행복하게 살아가게 될 줄 확실히 믿습니다.

우리 함께 결단의 찬송으로 '은혜 아니면'을 부르면서 믿음으로 결단하도록 하겠습니다.

어둠 속 헤매이던 내 영혼 갈길 몰라 방황할 때에
주의 십자가 영광의 그 빛이 나를 향해 비추어 주셨네
주홍빛보다 더 붉은 내 죄 그리스도의 피로 씻기어
완전한 사랑 주님의 은혜로 새 생명 주께 얻었네
은혜 아니면 나 서지 못하네
십자가의 그 사랑 능력 아니면 나 서지 못하네
은혜 아니면 나 서지 못하네
놀라운 사랑 그 은혜 아니면 나 서지 못하네
나의 노력과 의지가 아닌 오직 주님의 그 뜻 안에서
의로운 자라 내게 말씀하셨네 완전하신 그 은혜로
은혜 아니면 나 서지 못하네

십자가의 그 사랑 능력 아니면 나 서지 못하네
은혜 아니면 나 서지 못하네
완전한 사랑 그 은혜 아니면 나 서지 못하네
이제 나 사는 것 아니요 오직 예수 내 안에 살아 계시니
나의 능력 아닌 주의 능력으로 이제 주와 함께 살리라
오직 은혜로 나 살아가리라 십자가의 그 사랑
주의 능력으로 나는 서리라 주의 은혜로 나 살아가리라
십자가 사랑 그 능력으로 나 살리라 주 은혜로 나 살리라

은혜가 한량없으신 하나님 아버지, 우리가 지난날 하나님의 은혜나 주위 사람들의 은혜를 잊어버리고 살아감으로 인해 스스로 하나님의 축복과 행복을 잃어버리며 살 때가 얼마나 많았습니까? 남은 여생은 어떻게 해서라도 마음 문부터 열게 하여 주시옵소서! 겸손히 화해를 시도하게 하여 주시옵소서! 진정으로 모든 관계를 회복시켜 주시옵소서! 그리함으로 남은 여생, 주님과 주위 사람들의 은혜를 잊지 않고 감사하고 감격하면서 영원히 행복하게 살게 하여 주옵소서. 예수님의 이름으로 간절히 축복하며 기도하옵나이다. 아멘!

마지막 때의 개혁신앙

사무엘상 28:3-7

우리는 오늘 종교개혁(The Reformation) 제504주년 기념주일을 맞이하게 되었는데, 사실 개인적으로 '종교개혁'이라는 말을 별로 안 좋아합니다. 종교라는 말에는 세상 종교가 다 들어가 있기 때문인데, 기독교는 예수님께서 말씀하셨듯이 길이요 진리요 생명이어서(요 14:6) 저는 '교회 개혁'이라고 말하고 싶습니다.

이 교회 개혁은 1517년 10월 31일 독일의 개혁자 마틴 루터(Martin Luther)가 독일 비텐베르크 교회의 문 앞에 가톨릭 교황의 면죄부 남발에 항의하여 95개 조의 반박문을 교회의 문 앞에 써 붙인 데서 시작되었습니다. 그리하여 교회 개혁자들은 "교회는 항상 개혁되어야 한다"(Ecclesia Semper Reformanda)는 캐치프레이즈를 내걸고 개혁운동을 일으켰습니다.

그런데 말세 마지막 때 오늘의 교회들은 어떠합니까? 우리가 개혁이 안 되니까 세상도 개혁이 안 되는 것입니다. 그러므로 남의 탓할 것이 아무것도 없고 나 자신부터 개혁신앙으로 일어서야 합니다. 특히나 지난 2년 동안 인간의 극한의 탐욕에 의해 시작된 코로나19의 심판을 받으면서도 정신을 못 차리고, 개혁신앙은 점점 더 사라지고 현실에 안주하는 데만 급급하고 있는 것이 오늘 우리의 모습입니다.

그러나 위기를 맞이할수록 우리는 신앙의 본질로 돌아가라는 개혁신앙을 되살려야 합니다. 이렇게 우리가 또다시 종교개혁주일을 맞이하면서, 사울 왕의 결정적인 실패의 모습을 보면서, 말세 마지막 때 우리는 어떠한 개혁신앙으로 살아야 할 것인지, 이 시간도 다 함께 하나님의 음성을 들을 수 있길 바랍니다.

현실을 두려워하지 말아야 함

먼저 본문 5절 말씀을 다 함께 읽겠습니다.

> "사울이 블레셋 사람들의 군대를 보고 두려워서 그의 마음이 크게 떨린지라."

블레셋 군대는 이스라엘과 전쟁을 하기 위해서 대규모 군대를 모집하여 사무엘상 17장에 나오는 골리앗 장수와 맞서 싸웠던 엘라전쟁 이후 최대 규모의 전쟁을 일으켰습니다. 블레셋이 이스라엘을 침략한 이유는, 엘라전쟁 때 골리앗 장수를 죽인 다윗이 사울 왕의 살해 시도를 피해 저들의 땅에 와 있고, 사울 왕이 영적으로 무너지니까 그의 군사력도 급속히 약화되었기 때문이었을 것입니다.

그리하여 블레셋의 아기스 왕은 다윗에게 이번 전쟁에 블레셋 군에 가담하여 싸워야 한다고 선언했습니다. 그동안 아기스 왕이 사울 왕으로부터 피난 생활을 하는 다윗에게 호의를 베풀어 준 것은 바로 이때를 위한 것이었고, 더 나아가 아기스 왕은 다윗에게 영원히 자기의 머리를 지키는 경호대장으로 삼겠다고 제안을 할 정도였습니다.

그런데 엎친 데 덮친 격으로 이스라엘은 사무엘 선지자도 죽었고, 영적인 지도자를 잃은 상태였습니다. 이스라엘은 블레셋 대군이 진을 친 수넴에서 약 15km 떨어진 길보아라는 곳에 진을 쳤는데, 길보아는 산지이고 수넴은 평지니까 그 엄청난 블레셋 대군이 눈앞에 훤히 들여다보였으니 이스라엘 군사들이 얼마나 두렵고 떨렸겠습니까? 사울 왕까지도 블레셋 군대를 보고 두려워서 그의 마음이 크게 떨렸습니다.

우리도 지금 말세 마지막 때 누가복음 21장 11절의 "곳곳에 큰 지진과 기근과 전염병이 있겠고 또 무서운 일과 하늘로부터 큰 징조들이 있으리라"는 말씀이 그대로 이루어져서 지난 20년 동안 사스, 메르스, 조류독감, 에볼라, 코로나19에 이르기까지 4년 주기로 다섯 번의 전염병의 공격을 받았습니다. 그런데 코로나19가 독감보다 치사율이 훨씬 낮은데도 성전예배를 못 드리면 내년 겨울철에도 또다시 독감이 유행하면 어떻게 하려고 그럽니까?

최근 주의 종들이나 성도님들로부터 가장 많이 받은 동영상 내용이 있습니다.

지난 2021년 10월 15일(금) 오후 대전시가 코로나19가 4단계에서 3단계로 하향조정 되는 시점에서 대전시청 직원이 종교시설의 예배인원을 묻자, 대전의 박 모 목사님이 메가톤급 폭탄발언으로 시청 직원의 말문을 막아버렸습니다. 이 시청 직원이 박 목사님에게 전화를 해 교회의 주일예배 수용인원을 20% 이내로 해야 한다고 말하자, 박 목사님은 "예배인원을 누가 20%로 만들었느냐?"라고 물으면서 "지금 지하철이나 대전역에 가봐라! 청주공항에서 제주행 비행기를 보면 빈자리가 하나도 없이 20cm 이내로 어깨를 마주 대고 간다. 이 미친 것들아!"라고 역정을 낸 것입니다. 제가 한 말이 아니고 대전의 목사님이 역정을 내신 거니까 오해하지 마시기 바랍니다.

그리고는 "문재인 정부는 교회가 제일 무서운 거야! 그래서 교회를 무너뜨리려고 해! 그렇게 교회가 무너지면 나라가 살 것 같냐?"라며 "교회가 없어지면 이 나라도 다 무너지고 말아!" 하고 큰소리를 쳤는데, 시청 직원이 아무 말도 못했다고 합니다. 이 얼마나 강하고 담대한 믿음입니까? 적어도 우리가 이 정도의 강하고 담대한 믿음을 가져야 하지 않겠습니까? 우리가 이번에 코로나19를 겪으면서 지난날의 우리의 신앙이 다 드러나 버렸습니다.

위드 코로나(with corona) 시대로 접어들어서, 다음 주부터는 백신 접종 완료자만 참석할 경우 인원 제한 없이 성전예배를 드릴 수가 있고, 미접종자까지 포함해도 정원의 50%까지 참석할 수 있다고 합니다. 그런데 이렇게 해도 코로나19가 두려워서 하나님 앞에 나아와 하나님께서 가장 기뻐 받으시고 우리의 모든 복의 통로가 되는 예배를 드리지 못한다면, 우리가 어떻게 신앙인이라고 할 수 있겠습니까?

그들은 겨울 독감보다 못한 코로나19 때문에 나를 위해 죽기까지 사랑해주신 살아 계신 하나님께 대한 신앙을 저버리는 자들인 것입니다. 그래서 22일(금) 오후 한국교회의 연합기관들인 한국교회총연합, 한국교회연합, 한국기독교총연합회 대표들이 연합기관 통합 논의를 위한 연석회의를 가지면서 한국교회연합 전 대표회장인 권태진 목사님이 "교계 지도자들이 주님의 몸 된 예배당도 못 지켰는데 무슨 할 말이 있겠는가? 우리가 먼저 회개부터 하자!"고 했다는데,

교계 지도자로서 올바른 신앙의 고백인 것입니다.

"난세에 영웅 난다"는 말이 있듯이, 교회가 어려울 때 하나님의 편에 서고 하나님의 말씀대로 살고 하나님께서 가장 기뻐 받으시는 예배를 드리면, 하나님께서 우리와 우리 자손들까지도 책임지시고 복을 주시고 귀하게 쓰십니다.

그러나 우리가 어려운 현실 앞에서 철저히 하나님의 편에 서지 않고 하나님의 말씀대로 살지 않고 주님께서 가장 기뻐 받으시는 온전한 예배를 드리지 않으면, 하나님께서 우리와 자손들까지도 책임져 주시지 않을 것입니다.

그렇다면 어떠한 현실도 두려워하지 않고 강하고 담대한 믿음을 가질 수 있는 근거가 무엇입니까? 그 근거를 여호수아 1장에서 찾아볼 수가 있습니다.

먼저 여호수아 1장 6절을 보면 "강하고 담대하라 너는 내가 그들의 조상에게 맹세하여 그들에게 주리라 한 땅을 이 백성에게 차지하게 하리라"고 분명히 약속하십니다. 이 하나님의 축복의 약속이 있기 때문에 우리는 어떠한 현실 속에서도 강하고 담대할 수 있습니다.

계속해서 여호수아 1장 7절에도 보면 "오직 강하고 극히 담대하여 나의 종 모세가 네게 명령한 그 율법을 다 지켜 행하고 우로나 좌로나 치우치지 말라 그리하면 어디로 가든지 형통하리니"라고 말씀하시는데, 우리가 하나님의 말씀대로 살면 형통할 것을 확실히 믿기 때문에 강하고 담대해야 합니다.

마지막으로, 여호수아 1장 9절을 보면 "내가 네게 명령한 것이 아니냐 강하고 담대하라 두려워하지 말며 놀라지 말라 네가 어디로 가든지 네 하나님 여호와가 너와 함께하느니라"고 말씀하시는데, 하나님께서 우리와 항상 함께하신다고 약속하시기 때문에 강하고 담대해야 하는 것입니다.

우리는 기도할 때 흔히들 "하나님 아버지, 우리와 함께하여 주시옵소서!" 하고 기도하는데, 엄밀하게 말하면 성경적으로 볼 때 이것은 불신앙의 기도입니다. 신약성경에서도 주님께서는 마태복음 28장 20절에 "내가 너희에게 분부한 모든 것을 가르쳐 지키게 하라 볼지어다 내가 세상 끝날까지 너희와 항상 함께 있으리라"고 약속하십니다.

그리고 히브리서 13장 5절에 계속해서 "그가 친히 말씀하시기를 내가 결코 너희를 버리지 아니하고 너희를 떠나지 아니하리라"고 분명히 약속하시지 않습니까? 그런데 우리가 기도할 때마다 "하나님 아버지, 함께하여 주시옵소서!" 하고 기도하면 주님께서 뭐라고 하시겠습니까? "내가 그토록 성경에 다 약속해 놓았는데도 너처럼 나를 못 믿는 사람 처음 봤다!" 그러실 것 아닙니까?

또 "하나 되게 하여 주시옵소서!" 하고 기도하는데 에베소서 4장 3절에 "평안의 매는 줄로 성령이 하나 되게 하신 것을 힘써 지키라"고 강조하셨듯이, "하나 됨을 힘써 지키게 하여 주시옵소서!"라고 해야 성경적 기도입니다.

지난날 신앙개혁자들은 모두 다 어떠한 어려운 현실 속에서도 결코 두려워하지 않고 목숨 걸고 개혁운동을 했고, 순교의 길을 걸었습니다. 1517년 마틴 루터의 신앙개혁은 이미 100년 전에 체코의 저항신학자요 사제였던 얀 후스(Jan Hus)에 의해 시작되었습니다.

그는 "헌금을 하면 죄의 벌이 용서받는다는 면죄부를 파는 교황은 가룟 유다와 같다"면서 복음을 외치다가 로마 가톨릭의 극심한 핍박 속에 1415년 독일 남부 콘스탄스 종교재판에 끌려갔습니다. 사람들이 그의 머리에 "이 자가 이단의 두목이라"는 고깔모자를 씌우고 조롱하면서 그를 나무 기둥에 묶어 짚과 장작에 기름을 끼얹어 불태우려고 할 때, 그는 한 치의 죽음의 두려움 없이 강하고 담대한 믿음으로 일어서서 외쳤습니다. “당신들은 지금 한 마리 거위를 불태워 죽입니다. 그러나 100년 후에는 태울 수도 없고 삶을 수도 없는 백조가 나타나 개혁을 일으킬 겁니다!”

‘후스’ 바로 자신의 이름이 체코 말로 거위였는데, 후스의 예언대로 꼭 100년이 지난 1517년 신앙개혁의 백조인 마틴 루터가 나타나 신앙개혁의 불꽃을 타오르게 한 것입니다.

그러므로 우리도 코로나19의 어떠한 어려운 현실 속에서 두려워하지 말아야 할 이유는, 만왕의 왕이요, 만주의 주이신 하나님께서 세상 끝날까지 항상 함께하실 뿐만 아니라 영원히 함께하실 것을 분명히 약속하셨기 때문입니다. 그러므로 우리가 현실을 두려워하지 않는 개혁신앙으로 나아갈 때, 앞으로의 우리 인생의 어떠한 어려움도 능히 이겨낼 줄 확실히 믿으시기 바랍니다.

하나님의 도우심을 구해야 함

계속해서 본문 6절 말씀을 다 함께 읽겠습니다.

> “사울이 여호와께 묻자오되 여호와께서 꿈으로도, 우림으로도, 선지자로도 그에게 대답하지 아니하시므로.”

위기를 맞은 사울 왕은 모든 이스라엘 백성들을 모아서 그의 생애 마지막 전쟁이 될 길보아 전쟁을 대비했는데, 두려워 떨다가 하나님의 도우심을 구하게 됩니다. 그러나 구약성경에서 하나님의 영인 성령님은 권능의 상징이었기 때문에 신약성경의 성령님의 임재의 상징과는 달리 들어왔다 나갔다 하셨습니다. 그렇기에 성령님께서 범죄한 사울 왕을 떠나셔서(삼상 15:26, 16:14) 그에게 응답하지 않으셨습니다. 그의 꿈에도 안 나타나시고, 대제사장의 옷 에봇에 달린 우림과 둠밈(빛과 완전함)으로도 주님의 뜻을 밝히시지 않고, 하나님의 종인 선지자로도 응답이 없으셨습니다.

우리도 평소에 하나님의 말씀과 성령님을 따라 살아야 하는데, 어려운 일을 당했을 때 가서 갑작스럽게 하나님의 도움을 구해서야 되겠습니까? 14~16세기에 흑사병이라고 불리는 페스트가 유럽을 휩쓸어 적어도 2억 명의 사망자를 가져왔는데, 당시 개혁자들은 극심한 가톨릭교회의 핍박 속에서도 평소 말씀과 기도의 성령 충만한 삶을 살았습니다.

심지어 독일의 개혁자 마틴 루터(Martin Luther)는 사제의 손에만 있던 성경을 평신도에게 건네주기 위해서 어려운 라틴어로 기록된 성경을 독일어로 번역하고 성경을 이해하기 쉽게 풀어서 주석도 썼습니다. 당시 가톨릭교회에서 주장했던 선행이나 공로로 구원받는 것이 아니라, 오직 성경의 핵심인 예수 그리스도의 십자가의 복음을 믿음으로 구원받음을 강력히 외쳤던 것입니다.

그 결과 가톨릭교회로부터 생명을 위협하는 핍박을 받게 되었는데, 평소에 하루 2시간 기도하다가 할 일이 많고 어렵고 힘들면 하루 3시간을 기도하면서 그의 능력의 한계를 넘어서신 하나님의 도우심을 구했습니다. 더 나아가 그 극한의 위기 상황 속에서 밤을 지새우며 철야기도를 하기도 하고, 며칠씩 골방에 틀어박혀 금식하며 기도할 수밖에 없었습니다.

그리하여 결국 달걀로 바위를 치는 듯한 그 거대한 로마 가톨릭교회의 온갖 핍박을 다 이겨내고 위대한 종교개혁을 완수할 수 있었던 것입니다. 그 신앙이 프랑스의 장 칼뱅(John Calvin)에게 이어져서 개혁교회인 장로교회(The Presbyterian Church)를 이 땅에 탄생케 했습니다.

우리 치유하는교회가 파송한 프랑스에서 가장 부흥하는 파리 선한장로교회의 성원용 선교사님이 최근에 《위그노처럼》이란 책을 펴냈습니다. '동맹' 또는 '하나의 가르침에 의해서 연결된 동지들'이란 뜻의 위그노(Huguenot)들은 장 칼뱅의 영향을 받은 16~18세기의 프랑스 개혁교회 신자들인데, 그들은 가톨릭교회의 엄청난 박해로 순교하면서도 하나님께 드리는 예배에 생명을 걸었습니다.

그러나 위그노들이 숨어서 예배드렸다는 이유로 개신교회는 다 헐리거나 불탔고 잡혀가서 고문을 당하거나 감옥에서 죽임을 당했습니다. 심지어는 귀족들까지도 신앙을 가졌다는 이유로 노예로 끌려가서 평생을 배 밑창에서 노를 젓다가 순교하는 등 주님께서 걸어가신 순교의 길을 그들도 뒤따라 걸었습니다.

그들은 10가지 개혁신앙을 가지고 모든 환난을 이겨내었습니다.

1. 용기를 내라
2. 고난을 감당하라
3. 저항하라
4. 디아스포라의 삶을 살라
5. 개혁자로 서라
6. 톨레랑스(관용)하라
7. 5개의 솔라(Sola)를 기억하라
8. 참된 프로테스탄티즘을 추구하라

9. 교회를 교회 되게 하라

10. 주 안에서 행복하라

위그노 학자인 사무엘 무르 박사는 위그노의 500년의 역사를 통해서, 이러한 102년간에 걸친 극심한 탄압이 없었다면 프랑스는 기독교 역사상 가장 뛰어난 개신교 국가가 될 수 없었을 거라고 말합니다.

이처럼 프랑스와 스위스에까지 번진 신앙개혁운동이 결국 존 녹스(John Knox) 목사님을 통해 개혁교회의 전통을 이어가게 하고, 그 후에 영국에서 꽃 피우고 개혁교회 청교도들이 미국에 건너가서 미국의 선교사님들을 통해 그 개혁신앙이 우리에게까지 전해져서 전 세계에서 가장 뜨겁게 부흥하는 장로교회를 이루게 된 것입니다.

그런데 우리의 영적 상태는 어떠합니까?

순탄하고 형통할 때는 하나님의 도우심을 간구하지 않습니다. 그러다가 꼭 어렵고 힘든 일이 닥치면 그때 주님 앞에 나아와 눈물, 콧물 쏟으며 기도할 때가 얼마나 많습니까? 그런데 코로나19로 인해 이 부흥과 선교의 불이 여기서 꺼져서는 안 됩니다. 말씀과 기도로 하나님의 도우심을 구하는 이 개혁신앙이 우리의 자손들을 통해서 이어져야 합니다.

우리가 하나님의 말씀과 기도의 두 기둥을 붙잡고 살아 계신 하나님께 매달려 부르짖을 때, 시편 107편 6절을 통해 "그들이 근심 중에 여호와께 부르짖으매 그들의 고통에서 건지시고", 13절을 통해 "그들이 그 환난 중에 여호와께 부르짖으매 그들의 고통에서 구원하시되", 19절을 통해 "그들이 그들의 고통 때문에 여호와께 부르짖으매 그가 그들의 고통에서 그들을 구원하시되", 28절을 통해 "그들이 그들의 고통 때문에 여호와께 부르짖으매 그가 그들의 고통에서 그들을 인도하여 내시고"라고 분명히 구원을 약속하십니다.

그러므로 적어도 말세 마지막 때 사탄의 올무에 빠지지 않기 위해서도 우리에겐 다른 길이 없습니다. 말세 마지막 때 우리가 날마다 말씀과 기도로 항상 깨어 간구하고, 성령 충만한 가운데 하나님의 도우심을 간구하는 개혁신앙으로 나아갈 때, 어떠한 사탄의 시험과 계략도 능히 이겨낼 줄 확실히 믿습니다.

하나님만 믿고 의지해야 함

마지막으로, 본문 7절 말씀을 다 함께 읽겠습니다.

> "사울이 그의 신하들에게 이르되 나를 위하여 신접한 여인을 찾으라 내가 그리로 가서 그에게 물으리라 하니 그의 신하들이 그에게 이르되 보소서 엔돌에 신접한 여인이 있나이다."

이렇게 하나님의 응답이 없으니까 사울 왕은 신접한 여인을 찾게 되었으니 정말 아이러니(irony)입니다. 불과 얼마 전 사울 왕이 사무엘 선지자가 죽은 후에 장사를 치르고 신접한 자와 박수를 이스라엘 땅에서 다 쫓아냈다고 본문 3절에 분명히 기록되어 있습니다. 여기 '신접한 자'는 히브리어로 'אוֹבוֹת'(하오보트)라고 해서, 지하에서 지상으로 죽은 자의 혼령을 불러올리는 자로서 영매를 하는 자(medium)를 말하는데, 다시 말하면 우리나라의 무당과 같습니다.

그다음에 나오는 '박수'는 히브리어로 'יִדְּעֹנִים'(잇데오님)이라고 해서 강신술을 행하는 자(spiritist)였는데, 우리나라의 마술사가 눈속임을 통해 신비로운 일을 행하는 것이라면, 이스라엘의 박수는 신비로운 환상을 통해 미래를 알려고 하는 심령술사를 말합니다. 이러한 행위들에 대해서 신명기 18장 10-11절에 "그의 아들이나 딸을 불 가운데로 지나게 하는 자나 점쟁이나 길흉을 말하는 자나 요술하는 자나 무당이나 진언자나 신접자나 박수나 초혼자를 너희 가운데에 용납하지 말라"고 분명히 경고하지 않습니까?

그런데 사울 왕은 끝까지 살아 계신 하나님을 믿고 의지하지 않고 왕복을 벗고 평민 차림으로 변장을 하고 엔돌까지 가서 과거와 미래를 연결하는 신접한 여인을 찾아가서 세상을 떠난 사무엘 선지자의 혼을 불러 달라고 합니다. 결국 하나님께서는 이러한 최악의 영적 상태에 이른 사울 왕을 더 이상 이스라엘 왕으로 세우시지 않고, 그가 길보아 전쟁에서 세 아들들과 함께 블레셋 군대에 패배를 당하고 죽을 것을 경고하시게 됩니다(삼상 31:6). 이 얼마나 비극적인 종말입니까?

그런데 말세 마지막 때 우리의 현실은 어떠합니까?

불확실성의 세상 가운네 살다 보니까 TV나 신문 등 각종 언론매체에 이르기까지 운세에 대한 유행이 널리 퍼져버렸습니다. 그래서 어렵고 힘들수록 목사, 장로, 권사, 집사들까지도 운세를 보고 점 보러 무속인들을 찾아가는 세상이 되어버렸습니다. 우리 교회에서 내려가면서 보면 처녀보살집, 선녀보살집, 장군보살집, 고려보살집 등 무슨 보살집도 그렇게 많은지 모릅니다. 이렇게 말세 마지막 때 사탄이 우는 사자같이 우리를 삼키려 하고 귀신들이 역사하고 있습니다.

더 나아가 이번 대통령 선거에도 운세를 보는 무속인들이 여당의 이재명 후보는 대통령 운세가 치솟는다고 하고, 야당의 윤석열 후

보는 대통령상이라고 했답니다. 그래서 왕이 되려고 TV토론회에 두 번이나 손에 王(왕) 자까지 쓰고 대선토론회에까지 나오지 않았습니까? 이 정도로 사탄이 신앙의 기초 위에 세워진 우리 대한민국의 대통령까지 좌지우지하려고 역사하고 있습니다.

그리하여 온 세상이 보수와 진보의 이념의 편 가르기로 쫙 갈라져 있는데, 이러한 세상을 치유해야 할 교회와 목사, 장로들까지도 영적인 분별력을 갖지 못하고 보수니, 진보니 이념에 휘둘려서 이번에도 영적인 선택을 바로 하지 못하게 되면, 우리는 과거의 불행한 전철을 또다시 밟고 말 것입니다. 그러므로 우리 믿는 자들이라도 세상 사람들과 달리 이번에만은 누가 더 영적인 후보인가를 보고 하나님을 철저히 믿고 의지하는 영적인 대통령을 선택해야 합니다.

여러분, 지난날 박근혜 전 대통령이 왜 역사상 최초로 대통령 탄핵까지 당하고 교도소에 갇혀 있습니까? 세월호 사건 때문에 대통령이 탄핵을 당하고 교도소까지 갔습니까? 박 대통령의 탄핵과 교도소행의 개인적, 국가적 불행과 고통의 결정적인 원인은 세월호 사건도, 비자금 모금도 아닙니다. 근본적으로 불교, 기독교, 천도교들의 교리를 종합한 영세교 교주였던 최태민과 그의 딸 최순실 부녀의 농간에 휘둘리다가 결국 희생이 되고 만 게 아닙니까? 그러니 어머니 잃고 아버지 잃고 남편도 없고 자식도 없이 일생토록 얼마나 불행하고 불쌍합니까?

지난 화요일 제13대 노태우 전 대통령이 공교롭게도 박정희 전 대통령과 같은 날인 10월 26일 89세를 일기로 하나님의 부르심을 받았습니다. 그는 전두환 전 대통령과 함께 1979년 12·12 쿠데타의 주역으로서 광주민주화운동의 진압에 이르기까지 많은 국민들의 비난을 받아왔습니다.

모든 대통령이 공과가 있듯이, 그가 잘한 것은 무엇보다도 1987년 6·29선언을 통해 그동안의 군사독재정치로부터 대통령 직선제의 길을 열었고, 러시아와 수교하는 등 북방외교를 시작했고, 범죄와의 전쟁을 통해 사회를 정화시켰고, 국민과의 대화를 시작한 대통령이었다는 것입니다.

더 나아가 그는 병석에서라도 아들 노제헌 변호사를 통해 수차례에 걸쳐 광주의 무고한 양민을 학살한 것에 대해 지난날을 사죄했습니다. 그러나 그의 가장 최고의 축복은 사랑하는 따님 노소영 집사님의 전도로 병상에서 불신앙의 죄를 회개하고, 세례에 순종하고, 하나님의 자녀가 된 것입니다. 그는 세상을 떠나기 전 "대한민국과 국민을 위해 봉사할 수 있어 참으로 영광스러웠습니다"라고 하면서 "나름대로 최선을 다했지만 그럼에도 부족한 점 및 과오들에 대해 깊은 용서를 바랍니다"라고 마지막 사죄의 유언을 남기고 영광스러운 천국의 영생에 이르게 되었으니 얼마나 멋진 인생의 마무리입니까?

그러므로 말세 마지막 때가 될수록 우리는 요한일서 4장 1절의 "사랑하는 자들아 영을 다 믿지 말고 오직 영들이 하나님께 속하였나 분별하라 많은 거짓 선지자가 세상에 나왔음이라"는 말씀을 경고 삼아서 우리 일생의 모든 것을 영적으로 분별하고 실천해야 합니다. 그리하여 복음에 근거하지 않은 세속주의, 인본주의, 기복주의, 신비주의를 다 물리치고 철저히 살아 계신 하나님만 믿고 의지해야 합니다.

그러기 위해서 제이슨 앨런, 제라드 윌슨, 제이슨 듀싱, 매튜 바렛,

오웬 스트라챈 목사님 등은 그들이 쓴 개신교 신앙의 토대가 되는 《종교개혁의 5가지 원리》이란 책에서 지난날의 '개혁자의 5대 신앙 정신(Five Solas)'을 본받아야 한다고 합니다.

첫째, 오직 성경(Sola Scriptura) 둘째, 오직 은혜(Sola Gratia) 셋째, 오직 믿음(Sola Fide) 넷째, 오직 그리스도(Solus Christus) 다섯째, 오직 하나님께 영광(Soli Deo Gloria)의 개혁신앙으로 우리가 평생토록 살아가야 합니다.

그리할 때 우리의 남은 여생을 시편 73편 28절의 "하나님께 가까이함이 내게 복이라 내가 주 여호와를 나의 피난처로 삼아 주의 모든 행적을 전파하리이다"는 말씀을 이루며 살아가게 될 것입니다. 그리함으로 우리는 말세 마지막 때 오직 살아 계신 하나님만 믿고 의지하는 개혁신앙으로 하나님께 영광 돌리는 복된 여생을 모두 다 살아가게 될 줄 확실히 믿으시기 바랍니다.

지난 목요일부터 금요일까지 순천과 여수로 당회원수련회를 다녀왔습니다. 그곳에 가서 순천 금당남부교회 고창주 목사님과 여수 성광교회 최종배 목사님의 많은 사랑을 받고 왔는데, 특별히 이번 수련회 기간 동안 있었던 10월 당회에서는 부족한 종을 대한예수교장로회 제107회 총회 부총회장 후보로 만장일치의 박수로 추대해 주었습니다. 사실 부족한 종은 지난 22년 동안 우리 치유하는교회의 목회와 치유상담대학원대학교의 강의와 국내외 치유성회를 인도하는 것만 해도 감사하고 감격하고 행복합니다.

그런데 20년 전 교회가 가장 어려울 때 한 장로님이 "목사님 같은 분이 총회장이 되어서 교회와 노회와 총회를 바로잡아야 한다"고 하시면서 "앞으로 목사님이 총회장님이 되시도록 최선을 다해 뒷받

침하겠다"고 처음으로 말씀하셨습니다. 그 말을 듣고 저는 그때 마음속으로 '지금 교회 문제도 해결 못해서 이렇게 힘든데 무슨 총회장이냐'는 생각이 들었지만 말씀만이라도 감사했습니다.

그 후 지금으로부터 15년 전 우리 교회의 문제를 도와주러 임시당회장으로 오셨던 하람교회 김성규 목사님이 우리 영등포노회에서도 증경총회장 방지일, 유의웅, 김동엽 목사님의 뒤를 이어 총회장이 나오게 해야 한다고 하시면서 치유하는교회 김의식 목사를 지금부터 길러야 한다고 말씀하시는데, 부족한 종을 사랑해 주시니 그저 감사한 마음뿐이었습니다. 그런데 5년 전에 증경총회장 목사님들이 저를 부르시더니, 다음번 서울 강남권역의 부총회장 후보로 부족한 종에게 지금부터 준비하라고 권면하셔서 그때부터 기도를 시작했습니다.

우리 교회는 부족한 종이 부임하기 2년 전부터 시작해서 부임한 후까지 10년에 이르도록 54건의 고소에 이르는 피눈물 나는 내분을 겪었습니다. 그러한 극심한 내분 속에서도 치유의 복음을 붙잡고 영혼의 죄악과 마음의 상처와 육신의 질병을 치유하기 위해서 제가 죽어서 한 알의 밀알이 되길 바라는 순교의 신앙으로 목숨을 걸고 치유목회를 하는 가운데, 극심한 안팎의 환난과 핍박 속에서도 하나님의 기적적인 은혜로 교회는 계속해서 배로 부흥하였습니다. 또한 2년여에 걸쳐 이렇게 아름답고 은혜로운 성전을 건축하고 새 성전에 입당 후, 지난 10년 동안 하나님의 은혜로 너무도 행복하게 목회할 수 있었습니다.

그런데 1년 10개월 전에 뜻하지도 않았던 코로나19가 이 땅에 확산되면서 우리는 또다시 안팎으로 큰 환난을 겪게 되었습니다. 정부는 비대면예배를 지시하였고, 총회나 한국교회도 비대면예배를 수용하게 되어서 대형교회들부터 솔선수범하여 비대면예배를 드리는 것을 보면서 가슴이 너무도 아팠습니다.

이런 비성경적인 비대면예배를 드리게 되면 교인들도, 주의 종들도, 한국교회도 영적으로 다 죽어갈 것이 눈앞에 훤한데, 무엇이 그렇게 두려워서 살아 계신 하나님께서 가장 기뻐 받으시는 예배를 인간의 편의에 따라 비대면예배로 바꿔치기를 한다는 말입니까?

그래서 우리 치유하는교회는 안팎의 극심한 핍박 속에서도 개혁신앙을 결단코 잊지 않고 오직 성경과 성령의 두 기둥을 붙잡고, 온갖 안팎의 비난 속에서도 끝까지 인내하면서 성전예배를 사수해 왔습니다.

지난 1년 10개월의 피눈물 나는 연단 속에서 다시 한번 깨닫게 된 것은, 이런 위기의 때에 총회의 결정이 너무도 중요하고 총회장의 결단이 그렇게 갈급할 수가 없었습니다. 그러는 가운데 하나님께서는 끝까지 하나님이 가장 기뻐하시는 예배를 사수한 우리 치유하는교회를 통해서 크신 뜻을 이루길 원하셨는지, 먼저는 황진웅 선임장로님을 전국장로회연합회 수석부회장으로 단독 입후보하게 하시고, 우리 치유하는교회 당회는 종교개혁주일을 사흘 앞두고 부족한 종을 한국교회의 장자교단이요, 최대 규모인 대한예수교장로회(통합) 총회의 제107회 부총회장 후보로 만장일치로 추대해 주셨습니다.

먼저는 하나님 아버지께 감사드리고, 모든 목사님들과 장로님들께도 감사드리고, 모든 성도님들께 진심으로 감사드립니다.

하나님 아버지께서 이렇게 우리 대한예수교장로회 총회와 전국장로회연합회의 수장이 한꺼번에 한 교회에서 나올 수 있는 기회를 주신 것은 155년 전 대동강변에서 로버트 토마스(Robert Thomas) 선교사님의 순교의 피가 뿌려진 이후 우리 한국교회 역사상 처음 있는 일입니다.

사실 지난날 우리 치유하는교회는 김학만 원로목사님이 24년 2개월 목회를 하시면서 200여 명의 성도들을 2,000명에 가까운 성도들이 출석하는 교회로 부흥시키시고 1992년 부총회장에 입후보하셨으나 안타깝게 실패하심으로 인해, 그 후 큰 시험을 겪었던 쓰라린 아픔이 있었습니다.

이번에야말로 '장작 위에 누워서 쓰디쓴 쓸개를 맛본다'는 뜻의 와신상담(臥薪嘗膽)이란 고사성어처럼, 목표를 이루기 위해 지난날의 어떠한 고난도 인내하여서 현실을 두려워하지 않기로 했습니다. 또한 하나님의 도우심을 구하고, 하나님만 믿고 의지하는 개혁신앙으로 총회와 한국교회를 새롭게 개혁하고 치유하고 부흥시켜야 할 치유목회의 뜨거운 사명을 가슴속 깊이 뜨겁게 느꼈습니다.

부족한 종이 20년 전 교회가 너무도 어려울 때 노회 재판국의 정치목사, 장로들에 의해 지시 불이행이라는 이유로 목사 면직을 판결받고 총회 재판국에 섰을 때, 바로 그때 사제직 면직을 당했던 개혁자 마틴 루터가 떠올랐습니다.

1529년 이단자로 보름스 의회에 소환되어 주위의 만류에도 불구하고 목숨을 걸고 "보름스에 모여 있는 마귀의 수가 그곳의 기왓장만큼 많을지라도 나는 갈 것입니다"라고 하면서, 그가 시편 46편 1절의 "하나님은 우리의 피난처시요 힘이시니 환난 중에 만날 큰 도움이시라"는 말씀에 근거해서 지은 찬송이 찬송가 585장 '내 주는 강한 성이요'입니다.

1. 내 주는 강한 성이요 방패와 병기 되시니
   큰 환난에서 우리를 구하여 내시리로다
   옛 원수 마귀는 이때도 힘을 써 모략과 권세로

무기를 삼으니 천하에 누가 당하랴
2. 내 힘만 의지할 때는 패할 수밖에 없도다
힘 있는 장수 나와서 날 대신하여 싸우네
이 장수 누군가 주 예수 그리스도 만군의 주로다
당할 자 누구랴 반드시 이기리로다
3. 이 땅에 마귀 들끓어 우리를 삼키려 하나
겁내지 말고 섰거라 진리로 이기리로다
친척과 재물과 명예와 생명을 다 빼앗긴데도
진리는 살아서 그 나라 영원하리라

보름스 의회에 섰던 개혁자 마틴 루터는 최후 진술에서 "저는 성경에 굴복하며 제 양심은 말씀 안에 사로잡혀 있으므로 그 어떤 것도 철회할 수 없고 그러고 싶지도 않습니다. 양심에 반하는 행동은 안전하지도, 건전하지도 않기 때문에 저도 어쩔 수가 없습니다. 제가 여기 서 있습니다!(Here I stand) 하나님이여, 저를 도와주소서!(God, Help me. Amen)"라고 외쳤습니다.

부족한 종도 "죽으면 죽으리라"는 심정으로 재판정에 서서 목회 생명이 끝이 날 인생 최악의 위기 상황 속에서 "하나님 아버지, 제가 죽어져서 하나님의 교회를 살릴 수 있다면 저를 면직시키시든지 차라리 불러가 주시옵소서!"라고 기도했던 순간이 지금도 잊히지 않습니다. 그런데 20년에 가까운 세월이 흐르고 저에게 무죄를 선고해 준 바로 그 총회를 개혁하고 치유하고 부흥하는 일에 나설 수 있다는 것이 얼마나 영광스럽고 축복되고 감격스러운지 모릅니다.

사랑하는 성도 여러분, 말세 마지막 때 이 개혁신앙의 십자가를 함께 나눠 지고 합심 합력하면서 이 거룩한 하나님의 부르심에 함께 나아가십시다. 그리할 때 지금은 주님 안에서의 우리의 작은 꿈이 비록 희미하게 보이고 앞이 캄캄하게 보이고 그 길이 멀고 험하게 보일지 모르지만, 언젠가는 우리의 개혁신앙의 결단이 옳았고, 그것을 하나님께서 바라셨고, 하나님께서 우리를 통해서 이루신 말세 마지막 때의 개혁신앙의 열매였음을 감사하고 감격할 날이 반드시 다가오게 될 줄 확실히 믿습니다.

다 함께 결단의 찬송으로 '나의 찬미'(My Tribute)를 함께 부르면서 믿음으로 결단하도록 하겠습니다.

어찌하여야 그 크신 은혜 갚으리
무슨 말로써 그 사랑 참 감사하리요
하늘의 천군 천사라도 나의 마음 모르리라
나 이제 새 소망이 있음은 주님의 은혜라
하나님께 영광 하나님께 영광
하나님께 영광 날 사랑하신 주
그 피로 날 구하사 죄에서 건지셨네
하나님께 영광 날 사랑하신 주
바치리라 모두 나의 일생을 주님께
세상 영광 명예도 갈보리로 돌려보내리
그 피로 날 구하사 죄에서 건지셨네
하나님께 영광 날 사랑하신 주

우리를 통해서 영광 받으시길 기뻐하시는 하나님 아버지, 말세 마지막 때 우리가 믿음으로 산다고 하면서도 점점 더 신앙이 세속화되고 인본주의가 되고 하나님의 말씀을 떠나 살 때가 얼마나 많았습니까? 그러나 우리의 남은 여생은 어떠한 현실도 두려워하지 않게 하여 주시옵소서! 하나님의 도우심만 구하게 하여 주시옵소서! 하나님만 믿고 의지하며 나아가게 하여 주시옵소서! 그리할 때 사탄을 이기고 세상을 이기며 육신을 이기는 말세 마지막 때 개혁신앙의 승리의 그날이 반드시 다가오게 될 줄 확실히 믿사옵고, 예수님의 이름으로 간절히 축복하며 기도하옵나이다. 아멘!

어두운 세상 속의 증거

사무엘상 29:1-11

우리는 세상 속에서 살아갑니다. 세상을 떠나서는 생존할 수가 없는데 우리가 이 어둡고 썩어가는 세상 속에서 어떠한 증거를 남기느냐에 따라 우리의 일생이 좌우됩니다. 그런데 오늘 본문에 나오는 다윗은 이방 땅의 불신 세상 속에서도 믿음의 사람으로서 결코 세속화되지 않았습니다. 그가 어떠한 증거를 나누었는가를 보면서, 우리도 남은 여생 어두운 세상 속에서 어떠한 증거를 나누며 살 것인지, 이 시간도 하나님의 음성을 다 함께 들을 수 있길 바랍니다.

자신에 대해서 허물이 없음을 증거해야 함

먼저 본문 3절 말씀을 다 함께 읽겠습니다.

"블레셋 사람들의 방백들이 이르되 이 히브리 사람들이 무엇을 하려느냐 하니 아기스가 블레셋 사람들의 방백들에게 이르되 이는 이스라엘 왕 사울의 신하 다윗이 아니냐 그가 나와 함께 있은 지 여러 날 여러 해로되 그가 망명하여 온 날부터 오늘까지 내가 그의 허물을 보지 못하였노라."

당시 블레셋은 가사(Gaza), 아스글론(Ashkelon), 아스돗(Ashdod), 가드(Gath), 에글론(Ekron)이라는 다섯 개의 도시국가로 이루어져 있었는데, 각 도시국가마다 왕이 있었습니다. 블레셋 연합군은 수넴에서 서쪽으로 약 52km 떨어진 아벡(Aphek)에 집결해서 수넴에 진을 쳤다가(삼상 28:4) 이스르엘에 있는 샘 곁에 진을 쳤습니다. 이 샘은 이스르엘 평야의 동남쪽 약 3km 지점의 길보아 산 북쪽 기슭의 하롯 샘을 지칭하는 것으로서 '골리앗의 샘'이라고 불리었습니다.

이때 블레셋의 수령, 즉 지도자(ruler)들은 수백 명 또는 수천 명의 군대를 조직하여 인솔하여 나갔고, 다윗은 가드의 아기스 왕의 경호대장(삼상 28:2)이므로 아기스 왕과 함께 나갔습니다. 그런데 블레셋 군의 방백, 즉 지휘관(commander)들이 아기스 왕에게 "이 히브리 사람들이 무엇을 하려느냐?"고 물으니까, 아기스 왕이 블레셋 군의 지휘관들에게 "이는 이스라엘 왕 사울의 신하 다윗이 아니냐? 그가 나와 함께 있은 지 여러 날, 여러 해로되 그가 망명하여 온 날부터 오늘까지 내가 그의 허물을 보지 못하였노라"고 증언합니다.

다시 말하면 다윗은 블레셋 사람들에게 지금까지 자신에 대해서 허물을 보이지 않았음을 증거했습니다. 사실 우리 가운데 허물 없는 사람은 없는데 다윗이 블레셋 사람들에게 자신의 허물을 보이지 않았다는 것은 그가 얼마나 경건한 신앙의 사람인가를 증거해 보인 것입니다.

우리도 허물이 없이 살아야 하는데 그렇지 못할 때가 너무도 많습니다. 어제 새벽기도회를 마치고 존경하는 한 목사님께서 사진 한 장을 보내왔는데, 목욕탕 입구에 걸린 간판 사진으로 거기에 이렇게 적혀 있었습니다. "다 때가 있다." 그리고 이어서 목사님께서 "오늘은 좋은 예비일, 내일은 복된 성일 되세요! 모든 것이 다 때가 있습니다! 샬롬!"이라고 적으셨습니다. 그때가 그때입니까? 그런데 제 마음속에 '그래, 우리 모두에게는 다 때가 있다!'라는 감동이 크게 와 닿았습니다.

그렇습니다. 우리는 인간이기 때문에 살아가면서 말이나 행동에 많은 허물을 보이면서 살아갑니다. 바로 그 허물 때문에 주위 사람들로부터 많은 비난도 받고 고통도 당하는데, 그 근본적인 이유가 무엇인지 아십니까? 우리가 날마다 순간마다 성령님으로 충만하지 않기 때문입니다. 우리가 성령님으로 충만해지면 우리의 육신적이고 인간적이고 세상적인 것들이 다 사라지고 우리의 생각하는 것이나 말하는 것이나 행하는 것이 다 주님의 뜻을 이루고 허물을 보일 수가 없습니다.

그러므로 우리가 허물을 없앨 수 있는 방법은 매일 우리 자신에 대해서 날마다 순간마다 성령님으로 충만하기 위해서 끊임없이 말씀과 기도의 경건 훈련을 쌓아가는 것입니다. 그리할 때 우리의 허물을 줄이는 경건한 삶의 증거를 보일 수 있습니다.

육신의 건강을 위해서도 음식과 운동과 휴식의 균형을 이루어야 하는데, 지난 주일(7일) 미국의 유튜버 겸 바디빌더인 그렉 듀셋이 가수 김종국 씨가 불법 약물로 근육을 키운 로이더라는 의혹을 제기하며 이에 100만 달러를 걸겠다고 했습니다. 그러자 지난 화요일 김종국 씨는 약물복용에 대한 도핑검사를 받겠다고 해서 연예가를 떠들썩하게 했습니다.

이처럼 우리는 외적인 신체 단련과 근육질이나 미모에 너무도 큰 관심이 많습니다. 저도 죽기 전에 하고 싶은 버킷 리스트(bucket list)로서 사실 금년 11월부터 건강을 위해서 헬스를 해서 내년 열린음악회에서는 우리 교우들에게 초콜릿 복근을 만들어 보여주려고 했습니다. 그런데 요즘 부총회장 선거운동으로 바쁘다 보니까 도저히 시간을 내기가 힘들어 못하는데, 은퇴 전에는 꼭 하려고 합니다. 성공하면 그때 보여드리겠습니다. 그래도 저는 생활운동으로 매일 새벽기도회 후 푸시업은 100회, 계단 오르기를 계속해 오고 있습니다.

그런데 우리는 육신의 초콜릿 복근에 대해서는 열광하면서도 왜 영혼의 다이아몬드 복근에 대해서는 관심이 없습니까? 우리도 지난날 은혜받은 것으로 만족하지 말고, 우리의 영적 건강을 위해서도 매일 경건의 시간을 갖고 영적인 양식과 영적인 운동과 영적인 휴식의 경건 훈련을 쌓아야 합니다.

이에 디모데전서 4장 7-8절에서도 "망령되고 허탄한 신화를 버리고 경건에 이르도록 네 자신을 연단하라 육체의 연단은 약간의 유익이 있으나 경건은 범사에 유익하니 금생과 내생에 약속이 있느니라"고 강조했습니다. 헛된 신앙이나 신학의 논쟁을 다 버리고 주님의 형상을 본받아 경건에 이르도록 경건의 훈련을 받으라는 것입니다.

헬스를 하다가 안 하면 근육질이 다 살로 덮여버려 금방 살로우만(?) 배둘레햄(?) 뱃살공주(?)가 되어버립니다. 그래서 육체의 연단도 약간의 유익이 있지만 경건은 범사에 유익하니 이 세상과 저 세상에 가서도 축복의 약속이 있기에 목사든 장로든 권사든 집사든 간에 매일 말씀과 기도의 경건 훈련을 해야 합니다. 그것도 형식적이고 습관적인 새벽기도회나 경건의 시간이 아니라 날마다 말씀 앞에서 깨어지고 기도로 부르짖으며 영적으로 살아나는 경건 훈련을 해야 합니다.

그리할 때 성령님으로 충만해지고 자연스럽게 옛사람을 벗어버리고 새 사람을 입게 되고, 우리의 지난날의 어떠한 허물도 사라지고 변화된 삶을 살아가게 되는 것입니다. 그렇지 않으면 신앙생활을 한다고 하면서도 우리의 허물이 드러나고 마는 것은 어느 누구도 예외가 없습니다.

요즘 인터넷 매체를 통해 소식을 접했는지 모르겠습니다만, 팝페라 가수 최성봉은 3살 때 부모님에게서 버림을 받고 고아원에서 2년간 살다가 만 5살 때 고아원에서 도망쳐 나와서 14살까지 거리의 아이로 외롭게 성장했습니다. 그런데 박정소 형제의 전도로 교회에 나가 성악을 배우게 되고, 검정고시를 통해서 대전예술고등학교를 졸업했는데 대학에 진학할 등록금이 없어 포기했습니다.

그러다가 박정소 형제의 소개로 2011년 코리아 갓 탤런트 시즌 1에 출전하여서 기적적으로 준우승을 차지하며 가요계에 데뷔를 했습니다. 이때 많은 사람들의 동정과 사랑을 받으면서 인기를 한 몸에 받으며 유명해졌습니다.

그런데 코로나19로 활동이 뜸해서 그랬는지 거짓의 시험에 빠져서 지난 5월 건강검진을 통해 대장암 3기와 전립선암, 갑상선 저하증 및 갑상선암 등을 진단받았다고 밝히면서 거액의 빚을 지고 있지만 첫 앨범을 만들고 싶다며 10억 원의 크라우드 펀딩을 진행했습니다.

그런데 한 기자 출신 유튜버에 의해서 그의 거짓 암 투병의 의혹이 제기되고, 그가 암 진단서로 공개한 것이 다 허위진단서임이 밝혀졌으며, 그동안 모은 억대 후원금을 유흥비로 사용했다고 주장해 큰 파문이 일었습니다.

가장 충격적인 사실은 그가 크리스천으로 알려졌는데, 이처럼 거짓 파문에 휩쓸린 것이 너무도 가슴이 아팠습니다. 결국 그는 최근에 지금까지 받은 후원금을 갚기 위해서 지방의 식당에서 설거지를 하면서 빚을 갚고자 한다고 하니, 얼마나 어리석고 불행한 삶을 살고 있습니까?

여러분, 왜 우리에게 이러한 거짓의 허물이 드러납니까? 우리가 예수님을 믿어도 주일 낮예배 한 번 드리는 것만으로는 영적인 충만을 다 얻을 수가 없습니다. 여러분, 한 주에 한 끼니만 먹고 살 수 있습니까? 영적인 성장과 충만을 위해서는 매일의 경건 훈련이 절대적으로 필요합니다. 우리가 날마다 새벽기도회나 주님과 나만의 시간을 정해놓고 말씀과 기도의 경건 훈련을 하게 되면, 지난날의 허물도 다 용서를 받고 신앙과 인격과 삶에 변화가 일어납니다.

그런데 지난날 우리의 영·혼·육에 변화가 없고 우리의 허물이 자꾸 드러나는 것은 경건 훈련에 무언가 문제가 있는 것입니다. 그것을 찾아내고 돌이켜 변화된 삶을 살아야 우리가 진정으로 주님의 풍성한 은혜와 축복과 행복의 감격을 누릴 수 있습니다.

지난 화요일 강서교경협의회 임원수련회에 가서 들은 이야기입니다.

한 집사님 내외가 사업을 하다 크게 부도가 나서 푸드트럭이라도 구해서 재기를 하려고 중고 푸드트럭을 샀는데, 하필이면 번호판 넘버가 1809더랍니다. 아무렇지 않게 지나칠 수도 있는데 남편 집사님이 시험에 들려고 하니까 "세상에 '십팔 빵구'가 뭐야? 이래서는 사업은 하나 마나 망한다"고 낙심했습니다.

그러자 부인 집사님이 금식하면서 다시 기도를 시작했습니다. "하나님 아버지, 하필이면 차 번호를 '십팔 빵구'를 주셔가지고 남편이 저렇게 시험에 들어 낙심하고 있는데 어떡하면 좋아요?" 하고 간절히 기도했더니 주님의 응답이 곧바로 왔습니다. "'십팔 빵구'가 무슨 소리냐? '하나라도 더 팔아서 영혼을 구원하라!'는 말이 아니냐?" 그 응답에 여 집사님이 당장 남편에게 가서 이 말씀을 전했더니, 남편이 힘을 내어서 열심히 장사하면서 영혼을 구원하다가 하나님의 축복도 많이 받고 장로, 권사까지 되어서 하나님 아버지께 크게 영광을 돌리며 복되게 사셨다는 것입니다.

그러므로 우리 영성의 근본인 매일의 말씀과 기도 생활이 흔들리거나 약해져선 안 됩니다. 평소에 경건 시간을 충분히 못 가져서 성령 충만한 삶을 살지 못했다면 추수감사주일 해피데이축제를 앞두고, 내일부터 시작되는 특별새벽기도회에 나와서 우리 자신을 위해, 우리 가정을 위해, 우리 주위의 죽어가는 영혼들을 위해 간절히 합심해서 부르짖음으로 하나님의 기적의 응답을 체험할 수 있길 바랍니다.

이처럼 우리가 말씀과 기도의 경건 훈련을 바로 하면 자연스럽게 경건의 삶을 살아가게 되고, 자신의 삶 가운데 허물이 점점 사라지고 자연스럽게 예수님을 본받아 성화(sanctification)의 삶을 살아가게 됩니다. 그래서 자신에 대해서 허물이 없음을 스스로 증거함으로 일생토록 사랑받고 존경받는 삶을 살아가게 될 줄 분명히 믿으시기 바랍니다.

이웃에 대해서도 악이 없음을 증거해야 함

계속해서 본문 6-7절 말씀을 다 함께 읽겠습니다.

> "아기스가 다윗을 불러 그에게 이르되 여호와께서 살아 계심을 두고 맹세하노니 네가 정직하여 내게 온 날부터 오늘까지 네게 악이 있음을 보지 못하였으니 나와 함께 진중에 출입하는 것이 내 생각에는 좋으나 수령들이 너를 좋아하지 아니하니 그러므로 이제 너는 평안히 돌아가서 블레셋 사람들의 수령들에게 거슬러 보이게 하지 말라 하니라."

아기스 왕의 다윗에 대한 증거에도 블레셋 군의 방백, 즉 지휘관들이 반발하고 분노하며 아기스 왕에게 "이 사람을 돌려보내어 왕이 그에게 정하신 그 처소로 가게 하소서 그는 우리와 함께 싸움에 내려가지 못하리니 그가 전장에서 우리의 대적이 될까 하나이다 그가 무엇으로 그 주인인 사울 왕과 다시 화합하리이까? 이 블레셋 사람들의 머리를 베야 하지 아니하겠나이까?"(4절)라고 합니다.

또 그가 사울 왕과 한 편이 되어 자기들을 역공격할 수 있다고 의심하면서 "다윗이 골리앗을 죽였을 때 이스라엘의 여인들이 '사울이 죽인 자는 수천 명이요 다윗이 죽인 자는 수만 명이요'라고 찬양했던(삼상 18:7) 다윗이 아닙니까?" 하고 다윗의 저력에 대해서 두려움에 빠졌습니다(4-5절).

그러자 아기스 왕이 다윗을 불러서 "여호와께서 살아 계심을 두고 맹세하노니 네가 정직하여 내게 온 날부터 오늘까지 네게 악이 있음을 보지 못하였으니 나와 함께 진중에 출입하는 것이 내 생각에는 좋으나 수령, 즉 지도자들이 너를 좋아하지 아니하니 그러므로 이제 너는 평안히 돌아가서 블레셋 사람들의 지도자들에게 거슬러 보이게 하지 말라"고 권면합니다. 우리가 여기 분명히 확인할 수 있는 것은 다윗이 주위 블레셋 사람들에게 악을 행한 적이 없음을 아기스 왕이 증거한 것입니다.

우리가 자신에 대해 혼자 있을 때도 허물이 없는 경건의 삶을 증거해야 하지만, 가정에서나 교회에서나 직장에서나 이웃들에게도 악이 없음도 증거할 수 있어야 합니다. 그런데 다른 사람과의 관계에서 사탄이 역사해서 악이 앞서면, 우리 자신의 마음부터 평안하지 못하고 안색이 변하고 목소리가 흥분되고, 주위 사람들에게 주님의 사랑보다도 자신의 감정이 앞서서 자신이 잘못하고 있음에도 깨닫지 못하고 끝까지 파멸의 길로 치닫고 맙니다.

결과적으로 자아가 살아있어서 자신의 감정이나 이익이나 인간관계 때문에 주위 사람들과의 모든 관계를 다 무너뜨리고, 심지어는 갖가지 비방과 험담으로 상처를 받게 해서 교회를 떠나게 만들고 결국 사탄의 도구로 쓰임 받고 맙니다. 그러할 때 우리가 평생 목사, 장로, 권사, 집사를 했어도 그 신앙생활이 다 무너지고 마는 것입니다.

이때 다른 길이 없습니다. 우리의 자아의 감정이 앞서고 혈기에 사로잡히고 악이 터져 나올 때 그 순간에 두 마디만 외치라고 했는데 그게 뭡니까? "주여! 주여!" "주여! 주여!" 하고 부르짖을 때 그때 바로 주님을 바라보게 되고, 주님 앞에 상처의 감정을 다 쏟아놓게 되고, 주님의 도우심을 간구하게 되고, 주님의 치유와 회복을 분명히 체험하게 됩니다.

그런데 그렇게 가르쳐 줘도 안 되는 이유가 무엇입니까?

여러분, 치유동산이나 부부행복동산이나 아버지학교나 어머니학교를 수료했다고 다 치유 받는 것이 아닙니다. 사실 거기서는 치유의 체험을 통해서 앞으로 평생토록 어떻게 치유 받으며 살 것인가를 가르쳐 줍니다.

그런데 우리가 이 치유의 은혜를 바로 깨닫지 못하고 날마다 순간마다 사탄에게 속아 넘어가서야 되겠습니까? 그러므로 우리가 날마다 순간마다 주님의 십자가에서 주님으로부터 치유 받을 때에, 그때 비로소 우리는 이웃에 대해서 악이 없이 복음의 통로로 온전히 쓰임 받을 수 있는 것입니다.

'국민 아버지' 배우 송재호 장로님이 지난해 11월 7일 83세를 일기로 세상을 떠난 지 1년이 지났습니다. 북한 평양 출신인 송 장로님은 1959년 KBS 부산방송국 성우로 데뷔해서 연기에 전념하기 위해 서울로 상경했습니다. 1964년 영화 〈학사주점〉으로 연기에 입문했고, 그 후 1968년 KBS 특채 탤런트로 선발되어 본격적으로 연기자의 길을 걸었습니다.

이후 장로님은 50여 년간 200여 편이 넘는 작품에 출연했는데, 대표작은 드라마 〈보통사람들〉, 〈열풍〉, 〈부모님 전상서〉 등과 영화 〈그대를 사랑합니다〉 등이 있습니다. 특히 장로님은 돌아가시기 전까지 영화 〈자전차왕 엄복동〉, 〈질투의 역사〉, 〈동네의 영웅〉, 〈영자의 전성시대〉 등 여러 영화에 출연하며 활발한 연기 활동을 펼쳤습니다.

장로님은 연기뿐만 아니라 사회 문제에 관심을 기울이고 목소리를 냈는데, 환경과 어린이에 관심이 많았기에 1999년에는 99하남국제환경박람회 조직위원회 홍보위원으로 활동했고, 야생생물관리협회장을 역임하기도 했습니다.

문화재 사랑 어린이 창작동요제 홍보대사도 지냈고, 2007년 홀트아동복지회 홍보대사로 위촉되어서 세상을 떠나시기 전까지 다양한 사회복지 활동에 참여해서, 연기를 넘어 주위 이웃에게 선한 영향력을 보여줬던 장로님이었기에 정치계에서도 애도를 표했습니다.

당시 이낙연 국무총리는 "2012년 밀린 출연료 지급을 촉구하는 촬영 거부 투쟁을 벌이며 '나는 생계 걱정을 안 하지만 이 돈을 받아야 생활할 수 있는 후배 연기자들을 위한 것'이라고 했다"라며 "야생생물관리협회장, 환경박람회, 홀트아동복지회 홍보대사, 문화재 사랑 어린이 창작동요제 홍보대사를 지내며 환경, 아동 문제 등에도 남다른 관심과 애정을 보였다. 참 따뜻한 배우였다. 많이 그리울 것이며, 고인의 명복을 빈다"고 슬퍼했습니다.

그는 떠나갔지만 정부는 그의 공로를 잊지 않고 1년 뒤인 금년에 대한민국 대중문화예술상 문화훈장을 그의 아들이 대신해서 수상케 했습니다.

여러분, 우리의 일생을 지금 다 평가할 수가 없지만, 일생을 다 산 후에 그가 얼마나 이웃에게 영적인 감화를 끼치는 삶을 살았는가는 장례식 때 결정이 납니다. 첫째는, 얼마나 많은 사람들이 찾아와 슬퍼하는가를 보면 알고 둘째는, 주의 종이 얼마나 눈물로 설교하며 애도하는가를 보면 알고 셋째는, 그가 떠나간 후에도 교인들이나 주위 사람들이 얼마나 그분을 못 잊는가를 보면 알 수 있고 마지막으로, 주의 종들이 못 잊어 하고 어디 가서나 두고두고 말씀 가운데 간증할 수 있을 때, 그가 얼마나 이웃들에게 감동적인 생애를 살았는가를 알 수 있습니다.

우리 대한예수교장로회 제106회 총회가 주제를 "교회를 새롭게,

세상을 이롭게"로 정하고 《공적 복음과 공공신학》이란 책을 펴냈습니다. 이제는 우리가 믿던 사적 복음에서 공적 복음으로 확장된 신앙생활을 해 나가야 하고, 개인을 위한 신앙생활에서 이웃을 위한 신앙생활로 성숙해야 한다는 것입니다.

그러나 이미 4년 전 제102회 총회에서 최기학 총회장님이 '마을목회'를 외치면서 교회가 이웃에게 복음을 실천하면서 이웃과 더불어 복음으로 살아가야 한다고 강조하셨습니다. 그래서 마태복음 5장 13-15절에 "너희는 세상의 소금이니 소금이 만일 그 맛을 잃으면 무엇으로 짜게 하리요 후에는 아무 쓸데 없어 다만 밖에 버려져 사람에게 밟힐 뿐이니라 너희는 세상의 빛이라 산 위에 있는 동네가 숨겨지지 못할 것이요 사람이 등불을 켜서 말(bowl, 그릇) 아래에 두지 아니하고 등경(stand, 받침대) 위에 두나니 이러므로 집안 모든 사람에게 비치느니라"고 분명히 강조하시지 않습니까?

그래서 우리 치유하는교회도 매주 화요일 늘푸른실버대학부터 시작해서 화곡어르신복지센터와 연지어르신복지센터를 운영하고, 매년 5월 열린음악회와 사랑나눔축제 등을 통해서 다양한 지역사회 봉사를 하고 있습니다.

또한 부활주일 새생명초청축제, 추수감사주일 해피데이축제를 갖는 것도 다 우리 주위의 죽어가는 온 천하보다 귀한 영혼을 살리고자 하는 것입니다. 그래서 지난 금요일 저녁에도 전국교회학교 교사대회에 가서도 강조했습니다만, 우리가 코로나19의 극심한 위험 속에서도 성전예배를 사수해야 하고, 더 나아가 매년 새생명초청축제와 해피데이축제를 강행하는 이유가 바로 여기에 있습니다.

그러므로 우리의 남은 여생은, 평생을 복음 전도자로 사셨고 마지막 십자가에서까지 "다 이루었다"고 복음의 완성을 외치신 예수님의 모범을 따라서, 우리의 사랑하는 부모나 형제나 자녀들이나 이웃들에게 이 세상에서 가장 소중한 복음을 증거하여 교회나 교회 학교마다 부흥하는 감동적인 생애를 살아가야 합니다.

특별히 다음 주일 금년 추수감사주일 해피데이축제에는 1부 예배에는 아이돌그룹 나인뮤지스의 세라 자매, 2, 3부 예배에는 미스터트롯의 류지광 형제, 4부 예배에는 불후의 명곡의 몽니의 김신의 형제가 와서 그들의 감동적인 신앙의 간증과 찬양을 들려줄 것입니다.

이러한 추수감사주일 해피데이축제에 이번이 우리 생애 마지막 기회라는 심정으로 어떻게 해서든지 우리의 사랑하는 부모, 형제, 자녀, 손주, 친척, 친구, 이웃들까지 초대해서 온 천하보다 귀한 그들의 영혼을 구할 수 있어야 합니다.

그리할 때 우리는 사랑하는 이웃들에게 생애 최고의 선물인 영생을 전할 뿐만 아니라, 우리의 감동적인 사랑의 섬김의 삶을 통해서 우리가 이웃들에게 악이 없음을 증거할 수 있는 절호의 기회가 될 줄 확실히 믿습니다.

하나님 앞에서도 선함을 증거해야 함

마지막으로, 본문 9절 말씀을 다 함께 읽겠습니다.

> "아기스가 다윗에게 대답하여 이르되 네가 내 목전에 하나님의 전령 같이 선한 것을 내가 아나 블레셋 사람들의 방백들은 말하기를 그가 우리와 함께 전장에 올라가지 못하리라 하니."

블레셋의 아기스 왕이 다윗에게 시글락으로 평안히 돌아가서 블레셋 지휘관들의 뜻을 거역하지 말라고 부탁을 하니까, 다윗은 아기스 왕의 부탁까지 받아가면서 사울 왕과의 전쟁을 하는 난처한 입장에 처하는 어려움을 피할 수 있었습니다. 더욱이 바로 그때 시글락에 있던 다윗과 부하들의 가족들이 아말렉의 침략을 받아 납치된 상태였으므로 그들을 구할 수 있는 절호의 기회까지 되었습니다(삼상 30:1-20).

이것은 하나님의 놀라우신 섭리요, 계획이었던 것입니다. 그런데 이것이 가능할 수 있었던 것이 다음에 이어지는 다윗과 아기스 왕 사이의 대화 가운데 나옵니다. 다윗은 마음속으로 사울 왕과 싸우지 않게 되어 감사했지만, 너무 기뻐하면 아기스 왕에게 의심을 살 수 있기 때문에 이렇게 묻습니다. "내가 무슨 일을 하였습니까? 내가 당신 앞에 오늘까지 있는 동안에 당신이 종에게서 무엇을 보셨기에 내가 가서 내 주 왕의 원수인 사울 왕과 싸우지 못하게 하시나이까?"

그러자 아기스 왕이 "네가 내 목전에 하나님의 전령(angel, 천사)같이 선한 것을 내가 알지만, 블레셋 군의 지휘관들이 함께 전장에 올라가지 못한다고 하여 그런 것이니 너는 내일 새벽에 네 부하들과 함께 떠나라"고 말합니다. 그래서 다윗은 그동안 큰 신세를 입었던 블레셋 아기스 왕과 은혜롭게 작별을 하고 떠나가게 됩니다.

우리가 사람들 앞에서 신실함을 보이는 것도 중요하지만, 궁극적으로 하나님 앞에서 선함을 인정받는 것이 가장 중요한 일인데, 마지막 하나님의 심판의 날이 점점 다가오기 때문입니다. 그래서 지난날 장 칼뱅(John Calvin)을 비롯한 개혁자들의 신앙이 '코람데오'

(Coram Deo, In the Presence of God), 즉 '하나님 앞에서의 신앙'(神前神仰, 신전신앙)이었던 것입니다.

우리도 하나님 앞에서의 신앙으로 살아갈 때, 죽은 이후뿐만 아니라 이 땅에 살아있는 동안에도 선악 간에 다 심판을 받게 됩니다. 그래서 갈라디아서 6장 7절에 "스스로 속이지 말라 하나님은 업신여김을 받지 아니하시나니 사람이 무엇으로 심든지 그대로 거두리라"고 분명히 증거하지 않습니까?

그런데도 우리가 생각할 때는 하나님은 살아 계시지 않는 것 같고, 우리의 기도를 듣지 않으시는 것 같고, 우리를 더 이상 사랑하시지 않고 우리를 외면하셔서 불의한 자들은 심판하지 않으시고 믿음으로 살려고 하는 우리만 고난을 당하는 것 같습니다.

하지만 그것은 살아 계신 하나님을 믿지 못하고, 하나님의 깊으신 뜻을 깨닫지 못하고, 인내하지 못하고 기다리지 못하는 육신적인 주의 종들이나 교인들의 푸념에 불과합니다. 부족한 종도 지난 22년 동안 치유하는교회의 목회를 해오면서 불의한 자들에 의해 고소를 56건이나 당했습니다. 그뿐만 아니라 이단으로까지 정죄를 당하고 목사 면직을 당하면서까지 교회 안에서뿐만 아니라 인터넷에까지 온갖 험담과 비방으로 도배를 해버렸으니, 어떻게 고개를 들고 세상에 돌아다닐 수 있었겠습니까?

그러나 아무리 목회가 어렵고 힘들고 죽음이 눈앞을 가려도 주님만 바라보고 주님만 의지하고 주님께서 나의 모든 것을 주관하심을 확신하면서 매일 새벽마다 "주님, 다 아시지요? 주님만 믿습니다! 주님께서 응답 주실 때까지 끝까지 인내하며 기다리겠습니다!" 하고 인내하며 지난 22년을 기다렸습니다.

그랬더니 제가 할 수 있는 것은 아무것도 없었지만 주님께서 분명히 살아 계셔서 오늘까지 부족한 종을 불쌍히 여겨주시고 살려주셨을 뿐만 아니라 복을 주시고 귀하게 쓰시고 기뻐 받아 주신 것입니다.

그러므로 우리가 언제 세상을 떠날지 아무도 알지 못하지만 우리의 신앙생활의 결론은 세상 끝날까지 십자가의 주님을 바라보고 하나님의 말씀을 붙잡고 부르짖으며 기도하면서 주님 주시는 믿음으로 살아가는 것입니다. 그리할 때 하나님 앞에서도 선함을 증거하는 아름답고 복된 여생을 살아가게 될 줄 확실히 믿으시기 바랍니다.

최근에 《깨어진 그릇》이란 책으로 유명해진 김태훈 선교사님은 서울대 의대 1학년 시절 복음을 깊이 깨닫고, 예수님을 구주로 영접하고 예배팀 리더로 헌신하며 예배를 준비하였습니다. 그러던 어느 날 주님께서 "네가 내가 원하는 곳에 갈 수 있느냐?"고 물으셔서 "하나님이 함께하시면 어디든 갈 수 있습니다"라고 대답했다고 합니다.

그래서 선교사로 부르심을 받고 선교의 비전을 키워오던 중 의대를 졸업하고 서울대병원 외과에서 간담췌외과 임상강사와 서울 아산병원 소아외과에서 촉탁 임상교수를 했습니다. 그런데 남은 인생을 헌신하는 것보다 가장 좋은 시간을 하나님께 바치고자 하나님의 부르심에 순종해서 수억대 연봉과 장래가 보장된 외과의사 자리도 다 내려놓았는데, 7~8개 대학병원에서 교수 제안이 오더랍니다.

처음엔 오지인 아프리카의 에티오피아로 전문인 자비량 선교사로 떠났는데, 우리의 인생이 아무리 선한 하나님의 뜻을 따라 살아가도 뜻하지 않는 고난을 당할 때가 얼마나 많습니까? 그에게도 여지없이 고난이 닥쳐왔는데, 그가 의료선교를 떠난 그다음 해에 말라리아에 심하게 걸렸다가 가까스로 살아났는데, 이어서 2014년 파킨슨 병에 걸리고 말았습니다. 그래서 온몸이 굳어지기 시작하는데, 걸음걸이도 불편하고 발등이 심하게 아파서 걷기조차 힘들어지고 말았습니다.

가장 가슴 아픈 것은 수술칼을 잡아야 하는 외과의사로서 손의 떨림은 사망선고나 다름이 없었으니, 그래서야 어떻게 의료선교를 할 수 있겠습니까? 이렇게 파킨슨병을 진단받고 나서 큰 낙심 가운데 빠지게 되었습니다. 이처럼 선교지에서 6년째 몸도 불편하고, 정작 하는 일도 별로 없어서 너무도 낙심이 되어 있었습니다.

그런데 시편 31편 12절의 '깨진 그릇'이 떠올라서 주님께 이렇게 기도했습니다. "주님, 저는 깨어진 그릇이에요. 이젠 별로 쓸 데가 없는 버려질 그릇이에요. 어떡하면 좋아요?" 하고 낙심과 좌절에 빠져서 눈물 흘리며 기도하는데, 그때 주님의 음성이 들려오더랍니다. "나는 네가 온전해서 택한 것이 아니라 너의 깨어짐 때문에 너를 택했단다!"라는 음성을 듣고 나서 그동안 가슴속 깊이 견딜 수 없었던 낙심이 한순간에 다 사라져버렸습니다. 그래서 주님의 사랑에 감격하면서 한없이 울었다고 합니다.

그리고 이제는 더 이상 절망과 슬픔의 눈물이 아니라 나같이 쓸모없는 병자까지도 하나님의 복음을 위해서 택하시고 쓰임 받을 수 있다는 사실에 너무도 감사하고 감격하면서 "주님께서 생명을 허락하실 때까지 죽도록 충성을 다하겠습니다!"라고 고백하고 나니 감격의 눈물이 한없이 흘러내리더랍니다.

그리고 세상이 무너져 내리는 듯한 인생의 위기는 한때 지나가는 소나기에 불과한 것이었음을 깨닫고, 삶의 어떠한 위기와 고난 속에서도 오직 하나님의 부르심을 따라 말씀으로 이겨내는 것이 자신이 깨뜨릴 옥합임을 깨달았습니다.

그리하여 지금까지 걸어왔던 길을 계속해서 가기로 결심하고, 에

티오피아뿐만 아니라 아프리카의 다른 4~5개 나라에까지 선교영역을 넓혀서 의료선교를 해왔습니다. 그의 수고가 주님 안에서 결코 헛되지 않아서 그는 비록 육신적으로는 깨어진 그릇이지만, 고국에서까지 간절히 기도하며 후원하는 교회들이 늘어갔습니다. 또한 아프리카 사람들의 사랑과 존경을 한 몸에 받으면서 지금까지 주님께 귀하게 쓰임 받고 있다는 것입니다.

사랑하는 성도 여러분, 비록 우리가 부족하고 연약해도 우리 여생이 자신에 대해서 허물이 없음을 증거하고, 이웃에 대해서도 악이 없음을 증거하고, 하나님 앞에서도 선함을 증거하며 살아갈 수 있다면 언젠가는 주위의 오해도, 비난도, 험담도 다 풀릴 것입니다. 오히려 하나님 나라를 위하여 귀하게 쓰임 받으면서 어두운 세상 가운데서 이보다 더 의미 있고 보람되고 복된 인생이 없는 줄 확실히 믿습니다.

다 함께 결단의 찬송으로 '십자가 그 사랑 멀리 떠나서'를 함께 부르면서 믿음으로 결단하도록 하겠습니다.

1. 십자가 그 사랑 멀리 떠나서
무너진 나의 삶 속에 잊혀진 주 은혜
돌 같은 내 마음 어루만지사
다시 일으켜 세우신 주를 사랑합니다
2. 지나간 일들을 기억하지 않고
이전에 행한 모든 일 생각지 않으리
사막에 강물과 길을 내시는 주
내 안에 새 일 행하실 주만 바라봅니다
후렴) 주 나를(너를, 우릴) 보호하시고 날(널, 우릴) 붙드시리

나는(너는, 우린) 보배롭고 존귀한 주님의 자녀라
주 나를(너를, 우릴) 보호하시고 날(널, 우릴) 붙드시리
나는(너는, 우린) 보배롭고 존귀한 주의 자녀라

우리를 통해서 역사하시는 하나님 아버지, 주님께서 다시 오실 날이 너무도 임박한 어둡고 썩어가는 세상 속에 우리가 살아가고 있습니다. 그러나 고통스럽고 절망적인 여러 상황 속에서도 자신에 대해서 허물이 없음을 증거하게 하여 주시옵소서! 이웃에 대해서도 악이 없음을 증거하게 하여 주시옵소서! 하나님 앞에서도 선함을 증거하게 하여 주시옵소서! 그리할 때 우리가 어둡고 썩어가는 세상에서도 의미 있고 보람되게 복된 여생을 살게 될 줄 믿사옵고, 예수님의 이름으로 간절히 축복하며 기도하옵나이다. 아멘!

인생의 복된 마무리

사무엘상 31:1-6

우리가 인생을 어떻게 사느냐도 중요하지만 어떻게 마무리하느냐는 더욱 중요합니다. 인생의 마무리를 잘못함으로 평생 고생하며 쌓아온 모든 것이 한순간에 다 무너져버린 사람들이 이 땅 위에 얼마나 많습니까?

그런데 오늘 본문에 나오는 이스라엘 초대 왕 사울이 그러했습니다. 사울 일생의 비극적인 마무리를 보면서 우리의 신앙을 돌이켜보며, 구주강림절을 맞이하여 예수님 탄생의 초림을 기억하며 다시 오실 예수님의 재림을 사모하며 기다리기 바랍니다. 연말도 다가오고 있는데 우리의 남은 인생의 복된 마무리를 어떻게 할 것인지, 이 시간도 하나님의 음성을 다 함께 들을 수 있길 바랍니다.

한 번은 죽는다는 사실을 잊지 말아야 함

먼저, 본문 2절 말씀을 다 함께 읽겠습니다.

"블레셋 사람들이 사울과 그의 아들들을 추격하여 사울의 아들 요나단과 아비나답과 말기수아를 죽이니라."

오늘 본문 내용은 29장의 블레셋 사람들의 이스라엘과의 전쟁 준비에 이어서 30장의 다윗이 아말렉 사람들을 치고 그의 가족들을 구원하는 삽화적인 사건에 이어서 나옵니다. 사울 왕을 비롯한 이스라엘 군대의 길보아 산에서의 블레셋 군과의 전쟁을 앞두고, 원래 블레셋 군은 수넴에 진 쳤고 이스라엘은 기브아에 진을 쳤는데(삼상 28:4), 블레셋 군이 15km나 진격하여 공격을 시작하여 길보아 산에까지 와서 이스라엘을 대파시킨 것입니다.

특별히 블레셋의 주력부대가 사울 왕과 그의 아들들을 죽이면 전쟁이 끝나기 때문에, 그들을 추격해서 먼저 사울 왕의 세 아들인 요나단과 아비나답과 말기수아를 죽이고 맙니다. 그런데 가장 가슴 아픈 것은, 사울 왕의 장자이고 다윗의 의형제로서 그토록 신실한 신앙과 영적 분별력과 용맹성을 지닌 요나단까지도 전사하고 말았으니, 이 얼마나 가슴 아프고 눈물 나는 일입니까?

다윗은 자신을 그렇게 죽이려고 했던 사울 왕과는 반대로 그도록 자신을 살리려고 했던 요나단의 전사 소식을 뒤늦게 듣고 "오호라 두 용사가 전쟁 중에 엎드러졌도다 요나단이 네 산 위에서 죽임을 당하였도다 내 형 요나단이여 내가 그대를 애통함은 그대는 내게 심히 아름다움이라 그대가 나를 사랑함이 기이하여 여인의 사랑보다 더하였도다 오호라 두 용사가 엎드러졌으며 싸우는 무기가 망하였도다"(삼하 1:25-27) 하고 슬피 울며 애도합니다.

그토록 이스라엘을 권세 있게 통치했던 이스라엘의 초대 왕 사울과 그의 사랑스런 큰아들 요나단과 동생들까지 한 날에 그렇게 비참하게 전사하는 것을 보면서, 우리 인생도 언젠가는 한 번은 죽는다는 놀라운 진리를 다시 한번 확인하지 않을 수 없습니다.

지난 주일 한 성도님으로부터 아주 의미 깊은 카카오톡 문자 메시지를 받았습니다. 우리가 죽음에 대해서 분명히 알고 있는 것 세 가지가 있는데 "첫째, 사람이 한 번은 분명히 죽는다. 둘째, 나 혼자서 죽는다. 셋째, 아무것도 가지고 갈 수 없다"이고, 우리가 죽음에 대해서 모르는 것 세 가지가 있는데 "첫째, 언제 죽을지 모른다. 둘째, 어디서 죽을지 모른다. 셋째, 어떻게 죽을지 모른다"는 것이라고 했습니다. 그래서 우리가 죽음에 대해서 항상 깨어 준비하며 살아야 한다는 거였습니다.

지난 수요일 오전에 우리 교회 신동선 장로님이 충청도 장로회 연합회(중심회) 모임이 있어 버스를 타고 가셨습니다. 그런데 맨 뒷자리에 앉아 가시던 한 장로님에게 계속 전화가 걸려오는데도 안 받아서 가서 흔들어 깨웠는데 그대로 하늘나라로 가셨더랍니다. 이게 우리의 인생입니다.

우리는 살았다 할 것이 없는데, 신앙의 문제가 많은 인생일수록 영적으로 잠들고 병들고 죽어가며 이 땅에 천 년 만 년 살 줄로 착각하고 살다가 어느 날 갑자기 세상을 떠나고 맙니다. 우리의 신앙생활의 가장 근본적인 문제는 이렇게 갑자기 죽을 것을 다 모르고 살아가는 데 있습니다. 우리가 오늘 죽는다면 그렇게 살겠습니까?

지난 주간에도 여러분의 간절한 중보적 기도 가운데 영동지역에서 연합성회를 인도하고 있는데, 23일 화요일 아침에 전두환 전 대통령이 그날 오전 8시 40분 90세를 일기로 서거하셨다는 소식이 들려왔습니다. 1979년 12.12 군사 쿠테타를 일으켜서 수많은 양민과 군인까지 희생시켰으면서도 살아생전에 사과 한마디 안 남기고, 오히려 뇌물수수 추징금 956억 원만 체납하고 천하 권세를 휘두르면서 그토록 당당하더니, 악성 혈액암으로 결국에는 자택에서 화장실을 가다가 갑자기 쓰러져서 떠나갔습니다.

이처럼 우리 인생이 언제 어디서 어떻게 세상을 떠날지 아무도 모릅니다. 어느 누구도 살았다 할 것이 없습니다. 대통령까지 하였지만, 그런 그가 인생을 어떻게 살았는지 그의 죽음에 대해서 정치권이나 국민들마저 아무런 관심이 없고 상가에 5공 인사들만 보이고 한산했습니다. 그는 죽음 후뿐만 아니라 이 세상에서도 이미 심판을 받은 것입니다.

우리가 어렸을 때 싸우며 흔히 했던 말이 있습니다. "너 죽어! 죽을 줄 알아! 언젠가는 죽여 버려! 어디 두고 봐!" 얼마나 무서운 경고의 말입니까? 이 말을 우리의 삶 가운데 그대로 적용해 보면 섬뜩하지 않습니까? 많이 산다는 가정 하에 전두환 전 대통령처럼 90세를 기준으로 해서, 우리의 남은 인생이 얼마나 있는지 계산해 보십시오. 그렇다면 남은 때를 어떻게 살아야 하겠습니까?

그래서 히브리서 9장 27절에 "한번 죽는 것은 사람에게 정해진 것이요 그 후에는 심판이 있으리니"라고 분명히 경고하지 않습니까? 우리 인생에 한 번 죽는 것은 정해진 것입니다. 사실 암환자들은 대략 언제 죽을지라도 알고 살아가는 시한부 인생이지만, 건강한 우리는 오히려 죽을 날짜조차도 모르고 살아가는 시한부 인생입니다. 뿐만 아니라 이 땅 위에서 사는 동안에도 우리의 마지막 종말의 심판이 있을 뿐만 아니라 결국에는 자손들까지 다 심판받게 됩니다. 더 나아가 우리가 세상을 떠난 후, 지난날 우리가 살아온 일생에 대한 살아 계신 하나님의 무서운 심판이 있다는 것을 결단코 잊어서는 안 됩니다.

지난 주일 전 세계 90개국의 넷플릭스 순위에서 〈지옥〉이란 6부작 드라마가 〈오징어 게임〉에 이어 1위를 차지했습니다. 그 내용은 어느 날 죽음의 사자로부터 지옥행을 선고받은 사람들로 인해 대혼란이 발생하고, 이를 이용해 하나님의 심판을 외치며 세력을 확장하려는 신흥 이단 종교단체가 독버섯처럼 기승을 부리고, 이에 맞서 진실을 파헤치는 사람들의 이야기입니다.

이 드라마는 말세 마지막 때 죄악 된 자들에 대해 하나님의 지옥의 심판이 그만큼 임박했음을 경고하고 있습니다. 그런데도 세상에 빠지고 육신에 취하고 몰려다니면서 죽음을 잊어버리고 살다가, 어느 날 갑자기 죽음을 맞게 되면 어떻게 되겠습니까? 그러므로 머지않아 곧 한 번은 죽는다는 사실을 결단코 잊지 말고, 남은 여생 이 땅에 사는 동안 보다 더 신실하고 충만하고 행복하게 살아갈 때 우리가 인생의 복된 마무리를 하게 될 줄 분명히 믿으시기 바랍니다.

하나님의 영광을 위해서 살아야 함

계속해서 본문 4절 말씀을 다 함께 읽겠습니다.

> "그가 무기를 든 자에게 이르되 네 칼을 빼어 그것으로 나를 찌르라 할례받지 않은 자들이 와서 나를 찌르고 모욕할까 두려워하노라 하나 무기를 든 자가 심히 두려워하여 감히 행하지 아니하는지라 이에 사울이 자기의 칼을 뽑아서 그 위에 엎드러지매."

이렇게 사울 왕의 세 아들이 먼저 전사하고, 사울 왕은 블레셋의 활 쏘는 자의 화살을 맞고 중상을 입게 되어서 거의 죽게 되었습니다. 그런데 사울 왕은 그 죽음의 순간에도 자신이 할례받지 않은 이방 블레셋 사람들에게 잡혀서 사사 삼손처럼 잡혀가서 모욕을 당할까 봐 심히 두려워서, 자기의 무기를 든 자에게 칼을 빼어 자신을 찔러 죽이라고 명령을 합니다.

그러나 그가 심히 두려워하여 감히 칼을 빼어 왕을 죽이지 못하니까, 사울 왕은 자신의 칼을 빼서 그 위에 엎드러져 자결을 합니다. 사울 왕은 생의 마지막 순간에라도 하나님의 영광을 가리길 원치 않았던 것입니다.

우리도 지금까지 그렇게 살아오지 못했다고 할지라도, 남은 여생은 하나님의 영광을 위해서 살아야 합니다. 그래서 1647년 영국의 웨스트민스터 총회에서 승인된 소요리문답 107문답 가운데 첫째 문답이 "사람의 제일 되는 목적이 무엇인가?"라는 질문인데, 그 대답은 "사람의 제일 되는 목적은 하나님을 영화롭게 하고 그와 더불어 영원토록 즐거워하는 것이다"입니다. 그런데 문제는 우리가 하나님께 영광 돌리는 인간의 제일 되는 목적대로 살고 있느냐는 것입니다.

우리는 하나님의 영광을 위해 살게 해 달라고 기도도 하고 곧잘 외칩니다. 그렇다면 하나님의 영광을 위해 사는 삶은 어떤 삶입니까? 늘 강조하지만, 저는 성경을 읽는 가운데 고린도전서 10장 31-33절에서 하나님의 영광을 위해 사는 삶을 확신하게 되었습니다.

> "그런즉 너희가 먹든지 마시든지 무엇을 하든지 다 하나님의 영광을 위하여 하라 유대인에게나 헬라인에게나 하나님의 교회에나 거치는 자가 되지 말고 나와 같이 모든 일에 모든 사람을 기쁘게 하여 자신의 유익을 구하지 아니하고 많은 사람의 유익을 구하여 그들로 구원을 받게 하라."

우리가 먹든지 마시든지 무엇을 하든지 다 하나님의 영광을 위해 살아야 한다고 하는데, 이것이 결코 쉬운 말씀이 아닙니다.

여러분, 우리가 먹든지 마시든지 무엇을 하든지 다 하나님의 영광을 위해서 합니까? "아멘" 소리 없는 거 보십시오. 우리는 하나님의 영광을 위해서 한다고 큰소리는 치면서도 다 자기의 감정이나 이익이나 명예나 인간관계에 의해서 하나님의 영광을 다 가리고 맙니다.

하나님의 영광을 위한 삶은, 먼저 세상 사람들에게나 하나님의 교회에서나 사탄에게 속아서 영적 교만에 빠져서 자기 의를 내세우며 큰소리치면서 하나님의 교회에 거치는 자가 되어서는 결코 안 된다는 것입니다.

오히려 삶으로 섬기면서 모범이 되어 감동을 주는 삶을 살아야 하고, 그다음에 모든 일에 모든 사람을 기쁘게 하라는 것입니다. 절대 사탄의 도구로 쓰임 받으며 불평이나 험담이나 일삼으면서 상처를 주거나 시험에 빠뜨려서 교회를 떠나게 해서는 안 되고, 더 나아가 결코 자신의 유익이 아닌 많은 사람의 유익을 구하여 궁극적으로 그들로 구원을 받게 하라는 것입니다. 영혼을 살려서 구원받게 하는 그것을 하나님께서 가장 기뻐하시고 영광을 받으신다는 것입니다.

그래서 우리는 코로나19로 인해서 그토록 어려운 위기 상황 속에서도 하나님께서 가장 기뻐 받으시고 영광 받으시는 성전예배는 말할 것도 없고, 온 천하보다 귀한 영혼을 살리기 위해서 부활주일에는 새생명초청축제를 가지면서 부활의 기쁜 소식을 온누리에 전했습니다. 그리고 추수감사주일에는 해피데이축제를 가지면서 추수의 행복을 온 가족과 이웃과 함께 나누어 왔습니다.

지난 주일 추수감사주일 해피데이축제에도, 이 극심한 코로나19의 위험 속에서도 글로리아 채플이 가득 찰 정도로 나왔을 뿐만 아니라, 새 신자들도 초청되어 함께 예배를 드리며 은혜를 나누고 온 천하보다 귀한 영혼이 많이 새로 등록하는 놀라운 역사를 이룰 수 있었습니다.

오늘 주보 사이에 끼워준 금년 하반기 영적 성적표를 다 받으셨을 텐데, 이처럼 온 천하보다 귀한 한 영혼을 살려내는 일, 진정으로 하나님의 영광을 위해 살아야 합니다. 남은 여생을 그렇게 살기에도 너무도 짧은 인생입니다.

서강대 영문과 장영희 교수님이 쓰신 《살아온 기적 살아갈 기적》이란 책이 있습니다. 그녀가 척추암에 걸려 2년간의 투병 생활을 마치고 일상으로 돌아와 2007년 1월 이후 〈샘터〉 잡지에 기고한 글들을 모은 책인데, 글 중 '살아온 기적, 살아갈 기적'이란 제목의 글이 있습니다.

> 〈샘터〉에서 사라졌던 지난 3년 동안 나는 내 인생의 가장 큰 변화를 겪었다. 칼럼을 닫고 나서 얼마 후에 척추암 선고를 받았고, 2004년 9월 8일 갑작스레 병원에 입원했고, 2006년 5월 도합 스물네 번의 항암치료를 마칠 때까지 거의 2년에 가까운 시간을 긴긴 투병생활을 보냈다. 그리고 난 이렇게 다시 나타났다. 나의 본래 자리로 돌아왔다. '어부'라는 시에서 김종삼 시인은 말했다.
>
> 바닷가에 매어 둔 작은 고깃배
> 날마다 출렁인다
> 풍랑에 뒤집힐 때도 있다

화사한 날을 기다리고 있다
(……)
살아온 기적이 살아갈 기적이 된다
사노라면
많은 기쁨이 있다

이렇게 한때 척추암으로부터 회복되어 3년 동안 삶의 행복과 감격 속에 살던 그녀도 결국 다시 암이 악화되어 2009년 57세의 젊은 나이로 하늘나라로 떠나갔지만, 그녀는 비록 짧은 인생일지라도 주위의 많은 교수들이나 학생들에게 하나님의 영광을 위해 사는 큰 감동을 주고 떠나갔습니다.

여러분, 우리가 얼마나 오래 사느냐가 중요한 것이 아닙니다. 나이를 그렇게 많이 먹고 신앙생활을 그토록 오래 하고도 사탄에게 속아서 주의 종들이나 가족들이나 주위 사람들이나 아무에게도 인정을 못 받고 살다가, 어느 날 갑자기 세상을 떠나면 그 삶이 무슨 의미가 있겠습니까?

하루를 살아도 우리 주위에 감동을 주고 인정을 받고 칭찬을 받음으로 하나님의 영광을 위해서 사는 삶만이 진정으로 자손 대대로 은혜롭고 축복되고 행복한 삶입니다. 그러므로 우리의 남은 여생도 주님만 바라보면서 주위 사람들에게 모범이 되고 인정받으며 칭찬을 들으며 하나님의 영광을 위해서 살아갈 때, 우리 모두 다 인생의 복된 마무리를 하게 될 줄 확실히 믿습니다.

죽도록 충성을 다해야 함

마지막으로, 본문 5-6절 말씀을 다 함께 읽겠습니다.

"무기를 든 자가 사울이 죽음을 보고 자기도 자기 칼 위에 엎드러져 그와 함께 죽으니라 사울과 그의 세 아들과 무기를 든 자와 그의 모든 사람이 다 그날에 함께 죽었더라."

사울 왕이 자결을 하니까 그의 무기를 든 부하까지도 모두 사울 왕을 따라 자결을 하게 됩니다. 유대인의 전승에 의하면 그 병기 든 자가 도엑이었고, 그가 엎드러져 죽은 칼은 놉에 있던 제사장들을 85명이나 죽인 바로 그 칼이었다고 합니다(삼상 22:9, 18). 제사장들을 죽였던 그 칼에 자신이 죽고 만 것입니다.

이처럼 악한 주인을 모시고 있던 악한 종까지도 결국 마지막은 그 주인과 함께 비극적 종말을 맞이했습니다. 당시 자살이 없었던 이스라엘의 역사 속에서 사울과 그의 부하들의 자결은 충격적이었지만, 결론적으로 그들은 한 명도 전선에서 도망가지 않고 숨지 않고 장렬히 자결함으로써 죽음의 마지막 순간까지도 이스라엘과 그들이 모시던 사울 왕을 위해 충성을 다하고자 했던 것입니다.

우리도 인생의 복된 마무리를 위해서는 생의 마지막 순간까지 충성을 다해야 합니다. 마지막 순교의 길을 갔던 그 충성스럽던 바울 사도도 "형제들아 나는 아직 내가 잡은 줄로 여기지 아니하고 오직 한 일 즉 뒤에 있는 것은 잊어버리고 앞에 있는 것을 잡으려고 푯대를 향하여 그리스도 예수 안에서 하나님이 위에서 부르신 부름의 상을 위하여 달려가노라"(빌 3:13-14)고 고백했습니다. 이처럼 우리도 주님께서 부르시는 마지막 순간까지 충성을 다해야 합니다.

지난 월요일(21일) 미국 LA 마이크로소프트 시어터에서 열린 제 49회 아메리칸 뮤직 어워드에서 우리나라 방탄소년단이 대상인 '올해의 아티스트상'을 비롯해 '페이버릿 팝 듀오 오어 그룹상', '페이버릿 팝송상' 등 3관왕에 올랐습니다. 그렇게 방탄소년단이 작년의 빌보드 뮤직 어워드에 이어 미국의 3대 음악상 중 2대 음악상을 휩쓸어버렸고, 마지막 가장 수상이 힘든 그래미 어워드만 남겨놓고 있습니다.

그런데 지난 수요일 방탄소년단이 그래미상에 2년 연속 '베스트 팝 듀오·그룹 퍼포먼스' 후보에 올랐다고 하니, 우리 조국 대한민국의 자랑스러운 방탄소년단이 이제 세계 음악의 최고 자리를 정복하는 꿈에 도전하게 되었습니다.

저는 이 시상식 장면을 지켜보면서 우리 치유하는교회의 새로운 비전을 바라보며 더욱더 가슴이 뜨거워졌습니다.

우리가 지금까지 목숨을 걸고 가장 먼저 치유하는교회의 치유를 위해 열정을 쏟았더니 하나님의 은혜로 기적적인 치유와 회복을 이루었습니다. 그다음 금년에 치유상담대학원대학교 총장을 맡게 되고, 이것만 하더라도 하나님의 은혜가 크고 놀랍고 감사하고 감격스러울 뿐입니다. 여기까지 온 것만 해도 감사하고 만족하고 행복해서 더 이상 바랄 것이 없는데, 이제는 우리의 생의 마지막으로 대한예수교장로회 총회에 도전하게 하셨습니다.

이 일이 우리의 부귀나 명예나 영광을 위한 것이라면 하나님께서 결코 허락하지 않으실 것입니다. 그러나 한국 교회와 이민 교회와 세계 선교지에까지 말세 마지막 때 치유목회가 필요하시다면, 우리에게 허락하여 주실 줄 믿습니다. 그렇게 간절히 마지막 치유목회의 비전을 갖게 되었습니다.

그런데 우리가 이렇게 우리를 향하신 하나님의 비전을 이 땅 위에서 이뤄 가는 데 우리의 신앙생활의 또 하나의 결정적인 문제는, 마음과 뜻과 힘을 합하지 못하는 것입니다. 처음에는 열심히 신앙생활을 하다가, 어느 날 조금만 상처를 받아도 시험이 들어서 신앙을 저버리는 사람들이 얼마나 많습니까? 그건 진정한 영적 신앙생활이 아니고 하나님의 복을 다 잃어버리는 것입니다.

적어도 우리가 십자가의 사랑을 체험했다면, 인생에 어떠한 고난이 와도 주님의 십자가를 바라보며 끝까지 목숨을 걸고 인내하면서 맡겨진 사명에 충성을 다하면서, 주님 부르시는 그날까지 우리의 신앙을 지켜나가야 합니다. 그러한 인생 가운데 진정한 주님의 풍성한 은혜가 있고, 넘치는 축복이 있고, 행복의 감격이 함께하는 것입니다.

지난 목요일 전국장로회연합회 제50회 정기총회에서 우리 치유하는교회 선임장로이신 황진웅 장로님이 33,000명의 장로님들을 대표하는 전국장로회연합회 수석부회장으로 추대되었습니다. 황 장로님은 누가 보더라도 온유하고 겸손한 신앙과 성실과 인내로써 25년 전에 우리 치유하는교회에 등록하신 후, 그동안 많은 시련도 함께 겪었지만 맡겨진 사명에 충성을 다함으로써 영등포노회 부회장에 이어서 전국장로회 수석부회장에 이르는 영광스러운 복을 얻게 되었습니다.

그리하여 명년에는 우리 한국 교회의 장자 교단인 대한예수교장로회의 전국장로회연합회 회장에 이르는 영광을 누리게 될 것입니다. 이것은 개인이나 가정의 영광을 넘어서 온 교회의 영광이고 축복입니다.

그래서 우리가 요한계시록 2장 10절의 "너는 장차 받을 고난을 두려워하지 말라 볼지어다 마귀가 장차 너희 가운데에서 몇 사람을 옥에 던져 시험을 받게 하리니 너희가 십 일 동안 환난을 받으리라 네가 죽도록 충성하라 그리하면 내가 생명의 관을 네게 주리라"는 하나님의 명령을 따라야 합니다.

여기 '죽도록'이란 단어는 'even to the point of death'라고 해서 '죽음의 마지막 순간까지'라는 뜻입니다. 우리가 생의 마지막 죽음의 순간까지도 충성을 다할 때, 이 땅에 사는 동안에도 복되게 쓰임 받을 뿐만 아니라 주님 앞에 서게 되는 날 하늘의 면류관을 받게 될 것입니다. 그러므로 우리 생의 마지막 순간까지도 기필코 인생의 복된 마무리를 해야 될 줄 분명히 믿으시기 바랍니다.

지난 주간 영동지역 연합부흥성회를 인도하러 갔다가, 화요일에는 제103회 총회장이신 림형석 목사님이 코로나19의 이 고통의 때에 한국교회를 살려내기 위해서 여수, 순천지역 기도연대 세미나를 갖자고 해서 최종배 목사님이 시무하는 여수 성광교회를 빌리게 되었습니다. 그래서 여수로 내려갔다가 최 목사님이 마중을 나와서 함께 식사를 나누면서 지나간 이야기들을 많이 나누게 되었습니다.

최 목사님은 2010년 목사안수를 받고 섬길 교회를 찾는 중 장신대 게시판의 부목사 청빙광고를 보고 멀리 인도네시아 자카르타에 있는 한인교회의 부목사로 가게 되었습니다. 예수님을 안 믿던 80세 아버지와 72세 어머니를 고국에 남겨두고 이 땅 위에서 언제 다시 만날지 알 수 없는 오지로 떠나가는 것은 마치 전쟁터의 죽음의 길로 떠나가는 병사와 같은 심정이었다고 합니다.

그런데 얼마나 아들의 장래가 걱정이 되었으면 아들이 떠난 뒤로부터 그토록 교회를 나가자고 해도 안 나가시던 아버지가 교회에 나가셔서 아들네 가정을 위해 기도하기 시작했습니다. 그런데 예상했던 대로 자카르타 한인교회에서의 사역은 녹록지가 않았습니다. 열대의 뜨거운 기후에 매연으로 가득 찬 온 세상에 매일 아침, 저녁으로 이슬람교의 기도시간이면 들리는 소리는 숨을 턱턱 막히게 했다고 합니다. 웅얼웅얼하면서 알아들을 수 없는 우상 숭배를 하는 기도 소리였습니다.

그런데 정작 최 목사님께서 가장 힘들었던 것은 담임목사님과의 불편한 관계였습니다. 조금만 마음에 안 드는 일이 있으면 연말까지 당장 짐 싸서 나가라는 말을 서슴지 않아서 대부분의 목회자들이 1~2년 만에 다 떠나갔습니다. 더욱더 최 목사님의 가슴을 후벼 파는 것은 설교가 끝날 때마다 끌려가서 무릎을 꿇고 훈화의 말씀을 들어야 해서 설교 준비에 심혈을 기울이지 않을 수 없었습니다.

어느 날 새벽기도회 설교를 '하나님의 영광'에 대해 준비를 해서 설교를 잘 마치고 내려왔는데 또다시 불려갔습니다. 이번에는 설교를 잘했다고 생각했는데 하는 말이 "네가 그 설교 썼어? 다른 유명한 목사님 설교를 카피한 거 아니야?" 하고 추궁해서 자신이 직접 한 설교준비 원고까지 가져다 보이면서 갖가지 해명을 하였지만 역시 믿어주지를 않았다고 합니다.

그렇게 부임 후 몇 달 동안 마음의 상처가 계속 쌓여서 그런지 우울증까지 와서 어느 날 새벽기도회를 마치고 집에 돌아오는데, 아파트에서 뛰어내려서 차라리 목숨을 끊어버리고 싶은 충동까지 생기더랍니다.

여러분도 지난날 분명히 이런 좌절과 절망의 감정을 느껴본 적이 있었을 것입니다. 부족한 종도 약 20년 전 우리 교회가 한참 어려울 때 수습전권위원회에 끌려가서 3시간 30분 동안 온갖 욕설과 핍박을 받고 돌아오던 날 저녁에 똑같은 심정을 느껴보았기 때문에 그 느낌이 가슴에 뜨겁게 와 닿았습니다.

그래서 너무도 외롭고 낙심된 마음에 집에 들어와 한 집사님이 선물로 준 거북이의 밥을 줄려고 하는데, 구약성경에 나귀가 발람 선지자를 일깨워주듯이 세상에 최 목사님의 마음을 어떻게 알아차렸는지 그날 아침 따라 거북이가 눈망울이 글썽글썽해서 눈으로 "주인님, 절대 그러시면 안 돼요! 끝까지 참고 이겨내야 해요!" 하고 외치는 것 같더랍니다.

그래서 하나님께 매달려 기도하기 시작했습니다. "주님, 저를 한국으로 돌아가게 해 주시옵소서! 한국으로 돌아가면 이제는 더 이상 이런 목회 그만두겠습니다!" 하고 3개월 동안 새벽마다 하나님께 매달려 절규하듯 부르짖었습니다. 그러던 어느 날 주님께서 응답을 하시는데 "내가 너를 위해 예비한 교회가 있느니라!" 하는 음성이 들려오더랍니다.

이 음성은 처음 장신대 신대원 시험을 보러 가기 위해 기도할 때 처음 들려왔고, 두 번째는 목사 안수를 받기 위해 기도로 준비할 때 들려왔는데, 이날 세 번째로 한국으로 돌아가게 해 달라고 기도할 때 들려온 것입니다.

그리고 석 달이 지난 그 해 12월 18일 대학생 때 자신을 영적으로 가르쳐 주셨던 김종대 목사님이 우리 치유하는교회에서 충성을 다하고 이리 북문교회로 떠나기 위해 송별예배를 드린 주일에 기도 부탁을 한다는 카카오톡 메시지를 보냈습니다.

그러더니 "오늘 나 송별예배를 드렸네! 이리 북문교회로 가네! 자네 치유하는교회 올 생각 없는가? 빨리 이력서를 이메일로 보내소! 담임목사님께 추천함세!" 하고 기적적으로 응답이 오더랍니다. 그래서 그날 곧바로 이력서를 이메일로 보냈고, 그 주 수요일 임시당회를 통해 최종배 목사님을 김종대 목사님 후임으로 모시기로 결정을 했고, 2011년 그 해 연말 송구영신예배에 우리 교회에 부임하셨습니다.

처음에는 인도네시아 난민처럼 바싹 마르고 초췌하고 그렇게 얼굴에 웃음이 없어 보였는데, 9년 동안 충성을 다하는 가운데 영육간에 다 치유 받고 성령님의 역사 속에 기적적으로 여수 성광교회로 가시게 되었습니다.

그 교회도 네 분의 전임목사님이 바뀌면서 상처가 너무 많아 영적으로 크게 침체된 교회였는데, 최 목사님이 내려간 후 치유목회를 접목해서 이제는 얼마나 교회가 치유되고 화합하고 행복한 교회로 부흥하고 있는지 모릅니다.

이번에 만났더니 최 목사님이 하는 말이 "인도네시아에서 죽고 싶은 심정으로 살다가 난민의 모습으로 헐벗고 심신이 병들고 지쳐서 돌아왔는데, 치유하는교회가 저를 살려주시고 잘 치유해 주셔서 지금 이렇게 여수지방을 대표하는 성광교회에서 은혜롭고 행복하게 목회할 수 있다는 사실이 치유하는교회를 떠난 지 2년째 접어들지만 아직도 꿈만 같아 실감이 안 난다"고 감격해 하셨습니다.

사랑하는 성도 여러분, 우리는 이 땅에 사는 동안 너무도 지치고 힘들어 죽고 싶은 심정으로 살다가, 더욱이 그러한 불행과 고통의 인생마저도 어느 날 갑자기 떠나갈 수밖에 없습니다. 그러나 우리가 머지않아 언젠가 한 번은 죽는다는 사실을 잊지 말고, 남은 여생은 하나님의 영광을 위해 살고 끝까지 죽도록 충성을 다해야 합니다.

그리할 때 우리가 진정으로 주님 안에서 은혜롭고 축복되고 행복한 인생의 복된 마무리를 하게 될 줄 확실히 믿습니다.

이 시간 다 함께 '참 좋으신 주님'을 찬양하며 믿음으로 결단하도록 하겠습니다.

1. 참 좋으신 주님 귀하신 나의 주
늘 가까이 계시니 나 두려움 없네
내 영이 곤할 때 내 맘 낙심될 때
내 품에 안기라 주님 말씀하셨네
광야 같은 세상 주만 의지하며
주의 인도하심 날 강건케 하시며
주의 사랑 안에서 살게 하소서
주만 의지하리 영원토록
2. 예수 이름으로 모였던 곳에서
우리가 헤어질 때 늘 함께하시며
이 세상 살 동안 주 말씀 따라서
살게 하소서 승리하게 하소서
광야 같은 세상 주만 의지하며
주의 인도하심 날 강건케 하시며
영원토록 평안함 얻게 하소서
우리 다시 만날 그날까지

하나님 아버지, 우리가 인생을 살아가면서 너무도 지치고 힘들어서 죽고 싶을 때가 얼마나 많았습니까? 또한 우리의 이익을 구하며 하나님의 영광을 가리울 때가 얼마나 많았습니까? 그러나 머지않아 어느 날 갑자기 이 세상을 떠나갈 텐데, 남은 여생 동안 우리가 한 번은 죽는다는 사실을 잊지 않게 하여 주시옵소서! 하나님의 영광만을 위하여 살게 하여 주시옵소서! 죽을 때까지 충성만 다하게 하여 주시옵소서! 그리함으로 진정으로 주님 안에서 은혜롭고 축복되고 행복한 인생의 복된 마무리를 하게 하여 주시옵소서. 예수님의 이름으로 간절히 축복하며 기도하옵나이다. 아멘!

치유의 말씀

하나님은 역사하십니다 5

1판 1쇄 인쇄 _ 2023년 4월 25일
1판 1쇄 발행 _ 2023년 5월 1일

지은이 _ 김의식
펴낸이 _ 이형규
펴낸곳 _ 쿰란출판사

주소 _ 서울특별시 종로구 이화장길 6
편집부 _ 745-1007, 745-1301~2, 747-1212, 743-1300
영업부 _ 747-1004, FAX 745-8490
본사평생전화번호 _ 0502-756-1004
홈페이지 _ http://www.qumran.co.kr
E-mail _ qrbooks@daum.net / qrbooks@gmail.com
한글인터넷주소 _ 쿰란, 쿰란출판사
페이스북 _ www.facebook.com/qumranpeople
인스타그램 _ www.instagram.com/qrbooks
등록 _ 제1-670호(1988.2.27)
책임교열 _ 최찬미 · 신영미

 ISBN 979-11-6143-823-8 94230
979-11-6143-556-5 (세트)

책값은 뒤표지에 있습니다.

파본(破本)은 구입처에서 교환해 드립니다.